Deutschland/Germany/L'Allemagne

Deutschland Germany L'Allemagne

Einleitung von / Introduction by / Introduction par
Helmut Schmidt
Ellert & Richter Verlag

Inhalt / Contents / Sommaire

Die Entwicklung Deutschlands als Bundesstaat seit 1945

Helmut Schmidt

Als vor gut zweihundert Jahren mit der Französischen Revolution die Idee der Nation ihren Triumphzug um die Welt antrat, war Deutschland zersplittert in über 300 Klein- und Kleinststaaten. „Zur Nation Euch zu bilden, Ihr hoffet es, Deutsche, vergebens; Bildet, Ihr könnt es, dafür freier zu Menschen Euch aus!" schrieben Goethe und Schiller 1797 in den gemeinsam verfaßten Xenien.

Heute haben die Deutschen beides: Freiheit und nationale Einheit. Die Bundesrepublik Deutschland ist ein Nationalstaat mit einer der liberalsten Verfassungen der Welt. Wir sind Mitglied des atlantischen Bündnisses und der Europäischen Union, beides nicht nur Interessengemeinschaften, sondern auch gemeinsam auf den Werten von Demokratie und Menschenrechten beruhend. Nach einem langen Sonderweg ist Deutschland Teil des Westens geworden. Wir haben mit der Entwicklung zum demokratisch verfaßten Nationalstaat vollzogen, was uns vor allen anderen Großbritannien und Frankreich vorgemacht haben.

Doch nicht in allem sind wir den Wegen der großen Nachbarstaaten gefolgt. Ein besonderes Kennzeichen der Bundesrepublik ist – und das haben wir mit einigen unserer kleinen Nachbarn gemein – ihre föderale Struktur. Wir sind ein Bundesstaat mit sechzehn Bundesländern, darunter den Stadtstaaten Hamburg, Bremen und Berlin.

Die Wurzeln dieses Föderalismus liegen in genau jener staatlichen Zersplitterung Deutschlands, die Schiller, Goethe und mit ihnen die deutsche Nationalbewegung des 19. Jahrhunderts beklagt haben. Der deutsche Föderalismus ist nicht ethnisch begründet wie in der Schweiz, wo verschiedene Sprachen gesprochen werden, sondern weitgehend dynastischen Ursprungs. Die Vorläufer des heutigen Bundesrats, in welchem nach dem Grundgesetz die Vertreter der Länder an der Gesetzgebung des Bundes beteiligt sind, waren der Immerwährende Reichstag in Regensburg, wo sich von 1663 bis 1806 die adligen Gesandten der Mitglieder des Heiligen Römischen Reiches Deutscher Nation getroffen haben – und später der Bundesrat des 1871 begründeten Deutschen Reiches, in dem die Fürsten ihre – allerdings eingeschränkte – Souveränität demonstrieren konnten.

Erst mit der Weimarer Republik wurde 1919 das föderative System demokratisiert. An die Spitze der Landesregierungen traten nun gewählte Politiker. Der von ihnen gebildete Reichsrat der Weimarer Verfassung hatte aber – trotz der neuen Legitimation – ein deutlich geringeres Gewicht als vorher der Bundesrat des Kaiserreiches. Seine Hauptaufgabe bestand darin, das seiner Größe wegen dominierende Preußen auszutarieren. Dennoch war es gerade dieses Preußen, das die Weimarer Republik noch lange gestützt hat, als die erste Demokratie auf deutschem Boden unter den gemeinsamen Attacken der Nationalsozialisten und der Kommunisten zusammenzubrechen drohte. Der „Preußenschlag" 1932 – nämlich die Entmachtung der preußischen Regierung des Sozialdemokraten Otto Braun durch den Reichskanzler von Papen und den Reichspräsidenten von Hindenburg – machte Hitler den Weg frei. Der Diktator schaltete dann auch wenige Monate nach der Machtergreifung vom 30. Januar 1933 die Länder gleich und setzte Reichsstatthalter ein. „Checks and balances" zwischen der Reichsregierung in Berlin und den Ländern hat es im totalitären System des Dritten Reiches nicht mehr gegeben.

Mit der alliierten Besetzung Deutschlands 1945 kam der Föderalismus zu neuer Blüte – zunächst meistens gegen den Widerstand der Deutschen. Einer Umfrage des Instituts für Demoskopie in Allensbach zufolge bezeichneten sich noch 1952 nur 21 Prozent der Westdeutschen als „Föderalisten", aber 49 Prozent als „Zentralisten". Doch die drei Westalliierten waren sich einig:

Dresden nach Ende des Zweiten Weltkriegs: Blick vom Rathaus auf das zerstörte Zentrum der sächsischen Elbmetropole.

Dresden after the end of World War II: view from the Rathaus of the city centre in ruins.

Dresde, à la fin de la Seconde Guerre mondiale: vue de l'Hôtel de Ville sur le centre, entièrement détruit, de cette métropole saxonne des bords de l'Elbe.

Feierliche Annahme des Grundgesetzes durch den Parlamentarischen Rat am 23. Mai 1949 in der Bonner Pädagogischen Akademie (oben).

Solemm adoption of Basic Law by the Parliamentary Council at the teachers' training college in Bonn on 23 May 1949 (above).

Adoption solennelle de la Loi fondamentale par le Conseil Parlementaire, à l'Académie Pédagogique de Bonn, le 23 mai 1949 (en haut).

Bundeskanzler Adenauer verläßt 1950 das Hotel auf dem Bonner Petersberg nach einer Besprechung mit den alliierten Hochkommissaren (links).

Federal Chancellor Konrad Adenauer at Petersberg, Bonn, in 1950 after talks with the Allied high commissioners (left).

Le chancelier de la République fédérale, Konrad Adenauer, en 1950, sur le Petersberg, à Bonn, à l'issue d'un entretien avec les Hauts Commissaires alliés (à gauche).

einig: Das neue Deutschland sollte bundesstaatlichen Charakter haben; dies war eine ihrer Vorgaben, als sie 1948 den Ministerpräsidenten der drei westlichen Besatzungszonen den Auftrag gaben, für den zu gründenden Staat Bundesrepublik Deutschland eine Verfassung auszuarbeiten. Die Aufteilung der Staatsgewalt auf Bund und Länder sollte die Deutschen im Innern wie die Nachbarn außen vor allzu großer Machtkonzentration schützen.

Es bleibt für jede deutsche Politik immer ein Gebot der Klugheit, die Sichtweise der vielen an uns angrenzenden Völker und Staaten im Auge zu haben. Niemand in Europa hat so viele Nachbarn wie wir Deutschen. Das tägliche Leben eines jeden von uns hat uns längst gelehrt, daß es schon mit Nachbarn links und rechts von uns zu Schwierigkeiten kommen kann, wenn wir selbst uns keine große Mühe geben mit guter Nachbarschaft. Wenn aber einige deutsche Intellektuelle bereitwillig jene These übernehmen, die uns von einigen Ausländern nahegelegt wurde, „Ihr Deutschen habt doch durch die Jahrhunderte keinen Nationalstaat gekannt, ihr seid früher ohne ihn ausgekommen, also könnt ihr auch künftig darauf verzichten; begnügt euch damit, Kulturnation zu sein", so habe ich dieses Argument nie akzeptiert. Die Bindung an das eigene Volk, im guten wie im schlechten, ist der großen Mehrheit der Deutschen und so auch mir niemals zweifelhaft gewesen – auch nicht unmittelbar nach Kriegsende, unter der Wucht der Erkenntnis der von Deutschen begangenen Verbrechen, auch nicht später, als die Realität der DDR-Diktatur auf uns lastete.

Am weitesten wollten in den Nachkriegsjahren viele Franzosen gehen, die den Wiederaufstieg einer neuen Großmacht jenseits des Rheins fürchteten und deshalb am liebsten bloß einen deutschen Staatenbund geschaffen hätten. Am Ende setzten sich die Amerikaner durch, die einerseits für eine föderative Bundesrepublik eintraten, aber andererseits nicht aus dem Auge verloren, daß der Bund für den Wiederaufbau umfassende Kompetenzen in der Wirtschaftspolitik brauchte. Ihr stärkster Verbündeter in dieser Frage war der SPD-Vorsitzende Kurt Schumacher, der mit Hartnäckigkeit Vorstellungen von Liberalen und von Christdemokraten bekämpfte, den Ländern zu große Rechte einzuräumen. Das Einstehen für eine Stärkung der Zentrale war sozialdemokratische Tradition noch aus Zeiten des Kaiserreiches.

Wie die Länder der 1949 gegründeten Bundesrepublik aussehen sollten, bestimmten die Alliierten. Bis auf die Stadtstaaten Hamburg und Bremen sowie den Flächenstaat Bayern waren sie alle ohne historische Vorbilder. Schleswig-Holstein, Hessen, Niedersachsen, Rheinland-

Pfalz und Nordrhein-Westfalen wurden von den Alliierten größtenteils aus den preußischen Westprovinzen gebildet. Berlin hatte durch seinen Besatzungsstatus von Beginn an eine Sonderrolle. Baden-Württemberg entstand erst 1952 per Volksabstimmung aus den Ländern Baden, Württemberg-Baden und Württemberg-Hohenzollern. Das Saarland kam fünf Jahre später durch einen Volksentscheid dazu.

Ganz anders war die Entwicklung in der sowjetischen Besatzungszone (SBZ). Mit Ausnahme von Sachsen-Anhalt griff der Kreml auf die preußischen Provinzen zurück, als er 1945 die fünf Länder der SBZ gründete. Brandenburg, Mecklenburg, Sachsen und Thüringen verkörperten gewachsene politische Landschaften und wurden so auch in die Verfassung der 1949 etablierten Deutschen Demokratischen Republik (DDR) aufgenommen. Jedoch blieb diese föderale Gliederung bloßer Schein. Walter Ulbricht, bis zu seinem Sturz 1971 der mächtigste Mann in der

DDR, hob sie 1952 auf. An die Stelle der Länder traten 15 Bezirke, sie waren reine Verwaltungsgebilde. Die Schaffung von Bezirken entsprang dem Drang der deutschen und sowjetischen Kommunisten nach Zentralisierung. Die Wirtschaft in der DDR wurde als Befehlswirtschaft zentral gesteuert. Die SED war nach dem Prinzip des Zentralismus organisiert, d. h. Steuerung

Nach dem Bau der Berliner Mauer am 13. August 1961 wurde eine Flucht aus dem Ostteil in die West-Sektoren der Stadt fast unmöglich.

After the Berlin Wall was built on 13 August 1961, it was almost impossible to escape from East Berlin to the Western sectors of the city.

Après la construction du Mur de Berlin, le 13 août 1961, il devint presque impossible de fuir de la partie Est dans les secteurs occidentaux de la ville.

das noch lange nicht, daß die Leipziger oder die Güstrower sie auch bekamen. Während in Greifswald oder in Dresden viele Häuser verfielen, wurde in der Hauptstadt der DDR ein Prestigeobjekt nach dem anderen gebaut. Zu den wenigen großen Infrastrukturinvestitionen, die die SED-Zeit überdauert haben, gehört der Hamburger Autobahnanschluß an die Autobahn von Rostock nach Berlin, welchen die Bundesregierung finanziert hat. Das wurde damals viel belächelt; heute ist jeder froh, daß es eine durchgehende Autobahn zwischen Hamburg und Berlin gibt.

Als im Herbst 1989 die Menschen in der DDR auf die Straße gingen, protestierten sie gegen ihre Bevormundung und damit zugleich gegen die Überzentralisierung des ostdeutschen Staates. Ich konnte mir davon selber einen Eindruck machen. Anfang November 1989, bevor die Mauer fiel, besuchte ich mit meiner Frau Meißen in der Nähe Dresdens und Hüttental in der Nähe der damaligen Karl-Marx-Stadt, heute wieder Chemnitz, um dort mit Kirchenleuten und politisch Interessierten zu diskutieren. Der Wissensdurst war groß. Wie funktioniert die Marktwirtschaft? Wie die Polizei? Wie die parlamentarische Demokratie in der Bundesrepublik? Und wie das Bund-Länder-Verhältnis? Zuerst waren in Sachsen die weiß-grünen Landesfarben im Fahnenmeer der Demonstranten zu sehen, später zeigte sich das Landesbewußtsein auch in den anderen Teilen der ehemaligen DDR, wie ich bei einem Besuch in Rostock im Frühjahr 1990 feststellen konnte. Wenige Monate darauf, noch vor der Vereinigung am

Bundeskanzler Willy Brandt im Dezember 1970 am Ehrenmal für die jüdischen Opfer im Warschauer Ghetto während des Zweiten Weltkriegs.

Federal Chancellor Willy Brandt in December 1970 at the memorial to the Jewish victims of the Warsaw ghetto during World War II.

Le chancelier de la République fédérale, Willy Brandt, en décembre 1970, devant le monument élevé à la mémoire des victimes juives, qui périrent dans le ghetto de Varsovie au cours de la Seconde Guerre mondiale.

---

von oben nach unten, die Bezirksgliederungen der Partei waren reine Befehlsempfänger. So konnten Stalin und Ulbricht die Gesellschaft in der sowjetischen Besatzungszone von oben her umkrempeln. Doch wurden die Bezirke durch die Bevölkerung nicht innerlich akzeptiert. Das geschichtliche Erbe, wie es von Generation zu Generation vermittelt worden war, ist zu tief im Bewußtsein der Menschen verankert gewesen,

Bundeskanzler Helmut Schmidt und der französische Präsident Valéry Giscard d'Estaing bei einem Treffen 1979.

Federal Chancellor Helmut Schmidt and French President Valéry Giscard d'Estaing at a meeting in 1979.

Le Chancelier de la République fédérale, M. Helmut Schmidt, aux côtés du Président de la République française, M. Valéry Giscard d'Estaing, à l'occasion d'une rencontre, en 1979.

als daß die gesichtslosen Bezirke hätten Spuren hinterlassen können.

Die große Mehrheit der Menschen bedarf der Identifizierung mit der Heimat, mit der eigenen Nation und ihrer eigenen Kultur und Geschichte. Meine Heimat reichte immer von Stade und Lüneburg über Lübeck, Wismar, Rostock bis nach Stralsund und Greifswald. In all diesen von der Backsteingotik geprägten alten Hansestädten bin ich als Junge mit dem Fahrrad gewesen; die Marienkirche in Rostock war mir genauso vertraut wie die Marienkirche in Lübeck, das Kröpeliner Tor in Rostock genauso wie das Lübecker Holstentor. Es war mir deshalb selbstverständlich, daß sich die Sachsen weiterhin als Sachsen und die Mecklenburger weiterhin als Mecklenburger fühlten – und nicht als Bewohner eines beliebigen Bezirkes. Sie sahen zudem, daß sie zugunsten der Halbstadt Ost-Berlin benachteiligt wurden. Wenn es an der Spree Bananen und Apfelsinen gab, dann hieß

3. Oktober 1990, wurden die ostdeutschen Länder wiederhergestellt. Etliche Landkreise, die dabei vorübergehend in das historisch „falsche" Land geraten waren, suchten gleich den Anschluß an ihr historisches Stammland.

Mit der deutschen Einheit – mit der uns eine größere internationale Verantwortung zugewachsen ist – wurden die neuen Länder Teil des westdeutschen föderativen Systems, in dem es, anders als mit Preußen während früherer Zeiten, seit 1949 keinen dominierenden Staat gibt. Die neu gebildeten Bundesländer waren nur gemeinsam stark. Dem zumeist bloß punktuellen Oppositionsverhältnis zwischen Bund und Ländern fehlt damit jene Brisanz der Konflikte zwischen Preußen und dem Reich während der Weimarer Republik.

Der Bedeutung der Länder hat dies keinen Abbruch getan, eher im Gegenteil. Trotz ihres zunächst künstlichen Charakters haben auch sie geschafft, was den nach der Vereinigung neu gebildeten Ländern in der ehemaligen DDR als historisch gewachsenen Landschaften leichtfiel: nämlich ein Landesbewußtsein zu schaffen. Dazu trug sicherlich auch die Tatsache bei, daß die Bundesländer mit ihrer unmittelbaren Zuständigkeit für Fragen, welche Straße gebaut, welches Schulsystem eingeführt oder wie viele Polizisten eingestellt werden, den Lebensbereich

Vier Tage nach der Maueröffnung am 9. November 1989 forderten in Leipzig 200 000 DDR-Bürger freie Wahlen und die Einheit Deutschlands.

Four days after the Berlin Wall was opened on 9 November 1989, 200,000 East Germans demonstrated in Leipzig for free elections and German unity.

Le 9 novembre 1989, quatre jours après l'ouverture du Mur, 200 000 citoyens de la R.D.A., réunis à Leipzig, réclamèrent des élections libres et la réunification de l'Allemagne.

des einzelnen unmittelbar berühren. Die Bundesländer sind, so sieht es das Grundgesetz vor, für Schul- und Hochschulwesen, Raumordnung, Straßenbau, Energieversorgung sowie Sicherheit und Ordnung unmittelbar zuständig.

Allerdings hat der Bund seine Zuständigkeiten auf Kosten der Länder seit 1949 ständig ausgeweitet. Ursprünglich hatten die Väter des Grundgesetzes die staatlichen Aufgaben sowie ihre Finanzierung deutlich zwischen Bund und Ländern aufgeteilt. Schon in der Regierungszeit Adenauers 1949 bis 1963 erforderten es die Bedingungen der modernen Industriegesellschaft – die zunehmende wirtschaftliche und verkehrsmäßige Verflechtung und die steigende Mobilität –, zusätzliche Aufgaben an den Bund zu delegieren. Neue Verantwortlichkeiten kamen im Laufe der Zeit hinzu: der Verteidigungsbereich, nachdem die Bundesrepublik 1955 souverän und Mitglied der NATO geworden war, oder auch die Kernenergie, wo Bonn ebenfalls neue Gesetzgebungs- und Verwaltungsbefugnisse übernahm, mit der Folge, daß die Bundesregierung – gleich welcher politischen Couleur – sich seit nunmehr über zwanzig Jahren mit den Bundesländern über die Lagerstätten für radioaktive Abfälle herumstreitet. Zahlreiche Verfassungsänderungen sind erfolgt, welche im Gesamteffekt die Kompetenzen des Bundes zu Lasten derjenigen der Länder gestärkt haben. An die Stelle klarer Aufgabenverteilung ist vielfach eine gemeinsame Aufgabenverantwortung getreten; das bedeutete leider auch einen Verlust an Durchsichtigkeit. Die politischen Verantwortlichkeiten sind verwischt worden. Für Bürger und Wähler wird es immer schwieriger zu erkennen, ob Bundes- oder Landesregierung für einzelne Zustände und Schritte verantwortlich sind.

Um zu verstehen, welche Bedeutung die Bundesländer haben, reicht es nicht aus, nur auf die Länderverwaltungen zu sehen. Die Stellung der Länder im Gesetzgebungsprozeß ist mindestens ebenso wichtig. Sie besitzen durch den Bundes-

rat, den sie mit Mitgliedern der jeweiligen Landesregierungen beschicken, ein machtvolles Instrument in der Gesetzgebung. Verfassungsänderungen brauchen die Zustimmung des Bundesrates ebenso wie ein Großteil der vom Bundestag beschlossenen Bundesgesetze. Damit haben Landtagswahlen und Regierungswechsel in den Ländern eine mittelbare Auswirkung auf die Bundespolitik. Sie beeinflussen direkt die Mehrheitsverhältnisse im Bundesrat und können unter Umständen den Bundesrat zum Sackbahnhof der Legislative machen. Diese Gefahr ist immer dann gegeben, wenn in Bundesrat und Bundestag unterschiedliche parteipolitische Mehrheiten gegeben sind, was bereits mehrfach in der Geschichte der Bundesrepublik der Fall gewesen ist. Sowohl den Regierungen

nier – Stein auf Stein setzen. Der Prozeß bis zur Vollendung der Union kann durchaus noch mehrere Jahrzehnte in Anspruch nehmen.

Wie aber auch immer die weitere Entfaltung der Europäischen Union verlaufen wird, zwei Erwartungen werden in jedem Falle eintreffen. Zum ersten werden die in der Union miteinander verbundenen Nationalstaaten ihren jeweils eigenen Charakter nicht verlieren, sondern vielmehr bewahren. Dies wird zum zweiten auch für die föderative Gliederung Deutschlands gelten, die sich bei uns – ganz anders als in Frankreich oder England – über viele Jahrhunderte entwickelt hat. Wer die Politik, die Wirtschaft, die Kultur der Deutschen verstehen will, der muß die Bundesländer kennen! Das gilt für unsere Nachbarn, die den vorliegenden Band in drei Sprachen lesen können. Es gilt aber auch für uns Deutsche selbst. Denn von der seelischen Vereinigung unserer Nation sind wir noch weit entfernt, ebenso von der vollständigen wirtschaftlichen Vereinigung. Immer noch wissen die West- wie Ostdeutschen viel zuwenig voneinander und von der gemeinsamen Geschichte.

Wenn der vorliegende Band dazu beitragen würde, daß sich die Deutschen in Ost und West besser kennenlernten, dann wäre viel erreicht. Nur ein demokratisches Deutschland wird das Vertrauen unserer Nachbarn finden. Nur wenn wir Deutschen im eigenen Vaterland Bund und Länder im inneren Gleichgewicht halten, werden wir unserer außenpolitischen Verantwortung gerecht werden und wirksam auf ein geeintes Europa hinarbeiten können.

Bundeskanzler Helmut Kohl und der sowjetische Präsident Michail Gorbatschow unterschrieben am 9. November 1990 den Generalvertrag, der das Verhältnis beider Länder auf eine freundschaftliche Grundlage stellte.

Federal Chancellor Helmut Kohl and Soviet President Mikhail Gorbachov signed on 9 November 1990 the general treaty putting relations between the two countries on a basis of friendship.

Le 9 novembre 1990, le chancelier de la République fédérale, M. Helmut Kohl, et le président soviétique, M. Michail Gorbatchev, signèrent l'Accord général qui fonde sur une base amicale les relations entre les deux pays.

Willy Brandts 1969 bis 1974 als auch meinen eigenen sozialliberalen Regierungen von 1974 bis 1982 stand eine von den Oppositionsparteien geführte Mehrheit im Bundesrat gegenüber. Heute muß sich umgekehrt die durch CDU/CSU und FDP gebildete Bundesregierung mit sozialdemokratischen Mehrheiten des Bundesrates auseinandersetzen. Etliche Gesetzesvorhaben mußten revidiert werden oder scheiterten ganz am Widerstand der Länder.

Tausende von Menschen versammelten sich in der Nacht zum 3. Oktober 1990 vor dem Berliner Reichstag, um die deutsche Einheit zu feiern.

Thousands of people converged on the Reichstag building in Berlin to celebrate German unity on the eve of 3 October 1990.

Dans la nuit du 3 octobre 1990, des milliers de personnes se rassemblèrent à Berlin, devant le Reichstag, pour fêter l'unité allemande.

Die innen- wie außenpolitische Berechenbarkeit der Bundesregierung hat bisweilen unter Bund-Länder-Konflikten gelitten. In Zukunft wird die Abstimmung zwischen Bund und Ländern für die Außenpolitik der Bundesrepublik noch wichtiger werden, denn die Länder haben 1992 in der Ratifizierungsdebatte über den Maastricht-Vertrag ihre starke Stellung dazu genutzt, sich durch eine Grundgesetzänderung ein Vetorecht gegenüber der Bundesregierung im europäischen Einigungsprozeß zu sichern: Vor jedem weiteren Integrationsschritt muß Bonn die Zustimmung des Bundesrates einholen.

Wohin die weitere Entwicklung Europas gehen wird, das ist heute noch nicht zu erkennen. Es gibt für die Europäische Union keine geschichtliche Parallele, noch weniger ein Vorbild. Wir Deutschen müssen den für uns sehr typischen, scheinbar juristisch-wissenschaftlichen Streit darüber beiseite lassen, ob die Europäische Union eher einem Staatenbund oder eher einem Bundesstaat gleichen solle. Statt dessen müssen die europäischen Staaten – in einer typisch englischen, nämlich pragmatischen Ma-

Germany's Development as a Federal State since 1945

Helmut Schmidt

When, over 200 years ago, with the French Revolution, the concept of nationhood set out on its triumphant progress round the world, Germany was fragmented, comprising over 300 small and petty states. "In vain do you hope, o Germans, to become a nation, Become, for you can, even freer as people instead!" wrote Goethe and Schiller in their jointly-penned "Xenien" in 1797. The Germans today have both: freedom and national unity. The Federal Republic of Germany is a nation-state with one of the most liberal constitutions in the world. We are members of the Atlantic alliance and the European Union, neither of which are mere communities of interest but jointly based on the values of democracy and human rights too. In the wake of a long and special road, Germany is now part of the West. Development into a democratic nation-state has accomplished for us what Britain and France, above all, have shown us how to do.

But we have not followed the same path as our large neighbouring states in every respect. A special keynote of the Federal Republic, as of a number of our smaller neighbours, is its federalist structure. We are a federalist state with 16 federal states, including the city-states of Hamburg, Bremen and Berlin.

The roots of this federalism lie in precisely the fragmentation of Germany which Schiller and Goethe and, with them, the German national movement of the 19th century lamented. German federalism is not ethnically based, as in Switzerland, where several languages are spoken. It is largely dynastic in origin. The predecessors of today's Bundesrat, where by the terms of Basic Law, the German constitution, representatives of the federal states participate in framing federal legislation, were the Imperial Diet in Regensburg, where from 1663 to 1806, the aristocratic envoys of member-states of the Holy Roman Empire met, and later the Bundesrat of the German empire founded in 1871, in which the princes were able to demonstrate their – albeit limited – sovereignty.

Not until the Weimar Republic of 1919 was the federalist system democratised, with elected politicians taking over at the helm of state governments. But the Reichsrat in which they were represented by the terms of the Weimar constitution carried markedly less weight, despite its new-found legitimation, than the imperial Bundesrat. Its main role was that of counterbalancing Prussia, which predominated by virtue of its very size. Yet this very Prussia was for long a mainstay of the Weimar Republic when the first democracy on German soil faced the threat of collapse under the combined attacks of the Nazis and the Communists. The "Prussian blow" of 1932, when the Prussian government, headed by Social Democrat Otto Braun, was stripped of power by Reich Chancellor Franz von Papen and Reich President Paul von Hindenburg, paved the way for Hitler. A few months after Hitler's seizure of power in 1933 the dictator eliminated opposition in the federal states and installed governors to run them instead. In the Third Reich's totalitarian system there was no further place for checks and balances between the Reich government in Berlin and the federal states.

The Allied occupation of Germany in 1945 was accompanied by a fresh flowering of federalism, initially at least, for the most part in the face of German opposition. According to an Allensbach poll only 21 per cent of West Germans saw themselves as federalists, as against 49 per cent who described themselves as centralists. But the three Western Allies were agreed that the new Germany was to be federalist in character. That was one of the conditions they imposed when in 1948 they instructed the prime ministers of the three Western occupation zones to draw up a constitution for the yet to be founded Federal Republic of Germany. The sharing of state power between central government and federal states was designed to protect the Germans at home and neighbours abroad from too great a concentration of power.

Always in German politics prudence dictates that the point of view of our many neighbouring peoples and states should be borne in mind. Nobody in Europe has as many neighbours as we Germans. All of us have long since learned from our daily lives that there can be difficulties even with the neighbours in the terrace houses to the left and right of ours if we do not over-exert ourselves to be good neighbours. But I have never accepted the argument put to us by some foreigners and willingly adopted as a thesis by some German intellectuals: "All through the centuries you Germans had no nation-state, you used to manage without it, so you don't need it in future either." Attachment to one's own people through thick and thin has never been in doubt for the great majority of Germans, including myself – not even right after the end of the war under the impact of realising the crimes that Germans had committed, nor later when the reality of dictatorship in East Germany, the GDR, weighed heavily upon us.

In the post-war years many French people, fearing the resurgence of a new great power across the Rhine, favoured the most drastic solution, a mere confederation of German states. In the end it was the Americans who prevailed. On the one hand they supported a federal republic of Germany, without on the other hand overlooking the fact that the task of reconstruction required the federal government to retain extensive authority over economic policy. Their strongest ally on this issue was the leader of the Social Democrats (SPD), Kurt Schumacher, who persistently opposed Liberal and Christian Democratic ideas of granting the federal states too many rights. This support for a strengthening of the centre was a Social Democratic tradition going back to the days of the empire.

It was the Allies who determined what the states of the Federal Republic of Germany, founded in 1949, were to look like. Except for the city-states of Hamburg and Bremen, and Bavaria, none was based on historical precedent. Schleswig-Holstein, Hesse, Lower Saxony, Rhineland-Palatinate and North Rhine-Westphalia were created by the Allies mainly from the western provinces of Prussia. Berlin played a special role right from the start on account of its occupation status. Baden-Württemberg came into being only in 1952, formed by popular plebiscite from the states of Baden, Württemberg-Baden and Württemberg-Hohenzollern. The Saar acceded to the Federal Republic five years later after a referendum.

Developments in the Soviet zone of occupation were entirely different. With the exception of Saxony-Anhalt the five states in the Soviet zone of occupation, founded by the Kremlin in 1945, harked back to Prussian provinces. Brandenburg, Mecklenburg, Saxony and Thuringia embodied evolved political landscapes and were included as such in the constitution of the German Democratic Republic (GDR) when it was set up in 1949. Yet this federal structure was a mere sham. Walter Ulbricht, the most powerful man in the GDR until his fall in 1971, did away with it in 1952. In place of the states came 15 local government regions which were purely administrative entities. The creation of these regions arose from the German and Soviet Communists' urge for centralisation. The East German economy was centrally controlled as a command economy. The ruling Socialist Unity Party (SED) was organised on the principle of centralism, i. e. control from the top down, and the party's regional organisations were purely receivers of orders. So Stalin and Ulbricht were able to reorganise society in the Soviet occupation zone from above. Yet the regions were never inwardly accepted by the people. The historic legacy passed on from generation to generation was too deeply embedded in people's consciousness for these faceless regions to leave any traces.

The vast majority of people need to identify with their native place, with their nation and with their culture and history. My native place always extended from Stade and Lüneburg via Lübeck, Wismar and Rostock to Stralsund and Greifswald. As a boy I cycled through all these old Hanseatic towns with their characteristic redbrick Gothic architecture. I was as familiar with the Marienkirche in Rostock as with the Marienkirche in Lübeck, with the Kröpeliner Tor in Rostock as with the Lübeck Holstentor. Thus I took it for granted that Saxons would go on feeling like Saxons and Mecklenburgers like Mecklenburgers – and not like the inhabitants of some local government district or other. In addition they saw that they were neglected in favour of the half-city of East Berlin. If there were bananas and apples available on the Spree it by

no means meant that people in Leipzig or Güstrow had them too. While many houses in Greifswald or Dresden fell into decay, one prestigious building after another went up in the GDR capital. One of the few major infrastructure investments which have outlasted the SED era is the Hamburg autobahn link to the Rostock-Berlin autobahn, which was financed by the government of the Federal Republic. At the time people smiled about it, but now everyone is pleased that there is an autobahn all the way from Hamburg to Berlin.

In 1989, when people in the GDR took to the streets, they were protesting against having their minds made up for them and thus simultaneously against the over-centralisation of the East German state. I was able to gain an impression of this for myself. In early November 1989, just before the Wall came down, my wife and I visited Meissen, near Dresden, and Hüttental, near what was then Karl-Marx-Stadt and is now Chemnitz once more, to hold discussions there with church people and politically interested individuals. Their thirst for knowledge was great. How does the market economy function? What about the police? And parliamentary democracy in the Federal Republic? And the centre-states relationship? In Saxony first, the white and green state colours were to be seen amidst the sea of flag-waving demonstrators. Later, state consciousness surfaced in other parts of the GDR too, as I was able to ascertain on a visit to Rostock in early 1990. A few months later, before unification on 3 October 1990, the East German states were reconstituted. A number of districts which had temporarily fallen into the historically "wrong" state immediately demanded to join their historic place of origin.

With German unity – with which a greater international responsibility accrues to us — the new states became part of the West German federal system, in which, unlike with Prussia in earlier times, there has since 1949 been no predominant state. The newly formed federal states were only strong together. Thus opposition between federal government and states, usually confined to specific points, lacks the explosiveness of clashes between Prussia and the Reich during the Weimar Republic.

This has done no harm to the significance of the federal states, rather the contrary. Despite their artificial character at the outset, they too have managed to achieve what came easily to the states newly formed in the former GDR after unification, with their historically evolved landscapes: that is, to create a state consciousness. A contributory factor was surely also the fact that the federal states with their direct responsibility for deciding which road is to be built, which educational system is to be introduced, or how many police are to be recruited directly affect the lives of individuals. Basic Law provides for the federal states to bear direct responsibility for schools and universities, planning, roads, energy supply and law and order.

Admittedly, since 1949 the federal government has constantly extended its authority at the states' expense. Originally the fathers of the Basic Law clearly divided the tasks of state and their financing between federal government and states. Yet even during the Adenauer government from 1949 to 1962 the conditions of modern industrial society, increasing economic and transport interconnections and increasing mobility made it necessary to delegate additional tasks to the federal government. These were joined in the course of time by new areas of responsiblity: defence, after the Federal Republic became a sovereign state and joined Nato in 1955, or nuclear power, for which Bonn likewise assumed new powers of legislation and administration, with the consequence that the federal government – no matter of what political colour – has been squabbling with the states for over twenty years on the location of radioactive waste depots. There have been a very large number of constitutional amendments, whose overall effect has been to strengthen the powers of the federal government at the expense of those of the states. A clear division of tasks has in many cases been replaced by joint responsibility for tasks; unfortunately this also means a loss of transparency. Political responsibilities have become blurred. For citizens and voters it becomes more and more difficult to identify whether the federal or state government is responsible for individual circumstances and measures.

To understand the significance of the federal states it is not enough just to look at the state administrations. The place of the states in the legislative process is at least equally important. Through the Bundesrat, to which they send members of their respective state governments, they possess a powerful legislative instrument. Constitutional amendments require the approval of the Bundesrat, as does much of the federal government legislation passed by the Bundestag. Thus state assembly elections and changes of government in the states have a direct effect on federal government policies. They directly affect the majorities in the Bundesrat and in certain circumstances can turn the Bundesrat into a legislative dead end. This risk always exists when different parties have a majority in Bundesrat and Bundestag, which has been the case several times in the history of the Federal Republic. Both Willy Brandt's governments from 1969 to 1974 and my own Social and Free Democratic (SPD-FDP) governments of 1974 to 1982 faced a Bundesrat majority led by the Opposition parties. Now the situation is reversed, and a Christian and Free Democratic (CDU/CSU-FDP) government has to contend with Social Democratic majorities in the Bundesrat. Several items of planned legislation have had to be revised or have even failed as a result of the states' opposition.

On both home and foreign affairs the federal government's predictability has at times suffered as a result of clashes between the federal government and the states. In future, coordination of foreign policy between them will be even more important. In 1992 the federal states made use of their powerful position in the debate on ratification of the Maastricht Treaty to ensure for themselves, by means of a constitutional amendment, a right of veto over the federal government on matters relating to European integration. Before each and every further step toward integration, Bonn must first make sure of the Bundesrat's approval.

It is not yet clear what shape the further development of Europe will take. There is no historical parallel for the European Union, still less a model. We Germans must set aside the seemingly legalistic and academic dispute – so typical of us – over whether the European Union is to be a confederation of states or a federal state. Instead, European states must put one stone upon the other – in a typically British, pragmatic manner. The process of completion may well yet take the European Union several further decades.

Whatever course the further evolution of the European Union takes, two expectations can be sure to be fulfilled. First, the nation-states joined together in the EU will not forfeit their individual character, but retain it. Second, this will continue to apply to the federal system in Germany, which – unlike in Britain or France – has evolved over the centuries. Anyone who seeks to understand the politics, economy and culture of the Germans must be conversant with Germany's federal states. And that includes our neighbours, who can read this book in three languages. It also applies to us Germans. We are still a long way away from mental and emotional unification, let alone total economic unification. West and East Germans still know far too little about each other and about the history they share.

If this book were to play a part in helping Germans in East and West to get to know each other better, much would have been accomplished. Only a democratic Germany will enjoy the trust and confidence of our neighbours, and only if we Germans in our own fatherland succeed in striking a balance between the federal government and the states will we do justice to our foreign policy responsibility and be able to work effectively for a united Europe.

L'évolution de l'Allemagne en tant qu'Etat fédéral depuis 1945

Helmut Schmidt

Lorsque, voilà plus de deux cents ans, l'idée de nation, issue de la Révolution française, amorça sa marche triomphale à travers le monde, l'Allemagne était morcelée en plus de 300 Etats de petite taille ou de minuscules dimensions. «Former une nation, c'est en vain que vous, Allemands, l'espérez; formez-vous, en retour, plus librement, pour devenir des hommes, vous le pouvez!» écrivaient Goethe et Schiller en 1797, dans les Xénies qu'ils rédigèrent en commun. Aujourd'hui, les Allemands possèdent les deux à la fois: la liberté et l'unité nationale. La République fédérale d'Allemagne est une nation qui dispose d'une des constitutions les plus libérales existant au monde. Nous sommes membres de l'Alliance atlantique et de l'Union européenne, qui, toutes les deux, ne sont pas que de simples communautés d'intérêts mais reposent également, l'une et l'autre, sur les valeurs inhérentes à la démocratie et aux droits de l'homme. Après avoir parcouru un long chemin de nature particulière, l'Allemagne est devenue partie intégrante du monde occidental. En évoluant vers un Etat national basé sur une constitution démocratique, nous avons accompli ce que principalement la Grande Bretagne et la France ont réalisé avant nous et nous ont montré.

Toutefois, nous n'avons pas suivi, à tous les égards, les mêmes voies que les nations voisines. L'un des caractères distinctifs de la République fédérale – et nous avons ceci en commun avec plusieurs de nos petits voisins – est sa structure fédérale. Nous sommes un Etat fédéral réunissant 16 Länder, dont les villes-Etats que sont Hambourg, Brême et Berlin.

Les racines du fédéralisme reposent précisément dans le morcellement de l'Allemagne que Schiller, Goethe et, dans leur sillage, le mouvement national allemand du XIXe siècle ont déploré. Le fédéralisme allemand ne se fonde pas sur des considérations ethniques, comme en Suisse, où sont parlées plusieurs langues, mais il est, dans une large mesure, d'origine dynastique. Les précurseurs de l'actuel Bundesrat – où, conformément à la Loi fondamentale, les représentants des Länder participent à la législation de la Fédération – furent tout d'abord le «Immerwährender Reichstag», la Diète d'Empire permanente de Ratisbonne, au sein de laquelle étaient réunis les plénipotentiaires nobles des membres du Saint Empire romain germanique de 1663 à 1806, – ainsi que, plus tard, le Bundesrat (Conseil fédéral) de l'Empire allemand, fondé en 1871, où les princes pouvaient manifester leur souveraineté, même si cette dernière n'était que restreinte.

Ce n'est qu'en 1919, sous la République de Weimar, que le système fédératif se démocratisa. Des hommes politiques élus étaient désormais à la tête des gouvernements des différents Etats fédéraux. Toutefois, le Reichsrat (Conseil du Reich) qu'ils constituaient sous la République de Weimar, avait nettement moins de poids que le Conseil fédéral de l'Empire auparavant, malgré sa nouvelle légitimation. Sa tâche essentielle était de contrebalancer le rôle prédominant qu'y jouait la Prusse du fait de sa taille. Pourtant, ce fut précisément la Prusse qui, longtemps encore, apporta son soutien à la République de Weimar, alors que la première démocratie née sur le sol allemand, se voyait exposée aux attaques conjuguées des national-socialistes et des communistes et menaçait de s'effondrer. Le «coup de la Prusse» de 1932, – autrement dit la destitution du gouvernement prussien à la tête duquel se trouvait le social-démocrate Otto Braun, par le chancelier von Papen et le président du Reich von Hindenburg, ouvrit définitivement la voie à Hitler. Quelques mois seulement après la prise de pouvoir, en 1933, le dictateur procéda à la mise au pas des Länder et institua les Reichsstatthalter (gouverneurs). Il n'y eut plus, après cela, de «checks and balances» entre le gouvernement de l'Empire siégeant à Berlin et les Länder, sous le régime totalitaire du troisième Reich.

L'occupation de l'Allemagne par les Alliés, en 1945, s'accompagna d'une renaissance du fédéralisme qui, dans un premier temps, se heurta souvent au refus des Allemands. Selon un sondage d'opinion réalisé en 1952 par l'Institut de Démoscopie d'Allensbach, 21 % seulement des Allemands de l'Ouest se déclaraient «fédéralistes», mais 49 % «centralistes». Toutefois, les trois Alliés occidentaux étaient unanimes à penser que la nouvelle Allemagne devait revêtir un caractère fédéral; cela représentait l'un de leurs objectifs majeurs, lorsque, en 1948, ils chargèrent les ministres-présidents des trois zones d'occupation occidentales, d'élaborer une constitution pour l'Etat qu'il s'agissait de fonder, la République fédérale d'Allemagne. La répartition du pouvoir de l'Etat entre la Fédération et les Länder visait à protéger tant les Allemands à l'intérieur du pays que leurs voisins, à l'extérieur, d'une trop grande concentration du pouvoir.

Toute politique allemande se devra toujours de respecter un impératif de la sagesse qui est de ne pas perdre de vue la façon qu'ont les nombreux autres peuples et Etats à nos frontières de voir les choses. Personne en Europe n'a autant de voisins que nous Allemands. Notre vie au quotidien nous a appris depuis longtemps que des difficultés peuvent déjà surgir avec nos voisins, à gauche et à droite de notre maison en bande, si nous ne nous efforçons pas nous-mêmes d'entretenir des relations de bon voisinage. Je n'ai, pour ma part, jamais accepté l'argumentation de certains intellectuels allemands qui, avec le plus grand empressement, ont fait leur la thèse que nous ont suggérée quelques étrangers, selon laquelle «vous Allemands n'avez pas connu à travers les siècles d'Etat national, vous avez dû vous accomoder de cette situation et pouvez donc aussi y renoncer à l'avenir; contentez-vous d'être une nation culturelle.» La grande majorité des Allemands – et cela vaut également pour moi –, n'a jamais mis en doute son attachement au peuple qui est le sien, et ceci pour le meilleur et pour le pire, pas plus qu'elle ne l'a remis en question à l'issue de la guerre, quand elle prit brutalement conscience des crimes commis par les Allemands, ou encore plus tard, lorsque la réalité de la dictature en RDA faisait peser sur nous son lourd fardeau.

Après-guerre, nombre de Français qui craignaient la résurgence d'une nouvelle grande puissance outre-Rhin et auraient préféré voir seulement se constituer une confédération d'Etats allemands optèrent pour la solution la plus poussée en ce sens. Les Américains qui, d'une part, s'engagèrent en faveur d'une République de caractère fédératif, mais qui, d'autre part, ne perdaient pas de vue que la Fédération avait besoin, en vue de la reconstruction, de plus amples compétences dans le domaine de la politique économique, finirent par s'imposer. Leur allié le plus puissant sur ce point était le chef du parti social-démocrate, Kurt Schumacher, qui ne cessa de combattre avec opiniâtreté les idées soutenues par les Libéraux et les Chrétiens-Démocrates, qui désiraient attribuer des droits plus étendus aux Länder. Renforcer la centrale, tel était le voeu des sociaux-démocrates, voeu qui venait s'inscrire dans la tradition du parti, laquelle remontait à l'Empire.

Les Alliés décidèrent de l'aspect que devaient revêtir les Länder de la République fédérale, instaurée en 1949. A l'exception de Hambourg et de Brême, deux villes-Etats, ainsi que de la Bavière, aucun n'avait d'antécédents historiques. Le Schleswig-Holstein, la Hesse, la Basse-Saxe, la Rhénanie-Palatinat et la Rhénanie-du-Nord-Westphalie furent façonnées par les Alliés en majeure partie à partir des provinces prussiennes occidentales. Du fait de son statut d'occupation, Berlin joua, dès le début, un rôle particulier. Ce n'est qu'en 1952, à la suite d'un plébiscite, que le Bade-Wurtemberg vit le jour; il se constituait des provinces de la Bade, du Wurtemberg-Baden et du Wurtemberg-Hohenzollern. La Sarre les rejoignit cinq ans plus tard après en avoir décidé par référendum.

L'évolution fut toute autre au sein de la zone d'occupation soviétique. A l'exception de la Saxe-Anhalt, le Kremlin eut recours aux provinces prussiennes pour instaurer, en 1945, les cinq Länder de la zone d'occupation soviétique. Le Brandebourg, le Mecklembourg, la Saxe et la Thuringe représentaient des régions dont l'unité politique respective s'était faite au fil de l'histoire, et furent intégrées en tant que telles dans la constitution de la République démocratique allemande mise en place en 1949. Mais cette structure fédérale ne demeura qu'un simulacre. Walter Ulbricht, l'homme le plus puissant de RDA jusqu'à sa chute, en 1971, procéda à la dissolution des Länder en 1952. Ils furent remplacés par quinze «Bezirke» (districts) qui n'étaient que de pures entités administratives. De caractère dirigiste, l'économie de la RDA était commandée par l'Etat. Le SED, Parti socialiste unifié, était organisé selon le principe du centralisme,

c'est-à-dire du haut vers le bas, les sections locales du parti n'étant que de purs exécutants. C'est ainsi que Staline et Ulbricht purent, d'en haut, remodeler de fond en comble la société au sein de la zone d'occupation soviétique. Toutefois, les districts ne furent pas véritablement acceptés par la population. L'héritage historique transmis de génération à génération était trop profondément ancré dans la conscience des habitants de ces régions pour que des districts anonymes aient pu laisser de traces.

Dans leur grande majorité, les hommes ont besoin de s'identifier à leur patrie, à leur propre nation, à une culture et une histoire bien à eux. Ma patrie à moi s'est toujours étendue de Stade et de Lüneburg jusqu'à Stralsund et Greifswald, en passant par Lübeck, Wismar et Rostock. Jeune garçon, j'ai découvert à bicyclette toutes ces vieilles villes hanséatiques empreintes du style du gothique de briques; la Marienkirche (église Notre-Dame) de Rostock m'était aussi familière que la Marienkirche de Lübeck, la Porte Kröpelin à Rostock au même degré que celle du Holstentor à Lübeck. Aussi est-il pour moi tout à fait naturel que les Saxons continuaient de se sentir Saxons, les habitants du Mecklembourg, Mecklembourgeois – et non comme des habitants d'un quelconque «Bezirk». Ils se voyaient, par ailleurs, désavantagés au profit de la demi-ville qu'était Berlin-Est. Quand il y avait des bananes et des oranges au bord de la Spree, cela ne signifiait nullement que les habitants de Leipzig ou de Güstrow pouvaient en acheter. Tandis que de nombreuses maisons se délabraient à Greifswald ou à Dresde, la capitale de la RDA ne comptait plus les ouvrages de prestige. La bretelle de raccordement de Hambourg à l'autoroute de Rostock à Berlin, bretelle financée par le gouvernement fédéral, compte parmi les rares investissements de grande envergure à avoir survécu au régime placé sous la houlette du Parti socialiste unifié. Ce projet fit beaucoup sourire à l'époque; aujourd'hui, tout le monde se réjouit qu'il existe une autoroute reliant directement Hambourg et Berlin.

Lorsque, à l'automne 1989, les Allemands de l'Est descendirent dans la rue, ce fut pour protester contre la tutelle à laquelle ils étaient assujettis mais aussi, contre l'excès de centralisation de l'Etat est-allemand. J'eus l'occasion de m'en convaincre moi-même. Au début de novembre 1989, avant la chute du mur, je me rendis en compagnie de ma femme à Meißen, dans les environs de Dresde ainsi qu'à Hüttental, situé près de la ville de Chemnitz qui portait alors le nom de Karl-Marx-Stadt, pour y discuter avec des hommes d'Eglise et des personnes intéressées à la politique. La soif de savoir était ardente. Comment fonctionne l'économie de marché? Et la police? Et la démocratie parlementaire en République fédérale? Quels sont les rapports entre la Fédération et les Länder? C'est en Saxe que, dans un premier temps, les couleurs régionales blanc et vert apparurent dans la mer de drapeaux des manifestants; plus tard, la conscience régionale se manifesta également dans d'autres parties de l'ex-RDA, ainsi que je

pus le constater lors d'une visite à Rostock, au printemps 1990. C'est quelques semaines plus tard, peu de temps avant la réunification qui eut lieu le 3 octobre 1990, que les Länder est-allemands furent rétablis. Nombre de districts ruraux qui s'étaient temporairement retrouvés dans la «fausse» province du point de vue historique, rejoignirent sans tarder leur pays d'origine historique.

L'unité allemande – qui nous a valu une responsabilité internationale accrue – étant accomplie, les nouveaux Länder sont devenus parties intégrantes du système fédératif ouest-allemand, au sein duquel, depuis 1949, il n'existe pas d'Etat prédominant, contrairement au rôle que joua la Prusse dans les temps passés. Les Länder nouvellement constitués ne pouvaient être forts qu'en commun. Les rapports entre la Fédération et les Länder qui ne s'opposent que ponctuellement n'ont donc rien du caractère explosif dont étaient empreints les conflits entre la Prusse et le Reich sous la République de Weimar.

Cela n'a nullement terni l'importance des Länder, bien au contraire. En dépit de leur caractère tout d'abord artificiel, ils sont, eux aussi, parvenus à faire naître ce que les nouveaux Länder de l'ancienne RDA surent, après l'unification, recréer sans peine en tant que provinces historiques et homogènes: à savoir une conscience régionale. Le fait que les Länder soient dotés de compétences directes pour ce qui est de savoir, par exemple, quelle route doit être construite, quel système scolaire doit être adopté ou encore combien de policiers doivent être embauchés, et soient ainsi directement mêlés à la vie de tout un chacun, y a certainement contribué dans la même mesure. Ainsi que le veut la Loi fondamentale, l'enseignement scolaire et supérieur, l'aménagement du territoire, la construction de routes, l'approvisionnement en énergie ainsi que la sécurité et l'ordre publics relèvent de la compétence directe des Länder.

Depuis 1949, la Fédération n'a, toutefois, cessé d'étendre ses attributions au détriment des Länder. A l'origine, les auteurs de la Loi fondamentale avaient clairement réparti les tâches de l'Etat, ainsi que leur financement, entre la Fédération et les Länder. Dès l'époque d'Adenauer, qui fut chancelier de 1949 à 1963, les conditions de la société industrielle moderne, l'interdépendance croissante en matière d'économie et de transports, ainsi que la mobilité grandissante exigèrent le transfert de tâches supplémentaires à la Fédération. De nouvelles responsabilités vinrent s'y ajouter au fil du temps: le secteur de la défense, après que la République fédérale eut acquis sa souveraineté et fut devenue membre de l'OTAN, en 1955, mais aussi l'énergie atomique, domaine dans lequel Bonn se vit conférer également de nouvelles attributions sur le plan législatif et administratif. La conséquence en est que le gouvernement fédéral – quelle que soit sa couleur politique, se querelle, depuis plus de vingt ans, avec les Länder quant à la question de savoir où stocker les déchets nucléaires. Un très grand nombre de modifications ont été apportées à la constitution, qui, dans leur ensemble, ont eu pour effet de renforcer les compétences de la Fédération au détriment de celles des Länder. Une responsabilité commune face aux tâches à assumer est venue remplacer, dans de nombreux cas, une répartition claire et nette de celles-ci; cela a également entraîné, hélas, une perte de transparence. Les responsabilités politiques s'en sont vues brouillées. Pour les citoyens et les électeurs, il devient de plus en plus difficile de reconnaître qui, du gouvernement fédéral ou régional, est responsable en ce qui concerne tel état de chose ou telle démarche à entreprendre.

Pour comprendre quelle importance revêtent les Länder, il ne suffit pas de considérer la mission administrative de ces dernières. Le rôle des Länder dans le processus de législation est pour le moins aussi important. A travers le Bundesrat, au sein duquel ils délèguent des membres des gouvernements régionaux respectifs, ils disposent d'un puissant levier d'action en matière de législation. Les modifications de la constitution exigent l'accord du Bundesrat, au même titre qu'une grande partie des lois fédérales adoptées par le Bundestag. Ainsi, les élections parlementaires au niveau du Land et les changements de gouvernement dans les différents Länder ont-ils une répercussion directe sur la politique fédérale. Ils influencent directement les rapports de force et les majorités respectives au sein du Bundesrat et peuvent même, dans certaines circonstances, devenir un cul-de-sac du pouvoir législatif. Ce danger se présente dès lors que des majorités politiques différentes règnent au Bundesrat, d'une part, et au Bundestag, d'autre part, ce qui fut le cas, à plusieurs reprises, dans l'histoire de la République fédérale. Tant les gouvernements de Willy Brandt, de 1969 à 1974, que mes propres gouvernements, de 1974 à 1982, se sont vus confrontés à une majorité des partis de l'opposition au sein du Bundesrat. Inversement, le gouvernement fédéral, constitué par la coalition de la CDU/CSU (Union chrétienne-démocrate/Union chrétienne-sociale) et du Parti libéral doit faire face, aujourd'hui, à des majorités social-démocrates au Bundesrat. Nombre de projets de loi durent être remaniés ou échouèrent pour s'être heurtés à l'opposition des Länder.

Ayant eu parfois à pâtir des conflits opposant la Fédération aux Länder, l'attitude du gouvernement en matière de politique intérieure et extérieure, a pu paraître incalculable. A l'avenir, la coordination entre la Fédération et les Länder revêtira une importance accrue dans le domaine de la politique étrangère de la République fédérale car en 1992, au cours des débats sur la ratification du Traité des Maastricht, les Länder ont fait jouer leur forte position afin de s'assurer, par le biais d'une modifiaction de la constitution, un droit de véto vis-à vis du gouvernement fédéral dans le processus d'unification de l'Europe: avant de faire le moindre pas en vue de l'intégration européenne, Bonn doit obtenir l'accord du Bundesrat.

On ne peut encore, aujourd'hui, discerner avec exactitude, dans quel sens se fera l'évolution future de l'Europe. Il n'existe pas de parallèle historique pour ce qui est de l'Union européenne, encore moins de modèle. Nous, Allemands, devons renoncer au débat qui se veut juridico-scientifique et qui est si typique pour nous, quant à la question de savoir si l'Union européenne doit s'apparenter à une confédération d'Etats ou à un Etat fédéral. Au lieu de cela, les nations européennes devront construire leur édifice pierre à pierre – à la manière anglaise, c'est-à-dire pragmatique. Le processus d'unification de l'Europe peut prendre encore plusieurs dizaines d'années.

Quelle que soit l'évolution future de l'Union européenne, deux aspirations se verront satisfaites. En premier lieu, les nations regroupées au sein de cette Union ne perdront pas le caractère qui leur est propre, mais, au contraire, le conserveront. Cela vaut, en second lieu, pour la structure fédérative de l'Allemagne qui, chez nous – à la différence de la France ou de l'Angleterre – s'est forgée au fil des siècles. Qui veut comprendre la politique, l'économie, la culture des Allemands doit connaître les Länder! Cela s'adresse à nos voisins qui pourront lire le présent ouvrage en trois langues, mais est également valable pour nous, Allemands. Car nous sommes encore loin de l'unification de notre nation au sens affectif du terme, de même que d'une intégration parfaite sur le plan économique. Les Allemands de l'Ouest et de l'Est savent encore trop peu de choses les uns des autres et de l'histoire qui leur est commune.

Si le présent ouvrage contribuait à ce que les Allemands, à l'Est et à l'Ouest, apprennent à mieux se connaître, un grand pas serait fait. Seule une Allemagne démocratique s'attirera la confiance de ses voisins. Et ce n'est que si nous, Allemands, savons maintenir, au sein de notre propre patrie, l'équilibre intérieur entre la Fédération et les Länder, que nous pourrons faire face à la responsabilité qui nous incombe en matière de politique étrangère et que nous pourrons œuvrer efficacement en faveur d'une Europe unie.

Das farbenreiche Land im Norden

Carl Ingwer Johannsen

Schleswig-Holstein verdankt seine Existenz dem Norden. Aus Skandinavien stammt nämlich das Land. Es besteht aus Schuttmassen, welche die eiszeitlichen Gletscher einst hierher geschoben haben. Dieser Gesteinsschutt, auch Moränen genannt, weist häufig eine Stärke von weit über 100 Metern auf. Ohne sie böten die Nord- und Ostsee ein großes Meer mit nur wenigen kleinen Erhebungen aus dem Wasser bei Helgoland, Sylt, Itzehoe und Segeberg. Nach der Eiszeit siedelten auf den Schuttmassen Pflanzen, Tiere und Menschen. Vermutlich sind in der jüngeren Steinzeit aus einer Vermischung von „Megalithikern" und „Steinaxtleuten" die Germanen hervorgegangen.

In seinen historischen Grenzen nimmt Schleswig-Holstein die südlichste Hälfte jener Halbinsel ein, die sich vom mitteleuropäischen Kernland zum Norden in Richtung Norwegen erstreckt. Im Süden bildet das breite Urstromtal der Elbe mit starken tide- und windbedingten Wasserstandsverschiebungen einen natürlichen Abschluß gegenüber Niedersachsen. Im Norden setzt die Wiedau mit ihren Nebenflüssen und den Niederungen gegenüber Dänemark ebenfalls naturgegebene Akzente. Die Grenzen sind also weitgehend natürlich, und die einzelnen Teillandschaften bieten eigenständige Sitten und Bräuche. Auch in der Kunst und Architektur offenbart sich Typisches. Das Lied „Schleswig-Holstein meerumschlungen" aus dem Jahr 1844 unterstreicht das Heimatbewußtsein in diesem abgegrenzten Land in schicksalhafter Zeit.

Ein einheitliches Gebilde, wie es der Liedtext vermitteln möchte, ist Schleswig-Holstein allerdings nicht. Schon die Küsten bieten Gegensätzliches, das sich im Landesinneren fortsetzt. Einer landfesten, starken Ostseeküste mit tiefen, ins Land einschneidenden Förden liegt im Westen eine nahezu konturlose weiche, flache Wattenmeer- und Marschenlandschaft gegenüber, die nur durch starke Deiche geschützt werden kann. Es ist verständlich, daß diese Menschenwerke immer wieder durch unberechenbare Sturmfluten zerstört beziehungsweise verändert werden, mit allen dadurch verbundenen Schicksalen, Land- und Küstenverschiebungen.

Überaus abwechslungsreich stellt sich der natürlich gefaßte Raum dar. Das trifft besonders auf die geologische Dreigliederung zu: Im Osten lockt das seenreiche Hügelland mit fruchtbaren Lehmböden – Jungmoränen der letzten Eiszeit. Der Mittelrücken, die magere Geest, besteht vornehmlich aus Sanderflächen, die vom Schmelzwasser der letzten Eiszeit ausgespült und aufgeschüttet wurden, und aus verwaschenen Altmoränen der vorletzten Eiszeit. Dieser Landschaftsteil leitet harmonisch von Ost nach West über. Gegenüber der Ostküste bietet die Nordseeseite durch und durch Kontrastierendes. Hier fasziniert ein weit überschaubares, flaches Land mit vom Meer abgelagerten und abgerungenen, stets von Hochwasser bedrohten Salzwiesen als Vorland im Gegensatz zu dem fruchtbaren Marschenland mit einigen inselartigen Altmoränenkuppen.

Ebenso mannigfaltig wie das geographische Erscheinungsbild Schleswig-Holsteins sind auch die sozialen und ethnischen Strukturen. Schleswig-Holstein muß trotz aller Völkerabwanderungen, die Angeln und Sachsen etwa zogen im 5. Jahrhundert nach England, attraktiv gewesen sein. Immer wieder drangen von allen Seiten neue Völkergruppen auf die Landbrücke ein, wie zum Beispiel die Sachsen und Franken, Friesen, Jüten, Dänen, Schweden und Slawen (Abotriten). Schließlich nahm Karl der Große die nordelbischen Sachsengaue Holstein, Stormarn und Dithmarschen in sein Reich auf. Etwa 300 Jahre lang wurde dann das Land zwischen den Meeren von Machtkämpfen zwischen Deutschen, Dänen und Slawen heimgesucht. Im Jahre 1111 setzte der Herzog von Sachsen, Lothar von Supplinburg, Adolf von Schauenburg als Grafen in Holstein und Stormarn ein. Während dieser Zeit verlor der wichtigste Ort des Landes, Schleswig, dem zuvor bereits die nahe gelegene Wikingersiedlung Haithabu als Handelszentrum angehört hatte, zugunsten von Lübeck seine Vormachtstellung. Nun wurde Lübeck zur Perle der Hanse und deutscher Kultur im gesamten Ostseeraum. Im Gegensatz zum germanischen Altsiedelland mit meist bäuerlichen Schichten erhielt der holsteinische Feudaladel im ehemals slawischen Wagrien und Polabien sowie im früher bewaldeten deutsch-dänischen Grenzgebiet (Dänischer Wohld und Schwansen) seit dem 12. Jahrhundert grundherrliche Rechte. Hier liegen die Anfänge für den seit Ende des 15. Jahrhunderts erfolgten Aufbau einer Gutswirtschaft mit dienstpflichtigen Untertanen.

Der Historiker Christian Degn beschreibt in seinem eindrucksvollen historischen Atlas (1994) die Komplexität der schleswig-holsteinischen Geschichte und erinnert an ein Wort des britischen Premierministers Lord Palmerston (1784–1865): „Die Geschichte Schleswig-Holsteins sei so kompliziert, daß nur drei Menschen sich darin auskennten: 1. Albert von Sachsen-Coburg-Gotha, der Prinzgemahl der Queen Victoria – aber der sei schon tot; 2. ein deutscher Professor – aber der sei verrückt geworden; 3. er selbst, Lord Pam – aber er habe alles wieder vergessen, zum Glück, sonst wäre er auch noch verrückt geworden." Und weiter schreibt Degn: „Doch der englische Lord vergaß einen vierten, der die Geschichte nicht nur kannte, sondern so beherrschte, daß er sie auch zu nutzen verstand: Palmerstons großer Gegenspieler Bismarck. Durch Bismarcks Politik – er sprach nach vielen Jahren und Erfolgen von seinem ‚Meisterstück!' – wurde Schleswig-Holstein 1864/1867 preußisch und deutsch. Die vielhundertjährige Brücke nach Dänemark wurde abgebrochen. Berlin wurde nun für lange Zeit der Ort politischer Entscheidungen."

Das Ergebnis der Volksabstimmung aus dem Jahre 1920 legte im Landesteil Schleswig eine Grenzverlegung von der Königsau bei Ribe zur Wiedau bei Tondern fest. Dieser Grenzverlauf überdauerte das „Dritte Reich" und findet bis heute überwiegend Zustimmung. Auf die historischen Ereignisse antwortet die Formensprache der Architektur und Kunst. Vielerorts zeigen sich Einflüsse aus Kopenhagen und aus Berlin. Beispielsweise künden zwei prägende Kirchenbauten und Hauptwerke des Klassizismus, die Neumünsteraner Vicelinkirche (1828–34) und die Husumer Marienkirche (1829–33), die beide von dem bekannten dänischen Architekten Christian Frederik Hansen im Anschluß an die Frauenkirche in Kopenhagen gebaut wurden, von dänischen Einflüssen. Dagegen setzt das in den Jahren 1875–78 erbaute heutige Oberlandesgericht in Schleswig als ehemaliger Sitz des Oberpräsidenten und der Regierung aus preußischer Zeit nach den Plänen von Landbaumeister Heinrich Köhler eindeutig Berliner Zeichen. Ebenso wird die Berliner Schule anhand der alten Kieler Universitätsbibliothek (1881–84) von Martin Gropius und Heino Schmieden deutlich.

Unabhängig von politischen Ereignissen blieben die überlieferten bäuerlichen baulichen Bestandsschichten auf dem Lande. Diese Baukultur fußt auf gewachsenen Traditionen, die aus allen Himmelsrichtungen auf das Brückenland Schleswig-Holstein einwirkten und hier dann über Jahrhunderte eigenständig geprägt wurden. Ein Kennzeichen aller Bauernhäuser ist ihre zweckgebundene Architektur: Die Form folgt der Funktion. Nur ein Gebäude, das den extremen Witterungsbedingungen in Schleswig-Holstein trotzen kann, ist für diesen Landstrich geeignet. Aus der Fülle der unterschiedlichen historischen Haus- und Hofformen sei eine hervorgehoben: das uthlandfriesische Haus. Als die „Uthlande" bezeichnet man vornehmlich die Halligen und Inseln Nordfrieslands. Der danach benannte Haustyp ist ein langgestreckter Massivbau. Hier finden sich Wohn- und Stallbereich – wie bei allen traditionellen schleswig-holsteinischen Bauernhäusern – unter einem Dach, das von inneren wandnahen Ständern getragen wird. Im Falle von Verwitterungen oder Unterspülungen durch Sturmfluten hält die im Inneren des Hauses liegende, geschützte Ständerkonstruktion lange stand. „Luxus" boten diese Häuser natürlich kaum. Meist war im Wohnbereich bis auf die Küche nur die täglich genutzte Stube, die „Döns", beheizbar. Die „beste" Stube, der sogenannte „Pesel", blieb den großen Feierlichkeiten vorbehalten.

Einzigartig ist die Landschaft Schleswig-Holsteins, einzigartig ist auch der Reichtum von Geschichte, Kunst und Kultur, der in den ca. 130 schleswig-holsteinischen Museen aufs beste erschlossen ist. Mit etwa 2,6 Millionen Besuchern jährlich nehmen die musealen Einrichtungen genauso viele Gäste auf, wie das Land Einwohner zählt. Das Schleswig-Holsteinische Landesmuseum auf Schloß Gottorf in Schleswig, das Wikinger Museum Haithabu, das Schleswig-Holsteinische Freilichtmuseum in Molfsee bei Kiel, das Dithmarscher Landesmuseum in Meldorf sowie das Nissenhaus/Nordfriesisches Museum in Husum gehören zu den meistbesuchten Kulturstätten dieser Art.

Das nördlichste Bundesland Deutschlands, ein Agrarland mit bedeutender Viehzucht und vorbildlichem Ackerbau auf nur etwa 160 mal 90 Kilometern, stellt wie zur Zeit seines Ursprungs nicht nur auf dem Landwege, sondern auch über das verbindende Element Wasser weiterhin Kontakte zwischen Nord und Süd zu allen Nordsee- und Ostseeanrainern her. Das vor einigen Jahren aus der Taufe gehobene „Ars Baltica" ist das Zauberwort, das die Kommunikation über Kunst und Kultur belebt. Das Schleswig-Holstein Musik Festival, das seit zehn Jahren mit hochrangigen Künstlern aus aller Welt veranstaltet wird, unterstreicht diese Bemühungen. Die Industrie- und Handelskammer zu Kiel bündelt rund um die Ostsee Interessen aus den Wirtschaftssphären Nord-, West- und Osteuropas. Über 100 Jahre bestehen die Kieler Woche, das große Sport- und Volksfest, und der Nord-Ostsee-Kanal, eine der meistbefahrenen Wasserstraßen der Welt. Sie sind nicht nur Zeugnisse der Gestaltungskraft von Land und Leuten, ihrer maritimen und kulturellen Traditionen, sondern gleichzeitig Symbole der wirtschaftspolitischen Perspektiven.

Die kulturelle Tradition erklingt auch in den einzigartigen Stimmen der unvergessenen Literaten, die unsere Heimat weltberühmt gemacht haben. Durchreisen wir Schleswig-Holstein, dann holen uns diese eindringlichen und bilderreichen Beschreibungen immer wieder ein. In Lübeck etwa befindet sich eine der bekanntesten Adressen der Weltliteratur. Das 1758 erbaute Patrizierhaus in der Mengstraße, das einst der Familie Mann gehörte, ist zu großen Teilen der Schauplatz der „Buddenbrooks" von Thomas Mann (1875–1955). Heute beherbergt dieses altehrwürdige Gebäude eine Gedenkstätte. In dem grünen Bauernland Dithmarschen denken wir an den in Heide geborenen Müllerssohn Klaus Groth (1819–1899), der die klangvolle plattdeutsche Sprache des Volkes in seinen niederdeutschen Gedichten verewigt hat. In Dithmarschen, und zwar in einem kleinen verträumten Museum in Wesselburen, wird man auch an den von hier stammenden Friedrich Hebbel (1813–1863) erinnert, einen der bedeutendsten Dramatiker des deutschen Nordens. Und ist man während eines Tages, an dem graue Sturmwolken über den Himmel ziehen, auf dem Weg durch die erhabene Koog- und Marschenlandschaft an der Nordseeküste, so kommt dem Betrachter eine Passage aus Theodor Storms (1817–1888) „Schimmelreiter" in den Sinn: „Es war im dritten Jahrzehnt unseres Jahrhunderts, als ich bei starkem Unwetter auf einem nordfriesischen Deich entlangritt. Zur Linken hatte ich schon seit über einer Stunde die öde, bereits von allem Vieh geleerte Marsch, zur Rechten, und zwar in unbehaglicher Nähe, das Wattenmeer der Nordsee, zwar sollte man vom Deiche aus auf Halligen und Inseln sehen können, aber ich sah nichts als die gelbgrauen Wellen, die unaufhörlich wie mit Wutgebrüll an den Deich hinaufschlugen …"

In diesem Land der Kontraste und der Buntheit, das so viele Literaten für immer auf Papier bannten, erwachsen trotz allen Handelns und Tuns dennoch Ruhe und Beschaulichkeit: In den gletschergeformten, sanftwelligen Hügellandschaften der Ostküste ebenso wie auf den nahezu unendlich linearen Weiten im gegenüberliegenden, benachbarten Westen. Hier wie dort begegnen sich Urlauber mit Kind und Kegel auf stillen Bauernhöfen, in gemütlichen Landkrügen und Fischerhäusern – wo sich Erholung und Arbeit mischen, wo Wind und Wetter, Sonne und Regen sich zu einem großen Ganzen fügen. Schleswig-Holstein ist über die Jahreszeiten ebenso farbenreich wie die Landschaften des Malers Emil Nolde (1867–1956). Vom zarten Maiengrün über die frühsommerliche Rapsblüte bis zu den Herbstfarben passen sich in alter und neuer Gestalt die Städte und Dörfer ein, zwischen Flensburg und Lübeck, Keitum und Kollmar, Büsum und Burg auf Fehmarn.

A North German State Rich in Colour

Carl Ingwer Johannsen

Schleswig-Holstein owes its existence to the North. The state actually comes from Scandinavia. It consists of masses of debris pushed up by Ice Age glaciers. This stone debris, also known as a moraine, frequently rises to a height of well over 100 metres. Without it the North and Baltic seas would be one big expanse of water with just a few humps of land peeping out of the sea near Heligoland, Sylt, Itzehoe and Segeberg. After the Ice Age, plants, animals and people made themselves at home on the moraine mass. The Germanic tribes probably emerged in the New Stone Age from a mixture of megalithic and "stone axe" peoples.

Schleswig-Holstein's historic boundaries take in approximately the southern half of the peninsula which stretches from the central European heartland northwards towards Norway. To the South the broad glacial valley of the Elbe with its strong fluctuations in water level caused by tide and wind forms a natural boundary with Lower Saxony. Likewise in the North nature provides a guideline in the shape of the River Wiedau and its tributaries and flats. Thus within largely natural borders the different parts of the state have their own independent customs. Even in art and architecture they reveal typical features. The song "Schleswig-Holstein meerumschlungen" (Schleswig-Holstein embraced by the sea), written in 1844, underlines the regional consciousness in this clearly demarcated state in fateful times.

Nonetheless, Schleswig-Holstein is by no means the uniform entity the song would have us believe. Even the coasts present a widely differing picture, and this variety continues inland. Whereas the Baltic coast is firm and solid, with fjords cutting deep into the land, the North Sea coast to the West is an almost undefined expanse of mud flats and marshes which can only be protected by strong dykes. Understandably these works of man are destroyed or altered time and again by capricious storm tides, with all the fates and shifts in land and coastline which they bring with them.

The natural environment is infinitely varied. This applies particularly to its tripartite geological structure: to the East the hilly countryside with numerous lakes and fertile loamy soil – young moraines of the last Ice Age. The central ridge, the sparse Geest or moorland, consists predominantly of expanses of sand washed out and deposited by the melted snow and ice of the last Ice Age, and of old moraines washed up in the penultimate Ice Age. This landscape forms a harmonious link between East and West. Unlike the east coast, the North Sea side is richly varied. Here you can see for miles across a mesmerising expanse of flat countryside where salt meadows, deposited by and wrested from the sea, are under constant threat from high tides, and, by way of contrast, hummocks of old moraine protrude island-like from out of fertile marshland.

Schleswig-Holstein's social and ethnic structures are just as full of variety as its geographical appearance. Despite all migratory movements, for example the exodus of Angles and Saxons to England in the 5th century, Schleswig-Holstein must have been an attractive place. Again and again new ethnic groups, including Saxons and Franconians, Frisians, Jutes, Danes, Swedes and Slavs (Abotrites), pushed their way into this narrow strip of land. Finally Charlemagne absorbed the North Elbe Saxon tribal districts of Holstein, Stormarn and Dithmarschen into his Empire. Then for around 300 years the land between the seas was afflicted by power struggles between Germans, Danes and Slavs. In 1111 AD, Lothar von Supplinburg, Duke of Saxony, appointed Adolf von Schauenburg as Count of Holstein and Stormarn. During this period the region's most important town – Schleswig, including the nearby Viking trading centre of Haithabu – lost its preeminence to Lübeck. Lübeck now became the pearl of the Hanseatic League and of German culture throughout the Baltic region. Unlike the old region settled by the Germanic tribes and inhabited mainly by peasant ranks, the feudal aristocracy of Holstein in the former Slav areas of Vagria and Polabia and the previously forest-covered German-Danish border area (Dänischer Wohld and Schwansen) were granted land rights from the 12th century on. This marked the beginning of what, by the end of the 15th century, had developed into an economic order based on landed estates and subjects owing service to the lord of the manor. In his impressive 1994 historic atlas historian Christian Degn describes the complexity of Schleswig-Holstein's history, recalling a comment made by the British Prime Minister Lord Palmerston (1784–1865): "(Palmerston remarked that) the history of Schleswig-Holstein was so complicated that there were only three people versed in it: 1. Prince Albert of Saxe-Coburg-Gotha, husband of Queen Victoria – who was already dead; 2. a German professor – who had gone mad; 3. he himself, Lord Pam – but he had forgotten it all again, fortunately, otherwise he would have gone mad too." Degn

continues: "But the English lord forgot a fourth person who not only knew the history but had such a command of it that he was able to take advantage of it: Palmerston's great counterpart, Bismarck." As a result of Bismarck's policy – after many years and further successes he still spoke of it as his "masterpiece" – in 1864 and 1867 Schleswig-Holstein became Prussian and German. The centuries-old bridge linking Schleswig-Holstein with Denmark was demolished. Now, for a long time, Berlin became the seat of political decisions.

The result of a 1920 referendum in Schleswig was to establish in the region a border from the Königsau near Ribe to the Wiedau near Tondern. This border outlasted the Third Reich and is still largely accepted today. Architectural and artistic style reflect historic events. Many places show the influence of Copenhagen or Berlin. Danish influence is evident above all in the outstanding churches of our state, the Vicelinkirche in Neumünster (1828–34) and the Marienkirche in Husum (1829–1833), two major works of classicism. Both were built by the renowned Danish architect Christian Frederik Hansen and modelled on Vor Frue Kirke, the Church of Our Lady, in Copenhagen. The building of what is now the state High Court in Schleswig, on the other hand, has a distinctly Berlin air. Built between 1875–1878 according to plans by chief architect Heinrich Köhler, in Prussian days it was the headquarters of the provincial governor and government. The Berlin school is also apparent in the old Kiel university library (1881–1884) by Martin Gropius and Heino Schmieden.

What endures of rural architecture in the countryside is completely independent of political events. Here building styles and methods are rooted in evolved traditions which came from all directions to influence the bridge land of Schleswig-Holstein and then over the centuries developed their own special character. One characteristic feature of all farmhouses is their purpose-built architecture: form follows function. Only a building which can withstand the extreme weather conditions in Schleswig-Holstein is suitable for this terrain. From a plethora of different styles of house and farm one is particularly worth mentioning: the Uthlande Frisian house. The word "Uthlande" is used primarily to designate the offshore islets (known as "halligs") and North Frisian islands. The type of house named after this region is a long, solid building. Here, as in all traditional Schleswig-Holstein farmsteads, living and stable areas are under one roof, which is supported by internal uprights close to the wall. This protected structure of internal uprights withstands the ravages of weathering and prevents the building from being washed away by flood waters. Luxury, of course, was a rarity in such houses. Apart from the kitchen, as a rule only the "Döns" or every-day living room could be heated. The "best" parlour, known as the "Pesel," was only used on special occasions.

Schleswig-Holstein's landscape is unique, as is its wealth of history, art and culture, excellently reconstructed in the state's 130 or so museums. With around 2.6 million visitors each year these museums receive as many guests as the state has inhabitants. Among the best-frequented cultural establishments of this kind are the Schleswig-Holsteinisches Landesmuseum in Schloss Gottorf in Schleswig, the Haithabu Viking Museum, the Schleswig-Holsteinisches Freilichtmuseum (an open air museum) in Molfsee near Kiel, the Dithmarscher Landesmuseum in Meldorf and the Nissenhaus/Nordfriesisches Museum in Husum.

Germany's northernmost federal state is an agrarian region, important for cattle-breeding and exemplary agriculture in an area of only around 160 times 90 kilometres. As in the time of its origins, it continues to maintain contacts between North and South, to all North Sea and Baltic littoral regions, over land and by the connecting element of water. "Ars Baltica," founded a few years ago, is the magic word which animates communication via art and culture. These efforts are underlined by the Schleswig-Holstein Music Festival, now ten years old, which attracts high-ranking artistes from all over the world. The Chamber of Commerce and Industry in Kiel brings together economic interests around the Baltic from both western and eastern European economic spheres. The Kieler Woche (Kiel Regatta), the great sporting and popular festival, and the Kiel Canal, one of the busiest shipping routes in the world, are both over 100 years old. As well as being testimony to the creative power of state and people, their maritime and cultural traditions, they are at the same time symbols of Schleswig-Holstein's economic and political perspectives.

The state's cultural tradition also finds resonance in the unique voices of the unforgotten writers who have made our homeland world-famous. If we travel through Schleswig-Holstein, these penetrating voices with their wealth of imagery keep catching up with us. Lübeck, for example, boasts one of the best-known addresses in world literature. The 1758 patrician residence in Mengstrasse, once owned by the Mann family, is largely the setting of the novel "Buddenbrooks" by Thomas Mann (1875–1955). This time-honoured building now houses a memorial. In the green agricultural country of Dithmarschen we remember Klaus Groth (1819–1899), the miller's son who immortalised the sonorous Low German language of his people through his poetry. Likewise in Dithmarschen, in a sleepy little museum in Wesselburen, one is reminded of its native son Friedrich Hebbel (1813–1863), one of North Germany's greatest dramatists. And if travelling through the sublime polder and marshland scenery on the North Sea coast on a day when grey storm clouds are chasing across the sky, the observer will be reminded of a passage from Theodor Storm's (1817–1888) "Schimmelreiter": "It was in the third decade of this century, when I was riding on a North Frisian dyke in a heavy storm. To my left for over an hour I had had the dreary marsh, already empty of cattle, to my right, and indeed uncomfortably near, the North Sea mudflats. From the dyke one should have been able to see the halligs and islands, yet I saw nothing but the yellow-grey waves beating incessantly against the dyke as if bellowing with rage …"

In this land of contrasts and variety, immortalised on paper by so many writers, despite all the hustle and bustle a certain peace and tranquillity prevail. In the glacier-formed, gently undulating scenery along the east coast and on almost infinitely linear expanses in the opposite, neighbouring west, holidaymakers with their families meet on peaceful farms, in cosy country inns, in fishermen's houses with boats, in places where work and play mingle, where wind and weather, sun and rain combine into one big whole. Schleswig-Holstein is as colourful as the landscapes painted by Emil Nolde (1867–1956) through the seasons. Towns and villages in old and new form between Flensburg and Lübeck, Keitum and Kollmar, Büsum and Burg auf Fehmarn blend into a palette ranging from the tender green of May to the sharp yellow rape of early summer and the hues of autumn.

La province riche en couleurs du nord de l'Allemagne

Carl Ingwer Johannsen

Le Schleswig-Holstein doit son existence au nord. Ce pays est, en effet, d'origine scandinave. Il se constitue d'un amas de roches que les glaciers sont venus, jadis, à la période de glaciation, refouler à cet endroit. Ces éboulis rocheux, appelés également moraines, atteignent souvent plus de 100 mètres d'épaisseur. Sans eux, la mer du Nord et la Baltique seraient une vaste étendue d'eau ne présentant que quelques petites éminences émergeant des flots à Helgoland, à Sylt, à Itzehoe et à Segeberg. A l'issue de la période glaciaire, des plantes, des animaux et des êtres humains sont venus se fixer sur ces alluvions rocheuses. Il est à supposer que les Germains sont issus, à l'âge de la pierre le plus récent, du métissage de «l'homme du mégalithique» et de celui de «la hache de pierre».

Quant à ses frontières historiques, le Schleswig-Holstein occupe presque toute la moitié sud de la péninsule qui s'étend du noyau de l'Europe centrale à laquelle il est rattaché, en direction de la Norvège, au nord. La large dépression glaciaire de l'Elbe, fleuve accusant d'importantes différences de niveau d'eau en raison des marées et des vents, constitue, au sud, une frontière naturelle par rapport à la Basse-Saxe. C'est également la nature, qui, au nord, avec les vallées de la Wiedau et de ses affluents, le délimite du Danemark. Ses frontières sont donc en grande partie naturelles et ses différentes régions ont chacune leurs traditions bien à elles. Son individualité se manifeste également au niveau de l'architecture et de l'art. Le chant, «Schleswig-Holstein, pays étreint par les flots», composé en 1844, à une époque fatidique de son histoire, fait ressortir le sentiment d'appartenance à cette province si nettement circonscrite, dont sont animés les habitants.

Toutefois, le Schleswig-Holstein ne forme pas une entité homogène, ainsi que les paroles de cette chanson le suggèrent. Il n'est que de considérer ses côtes, d'aspect profondément différent et dont les contrastes se prolongent à l'intérieur du pays. La côte baltique fermement ancrée dans les terres, échancrée de baies et d'estuaires pénétrant loin à l'intérieur du pays s'oppose, à l'ouest, à un littoral tout en douceur et presque sans contours, plat pays de polders et de vasières que seules de puissantes digues peuvent protéger. Mais les ouvrages que l'homme est venu y dresser sont sans cesse exposés à l'assaut de grandes marées imprévisibles qui les détruisent ou les altèrent, avec tout ce que ceci comporte de tragédies humaines et de modifications du tracé côtier.

Ce territoire, si naturellement délimité, présente une grande diversité de paysages. Celle-ci se manifeste particulièrment dans les trois parties dont se compose le Schleswig-Holstein au point de vue géologique: l'est exerce son attrait grâce à son paysage de collines parsemées de nombreux lacs, dont les sols argileux et fertiles sont issus des moraines récentes datant de la dernière période glaciaire. La dorsale médiane, le «Geest» lande maigre, consiste essentiellement en étendues sablonneuses, amoncelées là par l'eau de la fonte des neiges et en moraines délavées remontant à l'avant-dernière période glaciaire. C'est à travers ce paysage que s'opère, de façon harmonieuse, la transition entre l'est et l'ouest. La façade ouest, tournée vers la mer du Nord, contraste profondément avec la côte de la mer Baltique. Sa fascination lui vient de son littoral plat, s'étendant à perte de vue, avec, au-delà de la digue, de grands espaces sillonnés de fossés, alluvionnés par la mer ou arrachés à cette dernière, espaces menacés en permanence d'inondation. Ils s'opposent aux polders fertiles d'où émergent, tels de minuscules îlots, quelques rares monticules d'origine morainique ancienne.

Les structures sociales et ethniques du Schleswig-Holstein sont aussi diverses que ses paysages sont multiples. Malgré l'exode de certains peuples germaniques – les Angles et les Saxons, par exemple, émigrèrent en Angleterre au Ve siècle –, le Schleswig-Holstein doit avoir exercé un attrait particulier. Venant de toutes parts, de nouveaux groupes ethniques ne cessèrent de pénétrer, sur cette péninsule, tels les Saxons et les Francs, les Frisons, les Jutes, les Danois, les Suédois et les Slaves (Obodrites). Charlemagne finit par incorporer à son empire les provinces saxonnes du nord de l'Elbe qu'étaient le Holstein, le Stormarn et le pays de Dithmarschen. Pendant environ 300 ans, cette région d'entre deux mers fut l'enjeu de luttes pour le pouvoir opposant Allemands, Danois et Slaves. En 1111, Lothar de Supplinburg, duc de Saxe, fit appel à Adolf von Schauenburg et l'institua comte de Holstein et de Stormarn. C'est à cette époque que la ville la plus importante de cette province, Schleswig – dont avait fait partie auparavant Haithabu, colonie de Vikings et carrefour commercial, situé dans les environs de la ville – perdit sa suprématie au profit de Lübeck. Ainsi Lübeck devint-elle la perle de la Hanse et le joyau de la culture allemande, rayonnant dans l'ensemble des pays de la Baltique. Contrairement à l'ancien territoire de colonisation germanique, dont la population était en majorité rurale, la noblesse féodale du Holstein, vivant dans les anciennes provinces slaves de Wagri et de Polabi ainsi que dans la région frontalière germano-danoise, autrefois couverte de forêts, (Wohld danois et Schwansen), avait été investie de privilèges dès le XIIe siècle. Il faut y voir les prémisses de la forme d'organisation en grands domaines appartenant à des féodaux règnant sur des vassaux corvéables, forme qui prévalut à partir de la fin du XVe siècle.

Dans son remarquable Atlas historique (1994), l'historien Christian Degn décrit la complexité de l'histoire du Schleswig-Holstein et rapporte les paroles prononcées par le premier ministre britannique, Lord Palmerston (1784–1865): «l'histoire du Schleswig-Holstein est si compliquée que seules trois personnes seraient capables de s'y retrouver: premièrement, Albert von Sachsen-Coburg-Gotha, époux de la reine Victoria et prince consort – mais il est déjà mort; deuxièmement, un professeur allemand – mais il est devenu fou; troisièmement lui-même, Lord Pam – mais il a heureusement déjà tout oublié, sinon il serait lui aussi devenu fou». Et Degn d'ajouter: «Or, ce lord anglais avait oublié un quatrième personnage, qui non seulement connaissait fort bien l'histoire, mais la maîtrisait à tel point qu'il savait l'utiliser à son profit: Bismarck, le grand adversaire de Palmerston. C'est en 1864/1867 que, grâce à la politique du chancelier de fer, le Schleswig-Holstein devint prussien et allemand – des années plus tard et après les nombreux succès qu'il remporta, Bismarck en parlait comme de son «chef-d'œuvre». Le pont séculaire unissant cette province au Danemark avait cessé d'exister. Berlin était, désormais, le centre des décisions politiques et il devait en être ainsi pendant une longue période.

Comme le voulaient les résultats du plébiscite réalisé en 1920, le tracé des frontières dut être corrigé et fut transféré de la Königsau, près de Ribe, à la Wiedau, près de Tondern. Cette nouvelle frontière survécut au «Troisième Reich» et continue de recueillir l'adhésion du plus grand nombre.

Les événements historiques se sont répercutés au niveau de l'architecture et de la culture du pays. L'influence exercée par Copenhague et Berlin se manifeste en de nombreux endroits. L'église Vicelin à Neumünster (1828–34) ainsi que la Marienkirche à Husum (1829–33), ouvrages principaux représentant le classicisme dans cette région, érigées toutes les deux par le fameux architecte danois Christian Frederik Hansen après que ce dernier eut achevé la Frauenkirche à Copenhague, illustrent notamment l'influence danoise. En revanche, la Cour d'Appel de Schleswig, bâtiment érigé de 1875 à 1878 d'après les plans de l'architecte Heinrich Köhler et ancien siège du chef des administrations de cette province ainsi que du gouvernement sous la domination prussienne, dénote le style d'architecture berlinois. L'Ecole de Berlin transparaît, elle aussi, à travers l'ancienne Bibliothèque de l'université de Kiel (1881–84), œuvre de Martin Gropius et de Heino Schmieden.

Le patrimoine architectural de l'habitat rural est demeuré entièrement à l'écart des événements politiques. Le style d'architecture repose sur des traditions profondément enracinées qui, issues des quatre points cardinaux, marquèrent de leur empreinte ce pays-pont qu'est le Schleswig-Holstein, lui conférant au fil des siècles, le caractère qui lui est propre. La forme est fonction de l'usage. Seul un bâtiment pouvant défier les conditions climatiques extrêmes auxquelles est exposé le Schleswig-Holstein, est adapté à cette contrée. De la multitude des formes historiques qu'adopte la maison de ferme, nous en mentionnerons une tout particulièrement: la maison frisonne dite «Uthlandhaus». Par «Uthlande», on entend essentiellement les Halligen (minuscules îlots en mer du Nord) et les îles de la Frise septentrionale. Le type de maison ainsi dénommé est un bâtiment de vastes dimensions, construit tout en longueur. Comme dans toutes les maisons de ferme traditionnelles du Schleswig-Holstein – les pièces d'habitation et les étables sont réunies sous un même toit qu'étayent des supports intérieurs aménagés près des murs. En cas de dégâts dûs aux grandes marées, les supports intérieurs, bien protégés, permettent à l'ensemble de la construction de tenir bon. Ce genre de maisons n'offrait évidemment aucun luxe. Dans la plupart d'entre elles, seule la salle de séjour, la «Döns» où l'on se retrouvait chaque jour, était chauffée, en dehors de la cuisine. Le salon, appelé «Pesel», n'avait pas le chauffage et était réservé aux cérémonies des jours de fête.

Le paysage du Schleswig-Holstein est incomparable, tout comme le sont les trésors historiques, artistiques et culturels excellemment répertoriés que recèlent les 130 musées du Schleswig-Holstein. Ils accueillent autant de visiteurs – presque 2,6 millions chaque année – que le pays compte d'habitants. Le Musée régional du Schleswig-Holstein au Château de Gottorf, à Schleswig, le Musée Viking de Haithabu, le musée de plein air du Schleswig-Holstein à Molfsee, près de Kiel, le Musée régional de Dithmarschen à Meldorf ainsi que le Musée de la Frise septentrionale ou «Nissenhaus», à Husum, font partie des institutions culturelles les plus fréquentées du genre. Ce Land, situé à la pointe nord de l'Allemagne, pays à vocation agricole où l'élevage joue un rôle important et où l'agriculture, pratiquée sur une surface d'environ 160 x 90 kilomètres, revêt un caractère exemplaire, continue d'assurer, tout comme à son origine, le lien entre le nord et le sud et de mettre en contact tous les pays riverains de la mer du Nord et de la Baltique. L'«Ars Baltica», qui a vu le jour il y a quelques années, est la formule magique, venue insuffler une nouvelle vie à ces rapports par le biais de la culture et de l'art. Le Festival de musique du Schleswig-Holstein, qui a lieu depuis dix ans et réunit des artistes de premier ordre, accourant du monde entier, ne fait que souligner ces efforts. La Chambre de Commerce et d'Industrie de Kiel focalise tout autour de la Baltique les intérêts économiques des grands marchés d'Europe de l'Ouest et de l'Est. La Kieler Woche, importante fête sportive et populaire, existe depuis plus de 100 ans, de même que le canal de la mer du Nord à la Baltique, l'une des voies navigables les plus fréquentées du monde. Ils témoignent non seulement du génie créateur du pays et de ses habitants, de ses traditions maritimes et culturelles, mais symbolisent en même temps les perspectives existant en matière de politique économique.

La tradition culturelle vibre également à travers les œuvres exceptionnelles d'illustres hommes de lettres qui ont rendu célèbre notre patrie. En parcourant le Schleswig-Holstein, leurs voix, magiques et évocatrices parviennent sans cesse jusqu'à nous. A Lübeck, par exemple, où vécut l'un des plus célèbres écrivains que compte la littérature mondiale. Le roman «Buddenbrooks» de Thomas Mann (1875–1955) a, en grande partie, pour théâtre la maison patricienne de la Mengstraße, construite en 1758, et jadis propriété de la famille Mann. Ce vénérable édifice abrite aujourd'hui un mémorial. Le verdoyant pays de Dithmarschen évoque pour nous Klaus Groth (1819–1899), fils de meunier, né à Heide qui, dans ses poèmes, a immortalisé la langue de la population de cette région, le bas-allemand, si haut en couleur et agréable à l'oreille. Au pays de Dithmarschen, dans un petit musée idyllique, à Wesselburen, on se rappellera aussi Friedrich Hebbel (1813–1863), originaire de cette même ville, l'un des auteurs dramatiques les plus éminents du nord de l'Allemagne. Et si, par une journée de tempête où de gros nuages gris courent dans le ciel, le promeneur vient à cheminer à tra-

vers le sublime paysage de polders, il se remémorera un passage du «Schimmelreiter» (L'Homme au cheval blanc) dont Theodor Storm (1817–1888) est l'auteur: «C'était dans la troisième décade de notre siècle, un jour de grande tempête, où je chevauchais sur une digue de la Frise du Nord. A ma gauche, j'avais, depuis plus d'une heure, les polders déserts, que le bétail avait déjà délaissés, à ma droite, désagréablement proche, l'estran de la mer du Nord; on devait certes pouvoir distinguer, de la digue, les Halligen et les îles, mais je ne voyais rien que les vagues d'un gris jaunâtre qui venaient, sans relâche, fouetter le haut de la digue, comme mugissant de rage …»

Ce pays de contrastes, riche en couleurs, que tant d'écrivains ont immortalisé dans leurs œuvres, est aussi celui du calme et de la sérénité malgré tout l'affairement qui y règne. Au hasard des douces collines de la côte est, façonnées par les glaciers, ou des étendues rectilignes, presque infinies du rivage ouest, qui lui fait face, se croisent les vacanciers, voyageant avec armes et bagages, dans des maisons de ferme isolées, des auberges de campagne à l'atmosphère douillète, des maisons de pêcheurs, là où détente et travail se conjuguent, où vent et tempête, soleil et pluie s'unissent pour former un grand tout. Le Schleswig-Holstein est aussi chamarré que le paysage peint par Emil Nolde (1867–1956) en quelque saison de l'année que ce soit. Entre Flensburg et Lübeck, Keitum et Kollmar, Büsum et Burg auf Fehmarn, villes et villages, anciens et nouveaux, se blotissent dans ce paysage qui passe du vert tendre du mois de mai, aux couleurs éclatantes du colza en fleurs, au début de l'été, et à celles, non moins resplendissantes, de l'automne.

Dünen sind der wirksamste und natürlichste Inselschutz. Bis zu 35 Meter hoch sind sie auf den Nordfriesischen Inseln Amrum und Sylt aufgeweht.

Dunes afford the most effective and most natural protection for islands. On the North Frisian islands of Amrum and Sylt they are blown up to 35 metres high.

Rien de plus efficace et de plus naturel pour protéger une île que les dunes. A Amrum et à Sylt, îles de la Frise septentrionale, le vent a amoncelé le sable jusqu'à 35 mètres de hauteur.

Wie ein feiner Strich liegt die Hallig Langeneß am Horizont. Sturmfluten haben seit Jahrhunderten die Geschichte dieser winzigen Eilande geschrieben. Auch heute wird das Leben auf einer Hallig von Ebbe und Flut bestimmt.

Langeness hallig lies like a fine line on the horizon. For centuries floods have written the history of these tiny islands. To this day, life on a hallig is governed by high and low tides.

L'île plate de Langeneß rehausse la ligne d'horizon d'un trait fin. L'histoire de ces minuscules îlots porte l'empreinte des grandes marées qui les taraudent depuis des siècles. Comme de tout temps, le flux et le reflux ponctuent, aujourd'hui, la vie de ces îles.

Inmitten unserer schnellebigen Zeit hat das reetgedeckte Friesenhaus seine Harmonie und Behaglichkeit bewahrt und weckt Erinnerungen an die gute alte Zeit.

In our fast-moving age the thatched Frisian cottage has retained its harmony and cosiness, calling to mind memories of the good old days.

Défiant l'agitation des temps modernes, la maison frisonne, coiffée d'un toit de chaume, a conservé son harmonie et son aspect douillet évoquant le bon vieux temps.

Das „Altfriesische Haus" in Keitum/Sylt ist heute ein Museum und zeigt in seinen original erhaltenen Innenräumen, wie die Inselfriesen früher wohnten.

The "Altfriesisches Haus" in Keitum on Sylt is now a museum, with original interiors showing how Frisian islanders used to live.

La «Vieille Maison frisonne» (Altfriesisches Haus), à Keitum, sur l'île de Sylt, abrite aujourd'hui un musée et dévoile, à travers son intérieur conservé à l'état original, le mode de vie des habitants des îles de la Frise au cours des temps passés.

Hunderte von Fischkuttern sorgen dafür, daß genügend Schollen, Muscheln und Krabben aus der Nordsee frisch in die Restaurants kommen.

Hundreds of fishing cutters ensure that a sufficient supply of fresh North Sea plaice, mussels and shrimps reaches restaurants.

Des centaines de chalutiers veillent à ce que les restaurants ne manquent pas de plies, de moules et de crevettes fraîches, pêchées en mer du Nord.

Der Maler Emil Nolde (1867–1956) entwarf sein Wohnhaus und den Garten in Seebüll/Nordfriesland 1926/27 selbst. Seine hier während der Nazi-Zeit entstandenen Aquarelle, die „ungemalten Bilder", spiegeln die Landschaft des Nordens.

The painter Emil Nolde, 1867–1956, designed his own home and garden in Seebüll, North Frisia, in 1926/27. The water-colours he painted here during the Nazi era, or "unpainted paintings," as he called them, reflect the landscape of the north.

Le peintre Emil Nolde (1867–1956) dessina lui-même, en 1926/27, les plans de sa maison et de son jardin, qui se trouvent à Seebüll, en Frise septentrionale. Ses aquarelles, les «tableaux non-peints», réalisées pendant la période nazie représentent le paysage nordique.

Die Nordseeinsel Helgoland
besteht aus einem bis zu 56
Meter über dem Meeresspie-
gel aufragenden Buntsand-
steinfelsen und der östlich
gelegenen Düne. Wahrzei-
chen des Nordseebades ist
die „Lange Anna" (links).

The North Sea island of
Heligoland consists of a sandstone rock jutting up to 56
metres above sea-level and
the dune which lies to the
east of it. "Lange Anna," the
rock, left, is the North Sea
resort's landmark.

L'île d'Helgoland, en mer du
Nord, est constituée d'un
rocher de grès bigarré émergeant jusqu'à 56 mètres au-
dessus du niveau de la mer
ainsi que d'une dune, en sa
partie est. Le rocher «Lange
Anna» (à gauche) est le
symbole de cette station
balnéaire de la mer du
Nord.

Grachtenrundfahrt in Friedrichstadt. Noch heute wirkt
die kleine Stadt wie ein Stück
Holland. Tatsächlich war
Friedrichstadt eine Gründung
für niederländische Glaubens-
flüchtlinge im 17. Jahrhundert.

A tour of the grachten, or
canals, in Friedrichstadt, a
small town which to this day
looks like a piece of Holland.
Friedrichstadt was, indeed,
established for Dutch religious
refugees in the seventeenth
century.

Circuit en bateau sur les
canaux de Friedrichstadt. De
cette petite ville émane
aujourd'hui encore une atmosphère rappelant la Hollande.
Friedrichstadt fut, en effet,
fondé par des réfugiés néerlandais ayant dû fuir devant
les persécutions d'ordre religieux dont ils furent l'objet au
XVIIe siècle.

Himmel, Wolken, weites Land. Dieser Dreiklang prägt Schleswig-Holstein und sein sanft gewelltes Binnenland. Nirgendwo sonst ist der Himmel höher, treibt der Wind ein launigeres Spiel mit den Wolken und ist das Land unendlicher.

Sky, clouds, wide open countryside, three elements in harmony which characterise Schleswig-Holstein and its gently rolling interior. Nowhere else is the land more boundless, the sky more lofty, or does the wind chase the clouds more capriciously.

Ciel, nuages, vastes étendues. Ce triple accord caractérise le Schleswig-Holstein et l'intérieur de cette région dont le paysage est doucement vallonné. Nulle part ailleurs le ciel ne présente cette immensité, le vent ne s'amuse aussi capricieusement à chasser les nuages, l'horizon n'est aussi illimité.

Der Osten Schleswig-Hol-
steins wird durch gewaltige
Meeresarme geprägt, die in
der Eiszeit entstanden sind
und die Ostsee tief in das
Land haben eindringen lassen. Wie ein blaues Band teilt
die Schlei westlich von Sieseby die von Raps und Baum-
kronen geprägten, im Früh-
sommer gelbgrünen Ufer.

The east of Schleswig-Holstein is marked by large sea
inlets formed during the Ice
Age and enabling the Baltic
to cut deep swathes into the
countryside. Like a blue rib-
bon the Schlei west of Sieseby separates its yellow and
blue banks, with their rape-
fields and treetops, in early
summer.

L'est du Schleswig-Holstein est
caractérisé par de puissants
bras de mer, nés à l'ère glaciaire et permettant à la Baltique de pénétrer loin à l'intérieur des terres. A l'ouest de
Sieseby, la Schlei dévide son
ruban bleu, scindant les rives
ponctuées de bouquets
d'arbres et émaillées de
champs de colza qui se tein-
tent de jaune et de vert au
début de l'été.

Am Ostufer der Flensburger Förde liegt Schloß Glücksburg. Das 1582 bis 1587 unter dem dänischen Herzog Johann dem Jüngeren erbaute Wasserschloß gehört zu den schönsten Gebäuden Schleswig-Holsteins (oben).

Glücksburg Castle stands on the east shore of Flensburg Bay. The moated castle, built between 1582 and 1587 during the reign of the Danish Duke John the Younger, is one of Schleswig-Holstein's most attractive buildings (above).

Sur la rive est de la baie de Flensburg se dresse le château de Glücksburg. Erigé de 1582 à 1587 pour le duc danois Jean le Jeune, ce château entouré de douves fait partie des plus beaux édifices du Schleswig-Holstein (en haut).

Im Inneren des Schlosses Gottorf/Schleswig warten wertvolle Sammlungen der Schleswig-Holsteinischen Landesmuseen auf interessierte Besucher (unten).

In Schleswig's Gottorf Castle valuable Schleswig-Holstein Landesmuseum collections await interested visitors (below).

A l'intérieur du château de Gottorf, situé près de la ville de Schleswig, de précieuses collections issues des musées régionaux du Schleswig-Holstein attendent le visiteur intéressé (en bas).

Kiel ist nicht nur die Landeshauptstadt Schleswig-Holsteins, sondern auch Verbindungshafen zu den nördlichen Nachbarn. Am Schweden- und Oslokai kann man tagtäglich das An- und Ablegen der Fährschiffe beobachten.

Kiel is not just the state capital of Schleswig-Holstein but a seaport linking it with its Scandinavian neighbours. Ferries can be seen daily as they berth and depart from the Schwedenkai and Oslokai.

Kiel n'est pas seulement la capitale du Land de Schleswig-Holstein, mais aussi un port reliant cette région de l'Allemagne à ses voisins scandinaves. Des embarcadères, le «Schwedenkai» et l'«Oslokai», on peut, chaque jour, contempler l'arrivée et le départ des ferrys.

Kiel und die Kieler Woche. Die weltgrößte Segelsportveranstaltung findet jährlich in der letzten Juniwoche statt. Tausende von Teilnehmern treffen sich im Mekka des Segelsports und liefern sich den Launen von Wind und Wetter aus.

Kiel and the Regatta. The world's largest sailing event is held annually in the last week of June. Thousands of participants meet in the Mecca of yachting and abandon themselves to the caprices of wind and weather.

Kiel et la «Semaine de Kiel»: la plus grande manifestation sportive du monde en matière de yachting s'y tient chaque année pendant la dernière semaine de juin. Des milliers de participants se rencontrent dans cette mecque de la voile, livrés aux caprices du vent et du temps.

Der Nord-Ostsee-Kanal verbindet die Elbbucht der Nordsee mit der Kieler Förde der
Ostsee. Er gehört zu den
meistbefahrenen Wasser-
straßen der heutigen Zeit. Die
Durchfahrt des 98,7 Kilometer langen Kanals dauert sieben bis acht Stunden.

The Kiel Canal, linking the
Elbe bay in the North Sea
with Kiel Bay in the Baltic, is
one of the busiest waterways
today. It is 98.7 kilometres
long and the passage takes
between seven and eight
hours.

Le canal de la mer du Nord à
la mer Baltique établit la liaison entre la baie de l'Elbe sur
la côte ouest et la baie de Kiel
sur la côte est. Il compte
parmi les voies navigables les
plus fréquentées de nos jours.
La traversée de ce canal, long
de 98,7 kilomètres, demande
sept à huit heures.

In unmittelbarer Nähe Kiels,
in Molfsee, befindet sich das
Schleswig-Holsteinische
Freilichtmuseum. Es hat sich
zur Aufgabe gemacht, typi-
sche Zeugnisse bäuerlicher
Haus- und Hofformen des
Landes zu sammeln und zu
erhalten.

The Schleswig-Holstein
Open-Air Museum is in Molfsee, just outside Kiel. It has set
itself the task of collecting and
maintaining typical examples
of local rural houses and
farms.

C'est à Molfsee, dans les
proches environs de Kiel, que
se trouve le le Musée de plein
air du Schleswig-Holstein. Il
s'est donné pour tâche de
rassembler et de préserver les
témoins caractéristiques des
modes d'habitation rurale que
sont les maisons et les fermes
de cette région.

Liebevoll gepflegt werden die alten reetgedeckten Fachwerkbauten im ländlichen Schleswig-Holstein, wie hier am Plöner See in Dersau/Holsteinische Schweiz.

The old thatched, half-timbered buildings in rural Schleswig-Holstein are lovingly cared for, as can be seen here in Dersau on the Plöner See in Holstein Switzerland.

Les vieilles maisons à colombages, recouvertes de toits de chaume, typiques de la campagne du Schleswig-Holstein sont entretenues avec un soin tout particulier, comme on le voit ici, à Dersau, en bordure du lac de Plön, qui fait partie de la «Suisse du Holstein».

Die hügelige Landschaft der Holsteinischen Schweiz erhielt ihre Gestalt durch die letzte Eiszeit. Die schönste Art, dieses idyllische Gebiet kennenzulernen, ist die berühmte „Fünf-Seen-Fahrt" . Sie beginnt am Dieksee in Malente-Gremsmühlen.

The undulating hills of Holsteinische Schweiz (Holstein Switzerland) were formed by the last Ice Age. The most agreeable way of getting to know this idyllic area is to take the well-known Five-Lakes Tour, starting from Dieksee in Malente-Gremsmühlen.

Le paysage vallonné de la «Suisse du Holstein» a été façonné au cours de la dernière période glaciaire. La plus agréable façon de faire connaissance de cette région idyllique est d'entreprendre la fameuse «croisière sur les cinq lacs». Elle débute au lac de Dieksee, à Malente-Gremsmühlen.

Ein Wahrzeichen von Osthol-
stein ist die fast einen Kilometer lange Fehmarnsund-
brücke, die die Insel Fehmarn
mit dem Festland verbindet.

Fehmarnsund Bridge, nearly
one kilometre long, linking
the island of Fehmarn with
the mainland, is an East Holstein landmark.

Le pont enjambant le Feh-
marnsund, d'environ un kilo-
mètre de long, qui relie l'île de
Fehmarn à la terre ferme, est
l'emblème de l'est du Holstein.

Zur sanft gewellten Hügel-
landschaft Schleswig-Hol-
steins gehören die im 16.
Jahrhundert als gutsadliges
Herrschaftszeichen errichteten
Torhäuser – das von Övel-
gönne ist von besonderer Ele-
ganz.

A feature of the gently rolling
hills of Schleswig-Holstein is
the sixteenth-century gate-
houses built as an expression
of power by the lords of the
manor. This one, in Övel-
gönne, is strikingly elegant.

Symboles de la noblesse ter-
rienne, les anciennes maisons-
porches marquant l'entrée de
domaines furent bâties au
XVIe siècle et font partie du
paysage mamelonné du
Schleswig-Holstein – celle
d'Övelgönne est d'une élégance toute particulière

Glück bringt es, wenn man die Schuhspitze oder den hochgestreckten Daumen von Till Eulenspiegel berührt. Die bronzene Brunnenfigur steht auf dem Markt der malerischen Altstadt von Mölln.

Touching the tip of Till Eulenspiegel's pointed shoe or his raised thumb is said to bring you luck. Eulenspiegel in bronze and his fountain can be seen on the market square in the picturesque old part of Mölln.

Toucher le bout de la chaussure ou le pouce levé de Till Eulenspiegel porte bonheur. Cette sculpture de bronze se dresse sur la place du marché de la pittoresque vieille ville de Mölln.

Das im 18. Jahrhundert erbaute Schloß Wotersen ist eine flach übergiebelte, sonnengelbe Dreiflügelanlage, die im norddeutschen Barockstil errichtet wurde. Klassische Musik erklingt hier alljährlich im Rahmen des Schleswig-Holstein Musik Festivals im Reitstall.

Wotersen Castle, built in the eighteenth century, is a flat-roofed, three-winged, north German Baroque manor house painted sunshine yellow. Classical music is played every year in the stable buildings as part of the Schleswig-Holstein Music Festival.

Le château de Wotersen, édifié au XVIIIe siècle, est un ensemble à trois ailes, de couleur jaune doré, doté d'un toit saillant à pignon plat. Il fut exécuté dans le style baroque caractéristique du nord de l'Allemagne. Chaque année, le manège résonne des accents de la musique classique que l'on y joue dans le cadre du Festival de Musique du Schleswig-Holstein.

Das Holstentor mit den mächtigen Rundtürmen ist das Wahrzeichen Lübecks. Es gehörte einst zu den Verteidigungsanlagen der alten Hansestadt. Links des trutzigen Gebäudes ragen die Türme von St. Marien auf.

The Holstentor with its massive round towers is the emblem of Lübeck. It once formed part of the old trading city's fortifications. To the left of the sturdy old building are the towers of the Marienkirche.

Le «Holstentor», porte fortifiée aux énormes tours circulaires, est l'emblème de Lübeck. Elle faisait autrefois partie des murs d'enceinte de cette ancienne ville hanséatique. A gauche du puissant édifice se dressent les tours de l'église St-Marien.

Travemünde ist nicht nur ein bekanntes Seebad, sondern auch Fährhafen nach Skandinavien und Osteuropa. Am Priwall liegt der außer Dienst gestellte Großsegler „Passat", heute ein Museumsschiff.

Travemünde is not just a well-known seaside resort but also a ferry port to Scandinavia and Eastern Europe. The tall ship "Passat," now a floating museum, is moored at Priwall.

Travemünde n'est pas seulement une station balnéaire fort connue, mais aussi un port pour ferrys à destination de la Scandinavie et de l'Europe de l'Est. Face à la presqu'île de Priwall est ancré le «Passat», quatre-mâts désormais hors service et aujourd'hui musée.

Ein Hamburger beugt sich nicht

Anna Brenken

Theodor Heuss traf den Nagel auf den Kopf. Bei seinem ersten Besuch als Bundespräsident im Hamburger Rathaus 1950 mußte er, wie jeder Staatsgast, die Senatstreppe emporsteigen, wo ihn auf dem obersten Absatz der Erste Bürgermeister erwartete. Ein Brauch, der fest im ungeschriebenen Protokoll der Freien und Hansestadt verankert ist, der den Bürgerstolz einer Stadtrepublik ausdrückt, die sich nie fremden Oberhäuptern beugte. Auf den Hinweis eines Mitarbeiters, diese Sitte könne man doch in Bonn übernehmen, meinte Heuss: „So etwas kann man nicht einführen. Man hat es."

Man hat es. Das ist so selbstbewußt gedacht, wie man in Hamburg gern denkt. Über Geld redet man nicht. Man hat es. Über die schönste Stadt in Deutschland diskutiert man nicht. Man hat sie natürlich. Klar, daß der an Alster und Elbe Geborene, der sich in die Welt aufmacht – eher nach London, New York, Schanghai als nach Berlin, München, Paris –, immer seine Heimatstadt im Sinn behält und gar nicht in Frage stellt, daß er eines Tages wieder dorthin zurückkehren wird.

Das hanseatische Selbstbewußtsein dieser Stadtrepublik mit beneidenswert ungebrochener Tradition ist gepaart mit Höflichkeit. Sollte man die britische Königin Elisabeth II. bei ihrem Staatsbesuch im Mai 1965 allein die Senatstreppe emporsteigen lassen, wie das Protokoll es befahl? Das kann nicht angehen, fand der Erste Bürgermeister und schickte der königlichen Hoheit auf halber Treppe den Zweiten Bürgermeister entgegen. Seitdem werden alle echten Königinnen, nicht die angeheirateten, vom Zweiten Bürgermeister die letzten Stufen bis zum Hamburger Staatsoberhaupt emporgeleitet.

Das schöne nasse Herz

Kein Schloß, keine Kirche bildet das Herz dieser Hafen- und Handelsstadt. Hamburgs Herz ist naß, kalt und von so großer Schönheit, daß man ins Schwärmen gerät. Binnenalster und Außenalster als ästhetisches Zentrum der Metropole spiegeln den Himmel, vervielfachen das Licht über der City und machen das Herz hell, großzügig und weit. So gar nicht nebenbei ist dem aufgestauten Alsterfluß, der als früher Handelsweg im Verein mit der Elbe die Stadt reich machte, hier ein wunderbares Denkmal gesetzt. Und das Rathaus? Wirkt es nicht wie ein Schloß oder zumindest wie eine weltliche Kathedrale? Obwohl die meisten Hamburger das Rathaus bei einer Umfrage für das imponierendste Gebäude ihrer Stadt hielten, muß sich dieser republikanische Prunkpalast auf Anhieb doch erstmal der schöneren Augenfälligkeit des Wassers beugen. Auf den zweiten Blick kommt keiner mehr an der gründerzeitlichen Prächtigkeit vorbei. Auch bei diesem Nobelkasten für Senat und Bürgerschaft war hanseatisches Selbstbewußtsein der Geburtshelfer. Als der große Brand von 1842 die halbe Innenstadt in Schutt und Asche gelegt hatte, kam bald der Gedanke auf, Ansehen, Macht und Reichtum des Stadtstaates in einem Rathausneubau Gestalt zu geben. Der wirtschaftliche Boom des jungen Industriezeitalters und der Überseehandel hatten den Reichtum an Elbe und Alster enorm vermehrt. Die gute alte Hanseatentradition, daß man Geld hat, aber nicht zeigt, wurde beim Bau des neuen Rathauses ausnahmsweise über Bord geworfen. Der sächsische Kurfürst August der Starke hatte Anfang des 18. Jahrhunderts Künstler aus ganz Europa in seine kleine Residenzstadt an der Elbe geholt, um aus Dresden eine Weltstadt der Kultur zu machen. So weit mochte man elbabwärts in Hamburg im 19. Jahrhundert nicht gehen. Die Hanseaten hatten anderes im Sinn. Der gewaltige Neubau des Rathauses, 1886 begonnen, sollte vor allem die Leistungen der einheimischen Architekten, Kunsthandwerker und Künstler beflügeln. Unter der Federführung von Martin Haller vereinigten sich sieben Hamburger Architekten zur Rathaus-„Bauhütte". Internationale Maßstäbe der Baukunst blieben „außen vor", wie man an der Elbe sagt. Weltniveau war nicht gefragt. Man baute auf solide norddeutsche Qualität, allerdings mit teuren Materialien aus ganz Europa. Eine Entscheidung, die sich hundert Jahre später im Baurausch der achtziger Jahre wiederholte. Die Folge? In beiden Fällen in der Regel ansehnliches Mittelmaß. Warum das am 26. Oktober 1897 festlich eröffnete Rathaus heute trotzdem eine Sehenswürdigkeit ist? Weil hier glänzend der Zeitgeist einer Epoche, das Selbstbewußtsein einer traditionsreichen Stadtrepublik und die Unfähigkeit, solides Kunsthandwerk Kunst werden zu lassen, dingfest gemacht wurden. Ist ja gediegen? Das auf jeden Fall.

Das elegante Klinker-Schiff

Architektonische Weltklasse steht im Rücken des Rathauses. Der klassizistische Bau der Börse, 1841 vollendet, heute Sitz der Handelskammer, glänzt mit seiner vollendet harmonischen Eingangshalle. Aber am besten dient der Hafenstadt ein architektonisches Flaggschiff, das wie ein elegant geschwungener Dampfer daherkommt. Das Chilehaus. Mein und nicht nur mein Lieblingsgebäude in Hamburg. Backstein-Expressionismus vom „Klinkersticker" Fritz Höger (1877–1949) und Spitzenreiter aller Kontorhausprächtigkeit, die sich in der Altstadt in den zwanziger Jahren aufs nachdrücklichste breit machte. Von den Schreibtischen der Kontore aus wird der Hafen regiert. Hier war rechtzeitig die Containerisierung der Güter vorangetrieben worden, so daß Hamburg heute zu den zwölf größten Containerhäfen der Erde zählt. Das Ein- und Auslaufen der großen „Pötte" ist ein Schauspiel, das immer wieder das Herz höher schlagen läßt. Hamburg – Tor zur Welt. Nirgendwo wird das augenfälliger als an der Promenade von Deutschlands größtem Seehafen, zwischen Deichtor und Övelgönne.

Klinker und Klunker haben die Stadt in den vergangenen Jahren erneut gewaltig herausgeputzt. Klinker wie Backstein, Klunker wie neuer Reichtum. Die noblen Einkaufspassagen rund um den Jungfernstieg sind zur Attraktion für ein kaufkräftiges Publikum geworden.

Pöseldorf – Schnöseldorf. Vor einem Vierteljahrhundert war das noch eine ebenso verschwiegene wie verschlafene Wohnadresse an der Außenalster. Heute promeniert der internationale Jet-set durch die Pöseldorfer Milchstraße.

Die Elbchaussee galt Anfang der siebziger Jahre schon als eine der schönsten Straßen der Erde, an der sich Parks, Villen und die Quartiere gehobenen Wohnens aneinanderreihen. Aber wer damals die Mäander der flußbegleitenden Chaussee gegen Mitternacht absuchte nach einer Möglichkeit, noch irgendwo einzukehren, dem wurden in einem muffigen Gasthaus allerhöchstens und sehr widerwillig noch ein paar kalte Ölsardinen in der Dose aufgetischt. Wenn überhaupt Wein, dann gab es nur zwei Differenzierungen: rot oder weiß. Heute zählt die Elbchaussee neben allen anderen Vorzügen auch als kulinarische Meile, die mit mehreren Kochsternen und -mützen dekoriert ist.

Es ist noch nicht lange her, da war das Gelände um die Deichtorhallen ein rattenreicher Trampelpfad durch vergessene Stadtsteppe. Belebt nur von verzweifelt Umherirrenden auf der Suche nach dem von der Polizei abgeschleppten Auto. Heute? Als Ausstellungshallen für internationale Kunst ziehen die beiden Stahl-Glas-Gebäude den Troß der Künstler, Sammler, Galeristen, Museumsleute und einfach nur so Interessierten zum Deichtor. Hamburg, das traditionell einen guten Ruf als Theater-, Literatur- und Musikstadt hat und genauso traditionell nie ein Paradiesgarten für die bildenden Künste war, hat sich staunenswert gemausert. Die Kunst schlägt heute eine beachtliche Brücke zwischen Alster und Elbe. Von der Elbe nach Norden zur Alster reihen sich in kurzer Gehzeit auf der ehemaligen Wallanlage der Stadt (Kloster- und Glockengießerwall) aneinander: Deichtorhallen, Kunstverein, Freie Akademie der Künste, das Kunsthaus des Berufsverbandes Bildender Künstler, das Galerienhaus, das Museum für Kunst und Gewerbe, die Kunsthalle mit Alt- und Neubau sowie als neuestes Bauwerk der Ungers-Kubus für zeitgenössische Kunst.

Man geht aus

50 000 Menschen machen sich in Hamburg jeden Abend auf ins Theater, in die Oper, ins Konzert, Kino oder Kabarett. 50 000 Menschen! Das ist eine halbe Großstadt, jeden Abend unterwegs auf dem Kulturtrip. Noch gar nicht gerechnet die Einzelgänger, Paare, Grüppchen, die die unendliche Vielzahl von Lokalen in der Hansestadt bevölkern. Man geht gerne aus an Alster und Elbe. Das hat zu tun mit einer gewandelten Bevölkerungsstruktur. Die Hafen- und Handelsstadt ist heute auch Metropole für Verlage, Werbung, Film und Mode. In die Hamburger Gesellschaft kommt man nicht rein? Den Neu-Hamburgern ist ziemlich egal, wie fein, steif, unzugänglich oder gediegen sich die alteingesessene Bourgeoisie der Hansestadt geriert. Jede Szene ist sich selbst genug. Man muß es nur einmal erleben, das Defilee zur Glitzer- und Glamourparty einer neuen Trendzeitschrift oder zur Premiere eines neuen Luxusparfums. Da verwandeln sich die Deichtorhallen für eine Nacht in ein Elb-Hollywood der schönen Menschen.

Die Fischauktionshalle am Altonaer Hafenrand widerspricht im Katzengoldglanz dieser Feste so sehr ihrem ureigenen Zweck, daß es kaum vorstellbar ist, wie jeden Sonntag in aller Herrgottsfrühe dann doch wieder die Hühner, Gänse, Kaninchen und Enten zum Hamburger Fischmarkt hier Einzug halten können.

Musik und Mäzene

Wo der Mississippi in die Elbe fließt. Das war in den siebziger Jahren die große Zeit des „Onkel Pö" in Eppendorf und der „Fabrik" in Altona, die damals als erstes soziokulturelles Kommunikationszentrum viele Nachahmer fand. Die Musikszene hat sich verändert. Viele neue Orte für Jazz, Rock, Pop, Rap und Techno-Sound kamen hinzu. Die Lokale im Schatten der Reeperbahn sind heute Mekka für U- und Underground-Musik. Daß die Musikhalle mit dem Denkmal für den in Hamburg geborenen Johannes Brahms nur eben um die Ecke liegt, wissen die Fans der einen Szene meist genauso wenig, wie die Abonnenten der Sinfoniekonzerte Auskunft geben können, wo's denn hier zum „Docks", „After Shave", „Grünspan" oder zur „Großen Freiheit 36" geht.

Die Musikhalle liegt wie eine neobarocke Torte im Schatten eines gläsernen Hochhauses, in dem ein Konzern für Lebensmittel, Waschpulver und Kosmetik regiert. Heilige Hamburger Nachbarschaften. Denn das eine ist hier nicht ohne das andere zu haben. Der Bau der Musikhalle wurde zu Beginn des 20. Jahrhunderts von dem Reederehepaar Sophie und Carl Heinrich Laeisz finanziert. Der Kaufmann als Stifter und Mäzen – eine wichtige Institution an der Elbe. Wer das kulturelle Leben dieser Hansestadt durch die Jahrhunderte verfolgt, stößt auf eine mäzenatische Tradition in der Bürgerschaft, deren rechte Würdigung bis heute aussteht. Wo Könige und Fürsten sich nicht durch ein Klein-Versailles oder Neuschwanstein verewigten, öffnete sich ein Betätigungsfeld für Initiativen der Bürger. Das war zu keiner Zeit so glanzvoll, maßlos und spektakulär wie bei den blaublütigen Herren. Dafür war es wirksam, durchsetzungskräftig, vernünftig und in der Regel zum Nutzen aller. Zum Beispiel die hervorragende Bürgerinitiative mit dem aus der Zeit heraus geborenen Namen „Patriotische Gesellschaft": Dieser 1765 mit Rückenwind der französischen Aufklärung gegründete Verein ist ein wahres Nest für gute Taten. Heute kann hier jeder in den diversen Arbeitskreisen mitwirken, sich um Neue Musik, Denkmalschutz, Stadtentwicklung, soziale Fragen oder Bürgerprojekte kümmern. Die „Patriotische Gesellschaft" zur Förderung der Kunst, des Handwerks und sozialer Einrichtungen war die Mutter der Hamburger Öffentlichen Bücherhallen (jährlich von 4,5 Millionen Menschen genutzt) und der heutigen Hochschule für Bildende Künste. Ihre Mitglieder gründeten den Kunstverein, dem die Kunsthalle entsprang. Sie machten die Ansiedlung der Universität möglich. Nur die Oper konnten sie nicht mehr grün-

den. Sie war bereits 1678 als erste Bürger-Oper Deutschlands ins Leben gerufen worden. Heute gehört die Oper, die im Dunkeln aussieht wie ein feines Aquarium für feine Leute, zu den international angesehenen Häusern. Doch sie ist es nicht, die einen spezifischen Aha-Effekt auslöst, wenn einer irgendwo in Afrika, Amerika, Asien oder Australien sagt: „Ich komme aus Hamburg." – „Aha!" Kleine Pause. Ein wissendes Grinsen macht sich auf dem Gesicht des anderen breit, und er sagt nur ein Wort: „Reeperbahn!" Als ob man da in Hamburg allnächtlich drüberwalzte und in sämtlichen Bordellen Stammgast wäre. Als ob der Mensch von der Elbe beim Stichwort Reeperbahn nicht viel mehr vom Tuten der Schiffe im Hafen träumte! Diesem sentimentalen Ton im kalten Norden, der Fernweh und Heimweh zu einem heißen Labskaus für die Seele verrührt.

Wer lange verreist war, sich wieder der Stadt nähert und den Turm der St.-Michaelis-Kirche entdeckt oder die Landungsbrücken oder den herrlich geschwungenen Bogen der Köhlbrandbrücke oder die Türme von St. Nikolai, St. Petri, St. Jacobi, St. Katharinen oder den Rathausturm – dieser Heimkehrer weiß: Jetzt bin ich wieder zu Hause.

A Hamburger Bows to Nobody

Anna Brenken

Theodor Heuss hit the nail on the head. In 1950, on his first visit to the Hamburg Rathaus as President of the Federal Republic of Germany, like all state guests he had to climb the Senate staircase, while the First Burgomaster stood waiting for him at the top. This custom, firmly rooted in the unwritten protocol of the Free Hanseatic City, is an expression of the civic pride of a city republic which has never bowed to foreign leaders. Heuss's response to a colleague who suggested that this custom might be adopted in Bonn: "You can't introduce something like that. You just have it."

You just have it. The very type of self-aware thinking that people in Hamburg are fond of. You don't talk about money. You just have it. You don't argue about the loveliest city in Germany. Of course you just have it. It is taken for granted that people born on the Alster and Elbe who travel the world – more likely to London, New York or Shanghai rather than Berlin, Munich or Paris – always remember their home city and never question the fact that one day they will return to it.

The Hanseatic self-awareness of this city republic with its enviably unbroken tradition is coupled with politeness. Should they let Queen Elizabeth II of Britain climb the Senate staircase alone on her state visit in May 1965, as protocol dictated? Out of the question, insisted the First Burgomaster, sending the Second Burgomaster halfway down the stairs to meet her. Since then the Second Burgomaster has conducted all genuine queens, not queens by marriage, up the last few steps to the leader of Hamburg.

The beautiful wet heart

It is not a castle or church which forms the heart of this seaport and trading city. Hamburg's heart is wet, cold and so beautiful that it sends people into raptures. The inner and outer Alster, the aesthetic centre of the metropolis, reflect the sky, augment the light over the city centre and make its heart light, generous and expansive. By no means incidentally a wonderful monument has been placed here to the dammed River Alster, an early trading route which together with the Elbe made the city rich.

And the Rathaus? Does it not have the airs and graces of a palace or at least a secular cathedral? Although a survey revealed that most Hamburgers consider the Rathaus the most impressive building in their city, at first sight this sumptuous republican palace must bow to the manifestly greater attractiveness of the water. At second glance there is no overlooking its late nineteenth century splendour. Here, too, Hanseatic self-awareness was the midwife to this classy home for Senate and House of Burgesses. After the great fire of 1842 had burnt half the city centre to a cinder, people soon hit upon the idea of giving form to the reputation, power and wealth of the city state in a new Rathaus building. The industrial boom of the early industrial age and overseas trade had led to an enormous increase in wealth on Elbe and Alster. In building the new Rathaus, by way of exception the old Hanseatic tradition of having money but not making a show of it, was thrown overboard.

At he beginning of the 18th century Augustus the Strong, Elector of Saxony, had brought artists from all over Europe to his little capital on the Elbe to transform Dresden into a cultural metropolis. Downstream in nineteenth-century Hamburg people were not keen to go this far. The Hanseatic elders had something else in mind. The massive new Rathaus building, begun in 1886, was above all to inspire the achievements of native architects, craftsmen and artists. Under the leadership of Martin Haller, seven Hamburg architects joined to form the Rathaus masons' guild. International standards of architecture were "beyond the pale," as Hamburgers say. World class was not required. They relied on sound North German quality, albeit using expensive materials from all over Europe. This decision was repeated a hundred years later in the late 1980s building fever. The consequence? In both cases, as a rule, handsome mediocrity. Why, in spite of this, is the Rathaus, formally inaugurated on 26 October 1897, nowadays a sight worth seeing? Because it is a splendid demonstration of the zeitgeist of an epoch, the self-awareness of a city republic rich in tradition, and the inability to turn sound craftsmanship into art. But it's good quality, isn't it? Of course.

The elegant clinker vessel

World-class architecture is to be found behind the Rathaus. The classical Stock Exchange building, completed in 1841, which now houses the chamber of trade, boasts an entrance hall of perfect harmony. But the port city is best served by an architectural flagship with the elegant curved lines of an ocean-going liner. The Chile House. My, and not only my, favourite building in Hamburg. Brick expressionism by "clinker embroiderer" Fritz Höger (1877–1949), the number one among all the magnificent office buildings which spread their most impressive presence across the old city in the 1920s. The port is governed from the desks of these office buildings. Here they pushed ahead with containerisation at an early stage, so that nowadays Hamburg is one of the twelve biggest container ports in the world. The coming and going of the great "tubs" is a drama which never fails to make the heart beat faster. Hamburg – gateway to the world. Nowhere is this more conspicuous than along the promenade of Germany's biggest seaport, between Deichtor and Övelgönne.

In recent years clinker and rocks have once again magnificently decked out the city. Clinker in the sense of brick and rocks in the sense of new wealth. The exclusive shopping arcades around Jungfernstieg have become an attraction for a public with buying power.

Posh Pöseldorf. Twenty-five years ago it was still an unknown, sleepy residential district beside the outer Alster. Now the international jet-set promenades along its Milchstrasse.

In the early nineteen seventies Elbchaussee, its meanders following the path of the Elbe, was already considered one of the loveliest avenues on earth, lined with parks, villas and exclusive residential areas. But in those days anyone looking around midnight for something to eat was lucky to find a few surlily served up cold sardines in oil. If there was any wine at all, the choice was between two varieties: red or white. Now, in addition to all its other attributes, the Elbchaussee has a reputation as a culinary centre, complete with several gastronomic stars and other awards.

Die Alsterarkaden wurden 1844–1846 errichtet. Ganz früher hatte sich hier ein Apothekergarten befunden. Um die Ecke, am berühmten Jungfernstieg, pulsiert das Leben.

The Alsterarkaden were built between 1844 and 1846 on a site which used to be an apothecary's garden. Just round the corner, on Jungfernstieg, the city is at its liveliest.

La rue «Alsterarkaden» fut aménagée entre 1844 et 1846. Un jardin de plantes médicinales se trouvait jadis à cet emplacement. Au coin de la rue, une animation intense règne sur le célèbre Jungfernstieg.

Die Außenalster ist ein inmitten der Stadt gelegenes Erholungsgebiet ganz eigener Art. Jedes der umliegenden Viertel hat seinen ganz eigenen Charakter, seine eigene Geschichte, sein eigenes Flair.

The Outer Alster is a city-centre recreation area of a very special kind. The adjoining districts each have their distinctive character, history and flair.

S'étendant en plein cœur de la cité, le bassin extérieur de l'Alster constitue une zone de détente d'un genre tout à fait particulier. Les quartiers qui l'entourent ont chacun leur caractère bien à eux, leur histoire, leur atmosphère.

Das Chile-Haus, dessen Konturen an einen Schiffsrumpf erinnern, ist eines der vielen Hamburger Kontorhäuser. Es wurde in den zwanziger Jahren von dem Architekten Fritz Höger errichtet.

Chile-Haus, shaped like a ship's hull, is one of many Hamburg office blocks. It was designed and built in the 1920s by the architect Fritz Höger.

La Maison du Chili, dont les contours rappellent ceux de la coque d'un navire, fait partie des nombreux immeubles commerciaux que compte Hambourg. Elle fut construite dans les années 20 par l'architecte Fritz Höger.

Kein Hamburg-Besuch ohne Hafenrundfahrt. Von den Landungsbrücken im Vordergrund starten die kleinen Barkassen und bringen Besucher aus aller Welt ganz nah an die riesigen Trockendocks und in die vielen Hafenbecken.

No visit to Hamburg is complete without a tour of the port. Barges set out from Landungsbrücken (foreground), taking visitors from all over the world close up to the gigantic dry docks and the many harbour basins.

Pas de visite de Hambourg sans circuit du port. Les petites barcasses partent des Landungsbrükken (le débarcadère), que l'on voit ici au premier plan, conduisant les visiteurs venus du monde entier dans le voisinage immédiat des gigantesques bassins de radoub et des nombreux autres bassins portuaires.

Dort, wo heute die ab 1883 errichtete Speicherstadt steht, befand sich vorher ein Wohnviertel. Dieser Teil Hamburgs mit seinen schönen roten Backsteinhäusern ist seit 1888 „Zollausland", er gehört zum Freihafen.

Homes used to stand where the Warehouse City was built, from 1883. This area of Hamburg, with its fine red-brick buildings, has been part of the free port since 1888.

Là où s'étend aujourd'hui la Speicherstadt, le quartier des entrepôts, que l'on commença de construire à partir de 1883, se trouvait autrefois un quartier d'habitation. Cette partie de Hambourg, aux beaux immeubles de briques rouges, est, depuis 1888, «territoire étranger en matière de douane» et rattachée au port franc.

Blick von den im 17. Jahrhundert für die Witwen der Einzelhändler errichteten Krameramtswohnungen auf das Wahrzeichen Hamburgs, den „Michel". Die Michaeliskirche wurde von 1751 bis 1762 errichtet, der Turm 1786 vollendet.

View from the Krameramtswohnungen almshouses, built in the seventeenth century for Hamburg retail traders' widows, of the city's landmark, the Michaeliskirche, or Michel, built between 1751 and 1762. The church tower was completed in 1786.

Vue des Krameramtswohnungen – maisonnettes bâties au XVIIe siècle à l'intention des veuves des petits commerçants de la ville – sur le «Michel», emblème de Hambourg. L'église St-Michaelis fut érigée de 1751 à 1762, la tour achevée en 1786.

Jeden Sonntag in aller Herrgottsfrühe ist am Hafen
Fischmarkt. Hier gibt es alles,
was das Herz begehrt. Die
Fischauktionshalle (links)
wurde liebevoll restauriert.

Down by the harbour, at the
crack of dawn on Sunday
morning, the Fischmarkt is
held. Everything the heart
desires is bought and sold
here. The fish auction hall,
left, has been lovingly
restored.

Le port sert de cadre au Marché aux Poissons qui s'y tient
tous les dimanches, de grand
matin. On y trouve tout ce
que l'on désire. La Halle où a
lieu la vente à la criée des
poissons (à gauche) a été
amoureusement restaurée.

Was wäre Hamburg ohne die
Reeperbahn, ohne die Große
Freiheit und ohne die Davids-
wache? In den letzten Jahren
haben sich auf der legen-
dären Amüsiermeile wieder
Kabaretts, Musik-Clubs und
Musicals etabliert.

What would Hamburg be like
without the Reeperbahn,
Grosse Freiheit and the
Davidswache? In recent years
the legendary red-light area
has witnessed a renaissance
of cabaret, music clubs and
musicals.

Que serait Hambourg sans la
Reeperbahn, sans la Große
Freiheit et sans la Davidswache? Ces dernières années,
de nombreux cabarets, clubs
de musique et music-halls ont
ouvert leurs portes en bordure de cette légendaire
avenue du divertissement.

Die Köhlbrandbrücke ist ein Beispiel herausragender Ingenieurskunst. Die an zwei schlanken, 135 Meter hohen Pylonen aufgehängte Fahrbahn verbindet seit 1974 mehrere Hafenbecken miteinander.

Köhlbrandbrücke is an example of outstanding civil engineering. Since 1974 the bridge, suspended from two slender pylons 135 metres tall, has linked several parts of the port.

Le pont Köhlbrandbrücke est un remarquable chef d'œuvre du génie civil. Depuis 1974, la voie de circulation suspendue à deux pylones élancés, hauts de 135 mètres, établit la liaison entre plusieurs bassins portuaires.

Im Jenisch-Haus befindet sich heute ein Museum für die großbürgerliche Wohnkultur des 19. Jahrhunderts. Das 1831 bis 1834 für den Senator Martin Johann Jenisch gebaute Haus liegt mitten im an der Elbe gelegenen Jenischpark.

The Jenisch-Haus today houses a museum of nineteenth-century bourgeois life style. The house, built between 1831 and 1834 for Senator Martin Johann Jenisch, is in the middle of the Jenischpark, overlooking the Elbe.

La villa construite entre 1831 et 1834 à l'intention du sénateur Martin Johann Jenisch se dresse au milieu du Parc Jenisch, bordant l'Elbe. La Villa Jenisch abrite aujourd'hui un musée où l'on découvrira le style d'intérieur propre à la grande bourgeoisie du XIXe siècle.

Durch den Fischer- und Lotsenort Övelgönne bei Altona an der Elbe führt ein schmaler linden- und laternengesäumter Weg. Auf dem breiten Elbstrand findet nicht nur die Jeunesse dorée Erholung.

A narrow footpath lined by linden trees and lamp-posts traverses the fishermen's and Elbe pilots' village of Övelgönne. Down below, the beach that lines the Elbe is a favourite haunt for people from all walks of life, and not just Hamburg's jeunesse dorée.

Un étroit chemin, bordé de tilleuls et de réverbères, mène à travers Övelgönne, ancien village de pêcheurs et de pilotes, situé à proximité d'Altona. La jeunesse dorée de Hambourg n'est pas la seule à chercher la détente sur la vaste plage s'étendant en bordure de l'Elbe.

Blankenese mit seinem Treppenviertel liegt malerisch am Elbhang. Weit geht der Blick über den großen Strom hinüber auf die unter Naturschutz stehende Elbinsel und ins Alte Land, eines der größten Obstanbaugebiete Europas.

Blankenese and its Treppenviertel, a terraced area reached only by flights of steps, nestles picturesquely on the hillside overlooking the Elbe. It has a panoramic view across the river to an island in the Elbe which is a nature reserve and to the Altes Land, one of the largest orchard areas in Europe.

Blankenese et son pittoresque quartier parcouru d'escaliers, s'accroche au flanc de la colline surplombant l'Elbe. Le regard plonge par-delà le fleuve jusqu'à l'île classée site protégé et au «Vieux Pays», l'Altes Land, qui est l'une des plus vastes régions d'arboriculture fruitière d'Europe.

Land im Wandel – Wind of Change

Goetz Buchholz

Nichts stellt sich dem Blick in den Weg. Auf der einen Seite endloses Land, Wiesen, Wassergräben, krumme Zäune, manchmal ein kleiner Hügel, den man hier Wurt oder Warft nennt, mit einem mächtigen Hof zwischen schiefgeblasenen Bäumen. Auf der anderen Seite das Meer, das den Blick bis zum Horizont zieht, immer gleich und doch ständig sich verändernd. Dazwischen der Deich, der keine höhere Erhebung neben sich duldet. Und über allem der Wind, der ohne Unterlaß bläst und Wolken in bizarren Fetzen über Salzwiesen, Watt und weiße Strände jagt.

„Nichts als Himmel, Horizont und ein Ort, wo ich stehe", brachte der Philosoph Karl Jaspers aus Oldenburg das Land seiner Kindheit auf den kürzesten Begriff.

Wenn es nur das wäre, dieses Land wäre schnell beschrieben. Aber Niedersachsen ist mehr. Es ist der Harz, auf dessen Gipfeln selbst der Spötter Heinrich Heine „In Andacht" versank und beim Sonnenuntergang unwillkürlich die Hände faltete: „Es ist ein erhabener Anblick, der die Seele zum Gebet stimmt."

Niedersachsen ist die Heide, die einst von dichten Eichenwäldern bedeckt war, bis die Lüneburger Salzsieder sie im Mittelalter abholzten und ein grausiges Ödland zurückließen, das Friedrich Engels die „norddeutsche Sahara" nannte und das erst die Romantik als „Lüneburger Heide" entdeckte.

Niedersachsen ist das Weserbergland, dessen Buchenwälder im Herbst mit ihren unglaublichen Farben jeden anderen Gedanken vertreiben. Niedersachsen ist das moorige Emsland, das nur einer von 38 niedersächsischen Landkreisen und doch größer ist als das gesamte Saarland. Niedersachsen ist die Elbaue mit dem Wendland, wo das Dorf Gorleben zum Symbol für die Ohnmacht selbstgefälliger Politik wurde.

Dieses Land ist vielfältig wie kein zweites Bundesland. Es beherbergt im Oldenburger Münsterland das skandalträchtige Zentrum der europäischen „Tierproduktion" und in Wolfsburg Europas größte Autofabrik, es exportiert Erdöl, den „ostfriesischen Landwein" Doornkaat und Videorecorder der Marke Panasonic, es lockt Gäste in das Blütenmeer des größten Obstbaugebietes Europas im Alten Land an der Elbe und nach Hannover zur Expo 2000, der Weltausstellung der Jahrtausendwende.

Das dritte Jahrtausend beginnt in Hannover

Natürlich gab es Leute, die gelacht haben: die Jahrtausendweltausstellung ausgerechnet in Niedersachsen? Sie haben es nicht verstanden: Wenn eine Weltausstellung denn überhaupt noch Sinn machen soll, dann muß sie neue Wege zeigen, nicht Gigantismus oder Sciencefiction.

In einer Zeit, da Städte unter ihren sozialen und Verkehrsproblemen zusammenbrechen, da Ballungsräume um ihre letzten „Naturreserven" kämpfen und selbst Kleinstädte mit inszenierter Folklore zu retten suchen, was sie an historischer Identität selbst zerstört haben, hat sich die Expo 2000 die Versöhnung von Mensch, Natur und Technik auf ihre Fahnen geschrieben. Niedersachsens Besonderheiten haben da längst wegweisenden Charakter bekommen: Seine Städte funktionieren noch, die Wohnungen sind noch zu bezahlen, in den Heideflüßchen gibt es noch Krebse und Perlmuscheln, die vielen mittelalterlichen Stadtkerne von Lüneburg bis Hannoversch Münden sind Orte zum Leben geblieben, nicht nur zum Fotografieren.

Und die Wirtschaft holt auf. In diesem Land, das lange Zeit durch seine Randlage am Eisernen Vorhang benachteiligt war, scheint ein zukunftsweisender Standortkompromiß gelungen zu sein: Als 1992 die Illustrierte „stern" die Umweltqualität der 543 Landkreise in Deutschland testete, lagen von den zehn besten acht in Niedersachsen. Und als wenig später die Fachzeitschrift „Wirtschaftswoche" Europas Regionen auf ihre Investitionsqualität untersuchen ließ, da lagen auch nicht die traditionellen Boomregionen vorn. Als bester deutscher (und zweitbester europäischer) Investitionsstandort ging die Region Hannover aus dem Vergleich hervor. Braunschweig landete auf Platz drei. Die Maßstäbe haben sich verändert.

Vielleicht war Niedersachsen einfach immer nur ein bißchen zu schnell. Beim binären Zahlensystem, das Gottfried Wilhelm Leibniz hier vor 300 Jahren entwickelte, dauerte es ein Vierteljahrtausend, bis andere seine Bedeutung begriffen: Heute ist es Grundlage jeglicher modernen Computertechnologie.

Leibniz immerhin kennt man noch. Andere wurden ganz vergessen, wie Diederick Pining aus Hildesheim, der als Admiral in dänischen Diensten schon 1473 in Nordamerika landete – 19 Jahre vor Kolumbus, dem „Entdecker Amerikas". Oder Karl Jatho, dem auf der Vahrenwalder Heide in Hannover ein erster Motorflug schon drei Monate vor den amerikanischen Brüdern Wright gelang, denen dennoch hartnäckig der „erste Motorflug der Welt" zugeschrieben wird. Auch Thomas Alva Edison ist keineswegs „der Erfinder der Glühbirne", als den ihn fast alle Lexika feiern. Den Prozeß um die Patentrechte jedenfalls verlor er seinerzeit gegen Heinrich Göbel aus Springe.

Sie wissen ihre Größe durch Gerechtigkeit zu behaupten

Die Liste läßt sich fortsetzen, beliebig lang und für beliebige Gebiete: In Niedersachsen wurden die Grundlagen der modernen Unterhaltungselektronik vom Grammophon über den Telegraphen bis zum PAL-Farbfernsehen entwickelt; in Gandersheim machte sich vor tausend Jahren die Nonne Roswitha als erste deutsche Dichterin einen Namen; in Wolfenbüttel erschien 1609 die erste Zeitung der Welt; aus Einbeck stammt das Rezept für das „bayerische" Bockbier. Hannover machte mit Kurt Schwitters in den zwanziger Jahren sogar Berlin seinen Rang als deutsche Kunsthauptstadt streitig.

Und doch haftet diesem Land bis heute ein dunkles Etikett aus der Zeit an, da die Nationalsozialisten die Niedersachsen auf ihre Bauerntradition reduzierten, „sturmfest und erdverwachsen", und sie zu ihrem „Lieblingsvolksstamm" erkoren. Dabei waren sie nie ein Volksstamm, sondern immer ein buntes Gemisch aus Sachsen und Holländern, Friesen und Wenden, Hugenotten und Erzgebirglern, was ihre hohe Kultur überhaupt erst ermöglichte. Auch Niedersachsens Geschichte gibt wenig her, das die Vorliebe der Nazis hätte untermauern können.

„Sie wissen ihre Größe durch Gerechtigkeit zu behaupten", schrieb über das „angesehenste Volk unter den Germanen" schon Tacitus: „Sie reizen kein fremdes Volk zum Kriege und beschränken auch keins mit Plünderung und Raub." Ihre Tradition reicht über die Sachsen, die im 8. Jahrhundert mit dem Allthing in Marklohe bei Nienburg das erste (halb)demokratische System auf deutschem Boden errichteten, bis zu den Wilhelmshavener Matrosen, die den Ersten Weltkrieg auf eigene Faust beendeten: Sie meuterten, nahmen ihre Offiziere gefangen und gaben damit schon im Oktober 1918 das Startsignal für das, was dann in Kiel zur Novemberrevolution wurde. Sie setzte sich fort mit Erich Maria Remarque aus Osnabrück, dessen Antikriegsroman „Im Westen nichts Neues" zum weltweit meistverkauften Buch der ersten Hälfte dieses Jahrhunderts wurde, und war mit den Katholiken im tiefschwarzen Südoldenburg noch lange nicht zu Ende. Deren „Kreuzkampf" von 1936 ging als einziger erfolgreicher Massenprotest in die Geschichte des Widerstands gegen den Hitlerfaschismus ein.

So manches Vorurteil ist da zu korrigieren: das über Adolf Freiherr von Knigge etwa, der in Wirklichkeit nie eine „Benimmfibel" geschrieben hat, sondern in Hannover die Ideen der Französischen Revolution propagierte. Die Brüder Grimm, fast nur noch als Märchensammler bekannt, wurden von der Göttinger Universität geschmissen, weil sie gegen einen Verfassungsbruch des Königs protestiert hatten. Auch Hoffmann von Fallersleben aus dem heutigen Wolfsburg entsprach keineswegs dem Bild, das man sich vom Dichter der deutschen Nationalhymne machen könnte: 39mal wurde er als „Aufrührer" aus den verschiedensten Städten und Ländern ausgewiesen.

Nur einer fiel aus dieser Reihe: der Braunschweiger Herzog Heinrich, genannt der Löwe, der im 12. Jahrhundert mit brutaler Aggressivität das größte Sachsenreich zusammenraffte, das je existierte, bis die deutschen Fürsten dieses Reich 1180 förmlich atomisierten und allein das Gebiet des heutigen Niedersachsen an 40 verschiedene Herrscher verteilten. Deren Geschichte verwirrte sich fünf Jahrhunderte lang in kaum nachvollziehbaren Windungen und Ver-

ästelungen, bis der Wiener Kongreß 1814 diesen Flickenteppich zu den vier Ländern Braunschweig, Hannover, Oldenburg und Schaumburg-Lippe bereinigte, die seit 1946 das Bundesland Niedersachsen bilden.

Nichts als Himmel, Horizont und ein Ort, wo ich stehe

Diese wechselvolle Geschichte hat Niedersachsen zu einer Kulturlandschaft besonderer Art gemacht: kaum eine Stadt, die im Laufe der Jahrhunderte nicht irgendwann mal ganz oben war – wie Emden, Ende des 16. Jahrhunderts der schiffreichste Hafen Europas, wie Clausthal-Zellerfeld, 200 Jahre später eines der größten Industriezentren der Welt, oder Braunschweig, zu Zeiten Heinrichs des Löwen eine der vier großen Metropolen Europas. Bis sie wieder zurücktraten in den Schatten anderer.

Ein alles beherrschendes Zentrum hat Niedersachsen nie gekannt. So sind seine Kulturschätze bis heute gleichmäßig über das ganze Land verteilt. Da gibt es das Städtchen Bardowick, das einst als bedeutendster Ost-West-Handelsplatz galt. Heute hat es 4 600 Einwohner – und einen 800jährigen Dom, wie ihn nur wenige Städte besitzen. Außer Königslutter. Dessen „Pfarrkirche St. Peter und Paul" aus dem Jahre 1135 steht selbst den Domen von Speyer und Worms in nichts nach.

Da sind mittelalterliche Fachwerkstädte fast vollständig erhalten, weil ihre Blütezeit irgendwann vorbei war und keine Neubauten das Bild zerstören konnten. Celle zum Beispiel oder Goslar, die Silberstadt am Harz, von deren einstigem Reichtum nicht nur die Kaiserpfalz zeugt, sondern auch ihr Zwinger: Dessen Mauern wurden vorsichtshalber fünfeinhalb Meter dick gebaut. Oder Wolfenbüttel, dessen mittelalterliche Bibliothek – einst als „achtes Weltwunder" gepriesen – bis heute die bedeutendste in Europa ist. Wer Kultur sucht in Niedersachsen, findet sie nicht erst in der Landeshauptstadt Hannover: Sieben Dome gibt es im Land, Museen von Weltrang in Emden und Hildesheim, renommierte Bühnen in Celle und Göttingen, eine europaweit einmalige Ansammlung mittelalterlicher Orgeln in Ostfrieslands Dorfkirchen, Weserrenaissance-Schlösser in Naturparks. Natur oder Kultur: diese Alternative gibt es hier nicht. Wer trotz alledem eine Millionenstadt braucht, hat sie mit Hamburg gleich vor der Tür. Niedersachsen sehen das nicht so eng mit den Grenzen.

Warum auch? „Niedersachsen" kommen längst von überall her, zwei Millionen allein kamen als Flüchtlinge nach dem Krieg. „Den Niedersachsen" hat es ohnehin nie gegeben. Und so gibt es auch keine Schablonen: Hier muß niemand Berliner Schnauze haben, rheinische Fröhlichkeit demonstrieren oder die Nase hanseatisch hoch tragen.

In Niedersachsen kann jeder sein, wie er will, das ist das Schöne an diesem Land. Ob jemand türkischer Herkunft ist wie die Schauspielerin Renan Demirkan, die in Hannover aufwuchs, aus Bayern kommt wie Rudolf Pichlmayr, der Hannovers Medizinische Hochschule zu einem der führenden Transplantationszentren der Welt machte, oder in die USA geht wie die Scorpions aus Hannover, die mit ihrem Superhit „Wind of Change" endgültig zu Weltstars wurden: Niedersachsen erkennt man nicht an ihrer Ahnenreihe. Niedersachsen erkennt man an ihrer Haltung.

Dieses Land hinterläßt Spuren. Es ist der weite Raum, der auch die Zugereisten prägt, die Luft zum Atmen: Nordrhein-Westfalen ist dreimal so dicht besiedelt wie Niedersachsen. Es ist der Himmel, der offen ist nach allen Seiten, „von unbeschreiblicher Veränderlichkeit und Größe", wie Rainer Maria Rilke im Moor von Worpswede schwärmte.

Da mag der Schlüssel liegen für das, was als „Charakter der Niedersachsen" mißverstanden wird: Der weite Himmel macht Freiheit spürbar. Im Wind, der ohne Unterlaß bläst, ist Veränderung ständig gegenwärtig. Wind of Change.

Wind of Change

Goetz Buchholz

There is nothing to obscure the view. On one side infinite countryside, meadows, ditches, crooked fences, sometimes a small hill known here as a Wurt or Warft, with a massive farmhouse set among trees tilted by the wind. On the other side the sea, which draws the gaze as far as the horizon, always the same and yet constantly changing. Between them the dyke, which tolerates no higher elevation in its vicinity. And across it all the wind, which blows incessantly, chasing bizarre wisps of cloud over salt meadows, mudflats and white seashore.

"Nothing but sky, horizon and a place where I stand": a most succinct description of the land of his childhood by the philosopher Karl Jaspers, born in Oldenburg.

If that were all, this state would be quickly dealt with. But Lower Saxony is more. It is the Harz mountains, on whose summits even the cynic Heinrich Heine was lost "in worship," at sunset involuntarily folding his hands: "It is an exalted sight which moves the soul to prayer."

Lower Saxony is the heath, once covered by dense oak forests, until the Middle Ages when Lüneburg salt-makers chopped them down, leaving behind a dreadful expanse of barren land which Friedrich Engels dubbed the "North German Sahara" and which was not unveiled as the Lüneburg Heath until the Romantics came along.

Lower Saxony is the Weserbergland, the incredible autumn colours of whose beechwoods drive out all other thoughts. Lower Saxony is the marshy Emsland, just one of Lower Saxony's 38 administrative districts, and yet bigger than the whole federal state of Saarland. Lower Saxony is the meadowland along the Elbe valley and the Wendland, where the village of Gorleben has become a symbol of the impotence of the politics of complacency.

Lower Saxony boasts more variety than any other German state. In the Oldenburg Münsterland it houses the scandal-ridden heartland of European "animal production" and in Wolfsburg Europe's biggest car works. It exports mineral oil, Doornkaat schnapps, the "country wine of East Frisia," and Panasonic video recorders. It attracts visitors to the sea of blossom in the Altes Land by the Elbe, Europe's largest fruit-growing area, and to Expo 2000 in Hanover, the world exhibition at the turn of the millennium.

The third millennium starts in Hanover

Naturally some people laughed: the millennium world exhibition in Lower Saxony of all places? What they failed to understand is that if a world exhibition is to make any sense at all it must show new directions other than giantism or science fiction.

In an era when towns are collapsing beneath the weight of social and traffic problems and conurbations battling to retain their last "nature reserves," when even small towns are resorting to staged folklore to rescue the historic identity they have themselves destroyed, Expo 2000 has the reconciliation of man, nature and technology written on its banners. Lower Saxony's special features have long taken on a pioneering character: its towns still function, its rents are still affordable, there are still crabs and pearl oysters in the little rivers flowing through the heath, the numerous mediaeval town centres from Lüneburg to Hannoversch Münden have remained places for living, not just for taking photographs. And the economy is catching up. In this state, long disadvantaged by its position on the periphery of the Iron Curtain, a forward-looking location compromise seems to have succeeded. In 1992, when "stern" magazine tested the quality of the environment in Germany's 543 administrative districts, eight of the top ten were in Lower Saxony. And a little later, when the economics weekly "Wirtschaftswoche" investigated the quality of investment in Europe's regions, it was not the traditional boom regions which came out in front. The Hanover region emerged from the comparison as the best investment location in Germany (and second best in Europe), with Brunswick in third place. Standards of measurement have changed.

Maybe Lower Saxony was simply always that bit too quick. Take the binary numbers system, developed here 300 years ago by Gottfried Wilhelm Leibniz: it took a quarter of a millenium for others to grasp its significance. Nowadays it is the foundation of all modern computer technology.

At least Leibniz is still remembered. Others have been totally forgotten, like Diederick Pining from Hildesheim, an admiral in the service of Denmark who landed in North America as early as 1473 – nineteen years before Columbus, the "discoverer of America." Or Karl Jatho, who succeeded in making the first engine-powered flight, over the Vahrenwald heath in Hanover, three months before the American Wright brothers, who are still stubbornly credited with the world's first motorised flight. Even Thomas Alva Edison is by no means the inventor of the electric light bulb, though celebrated as such by nearly all reference works. He lost his court case for the patent rights to Heinrich Göbel from Springe.

They demonstrate their greatness through justice

The list can go on for as long as you like and in as many fields as you like: the foundations for modern entertainment electronics, from the gramophone to the telegraph and PAL colour TV, were laid in Lower Saxony. One thousand years ago in Gandersheim the nun Roswitha made her name as Germany's first poetess. The first newspaper in the world was published in Wolfenbüttel in 1609. The recipe for "Bavarian" bock beer comes from Einbeck. In the 1920s, as home to the Dadaist Kurt Schwitters, Hanover even vied with Berlin for the title of Germany's artistic capital.

And yet a dark taint still clings to this state from the period when the National Socialists reduced the Lower Saxons to their peasant tradition as "steadfast sons of the soil" and elected them as their "favourite tribe." In fact they were never a tribe, but always a colourful mixture of Saxons and Dutch, Frisians and Wends, Huguenots and people from the Erzgebirge. It was this, indeed, which enabled their elevated culture to develop. And there is little in the history of Lower Saxony to support the Nazis' preference.

Even Tacitus had written of the "most respected people among the Teutons" that "they demonstrate their greatness through justice:" "They provoke no foreign tribe to war nor confine any through pillage and robbery." Their tradition stretches from the eighth-century Saxons who set up the first (semi-) democratic system on German territory, the Allthing in Marklohe near Nienburg, to the Wilhelmshaven sailors who took it upon themselves to put a stop to World War One: in October 1918 they mutinied and took their officers prisoner, thus giving the starting signal for what became the November revolution in Kiel.

The tradition continues with Erich Maria Remarque from Osnabrück, whose anti-war novel "All Quiet on the Western Front" became the world's best-selling book in the first half of this century, and was by no means over with the Catholics in black-as-black South Oldenburg. Their 1936 "Battle of the Cross" went down as the only successful mass protest in the history of resistance to Hitler's fascism.

A lot of stereotypes stand in need of correction: that of Adolf Freiherr von Knigge, for example, who in reality never wrote a "primer of etiquette" but propagated the ideas of the French Revolution in Hanover. The Brothers Grimm, nowadays remembered almost exclusively as collectors of fairy-tales, were thrown out by Göttingen University for protesting against a breach of the constitution by the King. And Hoffmann von Fallersleben, from what is now Wolfsburg, is nothing like the image one might have of the poet who composed the German national anthem: he was expelled 39 times from a wide variety of towns and states for being a "troublemaker."

Only one breaks rank: Henry the Lion, Duke of Brunswick, who in the 12th century demonstrated brutal aggression in amassing the biggest Saxon empire which ever existed, until in 1180 the German princes broke it up, dividing the territory of present-day Lower Saxony alone among 40 different rulers. For five hundred years their history was a confusion of scarcely comprehensible twists and ramifications, until the 1814 Congress of Vienna resolved this patchwork rug into the four states of Brunswick, Hanover, Oldenburg and Schaumburg-Lippe. Since 1946 these together have formed the federal state of Lower Saxony.

Nothing but sky, horizon and a place where I stand

This varied history has made Lower Saxony into a very special kind of landscape developed by man: there is scarcely a town which did not enjoy its heyday at some stage during the course of the centuries. Emden, for example, which at the end of the sixteenth century had more ships than any other port in Europe, or Clausthal-Zellerfeld, 200 years later one of the biggest industrial centres in the world, or Brunswick, which in the days of Henry the Lion was one of the four great European metropolises. Until they all retreated back into the shadow of others.

Lower Saxony has never had one dominant centre. Thus to this day its cultural treasures are distributed evenly across the state. Take the little town of Bardowick, once a very important East-West trading centre. Nowadays it has 4,600 inhabitants — and an 800-year-old cathedral such as only few cities possess. Except for Königslutter, whose "Parish Church of SS Peter and Paul," dating from 1135, is by no means inferior to the cathedrals even of Speyer and Worms.

And then there are the mediaeval half-timbered towns which have been preserved almost in their entirety because at some stage their heyday was past and there was no new building to spoil the picture. Celle, for example, or Goslar, the silver town in the Harz with not just an imperial palace to testify to its former wealth, but also a fortress with outer walls built five and a half metres thick just in case. Or Wolfenbüttel, whose mediaeval library, once lauded as the "eighth wonder of the world" is still the most important in Europe.

Anyone seeking culture in Lower Saxony will not find it primarily in Hanover, the state capital. The state has seven cathedrals, world-ranking museums in Emden and Hildesheim, renowned theatres in Celle and Göttingen, the only collection of mediaeval organs of its type in Europe in the village churches of East Frisia, Weser Renaissance palaces in country parks. Nature or culture: here this is not an alternative. Anyone who despite everything feels the need for a big city has Hamburg on his doorstep. Lower Saxons have a liberal interpretation of borders.

And why not? "Lower Saxons" have long since come from all over the place, two million of them as post-war refugees alone. There has in any case never been any such person as a "Lower Saxon." And so there are no stereotypes: no-one here need feel compelled to demonstrate Berlin lip, Rhenish cheerfulness or Hanseatic hauteur.

In Lower Saxony everyone can be what he wants, that is the nice thing about this state. Whether you are of Turkish origin like actress Renan Demirkan, who grew up in Hanover, come from Bavaria like Rudolf Pichlmayr, who turned Hanover's College of Medicine into one of the world's leading transplant centres, or go to the USA like the Scorpions rock group from Hanover, whose No. 1 hit "Wind of Change" finally made them world stars: It is not where you come from that identifies you as a Lower Saxon. It is what you do.

This land leaves traces. It is the wide open space which also marks those who have immigrated here, the air to breathe: North Rhine-Westphalia is three times as densely populated as Lower Saxony. It is the sky, open on all sides, "of indescribable changeability and magnitude," as the poet Rainer Maria Rilke enthusiastically wrote in the Worpswede moor.

This may be the key to what is misinterpreted as the "Lower Saxon character": the broad open sky makes freedom tangible. In the wind, which blows incessantly, change is constantly present. Wind of change.

Un pays en mutation – Wind of Change

Goetz Buchholz

Rien qui ne vienne arrêter la vue. D'un côté, des terres s'étendant à l'infini, des prés, des fossés remplis d'eau, des clôtures penchées, ça et là, une butte, appelée ici «Wurt» ou «Warft» et sur laquelle repose, entre les arbres courbés sous le vent, une imposante maison de ferme. De l'autre côté, la mer, attirant le regard jusqu'à l'horizon, toujours la même, mais changeant pourtant en permanence. Entre les deux, la digue, qui ne souffre aucune autre éminence à ses côtés. Et, par-dessus tout, le vent, soufflant sans relâche et déchirant en lambeaux de formes bizarres les nuages qu'il chasse par-delà les prés salants, l'estran et les plages de sable blanc.

«Rien que le ciel, l'horizon et un endroit, celui où je me trouve», c'est de cette façon on ne peut plus succinte que le philosophe Karl Jaspers, natif d'Oldenburg, dépeignait le pays de son enfance.

S'il se résumait à cela, ce pays serait vite décrit. Mais la Basse-Saxe est bien plus encore. Ce sont les montagnes du Harz, que même un esprit railleur, tel que Heinrich Heine, contemplait avec dévotion, du haut de leurs sommets et qui, au soleil couchant, croisait machinalement les mains: «C'est une vue sublime qui incite l'âme à la prière».

La Basse-Saxe, c'est la lande que recouvraient autrefois des forêts de chênes denses, jusqu'à ce que les sauniers de Lüneburg viennent, au Moyen Age, abattre celles-ci, ne laissant derrière eux qu'une hideuse étendue désertique, qualifiée par Friedrich Engels de «Sahara d'Allemagne du Nord» et qui ne fut redécouverte qu'à la période du romantisme, sous le nom de «Lüneburger Heide».

La Basse-Saxe, c'est également le Weserbergland, pays de collines des bords de la Weser, dont les forêts de hêtres se parent, à l'automne, de si merveilleuses couleurs, qu'elles suffisent à chasser toute pensée morose. La Basse-Saxe, c'est le pays d'Ems, contrée marécageuse qui est de plus vastes dimensions que la Sarre toute entière, bien qu'il ne constitue qu'une seule des 38 circonscriptions rurales de ce Land. La Basse-Saxe, c'est la vallée de l'Elbe et le Wendland, le Pays des Wendes, où se trouve Gorleben, village devenu symbole de l'impuissance d'une politique dédaigneuse de toute critique.

Aucun autre Land d'Allemagne ne présente une aussi grande diversité que ce pays. Dans le Münsterland, aux environs d'Oldenburg, il abrite le centre de la «production animale» européenne, centre impliqué dans de nombreux scandales, ainsi que la plus grande usine de construction automobile d'Europe, sise à Wolfsburg. Il exporte le «vin de pays de Frise orientale», le Doornkaat, de même que les magnétoscopes de la marque Panasonic. Il attire dans l'Altes Land, le Vieux Pays qui borde l'Elbe, des promeneurs venant admirer, à l'époque de la floraison, la plus vaste région de culture fruitière d'Europe, ou, dans la ville d'Hanovre, les curieux de l'Expo 2000, l'exposition universelle du nouveau millénaire.

Le troisième millénaire verra le jour à Hanovre

Il s'est trouvé, bien sûr, des gens pour en rire: fallait-il vraiment que l'Exposition universelle de l'an 2000 ait lieu en Basse-Saxe? Ceux-là n'y ont décidément rien compris: si tant est qu'une exposition de ce genre ait encore un sens, elle a pour mission de montrer de nouvelles voies et non de sacrifier au gigantisme ou à la science-fiction.

A une époque où les villes succombent sous le faix de leurs problèmes sociaux et de ceux que leur pose la circulation, où les agglomérations se battent pour préserver leurs dernières «réserves naturelles» et où, même les petites villes, tentent, à grand renfort de manifestations folkloriques, de sauvegarder une identité historique qu'elles ont elles-mêmes contribuée à détruire, l'Expo 2000 s'est fixé comme objectif de réconcilier l'homme avec la nature et la technique. Depuis longtemps déjà, ce qui fait l'originalité de la Basse-Saxe revêt un caractère exemplaire ouvrant de nouvelles perspectives: ses villes fonctionnent encore, les loyers y sont d'un prix encore abordable, écrevisses et huîtres perlières peuplent encore les petites rivières de la Lande, les nombreux noyaux urbains au cachet médiéval, que l'on rencontre de Lüneburg à Hannoversch Münden, sont demeurés des sites où palpite la vie et ne représentent pas seulement une bonne aubaine pour les photographes.

Et l'économie est en passe de rattraper son retard. Le fait d'avoir choisi, en tant que lieu d'implantation industrielle, ce pays longtemps désavantagé par la position excentrée qu'il occupe, en bordure de l'ancien rideau de fer, semble être un compromis porteur d'avenir. Ce choix s'est déjà vu couronné de succès: selon un test, effectué, en 1992, par le magazine «stern», visant à déterminer la qualité de l'environnement des 543 circonscriptions rurales d'Allemagne, huit des dix venant en tête du palmarès, se situaient en Basse-Saxe. Et, lorsque peu de temps après, la revue économique «Wirtschaftswoche» fit réaliser une étude des régions d'Europe sous l'angle de l'efficience des investissements, on dut constater que les régions enregistrant traditionnellement un boom économique n'occupaient nullement le premier rang.

C'est la région de Hanovre qui, sur le plan des investissements, remporta la palme (elle était par ailleurs deuxième au niveau européen). Brunswick venait en troisième place. Les critères ont changé.

Peut-être cela vient-il de ce que la Basse-Saxe est, tout simplement, toujours allée un peu trop vite. L'importance du système arithmétique binaire, par exemple, que Gottfried Wilhelm Leibniz élabora, il y 300 ans, ne fut reconnue par d'autres qu'un quart de siècle plus tard: ce système constitue, aujourd'hui, la base de toute technologie moderne en matière d'informatique.

Leibniz a, lui au moins, le privilège d'être demeuré célèbre jusqu'à nos jours. D'autres tombèrent dans l'oubli le plus complet. Tel Diederick Pining, amiral au service du Danemark et originaire d'Hildesheim, qui débarqua, dès 1473, en Amérique du Nord – 19 ans avant Christophe Colomb qui, comme chacun sait, «découvrit» l'Amérique. Ou Karl Jatho, qui réussit le premier à survoler, dans son engin à moteur, la Vahrenwalder Heide, à Hanovre, trois mois avant la prouesse des frères américains Wright, auxquels on continue pourtant d'attribuer le «premier vol à moteur ayant jamais été effectué au monde». Thomas Alva Edison, n'est pas non plus, «l'inventeur de l'ampoule électrique» que célèbrent presque tous les dictionnaires. Il perdit, en tout cas, le procès qu'il avait intenté, à l'époque, à Heinrich Göbel, de Springe, dans le but de faire valoir ses droits à ce brevet.

Ils savent affirmer leur importance par l'équité

Bien d'autres noms pourraient être ajoutés à cette liste, quel que soit le domaine auquel ils se rapportent: c'est en Basse-Saxe que furent, par exemple, jetées les bases de l'électronique moderne sur le plan des loisirs, à commencer par le grammophone jusqu'à la télévision en couleurs PAL en passant par le télégraphe; à Gandersheim, l'abbesse Roswitha acquit la célébrité en tant que première poétesse de langue allemande, voici mille ans de cela; à Wolfenbüttel parut, en 1609, le premier journal jamais publié au monde; de Einbeck vient la recette de la bière forte «bavaroise». Et, en la personne de Kurt Schwitters, Hanovre alla même, dans les années 20, jusqu'à disputer à Berlin son rang de monopole culturelle d'Allemagne.

Un sombre chapitre de l'Histoire, celui de l'époque où les national-socialistes tentèrent de réduire les habitants de la Basse-Saxe à leur condition de paysans «bravant la tempête» et «enracinés dans leur terroir», faisant d'eux leur «peuple préféré», continue de peser sur ce pays. Et pourtant, ils ne furent jamais un peuple homogène, mais toujours un mélange de Saxons et de Hollandais, de Frisons et de Wendes, de huguenots et de migrants venus de l'Erzgebirge. Tout cela contribua à donner naissance à la culture de haut niveau qui est la leur. L'histoire de la Basse-Saxe ne fournit pas non plus d'éléments suffisants permettant d'étayer cette prédilection des nazis à leur égard.

«Ils savent affirmer leur importance par l'équité», écrivait déjà Tacite à propos du «peuple jouissant de la plus haute estime parmi les Germains»: «Ils n'instiguent à la guerre aucun peuple étranger et n'en amoindrissent aucun par des pillages et des vols». Cette tradition s'est perpétuée à travers les temps et embrasse tant l'histoire des Saxons – qui, au VIIIe siècle, à Marklohe, près de Nienburg, instaurèrent l'«Allthing», premier système (à moitié) démocratique à avoir vu le jour sur le sol allemand –, que celle des soldats de l'infanterie de marine de Wilhelmshaven qui, de leur propre chef, mirent fin à la première guerre mondiale: s'étant mutinés, ils firent prisonniers leurs officiers, donnant ainsi, dès le mois d'octobre 1918, à Kiel, le signal de départ de ce qui devint la Révolution de Novembre. Cette tradition se poursuit à travers l'œuvre de Erich Maria Remarque, natif d'Osnabrück, dont le roman «A l'Ouest rien de nouveau», qui fustigeait la guerre, fut le livre le plus vendu dans le monde au cours de la première moitié de notre siècle. Et la «croisade», entreprise par les catholiques du sud de la province ultra-conservatrice d'Oldenburg, seule manifestation de masse à avoir été couronnée de succès dans l'histoire de la résistance opposée au fascisme hitlérien, n'en marque nullement la fin. Il ne manque pas de préjugés susceptibles d'être corrigés: celui dont fut l'objet, par exemple, Adolf Freiherr von Knigge, qui, en réalité n'a jamais écrit de «recueil des bonnes manières», mais qui propagea les idéaux de la révolution française à Hanovre. Les frères Grimm, connus aujourd'hui surtout pour être des compilateurs de contes de fées furent renvoyés de l'université de Göttingen pour avoir protesté contre une violation de la constitution dont le roi s'était rendu coupable. Hoffmann von Fallersleben, originaire du Wolfsburg d'aujourd'hui, ne répondait pas non plus à l'idée que l'on pourrait se faire de l'auteur de l'hymne national allemand: accusé d'être un «émeutier», il fut expulsé à 39 reprises de différentes villes et provinces.

Un seul fit bande à part: Henri, dit Le Lion, duc de Brunswick, qui, au XIIe siècle, usant de violence et de brutalité, forgea le plus grand empire saxon ayant jamais existé, empire que les princes allemands vinrent littéralement atomiser en 1180, la région correspondant aujourd'hui à la Basse-Saxe s'étant vue répartie entre 40 souverains différents. Au cours des cinq siècles qui suivirent, l'histoire de ces derniers se perd dans un embrouillamini de péripéties quasi inextricables. C'est le Congrès de Vienne qui, en 1814, vint mettre de l'ordre dans ce puzzle, en créant quatre provinces, celle de Brunswick, de Hanovre, d'Oldenburg et de Schaumburg-Lippe, provinces qui, depuis 1946, constituent le Land de Basse-Saxe.

Rien que le ciel, l'horizon et un endroit, celui où je me trouve

L'histoire mouvementée de la Basse-Saxe a fait de cette région une terre de civilisation d'un genre tout à fait particulier: à peine une ville qui, au fil des siècles, n'ait eu son heure de gloire – tel Emden, le port le plus fréquenté d'Europe au XVIe siècle, tel Clausthal-Zellerfeld, qui, 200 ans plus tard fut l'un des plus importants centres industriels au monde ou encore Brunswick, une des quatre grandes métropoles d'Europe à l'époque où régnait Henri le Lion. Jusqu'à ce que ces dernières villes disparaissent dans l'ombre d'autres cités.

La Basse-Saxe n'a jamais connu de centre prédominant: aussi ses trésors culturels sont-ils répartis, aujourd'hui, sur l'ensemble du territoire. Nous mentionnerons, par exemple, la petite ville de Bardowick, qui passait, jadis, pour être le centre le plus important sur le plan du commerce est-ouest. Elle compte, de nos jours, 4 600 habitants – et une cathédrale de 800 ans d'âge, telle que peu de villes en possèdent. A l'exception de Königslutter. Son église paroissiale, la «Pfarrkirche St. Peter und Paul», datant de 1135, n'a rien à envier aux cathédrales de Spire ou de Worms.

On y trouve des villes au cachet médiéval, dont les maisons à colombages ont été presque entièrement préservées des outrages du temps, parce qu'elles s'endormirent du sommeil de la Belle au bois dormant après avoir connu leur apogée et qu'aucune nouvelle construction n'est venue altérer leur physionomie. Comme Celle ou encore Goslar, la «ville d'argent» du Harz. Le Kaiserpfalz (palais impérial) n'est pas le seul témoin de sa richesse d'antan, mais aussi le Zwinger, puissante tour ronde aux murs épais de 5,5 mètres, prudence oblige. Ou Wolfenbüttel, dont la bibliothèque médiévale – considérée jadis comme la «huitième merveille du monde» – est demeurée la plus importante d'Europe.

Qui, en quête de culture, parcourra la Basse-Saxe, ne devra pas attendre de se retrouver dans la capitale du Land, Hanovre, pour en faire la découverte: sept cathédrales l'attendent, ainsi que des musées de rang international à Emden et Hildesheim, des théâtres de renom, à Celle et à Göttingen, une abondance d'orgues datant du Moyen Age qu'il trouvera dans les églises de villages de la Frise orientale, orgues qui cherchent leurs pareilles en Europe, sans compter les châteaux, de style de «Renaissance de la Weser», qu'entourent des parcs naturels. Nature ou culture: telle n'est pas ici l'alternative. Qui, néanmoins, aura besoin d'une métropole de plus d'un million d'habitants, en trouvera une à sa porte: Hambourg. Les habitants de la Basse-Saxe ne sont pas pointilleux lorsqu'il s'agit de frontières.

Pourquoi le seraient-ils? Voilà longtemps déjà que les «Bas-Saxons» affluent de toutes parts, rien que deux millions en tant que réfugiés, après la guerre. Le «Bas-Saxon» en tant que tel n'a d'ailleurs jamais existé. Aussi ne fait-il l'objet d'aucun stéréotype. Personne ici n'est obligé d'avoir une «grande gueule» de Berlinois, d'afficher une gaieté débordante comme les Rhénans ou de prendre de grands airs, à la manière hanséatique.

En Basse-Saxe, chacun peut être comme il l'entend, c'est ce que cette région a de bien. Que l'on soit d'origine turque, comme l'actrice Renan Demirkan, qui a grandi à Hanovre, que l'on vienne de Bavière, comme Rudolf Pichlmayr qui fit de l'Ecole Supérieure de Médecine de Hanovre un centre de transplantation de premier ordre au niveau international, ou que l'on aille aux USA, comme les «Scorpions», groupe musical de Hanovre, qui, avec leur tube «Wind of Change» ont définitivement accédé au rang de stars internationales: on ne reconnaît pas les habitants de la Basse-Saxe à leur arbre généalogique. On les reconnaît à leur attitude.

Ce pays laisse des traces. Cela vient de l'étendue du paysage qui marque de son empreinte même les nouveaux arrivants, de l'air que l'on y respire: la Rhénanie-du-Nord-Westphalie est trois fois plus peuplée que la Basse-Saxe. Du ciel, ouvert de tous côtés, «d'une inconstance et d'une immensité indescriptibles», ainsi que l'exaltait Rainer Maria Rilke, dans les tourbières de Worpswede.

Peut-être est-ce là que se trouve la clé du «caractère des habitants de la Basse-Saxe», si souvent mal compris: l'étendue du ciel rend la liberté palpable. Le vent, soufflant en permanence est sans cesse porteur de changement. Wind of Change.

Beim alljährlichen Heidefest in Schneverdingen wird nicht nur eine „Heide-Königin" gewählt, es tauchen auch die luftig praktischen Sonnenschutzhauben auf, die einst bei der Feldarbeit getragen wurden.

There is more to the annual heath festival in Schneverdingen than voting for the Queen of the Heath. You can also see the light, airy and extremely practical sunshades which used to be worn by farm workers in the fields.

Chaque année, une «Reine de la Lande» est élue à l'occasion de la «Fête de la Lande» qui se tient à Schneverdingen. Ces festivités voient également réapparaître les coiffes vaporeuses et fort pratiques que les femmes portaient jadis pendant les travaux des champs afin de se protéger du soleil.

Typisch für Niedersachsens Fachwerkkultur ist reichverziertes Balkenwerk. Für die Bemalung der Hausfassaden wurden die historisch überlieferten kräftigen Farben benutzt, wie hier am Landschloß Ahlden an der Aller.

Richly ornamented beams are typical of the Lower Saxon style of half-timbered housing. Bright colours handed down from the past were used to paint the frontage, as here at this country house in Ahlden on the Aller.

Les maisons à colombages de la Basse-Saxe se distinguent par leurs poutres apparentes abondamment décorées. Pour peindre les façades, on utilisait les couleurs vives traditionnelles, comme on le voit ici, au château de campagne de Ahlden sur l'Aller.

Die Lüneburger Heide, zwischen Aller und Elbe gelegen, ist eine der eigentümlichsten Landschaften Norddeutschlands. Weidende Heidschnuckenherden, dunkle Wälder und Moore, Sand- und Lehmheiden prägen das Bild dieses Naturraums.

The Lüneburg Heath, extending from the Aller to the Elbe, boasts one of the most distinctive landscapes in North Germany. Grazing sheep, dark woods and moorland, sandy and clay heathland are nature's keynotes in this part of the country.

La Lande de Lüneburg, qui déploie ses étendues dans une région délimitée par l'Aller et l'Elbe, est l'une des contrées les plus insolites du nord de l'Allemagne. Troupeaux de moutons, forêts obscures, tourbières, landes au sol sablonneux ou argileux, caractérisent ce paysage naturel.

Das ehemalige Zisterzienser-
kloster Wienhausen bei Celle
wurde im 13. Jahrhundert
gegründet. Einmalig sind sein
Gestühl, die gut erhaltene
Ausmalung der Nonnenkirche
sowie die Bildteppiche und
Wirkereien des 15. Jahrhunderts.

The former Cistercian
monastery at Wienhausen,
near Celle, was founded in
the thirteenth century. Its
pews are unique, as are the
well-preserved paintings in
the convent church and the
fifteenth-century tapestry and
embroidery.

L'ancienne abbaye cister-
cienne de Wienhausen, près
de Celle, fut fondée au XIIIe
siècle. On remarquera tout
particulièrement les splendides stalles, les peintures
murales bien conservées de
l'Eglise des Moniales ainsi que
les tapisseries et ouvrages tis-
sés datant du XVe siècle.

Celle, die planmäßig ange-
legte Fachwerkstadt am
Rande der Lüneburger Heide,
war bis Anfang des 18. Jahrhunderts die Residenz der
Fürsten von Braunschweig-
Lüneburg. Davon zeugt noch
heute das auf einem Hügel
erbaute Schloß.

Celle, a half-timbered town
laid out systematically on the
periphery of the Lüneburg
Heath, was until the early
eighteenth century the seat of
the princes of Brunswick-
Lüneburg, as is evidenced to
this day by the Schloss, or
palace.

Celle, ville aux somptueuses
maisons à colombages, située
en bordure de la lande de
Lüneburg, fut aménagée
selon un plan rigoureux et
servit de résidence aux
princes de Brunswick-Lüne-
burg. Témoin de l'époque: le
château.

Die gut erhaltenen Bürgerhäuser Lüneburgs zeigen den
einstigen Reichtum der tausendjährigen Hansestadt. Hier
ein Blick vom Lüneburger
Stintmarkt über die Ilmenau
auf den alten Kran und die
Lüner Mühle.

Lüneburg's well-preserved
town houses testify to the former affluence of the 1,000-
year-old Hanseatic city. This is
a view from the Stintmarkt
over the Ilmenau of the old
crane and the Lüne mill.

Les maisons bourgeoises de
Lüneburg, épargnées par le
temps, témoignent de l'ancienne richesse de cette ville
millénaire qui fit partie de la
Ligue hanséatique. La vue,
prise du Stintmarkt de Lüneburg, s'étend jusqu'au-delà de
l'Ilmenau et dévoile l'«Alter
Kran», une vieille grue en bois
ainsi que le moulin de Lüne.

„Sturmfest und erdverwachsen" seien die Niedersachsen, sagt man. Das gilt besonders für ihre Behausungen, die „Niedersächsischen Hallenhäuser" sind geradezu Archetypen des Bauernhauses. Dieses schöne Gebäude mit dem typischen großen Tor befindet sich im Wendland, südöstlich von Lüneburg.

Lower Saxons are reputed to be steadfast and earthy. That is particularly true of their style of housing. The Lower Saxon "Hallenhaus" is the very archetype of a farmhouse. This fine building with its typical large barn door is in the Wendland region, southeast of Lüneburg.

Les habitants de la Basse-Saxe ont la réputation d'être «inébranlables dans la tempête et enracinés dans leur terroir». Cela vaut tout particulièrement pour leurs fermes, les «maisons-halles» de Basse-Basse, archétypes de la maison de ferme. On découvrira ce superbe bâtiment qu'agrémente un grand portail dans le Wendland, le Pays des Wendes, au sud-est de Lüneburg.

Kurfürstin Sophie von Hannover ließ 1682 bis 1714 mit dem Herrenhausener Garten eine der schönsten Barockgartenanlagen der Welt entstehen. Das Universalgenie Gottfried Wilhelm Leibniz gab dem Gelände den mathematisch exakten Grundriß.

Between 1682 and 1714 Electoral Princess Sophie of Hanover had one of the finest Baroque gardens in the world laid out at Herrenhausen. The polymath Gottfried Wilhelm Leibniz was responsible for the gardens' mathematically precise layout.

En faisant aménager les Jardins de Herrenhausen de 1682 à 1714, la princesse-électrice Sophie de Hanovre créa l'un des plus beaux parcs baroques existant au monde. Gottfried Wilhelm Leibniz, génie universel, conféra à l'ensemble la configuration mathématiquement rigoureuse qu'il présente.

Hannover ist die Landeshauptstadt Niedersachsens. Wer mit dem Fahrstuhl in die Kuppel des „neuen", wilhelminischen Rathauses (1901) fährt, hat einen herrlichen Blick über den Maschsee und die grüne Stadt an der Leine.

Hanover is the Lower Saxon capital. Take the lift up to the dome of the "new" Wilhelminian Rathaus, or city hall, built in 1901, for a magnificent view of the Maschsee and the green city on the River Leine.

Hanovre est la capitale du Land de Basse-Saxe. Qui prendra l'ascenseur pour gagner la coupole du «nouvel» hôtel de ville de style wilhelmnien (construit en 1901), jouira d'une superbe vue sur le lac de Maschsee et sur cette ville des bords de la Leine, noyée dans la verdure.

Hannover besitzt das größte Messegelände der Welt. 26 Hallen bieten Ausstellungsraum für Internationale Leitmessen wie die CeBIT (Informationstechnik) und die Hannover-Messe (Industrie).

Hanover boasts the world's largest trade fair facilities, with 26 exhibition halls where international keynote fairs such as CeBIT (information technology) and the Hanover Fair (industry) are held.

Hanovre possède le plus grand parc d'exposition du monde. 26 halles y accueillent des expositions pilotes internationales, telles la CeBIT (informatique) et la Foire de Hanovre (industrie).

Braunschweig, die zweit-
größte Stadt Niedersachsens,
war bereits im 11. Jahrhundert eine der mächtigsten
Städte des Reiches und Wir-
kungsstätte Heinrichs des
Löwen, Herzog von Sachsen
und Bayern. An ihn erinnern
der bronzene Löwe vor dem
Dom und der Burg Dankwar-
derode.

Brunswick, Lower Saxony's
second-largest city, was one
of the most powerful cities in
the Holy Roman Empire back
in the eleventh century when
it was where Henry the Lion,
Duke of Saxony and Bavaria,
held sway. The bronze lion in
front of the cathedral and
Burg Dankwarderode is a
memorial to him.

Brunswick, deuxième ville de
Basse-Saxe quant au nombre
de ses habitants, fut, dès le
XIe siècle, l'une des plus puissantes villes de l'Empire et la
résidence permanente de
Henri le Lion, duc de Saxe et
de Bavière. Le lion en bronze
se dressant face à la cathédrale, de même que celui du
château de Dankwarderode
évoquent ce souverain.

Hildesheim besitzt neben einem tausendjährigen Rosenstock, dem romanischen Dom und der ottonischen Pfarrkirche St. Michael einen der schönsten mittelalterlichen Marktplätze. Das Knochenhaueramtshaus aus dem 16. Jahrhundert (rechts) wurde Ende der achtziger Jahre restauriert.

Hildesheim boasts not just a 1,000-year-old rose tree, a Romanesque cathedral and the Ottonian parish church of St Michael's but one of the most attractive mediaeval market squares. The sixteenth-century Knochenhaueramtshaus, right, was restored in the late 1980s.

Hildesheim s'enorgueillit non seulement d'un rosier millénaire, d'une cathédrale romane et de l'église paroissiale St-Michaelis de style ottonien, mais encore de l'une des plus belles places médiévales. La Knochenhaueramtshaus, la «Maison du Boucher» (à droite), datant du XVIe siècle, fut restaurée vers la fin des années 80.

Murmelnde Bäche, wilde Schluchten und waldbegrenzte Höhen – der Harz ist der Inbegriff der deutschen Romantik. Aus dem wilden Naturpanorama des nördlichsten deutschen Mittelgebirges ist eine moderne Erholungslandschaft geworden.

With its babbling brooks, wild gorges and tree-lined heights the Harz is the epitome of German Romanticism. The wild natural panorama of Germany's northernmost Mittelgebirge range has been transformed into a modern recreational region.

Ruisseaux babillards, gorges sauvages, collines boisées font du Harz l'incarnation du romantisme allemand. Le cadre naturel et sauvage de la bordure nord des montagnes moyennes d'Allemagne s'est vu transformé en une zone de détente moderne.

Die Kaiserpfalz von Goslar ist einer der größten Profanbauten des Mittelalters, dessen Grundstein Heinrich III. im 11. Jahrhundert legte. Das Silbererz machte den Herrscher mächtig und Goslar zur ersten Stadt des Reiches.

Goslar's Kaiserpfalz, or imperial palace, is one of the largest secular buildings of the Middle Ages. Its foundation stone was laid by Henry III in the eleventh century. Silver ore made its ruler powerful and Goslar the first city of the Holy Roman Empire.

Le Palais impérial de Goslar, dont Henri III posa la première pierre au XIe siècle, est l'un des plus vastes édifices d'architecture profane médiévale. Les mines d'argent sont à la base de la puissance acquise par ce souverain et firent de Goslar la première ville de l'Empire.

Die abenteuerliche Zeit des Silberbergbaus im Harz ist lange vorbei und wird nur noch in Museen – wie hier im Oberharzer Bergwerkmuseum von Clausthal-Zellerfeld – konserviert. Der Ort ist berühmt für seine 1775 gegründete Bergakademie.

The heyday of silver mining in the Harz is long since past and only preserved in museums such as the Upper Harz Mining Museum in Clausthal-Zellerfeld. Clausthal-Zellerfeld is famous for its mining academy, founded in 1775.

Les temps périlleux de l'exploitation des mines d'argent du Harz sont révolus depuis longtemps déjà et ne revivent que dans le cadre de musées, tel que celui des Mines du Haut-Harz, à Clausthal-Zellerfeld. Cette ville est célèbre pour son Ecole des Mines, fondée en 1775.

Das „Gänseliesl" gilt als das meistgeküßte Mädchen der Welt, denn nach altem Brauch muß jeder Student nach bestandenem Doktorexamen der Jungfer die Lippen küssen. Seit dem Jahre 1900 schmückt sie den Marktbrunnen der alten Universitätsstadt Göttingen.

Gänseliesl, the Goose Girl, is reputed to be the most-kissed girl in the world. An old tradition has it that every student must kiss her on the lips on passing his PhD exam. She has graced the Marktbrunnen fountain in the old university town of Göttingen since 1900.

La «Gänseliesl», une gardeuse d'oies, est la jeune fille la plus embrasssée du monde entier. La coutume veut en effet que tout étudiant nouvellement diplômé dépose un baiser sur les lèvres de la pucelle. Depuis 1900, elle orne la fontaine de la Place du Marché de la vieille ville universitaire de Göttingen.

Die an der Weser gelegene Stadt Höxter wurde 822 erstmals urkundlich erwähnt. Sie ist bekannt für ihre schönen Fachwerkhäuser im Stil der Weserrenaissance. Östlich von Höxter liegt die Benediktinerabtei Corvey, zu der Höxter bis 1803 gehörte.

Höxter on the Weser was first mentioned in records in 822 AD. It is known for its fine half-timbered buildings in the Weser Renaissance style. East of Höxter is the Benedictine abbey of Corvey, to which the town belonged until 1803.

La ville de Höxter, en bordure de la Weser, fut mentionnée pour la première fois en 822. Elle est connue pour ses belles maisons à colombages, bâties dans le style Renaissance de la Weser. A l'est de Höxter, on trouvera l'abbaye bénédictine de Corvey à laquelle Höxter appartint jusqu'en 1803.

In einem Seitental der Weser, nahe Bad Pyrmont, steht die Hämelschenburg. Sie wurde um 1600 erbaut. Die stattliche dreiflügelige Anlage gilt als das vollkommenste Zeugnis der Weserrenaissance.

Hämelschenburg, a palace in a valley of the Weser near Bad Pyrmont, was built in about 1600. The impressive three-winged building is rated the most perfect example of the Weser Renaissance style.

C'est dans une vallée transversale de la Weser, près de Bad Pyrmont, que se dresse le château de Hämelschenburg. Il fut érigé en 1600. L'imposant ensemble de bâtiments disposés sur trois ailes passe pour être le plus parfait exemple de la Renaissance de la Weser.

Die Sage vom Rattenfänger in Hameln, der Kinder wie Nager mit seinem Flötenspiel aus der Stadt lockte, kennt man in der ganzen Welt. 1602 bis 1603 wurde das Rattenfängerhaus in Hameln gebaut. Die liebevoll restaurierte Altstadt gilt als Museum der Weserrenaissance.

The tale of the Pied Piper of Hamelin whose music lured both rodents and children out of the town, is known all over the world. The Rattenfängerhaus, or Pied Piper's House, was built in 1602/3. The town's lovingly restored Altstadt is regarded as a museum of the Weser Renaissance.

La légende du Preneur de rats de Hameln qui, au son de sa flûte, entraîna les enfants pour les faire disparaître en dehors de la ville, est connue du monde entier. La Maison du Preneur de rats (Rattenfängerhaus) de Hameln fut bâtie de 1602 à 1603. La vieille ville, amoureusement restaurée, passe pour être un musée de la Renaissance de la Weser.

Wie an einer Perlenschnur liegen die Ostfriesischen Inseln von Borkum bis Wangerooge vor dem Festland. Die Gäste kommen, um sich zu erholen und, wie hier auf der Strandpromenade von Norderney, um zu flanieren.

From Borkum to Wangerooge the East Frisian islands lie like a string of pearls off the North Sea shore. Visitors come here for rest and recreation, including a stroll along the Strandpromenade on Norderney (photo).

Parallèlement au littoral, les îles de la Frise orientale se succèdent de Borkum à Wangerooge, telles les perles d'un collier. Les visiteurs viennent y chercher le repos et y flâner, comme on le voit ici sur le front de mer de Norderney.

Greetsiel, der Fischerort an der niedersächsischen Nordseeküste, verfügt über einen kleinen Hafen mit liebevoll restaurierten Giebelhäusern. Die zahlreichen Kutter erfüllen wie einst ihre Aufgabe als Fangboote.

Greetsiel, a fishing port on the Lower Saxon coast of the North Sea, boasts a small harbour with lovingly restored gabled houses. The numerous cutters still set sail to catch fish as they have always done.

Greetsiel, port de pêche situé sur la côte de la mer du Nord, en Basse-Saxe, dispose d'un petit port bordé de maisons à pignons restaurées avec un soin tout particulier. Tout comme par le passé, les nombreux chalutiers remplissent la tâche qui leur incombe en tant que flottille de pêche.

Der Leuchtturm von Pilsum ist eines der Wahrzeichen Ostfrieslands. Bis 1915 wies der elf Meter hohe genietete Eisenturm den Schiffen den Weg in die Ems. Seither ist der leuchtend gelbrote Veteran außer Dienst.

Pilsum lighthouse is one of the landmarks of East Frisia. Until 1915 the 11-metre iron tower, rivets and all, showed shipping the way to the River Ems. The brilliant yellow and red old-timer has since been out of service.

Le phare de Pilsum est l'un des emblêmes de la Frise orientale. Jusqu'en 1915, la tour en fer rivetée a indiqué aux navires la voie à suivre pour s'engager dans l'Ems. Ce vétéran aux flamboyantes couleurs jaune et rouge est désaffecté depuis cette date.

Die Hunte, hier bei Oldenburg, ist ein Nebenfluß der
Weser. Solch herrliche Fluß-
landschaften mit fruchtbaren
Feldern, alten Bäumen und
Gehöften finden sich an vielen Stellen im agrarisch
geprägten Niedersachsen.

The Hunte, seen here near
Oldenburg, is a tributary of
the Weser. Superb riverside
country like this, with fertile
fields, fine old trees and farmhouses, is a frequent sight in
mainly agricultural Lower
Saxony.

La Hunte, qui coule ici, dans
les environs d'Oldenburg, est
un affluent de la Weser. La
Basse-Saxe, région à vocation
agricole, abonde en paysages
de ce genre, dont la beauté
émane de la rivière que bordent des champs fertiles, de
vieux arbres et des maisons
de ferme.

Das Stadtbild Oldenburgs ist im wesentlichen vom Klassizismus geprägt. Die Lambertikirche wurde nach dem Einsturz 1797 zur Rotunde umgebaut. Im repräsentativen Schloß befindet sich heute das Landesmuseum (oben).

The general aspect of Oldenburg is mainly characterised by Classicism. After collapsing in 1797 the Lambertikirche was rebuilt as a rotunda. The representative Schloss, or palace, now houses the Landesmuseum (above).

La physiognomie d'Oldenburg porte essentiellement le cachet du classicisme. L'église Lamberti fut aménagée en rotonde à la suite de son effondrement en 1797. Le fastueux château abrite aujourd'hui le Musée régional (en haut).

Nachdem der Stadtkern von Osnabrück im Zweiten Weltkrieg schweren Schaden erlitten hatte, wurden viele Gebäude wieder aufgebaut oder restauriert – wie hier (unten) das Rathaus am Markt (1487 bis 1512).

Many buildings have been rebuilt or restored since the city centre of Osnabrück was badly damaged in World War II. They include the Rathaus, 1487–1512, on the market square (below).

Le noyau urbain d'Osnabrück ayant subi d'importants dégâts au cours de la Seconde Guerre mondiale, de nombreux bâtiments ont été reconstruits ou restaurés - tels l'hôtel de ville (1487 à 1512), en bordure de la Place du Marché (en bas).

Viele der noch gut erhaltenen Bürgerhäuser Stades stammen aus dem 17. Jahrhundert. Sie wurden nach dem großen Brand von 1659 gebaut, der den mittelalterlichen Stadtkern weitgehend zerstört hatte. Ein reizvolles Ensemble von Speichern, Fachwerk- und Bürgerhäusern gruppiert sich um den Alten Hafen an der Schwinge, einem Zufluß der Elbe.

Many of the well-preserved town houses in Stade date back to the seventeenth century. They were built after the Great Fire of 1659, which largely destroyed the mediaeval town centre. The Alter Hafen (Old Harbour) on the Schwinge, a tributary of the Elbe, is surrounded by a delightful combination of warehouses, half-timbered buildings and town houses.

Nombre de maisons bourgeoises de Stade, aujourd'hui encore en bon état de conservation, remontent au XVIIe siècle. Elles furent construites à la suite du grand incendie en 1659 qui ravagea la majeure partie de son noyau urbain médiéval. Un ravissant ensemble, fait d'entrepôts, de maisons bourgeoises et d'édifices à colombages, se blottit tout autour du Vieux Port aménagé en bordure de la Schwinge, un petit affluent de l'Elbe.

In Worpswede, nördlich von Bremen, steht der Barkenhoff. Der Maler und Sozialrevolutionär Heinrich Vogeler hat ihn entworfen, als er hier vor der Jahrhundertwende mit Gleichgesinnten eine Künstlerkolonie gründete.

Barkenhoff (photo) is in Worpswede, north of Bremen. It was designed by painter and social revolutionary Heinrich Vogeler when he and like-minded people founded an artists' colony here before the turn of the century.

C'est à Worpswede, au nord de Brême que l'on trouvera le Barkenhoff. Heinrich Vogeler, peintre et partisan d'une révolution sociale, en élabora les plans à la fin du siècle dernier lorsqu'il vint y fonder une colonie constituée d'artistes partageant ses conceptions.

Bis zu acht Meter hohe Deiche schützen das größte Obstanbaugebiet des Kontinents, das Alte Land bei Stade, vor den Fluten der Elbe. Vor den Fachwerkgehöften stehen liebevoll geschnitzte Prunkpforten.

Dikes up to eight metres tall protect the continent's largest orchard area, the Altes Land near Stade, from flooding by the Elbe. Lovingly carved ornamental gateways stand in front of the half-timbered farmhouses.

Plusieurs digues atteignant jusqu'à huit mètres de hauteur protègent le Altes Land, près de Stade, la plus vaste région de culture fruitière du continent de l'assaut des marées de l'Elbe. De majestueux portails amoureusement sculptés ont été érigés à l'entrée des grands bâtiments de ferme à colombages.

Im Armenhaus lachen die Hühner

Rainer Mammen

Im Anfang war das Huhn, und das Huhn war bei Gott, und Gott war das Huhn – gewissermaßen natürlich nur. Denn die Fischer, die eines urgrauen Tages auf dem Strom unterwegs waren, kannten Gott noch gar nicht; sie kannten nur heidnische Geister. Mißgünstige Nachbarn hatten sie samt Kindern und Weibern auf den Fluß vertrieben, und nun, da es Nacht ward, suchten sie nach einem festen Ort, wo sie ihre Netze bergen könnten. Gab ihnen denn niemand ein günstiges Zeichen? Doch, die Geister taten das. Oder auch Gott, der in diesem Fall das Huhn war. Unter einem Strahl der sinkenden Sonne, der „die ganze Landschaft mit einem wundersamen Glanz" erfüllte, gewahrte das Flußvolk plötzlich „eine Henne, die sich und ihren Küchlein einen sicheren Ruheplatz suchte für die Nacht …, mit ihrer kleinen Schar einen Hügel hinan ging und sich mit ihrer Brut im Heidekraut verbarg". Die Flüchtlinge folgten ihr, schlugen Hütten auf auf dem Hügel, und „dieser Hügel sollte fortan der Hort der Freiheit sein". Mit anderen Worten: die nachmalige Stadt Bremen, gelegen am nachmals so genannten Weserfluß.

Erfunden worden ist diese Erfindung eines Ortes freilich erst 1844. Nachdem die Brüder Grimm ihre „Kinder- und Hausmärchen", Brentano und von Arnim ihre „alten deutschen Lieder" („Des Knaben Wunderhorn") gedichtet hatten, verlangte es auch die Bremer nach eigenen „Volkssagen". Der verkrachte Theologiestudent Friedrich Wagenfeld tat ihnen den romantischen Gefallen und dachte sich welche aus. Wichtig dabei: Der Begriff „Freiheit" mußte oft genug und möglichst emphatisch verwendet werden.

Denn es gibt nichts, worauf sich der Bremer von jeher mehr eingebildet hätte. Notgedrungen fürchtete er Gott und den Kaiser, nachdem Karl der Große ihm mit Feuer und Schwert das Heidentum endgültig ausgetrieben hatte. Aber bereits die Gewohnheit des Erzbischofs, der Stadt in ihre Geschäfte hineinzureden, mochte die Bürgerschaft nicht leiden. Darum setzte sie dem geistlichen Herrn, der seine Macht im Dom ausübte, ihre berühmte Rolandstatue vor die Nase. Auf dem Schild dieses steinernen Riesen steht seit 1404: „Vryheit do ick jo apenbar" – Ich verkündige Euch Freiheit. Er verkündigte diese während der Reformation (der sich die Bremer rasch anschlossen, um ihren Erzbischof loszuwerden), während der „Franzosenzeit" (1811 bis 1813 gehörte die Stadt zum Empire Napoleons) und sogar während der offenbaren Unfreiheit, die die Nazi-Herrschaft auch für Bremen bedeutete. Bis auf den heutigen Tag nennt sich Bremen eine „Freie Hansestadt" und bildet, gemeinsam mit der rund 60 Kilometer in Richtung Meer entfernten, 1827 gegründeten Schwestergemeinde Bremerhaven das kleinste aller 16 deutschen Bundesländer.

So klein ist es in der Tat, daß eine gehässige Anekdote behaupten darf, der Schauspieler Werner Krauß, in den fünfziger Jahren zu einem Gastspiel an die Weser geladen, habe auf dem Weg von Hamburg im Zug nur ein kurzes Nickerchen gehalten – und schon sei er an der Stadt vorbeigerauscht und bereits in Osnabrück gewesen. Die Perfidie dieser Geschichte schmerzt doppelt, wenn man die außerordentlich schurkische Rolle bedenkt, die Hamburg über die Jahrhunderte im Bewußtsein der Bremer zu spielen hatte: die eines äußerst unbeliebten Konkurrenten nämlich. Denn leider besaß – und besitzt! – auch Hamburg Seehäfen, die als nennenswert zu bezeichnen man auch an der Weser nicht umhinkann. Selbst das Huhn, das am Anfang war, geriet zeitweise in den Streit beider Städte – genauer gesagt seine „Küchlein". War bei uns soeben das „Bremer Kükenragout" zum Nationalgericht ausgerufen worden, so verkniff man es sich an der Elbe nicht, bald darauf ein „Hamburger Kükenragout" auf die Karte zu setzen. Ein andermal fingen es die Bremer geschickter an. Wohl wissend, daß sie sich in ihren rustikalen Eßgewohnheiten von den Hamburgern nur willkürlich unterscheiden ließen, warteten sie in Ruhe ab, wie wohl die Konkurrenz ein für seine Deftigkeit weithin berüchtigtes Wintergemüse taufen würde. Die Hamburger entschieden sich für die Bezeichnung „Grünkohl" – wenig originell! So daß die Bremer ihre unverwechselbare Identität mit Anmut zu wahren wußten, indem sie diese an sich wohl wirklich etwas grünliche Spezialität ganz einfach „Braunkohl" nannten.

Viel Welt und wenig Gegend

Daß sich kleine Nachbargemeinden dieser Namensgebung anschlossen, störte niemanden. Man blickte etwas hochnäsig auf die platte Trostlosigkeit und Langeweile der „Gegend" um Bremen herum – darauf brauchte hier niemand eifersüchtig zu sein. „Die Welt" dagegen – das war erstens und vor allen Dingen unsere fabelhafte „Stadt am Fluß". Und dann kam lange gar nichts mehr; tagelang nur Wasser, auf dem man seine Schiffe ausfahren ließ: die Weser hinunter, dann in die Nord- und Ostsee, später auch über den breiten Atlantik oder sogar noch weiter weg. Für den Bremer fand die Welt ihre Fortsetzung nicht in irgendwelchen Dörfern oder Provinzen, sondern in Städten, mit denen man handeln konnte: in Brügge oder Bergen, in London oder in Riga. Da es sich erwiesen hatte, daß bei den Säulen des Herakles das Meer nicht im Nichts verdampfte, fanden bremische Kauffahrer bald ihren Weg an Afrikas Westküste. Und als Kolumbus die Alte Welt mit einer Neuen beglückte, schickten sie sich an, auch den dazwischenliegenden Ozean zu erobern, um ihre Waren an so entfernten Plätzen wie New York oder Rio de Janeiro umzuschlagen. Die „Gegend" mochte unterdessen von Schweden regiert werden, sich Königreich Hannover nennen oder Preußen – mit der „Welt" hatte sie nichts zu tun. Noch um die Wende zum

20. Jahrhundert konnte Heini Holtenbeen (Holzbein), ein für seine Sprüche beliebtes Bremer Original, die dünkelhafte Geringschätzung der Bremer für die Hinterwäldler ringsum so ausdrücken: „Wenn die Welt untergeht, gehe ich nach Hannover – da hab' ich Verwandte."
Aber vielleicht durfte Bremen sich damals, für einen kurzen historischen Moment, tatsächlich als kleine „Weltstadt" aufspielen. Während hochberühmte Handelsplätze wie Lübeck oder Brügge allmählich in musealer Beschaulichkeit versanken, hielt die Hansestadt an der Weser noch einmal Schritt mit dem Zeitgeist, boomte und expandierte. Die moderne, an der äußersten Außenweser gelegene Filiale Bremerhaven garantierte schnelle Wege über den Atlantik; tunlichst wurden diese mit eigenen Schiffen zurückgelegt, hergestellt auf den modernen Werften der Stadt, betrieben von ihren weltberühmten Reedereien. Der Name „Bremen" prunkte am Bug der Flaggschiffe des Norddeutschen Lloyd und gewann beträchtliche Popularität vor allem an der Ostküste Amerikas. Nachdem sich die englischen Kolonien dort drüben für unabhängig erklärt hatten, waren die Bremer unter den ersten Europäern, die die neuen Vereinigten Staaten formell anerkannten – nicht zum Nachteil für ihren Geschäftsbetrieb. Bremen wurde zu einer Tabak- und Baumwollstadt, die sich beeilte, die zur Weiterverarbeitung der importierten Güter notwendigen Industrien gleich dazu anzuschaffen. Am bekanntesten freilich wurde die Stadt durch ein Genußmittel, dessen rohe Bohnen sie sich aus Lateinamerika besorgte, um diese dann vor Ort und in großem Stil fleißig zu rösten: durch Bremer Kaffee.
Um all ihre schönen Waren und Produkte auch verkaufen zu können, war freilich die Stadt jederzeit auf ihr Hinterland weit dringlicher angewiesen, als es der borniente Lokalstolz eines

Heini Holtenbeen wahrhaben wollte. Mit Genugtuung kann deshalb die lokale Literaturwissenschaft verzeichnen, daß sich Hans Castorp, der (leider hamburgische) Held in Thomas Manns Roman „Der Zauberberg", seine Lieblingszigarre „Maria Mancini" aus Bremen in den Schweizer Luftkurort Davos schicken ließ: „Kostet wenig oder nichts, neunzehn Pfennig in reinen Farben, hat aber ein Bukett, wie es sonst in dieser Preislage nicht vorkommt." Hans Castorp, als Kaufmannssohn, konnte sich das leisten. Aber auch diejenigen, die sich im Hinterland eine Tabakware „Postre de Banquete aus Bremen" nicht mehr leisten konnten, machten damals Bekanntschaft mit der Stadt – massenhaft. Das letzte, was zwischen 1784 und 1958 fast sieben Millionen Menschen von Europa sahen, waren die Auswandererhäfen an der Weser. Mißernten, politische Verfolgung und epidemisch verbreitete Arbeitslosigkeit sorgten dafür, daß die Schiffe, die in den bremischen Häfen ihre amerikanischen Waren gelöscht hatten, nicht leer über den Atlantik zurücksegeln, später -dampfen mußten. An Bord waren nicht nur Deutsche, sondern auch „Transitwanderer" aus Rußland und Österreich-Ungarn, darunter viele Juden und Polen. Auch ihrem Elend verdankte Bremen sein Glück.

Die Provinz rächt sich

Wenn die soziale Empfindlichkeit über dieses Thema ein wenig hinweggegangen ist, so vor allem wohl deshalb, weil die Stadt selbst inzwischen begonnen hat, sich für eine Art Armenhaus zu halten. Binnen weniger Jahrzehnte haben sich ihre Lebensbedingungen radikal verändert und umgekehrt; so, daß mancher tatsächlich schon nach Hannover geflüchtet sein mag, in der Meinung „die Welt", Bremen also, sei überhaupt längst untergegangen. Stimmen werden laut, die „die Freiheit", auf die wir uns so lange so Großartiges eingebildet haben, wahrhaftig für eine eingebildete halten; insofern nämlich, als das Land und seine beiden Kommunen komatös an den Steuertröpfen von Bund und anderen Ländern dahinsiechten, wodurch das notwendige Kollabieren aber nur schmerzhaft verzögert werde. Die traditionellen Industrien brechen zusammen oder kränkeln dahin; nicht nur neue Gewerbe, sondern auch alte Bremer siedeln sich jenseits unserer „Grenzen" an: in der einst verachteten „Gegend" nämlich, die heute zu Niedersachsen gehört und dank ihres gewachsenen Steueraufkommens einen fetten „Speckgürtel" um das arme Bremen legt. Es gibt Umfragen, wonach die überregionale Bekanntheit der Stadt sehr zu wünschen übrig lasse, von ihrer Beliebtheit ganz zu schweigen. Denn diese sei schlechterdings nicht mehr auffindbar. Beinahe scheint es, als sei die Stadt der Welt abhanden gekommen.

Wie auch umgekehrt die Welt ihr abhanden gekommen ist. Seit geraumer Zeit läßt der internationale Verkehr unsere ruhmreichen Häfen links liegen. Wer nach Amerika will, braucht dazu keinen umständlichen Dampfer mehr; er fliegt schnell über Frankfurt. Und wer einen Container verschifft, der erledigt dies ebenso praktisch über Rotterdam. Andererseits halten durchaus noch Züge in Bremen, die in der Provinz nicht halten, und einen richtigen Verkehrsflughafen gibt es schließlich auch. Sehr rasch könnten Reisende aus Frankfurt oder London, aus Amsterdam oder Paris an die Weser gelangen – wüßte man ihnen hier nur wieder etwas mehr anzubieten als Frust und Lamento, Jammer und Selbstmitleid. Mit dieser Stadt, ihrer stolzen Geschichte, ihrer unternehmungslustigen, geschäftstüchtigen Bürgerschaft sei plötzlich kein Staat mehr zu machen? Haben wir uns denn diese schönen und volltönenden Attribute alle nur ausgedacht – so, wie uns einst der Sagendichter Wagenfeld die urbremischen Hüttenbauer nur erfunden hat? Aber nein, woher denn, bei Gott: Da lachen ja die Hühner! Und auf die war bekanntlich schon immer Verlaß in Bremen: von Anfang an.

Chickens Laughing in the Poorhouse

Rainer Mammen

In the beginning was the chicken, and the chicken was with God, and the chicken was God – but only in a certain sense. For the fishermen on the river on that primaevally grey day did not yet know God; they knew only heathen spirits. Hostile neighbours had driven them onto the river with their wives and children, and, since night was drawing nigh, they began looking for a safe place to keep their nets. Would no-one give them a favourable sign? Why yes, the spirits did. Or indeed God, who in this case was the chicken. Under a ray of the setting sun, which filled "the whole landscape with a wonderful glow" the river people suddenly noticed "a hen, who was looking for a safe resting place for the night for herself and her chicks…, go up a hill and hide herself and her brood in the heather." The refugees followed her, built huts on the hill, and "from that day on this hill was to be a stronghold of liberty." In other words, the future town of Bremen, situated on the river later to be known as the Weser.

Of course, this fictitious account of Bremen's origins was not made up until 1844. After the Brothers Grimm had published their children's and household fairy-tales, and Brentano and von Arnim had composed their "old German ballads" ("Des Knaben Wunderhorn"), the people of Bremen also felt the need for "folk legends" of their own. Failed theology student Friedrich Wagenfeld did them the romantic favour of thinking some up. In doing so, it was important for the concept of "freedom" to be employed frequently enough and as emphatically as possible. For there has long been nothing of which Bremen people are prouder. They

did perforce fear God and the Emperor, after Charlemagne finally drove heathenism out of them by fire and the sword. However, the townsfolk did not like the archbishop's habit of interfering in the town's affairs. And so they plonked their famous statue of Roland right in front of the nose of the clerical gentleman who exercised his power in the cathedral. Since 1404 the shield of this stone giant has born the legend: "Vryheit do ick jo apenbar" (I proclaim you freedom). He proclaimed this during the Reformation (which Bremen swiftly joined, so as to get rid of the archbishop), during the "French period" (from 1811 to 1813 the town was part of the Napoleonic empire), and even during the obvious lack of freedom which Nazi domination meant for the city. To this day Bremen styles itself a "free Hanseatic city" and, together with its sister town of Bremerhaven, founded around 60 kilometres downriver in 1827, forms the smallest of Germany's 16 federal states.

It is indeed so small that there is an unkind anecdote which claims that the actor Werner Krauss, invited to a guest performance in Bremen in the 1950s, took just a short nap in the train from Hamburg – and discovered that he had missed Bremen and gone on to Osnabrück. The perfidy of this story is doubly painful when one thinks of the extraordinarily villainous role which Hamburg has played in Bremen people's consciousness over the centuries: namely, that of an extremely unpopular competitor. For unfortunately Hamburg too had – and has – a seaport which people on the Weser cannot help but describe as not inconsiderable. Even the chicken which was in the beginning got involved at some stage in the quarrel between the two cities – or, more precisely, its chicks did. No sooner had "Bremen spring chicken ragoût" been declared the national dish than the people on the Elbe had to put a "Hamburg spring chicken ragoût" on their menus. On another occasion the Bremen people went about things more smartly. Knowing, presumably, that their rustic eating habits could only be distinguished arbitrarily from those of the Hamburgers, they waited patiently to see what name the competition would give to a winter vegetable, kale, known far and wide for its substantial nature. The Hamburgers decided on "Grünkohl" or green cabbage – hardly original! And so Bremen people were able to safeguard their unmistakable identity with dignity by simply calling this – in reality rather greenish – speciality "Braunkohl" (brown cabbage).

A lot of world and not much region

No-one was bothered when small neighbouring communities adopted this name too. People looked rather snootily at the flat dreariness and boredom of the "region" around Bremen – no-one need feel jealous of that. "The world" on the other hand – that was first and foremost our fabulous "city on the river." And then for a long way there was nothing else at all; for days only water which people sent their ships out onto: down the Weser into the North and Baltic seas, and later across the wide Atlantic or even further afield. For the people of Bremen the continuation of the world was not in some village or province or other, but in towns they could trade with: in Bruges or Bergen, London or Riga. Since it had been proven that the sea did not evaporate into the void beyond the Pillars of Hercules, Bremen's merchant ships soon found their way to the west coast of Africa. And when Columbus bestowed a New World on the old one, they set about conquering the ocean in between in order to ply their wares in distant places like New York or Rio de Janeiro. Meantime the "region" might be ruled by Sweden, call itself the Kingdom of Hanover, or Prussia – it had nothing to do with the "world." Even around the turn of this century Heini Holtenbeen (Holzbein or Wooden Leg), a Bremen eccentric popular for his sayings, was able to express the Bremen people's conceited disdain for the backwoodsmen round about as follows: "If the world comes to an end, I'll go to Hanover – I've got relatives there."

But in those days perhaps, for a short historic moment, Bremen could really give itself the airs of a "metropolis." Whereas renowned trading centres like Lübeck and Bruges were gradually sinking into a museum-like tranquillity, the Hanseatic city on the Weser was keeping pace with the spirit of the age, booming and expanding. Its modern branch of Bremerhaven, situated on the extreme outer Weser, guaranteed speedy passage across the Atlantic, wherever possible in its own ships, built in the town's modern yards and operated by its world-famous shipping lines. The name of Bremen was resplendent on the bow of the flagships of Norddeutscher Lloyd and earned considerable popularity above all on the east coast of America. After the British colonies there had declared their independence, Bremen was among the first European powers formally to recognise the new United States – which certainly did no harm to business. Bremen became a city of tobacco and cotton, and hastened to acquire the industries needed to process the imported goods. The city became most famous of all for a beverage for which the raw beans were obtained from Latin America, to be assiduously roasted in grand style on the spot: Bremen coffee.

Of course, in order to be able to sell all its wonderful goods and products, the city became more pressingly dependent on its hinterland than the bigoted pride of the likes of Heini Holtenbeen cared to admit. Thus it gives local literary experts satisfaction to record that Hans Castorp, the (unfortunately Hamburg-born) hero of Thomas Mann's novel "Der Zauberberg" (The Magic Mountain) had his favourite Maria Mancini cigar sent from Bremen to his Swiss convalescent home in Davos. "It costs little or nothing, nineteen pfennigs in pure colours, but has a bouquet which you otherwise never find in this price range." As a merchant's son, Hans Castorp could afford it. But at that time even those in the hinterland who were unable to afford to order goods "Postre de Banquete from Bremen" were becoming acquainted with the city – in their masses. Between 1784 and 1958 the last which almost seven million people saw of Europe was the emigration ports on the Weser. Failed harvests, political persecution and unemployment of epidemic proportions ensured that ships which unloaded their American wares in Bremen ports did not have to sail – or later steam – back empty across the Atlantic. On board were not only Germans but also "transit travellers" from Russia and Austria-Hungary, including many Jews and Poles. To their hardship, too, Bremen owed its good fortune.

The province strikes back

If the social sensitivity on this subject has somewhat passed over, this is probably above all because the city itself has in the meantime begun to see itself as a sort of poorhouse. Within a few decades its living conditions have been radically changed and reversed, so that many people may indeed already have escaped to Hanover, in the belief that "the world," that is, Bremen, has long since come to an end. Voices are heard proclaiming that "the freedom" which we have imagined for so long to be something so special, is in truth illusory, insofar as the state and its two communities were wasting away comatosely on the tax drips from central government and other states, which were merely painfully postponing the necessary collapse. Traditional industries are disintegrating or ailing; not just new businesses but also old Bremen firms are settling beyond our "borders," in the once despised "region" which is now part of Lower Saxony and thanks to increased tax income has developed a prosperous "tyre of flab" around poor Bremen. There are surveys according to which the city's nationwide profile leaves much to be desired, not to mention its popularity. For this can virtually not be found. It almost seems as if the city has been lost to the world.

As, vice versa, the world has been lost to it. For some considerable time now international traffic has been ignoring our illustrious ports. Anyone wanting to go to America no longer needs the ponderous steamer; he or she flies quickly via Frankfurt. And anyone shipping a container can do it just as practically via Rotterdam. On the other hand, trains still stop in Bremen which do not stop in the provinces, and after all there is a proper commercial airport. Travellers from Frankfurt or London, Amsterdam or Paris could reach the Weser very quickly–if only there were more to offer them than frustration and laments, wailing and self-pity. Is it suddenly no longer possible to make a state of this city, its proud history, its entrepreneurial, business-minded citizens? Have we all merely dreamed up these fine, resonant attributes–just as Wagenfeld the composer of legends once merely invented the original Bremen hut-builders? But no, where from, good God: it's enough to make the chickens laugh! And it is well known that you could always rely on them in Bremen: right from the start.

Le parent pauvre et la légende de la poule

Rainer Mammen

Au commencement était la Poule et la Poule était avec Dieu et Dieu était la Poule – s'il nous est permis de nous exprimer ainsi. Car les pêcheurs, qui, à l'aube des temps, naviguaient sur le fleuve, n'avaient encore aucune notion de Dieu; ils ne connaissaient que des esprits paiens. Pourchassés, avec leurs femmes et leurs enfants, par des voisins envieux, ils avaient cherché refuge sur le fleuve, et, comme la nuit était tombée, s'étaient mis en quête d'un endroit où, sur la terre ferme, ils pourraient retirer leurs filets. Ne se trouvait-il donc aucune âme pour leur venir providentiellement en aide? Eh bien si, les bons génies s'en chargèrent. Ou fut-ce Dieu lui-même qui, en l'occurrence, prit l'apparence d'une poule? Sous un rayon du soleil couchant qui «inonda toute la contrée d'un étrange éclat», le petit peuple de pêcheurs aperçut tout à coup «une poule avec ses poussins qui, cherchant un endroit tranquille et sûr pour la nuit … escalada en compagnie de sa petite troupe une colline pour aller se dissimuler dans la bruyère avec sa couvée». Les fugitifs lui emboîtèrent le pas, dressèrent leurs huttes sur la colline et «cette colline fut désormais un havre de liberté». Il s'agissait, bien sûr, de ce qui devait devenir plus tard la ville de Brême, située en bordure de la Weser.

Il faut dire toutefois que cette fable narrant la création de Brême, ne fut écrite qu'en 1844. Les frères Grimm ayant publié leurs «Contes d'enfants et du foyer», Brentano et von Arnim les «Vieux chants allemands» («Le Cor enchanté de l'enfant»), les Brémois désiraient vivement, eux aussi, avoir leurs propres «légendes populaires». Friedrich Wagenfeld, étudiant en théologie, dont les études avaient mal tourné, leur rendit ce romantique service et en inventa un certain nombre. Détail important: le terme de «liberté» devait y revenir fréquemment et être employé dans un sens aussi emphatique que possible.

Rien, en effet, dont le Brémois ne soit plus fier depuis toujours. A son corps défendant, il avait appris à craindre Dieu et l'empereur, après que Charlemagne lui eut définivement fait passer l'envie de vénérer ses dieux paiens en mettant le pays à feu et à sang. Les habitants de Brême exécraient, de surcroît, l'habitude qu'avait pris l'archevêque de s'immiscer dans leurs affaires. Aussi décidèrent-ils de mettre sous le nez du dignitaire ecclésiastique qui exerçait ses pouvoirs dans la cathédrale, leur fameuse statue de Roland. Sur le bouclier de ce géant de pierre on peut lire, depuis 1404:» Vryheit do ick jo apenbar» , «je vous annonce la liberté». Et il la leur annonça au cours de la Réforme (à laquelle les Brémois adhérèrent afin de se débarrasser de leur archevêque), mais aussi à l'«Epoque des Français» (la ville fit partie de l'empire napoléonien de 1811 à 1813) et sous le régime nazi, où ils en furent manifestement privés. Brême porte, jusqu'à nos jours, le nom de «Ville libre et hanséatique» et constitue avec sa consœur, Bremerhaven, fondée en 1827 et située à environ 60 km en direction de la mer, le plus petit des 16 Länder d'Allemagne.

Son territoire est en effet si exigu qu'une anecdote d'un genre plutôt malveillant raconte que, en tournée à Brême dans les années 50, l'acteur Werner Krauß, se serait assoupi, l'espace d'un instant, dans le train qui l'amenait de Hambourg – mais que cela avait suffi pour qu'il traverse, sans s'en apercevoir la ville des bords de la Weser et se retrouve à Osnabrück. La perfidie perçant à travers cette histoire est doublement amère si l'on considère le rôle hautement «crapuleux» qu'avait joué Hambourg, à travers les siècles, aux yeux des Brémois: celui d'un concurrent fort impopulaire. Hambourg possédait hélas – et possède encore! – des ports de mer dont on ne pouvait, ici, nier l'importance. Même la poule – par laquelle tout arriva – se retrouva mêlée à la querelle qui opposait ces deux villes – ou, plus exactement, ses «poussins». A peine le «ragout de poussins» avait-il été proclamé plat national, que les habitants de l'Elbe eurent le front, peu de temps après, d'inscrire à leur menu un «ragout de poussins hambourgeois». Une autre fois, les Brémois se montrèrent plus astucieux. Sachant parfaitement qu'ils ne pouvaient que difficilement se distinguer des Hambourgeois pour ce qui est de leurs mœurs culinaires plutôt rustiques, ils attendirent tranquillement de savoir comment la concurrence baptiserait un mets fait à partir d'un légume d'hiver, bien connu pour sa consistance. Les Hambourgeois décidèrent de l'appeler «Grünkohl» (chou vert) – ce qui fait preuve de peu d'originalité. Les Brémois purent alors, avec l'élégance convenant à une ville aussi exceptionnelle, sauvegarder leur identité en dénommant tout bonnement «Braunkohl» (chou brun) cette spécialité dont la couleur tire, en vérité, plutôt sur le vert.

Entre le grand monde et des environs bornés

Que les petites communes voisines aient fait leur cette dénomination ne dérangeait personne. On considérait en effet avec une certaine condescendance la morne tristesse et la platitude des «environs» de Brême – personne n'aurait pu s'en montrer jaloux. Le «monde», en revanche – c'était en tout premier lieu notre splendide «ville en bordure du fleuve». En dehors d'elle, rien qui ne vaille la peine d'être signalé; des jours entiers, de l'eau à n'en plus finir, eau sur laquelle cinglaient les bateaux: ils descendaient la Weser, débouchaient dans la Baltique ou en Mer du Nord, traversaient les vastes étendues de l'Atlantique ou faisaient voile vers des horizons encore plus lointains. Pour le Brémois, le «monde» ne s'ouvrait pas sur des villages ou des provinces quelconques, mais sur des villes avec lesquelles on pouvait commercer: Bruges ou Bergen, Londres ou Riga. Comme il s'était avéré que la mer ne s'évaporait pas là où se dressent les Colonnes d'Hercule, les négociants de Brême trouvèrent bientôt le chemin qui devait les mener sur la côte ouest de l'Afrique. Et, lorsque Christophe Colomb eut fait don à l'Ancien Monde d'un nouveau, ils partirent à la conquête de l'océan qui les en séparait et allèrent transborder leurs marchandises en des lieux aussi éloignés que New York et Rio de Janeiro. Peu importait que les «environs» aient été gouvernés dans l'intervalle par la Suède, qu'ils portent le nom de Royaume de Hanovre ou de Prusse – ils n'avaient rien de commun avec le «monde». Vers le début du XXe siècle, Heini Holtenbeen (dit Jambe de bois), un original brémois, fort populaire en raison de ses bons mots, exprimait encore en ces termes le dédain des Brémois pour les «ploucs» de la région environnante: «Le jour où le monde disparaîtra, j'irai à Hanovre – j'y ai des parents.»

Mais peut-être Brême aura-t-il pu, à l'époque, ne fut-ce que l'espace d'un instant dans son histoire, se prendre effectivement pour une «métropole de renommée mondiale». Tandis que des villes commerçantes aussi célèbres que Lübeck ou Bruges commençaient à sombrer dans une quiétude muséale, la ville hanséatique des bords de la Weser se mit de nouveau au rythme de l'époque, prenant un nouvel essor et une considérable extension. Bremerhaven, sa «filiale» moderne, située à l'embouchure de la Weser, garantissait une traversée rapide de l'Atlantique; celle-ci s'effectuait, dans la mesure du possible, au moyen de bateaux sortis des chantiers navals modernes de la ville et appartenant à des compagnies d'armement célèbres dans le monde entier. Le nom de «Brême» trônait à l'avant des bâtiments naviguant sous le pavillon du Norddeutscher Lloyd et acquit une grande notoriété, tout particulièrement sur la côte est de l'Amérique. Les colonies anglaises ayant accédé à l'indépendance, les Brémois furent parmi les premiers Européens à reconnaître officiellement les Etats-Unis – ce qui, sur le plan commercial, n'était pas sans présenter d'avantages. Brême devint la ville du tabac et du coton et s'empressa de créer les industries nécessaires à la transformation des produits importés. La ville doit toutefois sa notoriété à une denrée de luxe, dont elle alla chercher les grains bruts en Amérique latine pour les torréfier en grand style sur place: le café brêmois.

Afin de pouvoir vendre tous ses beaux produits, la ville était cependant tributaire de son arrière-pays, et ceci dans une plus large mesure que ne voulait bien le croire un Heini Holtenbeen, dans son amour-propre plutôt borné. Ainsi les germanistes locaux peuvent-ils noter, avec satisfac-tion, que Hans Castorp, le personnage principal (hélas hambourgeois) du roman de Thomas Mann, «Der Zauberberg» (La Montagne magique) se faisait envoyer dans sa station climatique de Davos son cigarre préféré, le «Maria Mancini», produit à Brême: «Il coûte peu ou presque rien, dix-neuf pfennig de couleurs pures, mais possède un arôme peu courant dans cette catégorie de prix». Fils de négociants, Hans Castorp pouvait se permettre ce genre de chose. Mais ceux qui, dans l'arrière-pays, n'étaient plus en mesure de se payer le «Postre de Banquete de Brême», firent également connaissance de la ville – et ils étaient nombreux. La dernière chose que presque sept millions de personnes virent de l'Europe, entre 1784 et 1958, furent les ports de la Weser, par lesquels ils émigraient à l'étranger. Mauvaises récoltes, persécutions de nature politique et un chômage qui se propageait à la vitesse d'une épidémie, eurent pour effet que les navires venant tout juste de décharger leur cargaison de marchandises dans les ports de Brême, ne reprenaient pas, à vide, le chemin de l'Atlantique, au gré du vent ou mus, plus tard, par la vapeur. A leur bord, ils avaient pris non seulement des Allemands, mais aussi des «émigrants en transit» venus de Russie, d'Autriche, dont de nombreux Juifs et Polonais. C'est à leur misère que Brême doit aussi sa fortune.

La province prend sa revanche

Si l'on a quelque peu ignoré ce sujet jusqu'ici pour ne pas blesser la sensibilité du Brémois, c'est, avant tout, parce que la ville a commencé, entretemps, à se considérer comme une sorte de parent pauvre de la fédération. En l'espace de quelques dizaines d'années seulement, les conditions de vie y ont si radicalement changé qu'elles s'en trouvent inversées. Certains sont déjà allés chercher refuge à Hanovre, pensant que le «monde» – entendez Brême – avait depuis longtemps fait naufrage. Des voix de plus en plus nombreuses se font entendre, estimant que la «liberté» sur laquelle nous avons si long-temps tablé, n'est en réalité qu'une chimère – en ce sens où le Land et ses deux communes se trouvent, fiscalement parlant, dans un état comateux et sous perfusion du Bund et des autres Länder, mourant à petit feu, ce qui ne fait que douloureusement retarder le nécessaire collapsus. Les industries traditionnelles s'effondrent ou végètent; non seulement de nouvelles industries mais aussi des entreprises brémoises établies de longue date vont s'installer de l'autre côté de nos «frontières»: à savoir dans les «environs» jadis si méprisés qui, aujourd'hui, font partie de la Basse-Saxe et forment, grâce à l'augmentation des recettes fiscales, une «ceinture de lard» rondouillète autour de la pauvre ville de Brême. Certains sondages ont révélé que la notoriété de cette ville laisse à désirer au niveau supra-régional. Quant à sa popularité, elle serait tout bonnement inexistante. C'est comme si cette ville avait disparu de notre monde.

De même que, inversement, le monde semble lui avoir fait faux bon. Voilà un bon moment déjà que le trafic international délaisse les prestigieux ports de Brême. Quiconque désire partir pour l'Amérique n'a plus à se compliquer la vie en s'embarquant sur un bateau à vapeur. Il prend l'avion via Francfort et l'affaire est faite. Et pour celui qui fait transporter un conteneur, il est aussi pratique de passer par Rotterdam. Certes, il existe encore des trains faisant halte à Brême, trains qui ne s'arrêtent pas dans les villes de province, et Brême possède également un véritable aéroport. Les voyageurs en provenance de Francfort ou de Londres, d'Amsterdam ou de Paris, pourraient atterrir en bien plus grand nombre sur les bords de la Weser si l'on y était à même de les accueillir autrement qu'avec des lamentations, des plaintes et un éternel apitoiement sur soi-même. Cette ville, avec son glorieux passé, ses habitants doués d'esprit d'entreprise et habiles en affaires, ne serait plus en mesure de constituer un Etat dont on peut faire parade? N'avons-nous fait que nous imaginer tous ces beaux attributs si retentissants, tout comme Wagenfeld inventa la légende des bâtisseurs de huttes de Brême? Mais non, pas du tout, Dieu nous en garde: Les «poules en riraient» comme on le dit en allemand pour exprimer que l'on trouve une certaine chose franchement risible. Et, comme chacun sait, on a toujours pu compter sur ces volatiles à Brême: dès le début ...

Der Roland von Bremen blickt seit fast sechshundert Jahren auf den Marktplatz. Die Rittergestalt in Rüstung symbolisiert das Marktrecht. Solange der Roland vor dem Rathaus steht, sagen die Bremer, ist die Freiheit der Hansestadt nicht bedroht.

This statue of Roland has looked out onto the market square in Bremen for almost six hundred years. The figure of a knight in armour symbolises the conferring of market rights. Bremen people say that as long as Roland stands in front of the Rathaus, there is no threat to the Hanseatic city's freedom.

Voilà bientôt six cents ans que le «Roland» de Brême promène ses regards sur la Place du Marché. Ce chevalier en armure symbolise le droit de tenir marché. La liberté de la ville hanséatique ne sera pas en danger aussi longtemps que la statue de Roland se dressera face à l'hôtel de ville, disent les Brémois.

Schmuckstück des Bremer Marktplatzes ist das historische Rathaus mit der Fassade im Stil der Weserrenaissance. Daneben erhebt sich der St.-Petri-Dom, rechts davon auf dem historischen Gelände der einstigen Börse die moderne Glasfassade des Bremer Landesparlaments, der „Bürgerschaft".

The jewel of Bremen's market square is the historic Rathaus with its Weser Renaissance facade. Next to it stands St Peter's Cathedral, and to its right the modern glass facade of the Bremen state parliament, the House of Burgesses, built on the historic site of the former stock exchange.

L'hôtel de ville, un bâtiment d'époque, dont la façade est exécutée dans le style Renaissance de la Weser, constitue le joyau de la Place du Marché de Brême. A côté, s'élève la cathédrale St-Pétri et, à droite de celle-ci, sur l'emplacement historique de l'ancienne Bourse, la façade de verre moderne du Parlement du Land, la «Bürgerschaft».

Zu den Wahrzeichen der Wesermetropole gehören die Bremer Stadtmusikanten. Obwohl Esel, Hund, Katze und Hahn die Stadt nie erreichten, ließen die Bremer Ratsherren die Grimmschen Märchenfiguren vom Bildhauer Gerhard Marcks in Bronze gießen.

One of the emblems of Bremen: the town musicians. Although the ass, dog, cat and cock never reached the city, the Bremen city councillors commissioned from sculptor Gerhard Marcks this cast bronze statue of the figures from the Grimm fairy tale.

Les animaux musiciens de la ville de Brême. font partie des emblêmes de cette métropole des bords de la Weser. Bien que l'âne, le chien, le chat et le coq ne soient jamais parvenus jusqu'à Brême, les magistrats de la ville firent couler dans le bronze ces personnages du conte de Grimm. La pyramide formée par ces animaux est l'œuvre du sculpteur Gerhard Marcks.

Die Wallanlagen schmiegen sich als grüner Gürtel um die Altstadt Bremens. Die Mühle auf der Gießhausbastion ist die letzte erhaltene von einst zwölf Mühlen, die hier standen.

The Wallanlagen, a park on the site of the old city ramparts, encircle Bremen's old city centre like a green belt. The mill on the Giesshausbastion is the sole survivor of twelve mills which once stood here.

Les Wallanlagen (Promenade des Remparts) forment une ceinture de verdure qui enserre la partie ancienne de Brême. Le Gießhausbastion est le dernier des 12 moulins se dressant autrefois en cet endroit à avoir été préservé des outrages du temps.

Die Böttcherstraße ist das Werk des Kaffeekaufmanns Ludwig Roselius, der sie Anfang dieses Jahrhunderts erwarb. Für die ungewöhnliche Architektur aus den zwanziger Jahren zeichnet vor allem der Bildhauer und Baumeister Bernhard Hoetger verantwortlich.

Böttcherstrasse is the work of coffee merchant Ludwig Roselius, who purchased it at the beginning of this century. The sculptor and architect Bernhard Hoetger is primarily responsible for the unusual 1920s architecture.

La Böttcherstraße fut aménagée par Ludwig Roselius, négociant en café, qui, au début du siècle, fit l'acquisition des maisons qui la bordent. L'architecture unique en son genre, issue des années 20, est en grande partie due à Bernhard Hoetger, sculpteur et architecte.

Im Schnoorviertel mit seinen bis zu fünfhundert Jahre alten Häusern treffen sich Bremer und Bremen-Besucher zum gemütlichen Plausch und zum Einkaufen in den zahlreichen Kunst- und Kunsthandwerkerläden.

In the Schnoor district, with houses up to 500 years old, Bremen residents and visitors alike meet for a cosy chat or go shopping in the numerous art and craft shops.

Le quartier Schnoor dont les maisons ont, en partie, cinq cents ans, est le rendez-vous des Brémois mais aussi des visiteurs de Brême qui viennent y faire un brin de causette ou leurs emplettes dans les nombreux magasins et galeries d'art ou d'artisanat d'art.

Bremerhaven wurde erst im Jahr 1827 gegründet, weil Bremen dringend einen neuen, größeren Hafen benötigte. Über sieben Millionen Menschen sind von hier aus im letzten Jahrhundert voller Hoffnung aufgebrochen, um in Amerika eine neue Heimat zu suchen. Mit dem Containerterminal wurde der Anschluß an den Schnellgüterverkehr unserer Zeit hergestellt.

Bremerhaven was not founded until 1827, when Bremen was in urgent need of a new and bigger port. In the nineteenth century over seven million people set out from here full of hope to seek a new homeland in America. The container terminal equipped the port to cope with the fast pace now expected of modern goods transport.

Bremerhaven fut fondé en 1827, à une époque où Brême se vit contraint de s'équiper d'un nouveau port de plus vaste envergure. C'est remplis d'espoir que plus de sept millions d'émigrants s'embarquèrent de ce port au siècle dernier, à la recherche d'une nouvelle patrie en Amérique. Le terminal pour containers a permis à la ville de Brême de faire face aux exigences des temps modernes en ce qui concerne le transport rapide des marchandises.

Das zum Bundesland Bremen gehörende Bremerhaven liegt 66 Kilometer nördlich der „Mutterstadt" an der Wesermündung. Zwischen dem Weserdeich und dem alten Hafen befindet sich das Deutsche Schiffahrtsmuseum.

Though it forms part of the city state of Bremen, Bremerhaven lies 66 kilometres north of the "mother city," on the Weser estuary. The Deutsches Schiffahrtsmuseum (Museum of German Shipping), is located between the Weser dike and the old harbour.

Bremerhaven, qui fait partie du Land de Brême, est situé à l'embouchure de la Weser, à 66 kilomètres au nord de la «ville-mère». C'est entre la Digue de la Weser et le Vieux Port que l'on trouvera le Musée allemand de la Marine.

Seit 1900 steht dieser nur 15 Meter hohe, architektonisch reizvolle Leuchtturm an der Ostseite der Bremerhavener Kaiserschleuse. Er heißt Pingelturm, weil er mit einer kleinen Nebelschallglocke versehen ist.

This architecturally pleasing lighthouse, only 15 metres tall, has stood on the east side of Bremerhaven's Kaiserschleuse lock since 1900. It is known by the derisory name of Pingelturm because it is felt to have such a small and insignificant bell.

Depuis 1900, ce phare à l'architecture pleine de charme et ne mesurant que 15 mètres de hauteur, se dresse sur le côté ouest de la Kaiserschleuse, à Bremerhaven. On l'a toutefois affublé du nom de «Pingelturm», étant donné qu'il n'est équipé que d'une petite cloche.

Die Verspätung der mecklenburgischen Seele

Claus B. Schröder

Da sind wir also.

Denn das ist das Erfreulichste. Daß wir wieder zum Rest der Welt gehören. Wir Mecklenburger und wir Vorpommern. Wer weiß, ob wir wirklich vermißt worden sind. Original in unserer Landschaft. Auswanderer gab es immer, ob nach Hamburg oder Amerika. Aber nun nennen wir uns wieder so, wie man uns aus Geschichtsbüchern kennt. Mit unseren angestammten Namen. Die vorübergegangene Zeit der Schweriner, der Rostocker, der Neubrandenburger Bezirksmenschen ist vorbei; die DDR seit 1990 eine Legende, eine unverbürgte Erzählung. Wer will, darf rein ins Land, uns zu besuchen; wer will, darf raus in die Welt. Und das ganz ohne lebensgefährliche oder auch nur lästige Verrenkungen an der Grenze. Wovon zumindest die einheimischen Bewohner ihren Gewinn haben – wieweit die Welt es ihren Segen nennen wird und wann, das wird sich zeigen.

Nehmen wir das ferne Troja. Es wurde, zugegeben, weder von Mecklenburgern erbaut, noch von Vorpommern zerstört. Aber könnte die Welt Troja wirklich glauben und anfassen, wenn nicht ein Mecklenburger, wenn nicht Heinrich Schliemann aus Neubukow es der Welt zum Beweis ausgegraben hätte?

Oder nehmen wir die Seefahrt. Damals, zur Zeit der stolzen Segelschiffe. Die waghalsigsten Kapitäne der Welt sollen mit ihren Matrosen aus Vorpommern gekommen sein, aus Prerow oder Zingst. Unterwegs auf den Weltmeeren, so tapfer, daß keiner ihnen anfangs die Herkunft glauben wollte. Dann aber wußte man von uns, in Rio oder Shanghai.

Und so etwas Großes kann schließlich immer mal wieder aus einem kleinen Land kommen. Daß es heißt: Hut ab. Da kommt ein Mecklenburger oder ein Vorpommer. Aber der eine oder andere wird heute schon wissen, daß wir ganz besondere Leute sind. Auserwählt vom Witz des Schicksals. Und mit Recht zu beneiden. Denn nur hier bei uns, so wurde jedenfalls behauptet, wird die Welt mit Sicherheit erst fünfzig Jahre später untergehen.

Und genau das wird es sein, was uns oft so sehr gelassen erscheinen läßt. Als wären wir *döschig*, ahnungslos und schweigsam stillvergnügt. Als könnte uns eigentlich überhaupt nichts aus der Ruhe bringen. Weil uns so schnell nichts passieren kann. Schließlich werden wir die einzigen sein, die dem Weltuntergang zusehen können. Nicht, daß wir ihn anderen wünschen, aber sollte er kommen, dann werden wir ihn uns eines Tages vom Tellerrand unserer Heimat aus betrachten. Kühl, wie wir sein sollen, und doch tief wehmütig im Herzen. Ungefähr so wie Noah auf den Wellen der Sintflut. Nur trauriger.

Das wird es sein. Genau das. Was unsere oft mißverstandene Mentalität ausmacht. Diese, wie Uwe Johnson sagt: *Langsamkeit der Mecklenburgischen Seele.* Und auch einen Autor wie Uwe Johnson soll uns die Welt erst einmal nachmachen. Diese Riesengestalt aus Wörtern. Aufgewachsen in beiden Landesteilen, ehe er umständehalber in die Welt ging. Um sich an uns zu erinnern. Wie wir sind, wie wir tun, wenn wir meinen. Und wir hätten es wohl selbst schon vergessen, wenn er uns nicht aufgeschrieben hätte. Aus Bescheidenheit. Denn angeben ist nicht unsere Art. Wir prahlen nicht in der Öffentlichkeit.

Wir bleiben, wie ein Zunftgeselle Uwe Johnsons, Hans Fallada aus Greifswald, sagt: *immer hübsch in der Geduld.* Und das ist wahre Bescheidenheit. In der Geduld bleiben – mit einer Seele, die kein Hehl daraus macht, wirklich eine Spur langsamer zu sein als Seelen anderswo. In einer Zeit der hastigen Weltrekorde, in der alle alles möglichst schnell hinter sich bringen wollen. Wie der Rennfahrer Schumacher (wirklich kein Mecklenburger!) als erster im Ziel anzukommen. Statt die Schönheit der Landschaft für wahr zu nehmen, wie sie sich oft hinter den Absperrungen der Autobahnen zeigt, sie zum Beiwerk zu degradieren.

Nein, schnelle Sieger sind wir nicht. Obwohl durchaus blitz-schlagfertig mit unserem niederdeutschen Humor. In unserer plattdeutschen Sprache. Die beweist, daß wir schon vor Jahrhunderten sehr geduldige Leute waren. Daß schon unsere Vorfahren es stur abwarten konnten, ob denn die zweite Lautverschiebung aus dem Süden bis hier oben ankommen würde. Sie kam nicht. Also sind wir ihr auch nicht entgegengegangen. Sondern beim Plattdeutschen geblieben. Lange noch und selbstbewußt, dreist auf die Gefahr hin, daß uns mit unseren altmodischen Konsonanten keiner mehr verstehen konnte.

Doch, doch, von all dem liegt heute noch ein Hauch über den sanften Hügeln, wie die rauhe Eiszeit sie hier so mild geschaffen hat. Vielleicht um zu verstehen, daß hier richtige Berge für übertrieben, für protzig, für pure Verschwendung gehalten werden, sobald sie mehr als hundert Meter hoch in den heimischen Himmel ragen.

Wer will, kann sich unter den schwer zu zählenden Seen die seinem Gemüt verträgliche Größe auswählen, sich ans Ufer begeben und dem Wasser zusehen, wie der Wind sich seine Wellen darauf macht. Und lernen, was Zeit ist.

In den größeren Städten ist jetzt zu manchem Haus die alte Fassade frisch zurückgekehrt. Zum Staunen über die eigene Geschichte. Und noch läßt sich in den Dörfern hin und wieder ein Haus mit zerzaustem Reetdach finden. Aber nein, hier sagen wir: Strohdach. Auch wenn es nicht aus Stroh ist. Ein Haus mit seinen wettergegerbten Balken, seinen Steinen, von denen lange schon der mal geweißte Lehmputz gefallen ist. So ein Haus, das dann glauben lassen möchte, die jüngste Vergangenheit hätte vielleicht doch eigentlich noch gar nicht stattgefunden.

Hat sie aber. Und manchmal steht auf den Steinen am Straßenrand nicht nur, wie weit es noch bis zum nächsten Ziel ist. Manchmal steht auch auf einem Stein, daß es KZ-Häftlinge gegeben hat, und daß sie an so einer Straße in den Tod marschiert sind. Und es gibt einen solchen schrecklichen Ort, dessen Name klingen könnte wie in einem fröhlichen Volkslied: Fünf-Eichen.

Was wird werden?

Es wird ja schon.

Aber vielleicht müssen wir zugeben, daß wir es noch nicht wissen. Daß wir uns so ganz noch nicht gefunden haben, in diesem Land hier, gleich rechts von Hamburg, und dann bis hin zur polnischen Grenze. Daß manchem die Seele noch ein wenig nachgeht. Das müssen wir wohl zugeben. Obwohl wir doch schon sehr voraus leben.

Das aber mag dem aufmerksam durchreisenden Gast das Spannendste sein. Was wir außer einem Kreidefelsen auf Rügen, den Ivenacker Eichen, außer Barlachs schwebendem Engel in Güstrow oder dem Doberaner Münster noch so an Sehenswürdigkeiten zu bieten haben. Unser lebendes Gesicht. Auf der Straße. Mit der Verspätung unserer Seele. Die es verrät, daß wir noch nicht so genau wissen, was die Welt von uns erwartet, zu der wir nun wieder gehören.

Vielleicht auch gut so. Vielleicht haben wir in der jüngsten Geschichte zweimal hintereinander zu gleichgültig schnell gewußt.

Gestern

Löwen schon, aber Weißwurscht, Seppelhosen und Gamsbärte sind nicht Mode hier. Obwohl Mecklenburg einmal eine bayerische Erfindung war. Wenn man so will. Oder das Ergebnis eines handfesten Krieges. Denn hier oben lebten noch sehr unchristliche Slawen. Wie beispielsweise die Obotriten, die ihren Hauptort südlich

von Wismar hatten, beim heutigen Dorf Mecklenburg, wo immer noch der Rest einer Wallanlage zu erkennen ist, wenn man denn sucht; Einheimische also, die lange Zeit störrisch ihren Unglauben zu verteidigen gewußt hatten. Mal besiegt, mal aufständisch, mal bekehrt, und dann doch wieder abtrünnig – nun aber, 1160, werden sie endgültig von Heinrich dem Löwen, Herzog von Bayern und Sachsen, besiegt. Wobei ihr Fürst Niklot in der Nähe von Schwaan erschlagen wird. Wie es sich für einen demonstrativen Sieg gehört.

Schwerin aber bekommt ein Bistum und von Heinrich das gleiche Recht wie München und Lübeck – eine Stadt werden zu dürfen.

Noch regt sich Widerstand, 1164 wird Niklots Sohn Wartislav hingerichtet, wegen Aufsässigkeit, 1166 toben noch die Kämpfe an der Grenze im Osten, als dem Heinrich daheim ein Krieg aus Neid und Mißgunst droht. Und da vollbringt er einen Geniestreich. Der tote Niklot hat noch einen zweiten Sohn, den Pribislav, der sich, wohl vorsichtshalber, zum Christentum bekennt und das verlorene Erbe seines Vaters doch noch regieren darf. Als Lehen. Schließlich kennt der sich mit seinen Landsleuten aus. Und damit auch die zugewanderten Deutschen ihn ernst nehmen, darf sein Sohn, Heinrich Borwin, des Löwen Tochter Mathilde heiraten. Quasi zum Vorleben, wie der Streit um Unterschiede in der Familie bleiben kann.

Ein bißchen wie im Märchen, grausam, aber mit schönem Schluß. Pribislav erhält für seine Anstelligkeit vom Kaiser sogar die Reichsfürstenwürde. Sieger und Besiegte arrangieren sich. Deutscher Fortschritt läßt die Äcker ertragreicher werden – sie könnten auskömmlich miteinander leben, drohten nicht neue Kriege. Aber so beginnt die Geschichte Mecklenburgs.

Mit Pommern-Wolgast gibt es 1350 erst noch einen Krieg, aber dann, 1372, taucht Vorpommern schon mal als zukünftiger Partner am Horizont der mecklenburgischen Weltgeschichte auf.

Heute

Und jetzt sind wir wieder da. Mit unserem Stierkopf im Hoheitszeichen an der Autobahn und sonstwo. Statt Hammer und Sichel, wie zu Zeiten der DDR, als Mecklenburg und Vorpommern abgeschafft waren. Seit 1952 zugunsten einer Bekehrung, die uns den letzten Fortschritt der Menschheit bringen sollte.

Jetzt aber streckt der Stier unter aufgestellten Hörnern wieder die Zunge raus. Neben Brandenburgs etwas steifem Adler, und dem mehr eitel aufgestellten Gefieder des pommerschen Greifen. Ein wenig furchterregend unfreundlich, könnte man meinen, und vielleicht glauben, die Zunge würde auf einen entgegengesetzten Körperteil deuten, schon die nächsten Nachbarn könnten uns mal. Aber wer so denken will, der weiß wenig über norddeutschen Humor, dessen Feinheit entdeckt sein will, und sei es hinter einem ernsten Stiergesicht.

Nein, ganz so ernst wie unser Stier waren wir nie, wenn auch oft zu gründlich. Und letztlich doch verspielt, wie unschwer am herzoglichen Schloß in Schwerin zu erkennen ist. In seiner jetzigen Gestalt ist es kaum älter als hundert Jahre; umgebaut, als es eigentlich schon nicht mehr Mode war, so umständlich zu wohnen. Aber bitte, auch ein Großherzog hat Seele, mit Verspätung, wie hierzulande üblich. Und wir haben unser touristisches Wunder. Mit all seinen Türmen und Türmchen. Mit seiner kaum beachteten Sensation. Daß nämlich an würdigster Stelle im Portal das Reiterstandbild Niklots prangt. Einst hartnäckiger Feind des Mecklenburgbegründers. Aber noch heute schaut er zu uns runter, und nicht in der Pose des Besiegten, eher sinnend, als würde er sich fragen, was wir aus seinem Tod gemacht haben. Sicher nicht ganz unstolz auf seine Nachfahren, die immerhin von 1167 bis 1918 regiert haben. Bei allem verzapften Mist und Blödsinn, besser machen müßten wir es erst einmal. Mit unserem Landtag, der da heute in dieser abenteuerlich-märchenhaften Schöpfung aus Geschichte seine Beschlüsse faßt.

The Slowness of the Mecklenburg Soul

Claus B. Schröder

So here we are.

For that is the most gratifying fact of all. That we are part of the rest of the world once more. We Mecklenburgers and West Pomeranians. Who knows if we were really missed? And in our own part of the world, too. There have always been those who emigrated, whether to Hamburg or to America. But we now call ourselves by the names known from history books. By our historical names. The days of Schweriners, Rostockers and Neubrandenburgers are over, and since 1990 the GDR has been a legend, a tale people told, unconfirmed and unauthenticated. Anyone so inclined can come and visit us, and anyone who wants to go and see the world is at liberty to do so. And entirely without danger to life and limb or even tiresome inconvenience at the border. That, at least, has been a blessing for local residents. It remains to be seen how far the world may feel it to have been one, and when.

Take, for instance, far-off Troy. True, it was neither built by Mecklenburgers nor destroyed by West Pomeranians. But could the world really believe in Troy and reach out and touch it had not a Mecklenburger, Heinrich Schliemann from Neubukow, excavated it to prove to the world that it existed?

Or take shipping, back in the days of tall ships under sail. The world's most adventurous captains and their crews are said to have hailed from West Pomerania, from Prerow or Zingst. On the high seas they were so bold and daring that at first no-one believed they came from where they said. But later they did, and they knew about us in Rio and in Shanghai.

At times, after all, something as grand as that can always come from a small area. So that people say: Hats off! There goes a Mecklenburger, or a West Pomeranian. But some will already know that we are very special people. Chosen by the irony of destiny. And justifiably to be envied. For we are the only people of whom it has been said that the if the world comes to an end, it will be another 50 years before it gets round to doing so in Mecklenburg and West Pomerania.

And precisely that will be why we often seem so cool, calm and collected. As though we were dozy — clueless but quietly happy. As though nothing whatever could put us out of our stride. Because nothing is going to happen to us all that fast. When all is said and done, we will be the only ones to look on as the world comes to an end. Not that we wish it on others, but if it were one day to happen, we would be able to watch it from the edge of our part of the world. Coolly in the way we are supposed to be cool, but sad at heart. Much like Noah in his ark at the height of the flood. But even sadder.

That will be it. Exactly that. What makes up our often misunderstood mentality. What Uwe Johnson called the slowness of the Mecklenburg soul. And let the world produce a writer like Johnson. A verbal giant who grew up in both parts of the country before setting out for the great wide world, circumstances being what they were. Only to remember us, what we are like, what we do, how we think. And we might well have forgotten it ourselves had he not written us all down. Out of modesty. For we don't put on airs and graces. We don't show off in public.

We, as a fellow-writer of Johnson's – Hans Fallada from Greifswald – put it, stay nice and patient. And that is true modesty. To stay patient – with a soul that makes no bones about truly being a trifle slower than souls elsewhere. In an age of high-speed world records where everyone wants to accomplish everything as fast as possible. To be first past the chequered flag like Formula 1 racing driver Michael Schumacher, who is clearly not a Mecklenburger! Rather than admire the beauty of the countryside which is often to be seen on either side of the autobahn, they choose to degrade it to the status of an accessory.

No, we are definitely not fleet-footed victors. Although we aren't slow to score a point with our Low German humour. In our Low German dialect. Which proves that we were very patient people centuries ago. That our forebears were happy to wait stubbornly and see whether the second sound shift was going to make it up north from way down south. It didn't. So we didn't hasten to meet it, preferring to keep to Low German. Long and self-assuredly, even at the risk of no-one understanding us and our outmoded consonants any more.

Oh yes, there is a still a trace of all that over the gentle undulations which the rough, tough Ice Age left behind. Maybe just to make it clear that real mountains are here felt to be exaggerated, ostentatious and sheer extravagance once they tower more than 100 metres into the skies of Mecklenburg and West Pomerania.

Those who so want can choose from the almost innumerable lakes the size which best suits their mood and head for the lakeside to watch the wind form waves on the water. And to learn what time is.

In the larger towns the old facade of many a house has been redecorated, staged a comeback, made us shake our heads in amazement at our own history. While in the villages you can still find the odd house with a windswept thatched roof. Except that we don't call it thatch; we call it a straw roof. Even if it isn't made of straw. A house with weatherworn timber and bricks which have long shed their clay rendering which was once whitewashed. A house that might make you believe the recent past had maybe never happened.

But it did. And at times the roadside signs do not just tell how far it is to the next place. Some milestones remind you that there once were concentration camp prisoners who marched to their deaths along just such a road. And there is one such dreadful place with a name that sounds as though it might have come from a cheerful folk song: Fünf-Eichen, or Five Oaks. What ever is to become of us?

It will all come out alright.

Yet maybe we must admit that we don't yet know. That we have still not altogether got into our stride in a state which begins just east of Hamburg and extends to the Polish border. That some people's souls are still a little slow, a little behind the time. That is something to which we must probably admit. Even though we are also very much ahead of our time.

And that may well be what the attentive touring visitor finds most exciting. What sights we have to offer over and above the white chalk cliffs of Rügen, the Ivenacker oaks, Barlach's hanging angel in Güstrow or the minster in Doberan. Our living face. On the road. With the slowness of our soul. A slowness which betrays the fact that we still do not exactly know what the world expects of us now that we belong to it once more.

Maybe that is just as well. Maybe, twice in succession in recent history, we knew too soon and were indifferent.

Yesterday

Lions may be in fashion here, but Bavarian white sausage, short leather trousers and tufts of chamois buck hair to adorn the bands of huntsmen's hats are not. Even though Mecklenburg was once a Bavarian invention. If you will. Or the outcome of a fully-fledged war. Heathen Slavs used to live up here. Such as the Obotrites, whose main settlement was south of Wismar, near the present village of Mecklenburg, where the remains of the ramparts can still be made out – if you care to look. They, then, were the local people, and they had long succeeded in stubbornly defending their un-Christian beliefs. At times they were defeated, then they staged an uprising, then they were converted, then they turned apostate – until 1160, when Henry the Lion, duke of Bavaria and Saxony, finally defeated them. Their Prince Niklot was slain near Schwaan. Just as you might expect of a demonstrative victory.

Schwerin was made an episcopal see and granted the rights Duke Henry had granted Munich and Lübeck: civic rights, the right to call itself a town.

But resistance was still rife. In 1164 Niklot's son Wartislav was executed for rebelliousness, and in 1166, when Henry faced the threat of war at home, where some were envious of him and begrudged him his success, fighting was still in progress on the eastern border. He then came up with a stroke of genius. The dead Niklot had a second son, Pribislav, who had, doubtless to be on the safe side, converted to Christianity. He was allowed to rule over his father's lost legacy, as a feudal lord owing allegiance to Henry. He, after all, knew his fellow-countrymen. And to ensure that newly-arrived Germans took him seriously his son, Heinrich Borwin, was allowed to wed Mathilde, Henry the Lion's daughter. To set an example, as it were, of how the dispute over differences can be kept in the family.

It was rather like a fairy tale, cruel but with a happy end. In return for his loyalty to the Holy Roman Emperor Pribislav was even made an imperial prince. Victors and vanquished came to terms. German progress improved the harvests, and the two could have got on well with each other had not further warfare threatened. But that is how the history of Mecklenburg began. In 1350 there was a war with Pommern-Wolgast, but in 1372 West Pomerania rose as a future partner on the horizon of Mecklenburg world history.

Today

And now we are back. With the bull's head in our coat of arms, on the autobahn and elsewhere. Replacing the hammer and sickle emblem of East German days, when Mecklenburg and West Pomerania were abolished. That took place in 1952, in a missionary zeal that was supposed to take us forward to the final stage of human development.

But now the bull is back, its horns erect, its tongue stuck out once more. Alongside the somewhat stiff Brandenburg eagle and the rather vain feathers of the Pomeranian gryphon. You might call it a little unfriendly, perhaps alarmingly so, and feel that the outstretched tongue is pointing at an entirely different part of the anatomy. As though the bull were saying that as far as it was concerned its nearest neighbours could kiss, or to use the German obscenity, lick its arse. But anyone who has this idea knows very little about North German humour, the subtlety of which must first be discovered, and be it behind a serious bull's face.

No, we have never been quite as serious as our heraldic bull, although often too thorough. And, in the final analysis, playful, as is readily apparent from the ducal palace in Schwerin. In its present form it is barely over a century old, rebuilt at a time when it was no longer fashionable to live in such cumbersomely playful surroundings. But even a grand-duke has a soul, and a slow one, as befits this part of the world. And he left us a sight worth seeing. With all its towers and turrets. With its almost unnoticed sensation. The equestrian statue of Niklot in the most prominent position in the main entrance. Once a stubborn opponent of the founder of Mecklenburg. Yet to this day he looks down on us, and not in the pose of the vanquished, but in a somewhat pensive mood, as though he were wondering what we made of his death. He can surely not be without pride in his descendants, who reigned from 1167 to 1918. No matter how much nonsense and idiocy they got up to, let us first do a better job of it. With our state assembly which now passes laws in a building that is a fantastic, fairy-tale creation of history.

Le retard de l'âme mecklembourgeoise

Claus B. Schröder

Ainsi, nous voilà.

Ce qui nous réjouit le plus, c'est que nous fassions de nouveau partie du reste du monde. Nous, qui venons du Mecklembourg et de la Poméranie occidentale. Qui sait, d'ailleurs, si l'on a réellement déploré notre absence. Aussi originaux que nous soyons, nous et notre pays. En tout temps, il y eut parmi nous des émigrants, qu'ils aient choisi Hambourg ou l'Amérique pour s'expatrier. Et voilà que nous portons de nouveau le nom qui fut le nôtre, celui qui nous est attribué dans les livres d'histoire. Notre nom d'origine. Finie l'époque des «Schweriniens«, des «Rostockais«, des «citoyens du district de Neubrandenburg«; depuis 1990, la RDA n'est plus qu'une légende, une histoire apocryphe. Quiconque le désire, peut entrer dans notre pays et nous rendre visite, qui en éprouve l'envie, peut en sortir et aller où que ce soit dans le monde. Tout cela sans devoir se contorsionner au péril de sa vie ou même être importuné à la frontière. Les habitants du pays, en tirent, eux au moins, un notable avantage – et seul l'avenir dira si, un jour peut-être, ce sera également un bienfait pour le reste du monde.

Prenons, par exemple, la lointaine ville de Troie. Elle ne fut, certes, ni bâtie par des Mecklembourgeois ni détruite par des habitants de la Poméranie occidentale. Mais le monde pourrait-il s'imaginer de façon concrète ce qu'était la légendaire ville de Troie, si un Mecklembourgeois, Heinrich Schliemann, originaire de Neubukow, ne l'avait exhumée, fournissant ainsi la preuve matérielle de son existence.

Ou prenons encore la navigation maritime. L'époque des grands et fiers voiliers. Les capitaines les plus intrépides que le monde ait connus, mais aussi leurs matelots, seraient issus de Poméranie occidentale, de Prerow ou de Zingst. Ils bourlinguèrent sur tous les océans, faisant preuve d'une bravoure telle que l'on se refusait à croire, au début, qu'ils pouvaient bien venir de chez nous. Mais on ne tarda pas à savoir qui nous étions, que ce soit à Rio ou à Shanghai.

Il va de soi que des exploits de ce genre peuvent également être accomplis par des individus venant de pays de petites dimensions et l'on ne peut alors que s'incliner devant eux ou leur tirer son chapeau en disant: voilà un homme du Mecklembourg ou de Poméranie occidentale. Mais l'on n'est pas sans savoir, en général, que nous sommes des êtres humains tout à fait particuliers. Elus par un destin railleur. Et qui plus est: enviables. On prétend, en effet, que nous serions les seuls au monde à disparaître cinquante ans plus tard que le reste de l'humanité.

L'impression de sérénité que nous dégageons ne peut venir que de là. Comme si nous étions des âmes innocentes, qui se réjouissent en silence. Comme si rien ne pouvait nous faire perdre notre calme. Rien, en effet, ne peut nous arriver de si tôt. Puisque nous serons les seuls à pouvoir assister à la fin du monde. Non que nous la souhaitions à qui que ce soit, mais si elle devait arriver, alors nous la contemplerions du bord de notre assiette, de notre minuscule patrie. Froids comme on prétend que nous sommes, nous, qui pourtant, au plus profond de notre âme, sommes si mélancoliques. Un peu comme Noé, balloté sur les flots du déluge. En un peu plus triste.

Nul doute à cela : ce qui fonde notre mentalité si souvent mal comprise, c'est bien le phénomène qu' Uwe Johnson appelle la «lenteur de l'âme mecklembourgeoise». Et nous mettons le monde au défi de nous présenter un auteur comparable à Uwe Johnson. Ce géant de la littérature. Qui a grandi dans les deux parties de l'Allemagne avant de s'exiler en raison des circonstances. Pour se souvenir de nous. De ce que nous sommes, de notre manière d'agir lorsque nous sommes convaincus d'une certaine chose. Et nous aurions peut-être déjà oublié nous-mêmes qui nous sommes s'il ne l'avait consigné par écrit. Oublié par modestie. Car frimer n'est pas dans nos habitudes. Nous ne nous vantons pas en public.

Nous «prenons joliment notre mal en patience», ainsi que l'écrit un confrère d'Uwe Johnson, Hans Fallada, natif de Greifswald. C'est en cela que réside la véritable modestie. Demeuré patient – tout en étant doué d'une âme qui ne fait pas mystère de ce qu'elle est un brin plus lente que celles de ses contemporains, dans d'autres pays. Et ceci à une époque où les records mondiaux se multiplient à une vitesse accélérée, où tout le monde veut en avoir terminé de tout le plus vite possible. Franchir le premier la ligne d'arrivée, comme Schumacher, le coureur automobile (qui, lui, n'a rien d'un Mecklembourgeois) semble être, aujourd'hui, plus important que de chercher à discerner la beauté du paysage derrière les palissades des autoroutes; au lieu de cela, nous la ravalons au rang d'accessoire.

Certes, nous ne sommes pas des champions de la vélocité. Bien que nous ayons de la répartie – qui nous vient de notre humour d'Allemands du Nord. De notre langue, le bas-allemand. Elle est la preuve que nous étions, voilà déjà des siècles, des gens doués de patience. Au point même que nos ancêtres ont pu se permettre d'attendre avec l'obstination nécessaire que la deuxième mutation consonantique, en provenance du sud, s'impose chez nous, dans le nord. Elle ne vint pas. Nous ne sommes pas non plus allés à sa rencontre. Mais avons préféré rester fidèles au bas-allemand. Pendant longtemps, conscients que nous étions de notre propre valeur et avec aplomb, au risque de ne plus être compris par personne, avec nos consonnes vieux jeu.

Nul doute qu'une ombre de tout cela plane encore au-dessus de nos collines dont les douces inclinaisons sont l'œuvre de la glaciation, si rigoureuse fut-elle. Peut-être n'était-ce que pour mieux faire comprendre que de vraies montagnes passent ici pour exagérées, insolentes ou pour du gaspillage pur et simple, dès qu'elles dressent leurs sommets à plus de cent mètres d'altitude.

Quiconque le désire pourra choisir, parmi les innombrables lacs celui dont les dimensions conviennent le mieux à son état d'âme, et, de ses bords, contempler l'eau qui se ride en vaguelettes sous la brise. Et apprendre ce que signifie la notion de temps.

Dans les villes de moyenne importance, les vieilles façades de certaines maisons ont retrouvé leur fraîcheur d'antan. De quoi être étonné par sa propre histoire. Et pourtant, on trouvera encore, ici et là, dans certains villages, une maison coiffée d'un toit de chaume ébourriffé. Ou, plus exactement d'un «toit de paille», comme nous le disons ici. Même s'il n'est pas en paille. Une maison aux poutres burinées par les intempéries, dont les pierres ont perdu depuis longtemps leur torchis badigeonné de chaux. Une maison qui pourrait faire penser que le passé récent n'a, finalement, peut-être pas encore eu lieu.

Mais il a bien eu lieu. Aucun doute à cela. Sur certaines bornes jalonnant les routes, on ne s'est pas contenté d'indiquer la distance à laquelle se trouve la prochaine localité. Parfois les pierres évoquent aussi le passage des prisonniers des camps de concentration et indiquent que cette route sur laquelle ils marchaient les menait à la mort. Et l'une d'entre elles marque l'emplacement d'un de ces lieux d'épouvante, dont le nom pourrait être celui d'un chant populaire aux accents allègres: les Cinq Chênes.

Que sera l'avenir?

Il a déjà commencé. Et nous y arriverons. Peut-être devons-nous avouer, toutefois, que nous n'en savons encore rien. Que nous ne nous sommes pas encore tout à fait trouvés, au sein de ce pays commençant juste à droite de Hambourg et confinant à la frontière polonaise. Que nous n'assumons pas notre destin aussi vite que nous l'avions cru. Il nous faut l'avouer. Bien que nous vivions déjà avec plusieurs longueurs d'avance. C'est précisément ce que le voyageur attentif traversant notre pays trouvera peut-être de plus captivant: tout ce que nous avons à lui offrir comme curiosités, en dehors de la falaise de craie de Rügen, des chênes d'Ivenack, de l'ange planant dans l'église de Güstrow – une œuvre de Barlach – ou de la cathédrale de Doberan. Notre visage bien vivant. Celui de la rue. Dont émane la lenteur de notre âme. Qui montre que nous ne savons pas encore très bien, ce que le monde attend de nous, ce monde dont nous faisons de nouveau partie.

Peut-être est-ce bien ainsi. Peut-être avons-nous, au cours de notre histoire récente, su trop vite, deux fois de suite et avec trop d'indifférence.

Hier

Les lions, passe encore, mais les boudins blancs, les culottes de peau courtes, les chapeaux à la tyrolienne, ornés de touffes de poil de chamois ne sont pas en vogue ici. Bien que le Mecklembourg soit une invention bavaroise. S'il est permis de s'exprimer ainsi. Ou, plutôt, le résultat d'une guerre bien réelle. En effet, des Slaves païens vivaient encore dans cette partie nord du pays. Tels les Obotrites (leur tribu était établie au sud de Wismar, près de l'actuel village de Mecklenburg, où l'on peut encore découvrir certains vestiges de remparts, à condition que l'on se donne la peine de chercher). Des autochtones donc, qui, pendant longtemps et avec obstination, surent défendre leur statut d'incroyants.

Battus, puis insurgés, convertis, puis de nouveau apostats, ils durent finalement se soumettre à Henri le Lion, duc de Bavière et de Saxe. Leur prince, Niklot, fut assassiné près de Schwaan. Comme il se doit, quand on tient à souligner la victoire remportée.

Schwerin est alors doté d'un évêché et se voit accorder par Henri le Lion le droit dont disposent déjà Munich et Lübeck, celui d'être une ville.

La résistance n'en est pas brisée pour autant. Alors que Wartislav, le fils de Niklot, est exécuté en 1164 pour insoumission et que les combats font rage, en 1166, aux frontières orientales, Henri le Lion se voit menacé sur son propre territoire d'une guerre que les rivalités et la convoitise ont fait naître. C'est alors qu'il lui vient une idée de génie. Le défunt Niklot a un second fils, Pribislav qui, vraisemblablement par mesure de prudence, s'est converti au christianisme et à qui il est permis, malgré tout, d'administrer l'héritage perdu de son père. Un héritage qui lui a été laissé en fief. Comme Pribislav connaît fort bien ses compatriotes et qu'il désire que les Allemands venus s'installer dans cette région le prennent au sérieux, il est permis à son fils, Heinrich Borwin, d'épouser Mathilde, la fille de Henri le Lion. Ce dernier avait ainsi démontré, à titre d'exemple, que les différends peuvent fort bien être réglés en famille.

On pourrait se croire dans un conte de fées, cruel certes, mais qui finit bien. En récompense de sa docilité, Pribislav se voit même conférer par l'empereur la dignité de prince du Saint Empire. Vainqueurs et vaincus s'arrangent. Le progrès, dont les Allemands ont gratifié le pays, fait fructifier les terres – ils pourraient se suffire à eux-mêmes et vivre en paix côte à côte, si de nouvelles guerres ne menaçaient d'éclater. Mais c'est ainsi que commence l'histoire du Mecklembourg.

Une guerre a lieu encore en 1350 qui l'oppose d'abord à la Poméranie-Wolgast. Cependant, en 1372, la Poméranie occidentale apparaît déjà à l'horizon en qualité de futur partenaire historique du Mecklembourg.

Aujourd'hui

Et nous revoilà. Avec notre tête de taureau ornementant les insignes de la souveraineté, le long des autoroutes ou ailleurs. En remplacement du marteau et de la faucille, emblèmes de la RDA à partir de 1952, date à laquelle le Mecklembourg et la Poméranie occidentale furent dissouts, et ce au nom d'une conversion qui devait nous apporter les progrès suprêmes de l'humanité.

Mais voilà que le taureau aux cornes bien plantées tire de nouveau la langue. Aux côtés de l'aigle à l'air légèrement guindé du land de Brandebourg et du griffon de Poméranie au plumage orgueilleusement ébouriffé. Son aspect pourrait faire penser qu'il s'agit là d'un animal rébarbatif et inquiétant et l'on serait tenté de croire que sa langue est dirigée vers une partie du

corps diamétralement opposée, signifiant à ses proches voisins d'aller «se faire …». Mais celui pour qui le taureau mecklembourgeois évoque cette image, ne sait que fort peu de choses de l'humour des Allemands du Nord, dont la finesse demande à être découverte, ne serait-ce que pour savoir ce qui se cache derrière le mufle austère d'un taureau.

Non, nous n'avons jamais été tout à fait aussi austères que notre taureau, même si nous sommes souvent trop rigoureux. Nous sommes, tout compte fait, également fantaisistes, comme on peut s'en assurer en contemplant le château des anciens ducs de Schwerin qui, tel qu'il se présente à nous aujourd'hui, n'a pas plus de cent ans. Il fut réaménagé alors qu'il n'était déjà plus de mode de s'entourer d'un style aussi alambiqué et frivole. Même un grand-duc a finalement une âme, qui retarde elle aussi, comme il en est d'usage dans ce pays. C'est, en matière de tourisme, notre joyau. Avec toutes ses tours et tourettes. Et un ornement exceptionnel qui passe toutefois presque inaperçu du public: la statue équestre de Niklot qui trône à l'endroit du château le plus digne de sa personne, à savoir sous le portail. Naguère ennemi acharné du fondateur du Mecklembourg, Niklot abaisse aujourd'hui son regard sur nous, non dans l'attitude du vaincu, mais plutôt d'un air méditatif, comme s'il se demandait ce que nous avons fait de sa mort. Il n'est certes pas sans être fier de ses descendants, qui régnèrent tout de même de 1167 à 1918. Après toutes les erreurs commises, il faudrait d'abord que nous soyons en mesure de faire mieux. Avec l'aide de notre Parlement qui adopte dorénavant les résolutions et siège aujourd'hui dans ce merveilleux édifice dont l'histoire, féconde en aventures, nous a fait don.

Kein anderes Bundesland kann so viele wunderschöne Alleen vorweisen wie Mecklenburg-Vorpommern. Mancherorts ist es möglich, kilometerweit unter den grünen Dächern von Linden, Buchen und anderen Laubbäumen zu fahren.

No German state has as many magnificent tree-lined avenues as Mecklenburg-West Pomerania. In some areas you can drive for miles in the green-leaved shade of linden, beech and other deciduous trees.

Aucune autre province allemande ne peut s'enorgueillir d'un aussi grand nombre de splendides allées que le Mecklembourg-Poméranie occidentale. En certains endroits, il est possible de parcourir des kilomètres sous les toits de verdure que forment les tilleuls, les hêtres ou d'autres arbres feuillus.

Hauptattraktion von Schwerin, der Hauptstadt Mecklenburg-Vorpommerns, ist das Schloß. Es wurde auf einer Insel im Burgsee erbaut und ist nach der gründlichen Umgestaltung Mitte des 19. Jahrhunderts ein wahrer Traum des Historismus.

The main attraction of Schwerin, the capital of Mecklenburg-West Pomerania, is the Schloss, or palace. It was built on an island in the Burgsee lake and has, since a comprehensive conversion in the mid-nineteenth century, been a veritable dream of Historicism.

L'attraction principale de Schwerin, capitale du Land de Mecklembourg-Poméranie occidentale est son château. Elevé sur une île du Burgsee, il fut entièrement réaménagé au milieu du XIXe siècle. Il est l'expression même de l'historicisme dans l'art.

Treppengiebel und Fachwerkhäuser prägen die Silhouette der alten Hansestadt Wismar. Besondere Attraktion des großen Marktplatzes ist die Wasserkunst, ein zwölfeckiger Pavillon mit geschwungenem Kupferdach.

Stepped gables and half-timbered houses are characteristic features of the skyline of the old Hanseatic town of Wismar. The large market square's special attraction is the Wasserkunst fountain, a twelve-cornered pavilion with a curved copper roof.

Pignons à gradins et maisons à colombages donnent leur empreinte à la silhouette de Wismar, ancienne ville hanséatique. Le «Wasserkunst», pavillon dodécagonal surmonté d'un toit de cuivre convexe, en est l'attraction principale.

Von Bad Doberan, mit seiner ehemaligen Klosterkirche, über das älteste Seebad Deutschlands Heiligendamm nach Kühlungsborn zuckelt die Bäderbahn „Molli". Der altertümliche Zug mit seinen Wagen ist nicht nur eine Attraktion für Dampflokfans.

Molli, the narrow-gauge seaside railway, runs from Bad Doberan with its former monastery church via the oldest seaside resort in Germany, Heiligendamm, to Kühlungsborn. Steam train fans are not alone in seeing the fine old train and its carriages as an attraction.

«Molli», train desservant les stations balnéaires cahote nonchalamment de Bad Doberan, où l'on trouvera une ancienne église abbatiale, jusqu'à Kühlungsborn, en passant par Heiligendamm, la plus ancienne station balnéaire d'Allemagne. Ce train vieillot et ses wagons n'attirent pas que les fervents des locomotives à vapeur.

Heiligendamm, die „weiße Stadt am Meer", ist das älteste Seebad Deutschlands. Es wurde durch Herzog Friedrich Franz I. im Jahre 1793 gegründet.

Heiligendamm, the "white town by the sea," is the oldest seaside resort in Germany. It was founded by Duke Friedrich Franz I in 1793.

Heiligendamm, la «ville blanche en bordure de mer» est la plus ancienne des stations balnéaires d'Allemagne. Elle fut fondée en 1793 par le duc Friedrich Franz I.

Vom jenseitigen Ufer der Warnow aus ist der Blick auf Rostocks Stadtsilhouette besonders attraktiv. Der Backstein der St.-Marien-Kirche, die alten Speicher und die im Stil alter Kaufmannshäuser neuerbauten Wohnhäuser bilden mit ihren kräftigen Rottönen einen Kontrast zum Blau des Wassers. Rostock ist nach wie vor eine bedeutende Wirtschaftsmetropole im Ostseeraum.

From the far bank of the Warnow the view of Rostock's city skyline is particularly attractive. The red brick of the St-Marien-Kirche, the old warehouses and the newly-built housing stand out in stark contrast to the blue of the water with their strong shades of brick red. Rostock continues to be a major industrial city in the Baltic region.

La vue se dégageant de la rive opposée de la Warnow sur la ville de Rostock fait apparaître la silhouette de cette dernière sous un jour particulièrement attrayant. Les teintes rouges de l'église de briques St-Marien, les vieux entrepôts et les maisons d'habitation reconstruites dans le style des anciens établissements de commerce contrastent vivement avec le bleu de l'eau. Rostock continue de jouer un rôle important en tant que métropole économique pour l'ensemble des pays de la Baltique.

Die Häuser auf dem Hohen Ufer von Ahrenshoop sind durch den unaufhaltsamen Küstenrückgang gefährdet. An diesem stillen Ort war vor der Jahrhundertwende auf Initiative des Malers Paul Müller-Kaempff eine Künstlerkolonie entstanden.

Houses on Ahrenshoop's Hohes Ufer are threatened by the constant erosion of the coast. An artists' colony was set up in this quiet village just before the turn of the century on the initiative of the painter Paul Müller-Kaempff.

Les maisons bordant la «Haute Rive» (Hohes Ufer) d'Ahrenshoop sont menacées par l'effritement inéluctable de la côte. Dès avant la fin du siècle dernier, une colonie d'artistes était venue s'installer dans ce site paisible, à l'initiative du peintre Paul Müller-Kaempff.

Der 1909 gegründete Ausstellungspavillon Kunstkaten in Ahrenshoop bot Künstlern die Möglichkeit, ihre Werke der Öffentlichkeit zu präsentieren.

The Kunstkaten exhibition pavilion, set up in Ahrenshoop in 1909, provided artists with an opportunity of showing their work to the general public.

Le «Kunstkaten», pavillon d'exposition aménagé en 1909 à Ahrenshoop, permit aux artistes de présenter leurs œuvres au public.

Die bizarren Kreidefelsen sind Wahrzeichen der Insel Rügen. Der Maler Caspar David Friedrich machte sie durch seine Gemälde berühmt.

The bizarre chalk cliff formations are a landmark of the Baltic island of Rügen. The painter Caspar David Friedrich made them famous.

Ces falaises crayeuses aux formes insolites sont les symboles de l'île de Rügen. C'est à travers les tableaux du peintre Caspar David Friedrich qu'elles furent immortalisées.

Das größte Seebad Rügens ist Binz. Hier ein Blick von der wiedererrichteten Seebrücke auf das Kurhaus, eines der vielen schönen Beispiele der Bäderarchitektur der Jahrhundertwende an der Ostsee.

Binz is the largest seaside resort on Rügen. This view, from the rebuilt pier, is of the Kurhaus, one of many fine examples of turn-of-the-century seaside resort architecture on the Baltic.

La plus importante station balnéaire de Rügen est Binz. La vue, prise de l'appontement, montre la Kurhaus (établissement thermal), l'un des plus beaux exemples d'architecture balnéaire de la fin du siècle sur la côte de la Baltique.

Eine Stadt zum Vorzeigen hatte Fürst Wilhelm Malte zu Putbus gewünscht, als er Anfang des 19. Jahrhunderts die Rügensche Residenz ausbaute. Nach seinen Plänen entstand dieses Theater am Rande des Schloßparks.

Prince Wilhelm Malte of Putbus had a showpiece town in mind when he converted his palace on Rügen at the beginning of the nineteenth century. This theatre on the periphery of the Schlosspark was built in accordance with his plans.

Une ville modèle, c'est ce qu'avait souhaité réaliser le prince Wilhelm Malte zu Putbus lorsqu'il fit agrandir sa résidence de Rügen au début du XIXe siècle. Ce théâtre aménagé en bordure du parc du château fut créé selon ses plans.

Die Hansestadt Stralsund ist vom Meer geprägt. Vom Selbstbewußtsein der Stralsunder Kaufleute zeugt, daß den unteren Teil des Rathauses die Wappen der sechs wichtigsten Handelsstädte zieren. Hinter der Schmuckfassade aus dem 15. Jahrhundert sind die massigen Türme der stolzen Nikolaikirche zu erkennen.

The Hanseatic town of Stralsund bears the imprint of the sea. The self-assurance of the town's merchants is evidenced by the coats of arms of the six most important trading towns of the day on the front of the Rathaus. Behind its fifteenth-century ornamental facade you can see the sturdy towers of the proud Nikolaikirche.

La ville hanséatique de Stralsund porte l'empreinte de la mer. Que la partie inférieure de l'hôtel de ville soit ornée des armoiries des 6 plus importantes villes de la Hanse témoigne de la fierté des négociants de Stralsund. Derrière la façade richement ornementée, datant du XVe siècle, on reconnaît la Nikolaikirche qui dresse dignement dans le ciel ses puissantes tours.

Der Dichter Gerhart Hauptmann ernannte die 18 Kilometer lange Insel Hiddensee zum „geistigsten aller deutschen Seebäder". Die Grashügellandschaft erstreckt sich vom fast siebzig Meter hohen Dornbusch, auf dem auch der weiß gestrichene Leuchtturm steht, bis zum ausgedehnten Vogelschutzgebiet Gellen am Südzipfel der Insel.

The playwright Gerhart Hauptmann called the island of Hiddensee, 18 kilometres long, the "most intellectual of all German seaside resorts." Its grassy knolls extend from Dornbusch, nearly 70 metres high and topped by the white-painted lighthouse, to the large bird sanctuary of Gellen on the southernmost tip of the island.

L'écrivain Gerhart Hauptmann appelait l'île d'Hiddensee, longue de dix-huit kilomètres, «la plus immatérielle de toutes les stations balnéaires allemandes». Ses mamelons herbeux s'étendent du Dornbusch, qui atteint presque 70 mètres de hauteur, jusqu'à la réserve ornithologique de Gellen, à la pointe sud de l'île.

Gerhart Hauptmann kam im Juli 1885 von Rügen aus zum ersten Mal nach Hiddensee. Viele weitere Besuche folgten. 1930 kaufte er in dem Örtchen Kloster als Sommersitz Haus Seedorn, das noch heute eine Gedenkstätte ist.

Gerhart Hauptmann first visited Hiddensee from Rügen in July 1885. It was the first of many visits. In 1930 he bought Haus Seedorn as a summer home in the tiny village of Kloster. It is still a Hauptmann museum.

Venant de Rügen, Gerhart Hauptmann se rendit à Hiddensee pour la première fois en juillet 1885. De nombreuses visites suivirent. En 1930, il fit l'acquisition de «Haus Seedorn», située dans la petite localité de Kloster. Cette maison, dont il fit sa résidence d'été, est aujourd'hui un mémorial.

Auch das gibt es noch auf Usedom: Im Achterwasser zwischen Gnitz und Lieper Winkel inspizieren Fischer aus Warthe täglich die von ihnen ausgebrachten Reusen.

Another feature which is still part of everyday life on Usedom is the fishing nets in the shallow water between Gnitz and Lieper Winkel which are checked daily by fishermen from Warthe.

Usedom, c'est aussi cela: dans les eaux s'étendant à l'arrière de la langue de terre, entre Gnitz et Lieper, les pêcheurs de Warthe viennent tous les jours inspecter leurs nasses.

Im Boom der wilhelminischen Gründerjahre fand Usedoms Aufstieg zu der deutschen Bäderinsel statt. Im Sommer traf man sich in Bansin (Foto), Heringsdorf oder Ahlbeck.

In the economic boom that followed German unification in 1871 Usedom soon became Germany's foremost holiday isle. In summer, people met in Bansin (photo), Heringsdorf or Ahlbeck.

C'est pendant la période d'intense activité qui suivit la fondation de l'empire wilhelmnien qu'Usedom devint l'île balnéaire allemande par excellence. En été, c'est à Bansin (photo), à Heringsdorf ou à Ahlbeck que l'on se donnait rendez-vous.

Auf Pfählen in die Ostsee
gebaut liegt die Seebrücke
von Ahlbeck, dem größten
Seebad der Insel Usedom.

The pier at Ahlbeck, the
largest seaside resort on the
island of Usedom, stands on
piles driven into the bed of
the Baltic.

Construit sur pilotis, l'appontement d'Ahlbeck, la plus
importante station balnéaire
de l'île d'Usedom, s'avance
dans la mer Baltique.

Früher Morgen am Ruppiner See. Die Ausflugsschiffe – sie tragen die Namen der beiden großen Söhne Neuruppins „Theodor Fontane" und „Karl Friedrich Schinkel" – werden wenige Stunden später Passagiere zur Seenkette der Ruppiner Schweiz bringen.

Ruppiner See early in the morning. In a few hours' time the excursion boats, named after Neuruppin's famous sons Theodor Fontane and Karl Friedrich Schinkel, will take passengers round the succession of lakes known as the Ruppiner Schweiz, or Ruppin Switzerland.

Impressions matinales sur le lac de Ruppin. Les bateaux-mouches portent les noms des deux grands fils de Neuruppin: «Theodor Fontane» et «Karl Friedrich Schinkel». Quelques heures plus tard, ils emmèneront les passagers jusqu'à la région des lacs, appelée «Suisse de Ruppin».

Der Spreewald bietet ein für Mitteleuropa einzigartiges Landschaftsbild. Er ist geprägt von einem weitverzweigten Geflecht von Flußverästelungen, das die ungefähr 50 Kilometer lange und bis zu 15 Kilometer breite Niederung durchzieht. Noch immer ist der Kahn ein wichtiges Verkehrsmittel und darüber hinaus eine Attraktion für Besucher.

The Spreewald boasts a landscape unique in Central Europe. It consists of a latticework of river branches crisscrossing a marshy plain about 50 kilometres long and up to 15 kilometres wide. Boats are still an important means of transport here—and a great attraction for visitors too.

Le paysage du Spreewald présente un aspect tout à fait insolite en Europe centrale. Il se caractérise par un vaste entrelacs de cours d'eau extrêmement ramifiés parcourant cette large vallée sur une longueur de 50 kilomètres et atteignant jusqu'à 15 kilomètres de largeur. La barque est demeurée un moyen de locomotion important et, qui plus est, une attraction pour les nombreux visiteurs.

Der „richtige" Berliner
Günter Kunert

Ob der Name Hans Meyer bzw. Mayer eine besondere Affinität zur Philologie mit sich bringt, läßt sich wohl kaum entscheiden. Der Hans Meyer, von dem hier die Rede ist, publizierte im Jahre 1878 ein Buch mit dem Titel „Der richtige Berliner", eine Untersuchung des Berlinischen, eines deutschen Dialekts, den er für gefährdet hielt. Und zwar schienen ihm zwei Entwicklungen dem Berlinischen abträglich. Da war vor allem das enorme Wachstum der Stadt zur „Reichshauptstadt". Von 1820 bis 1870 vervierfachte sich die Einwohnerzahl von 200 000 auf 800 000. Jährlich kamen 12 000 Neuberliner hinzu, und als Herr Meyer sein Werk in die Welt setzte, waren es schon über eine Million. Meyer meinte, die Masse der Zugereisten müsse das Berlinische verwässern. Damit hatte er aber die Integrationskraft der Sprache unterschätzt. Wer in die größte Mietskasernenstadt auf dem Kontinent zog, der verlor sehr rasch seine heimische oder heimatliche Redeweise, und in der zweiten Generation wurde sowieso „berlinert, wat det Zeuch hielt".

Eine größere Gefahr ergab sich aus der plötzlich grassierenden Eitelkeit der Reichshauptstädter, mehr scheinen zu wollen, als sie tatsächlich gewesen sind, und das dazu mit dem, was bei Tucholsky ein „frisiertes Schnäuzchen" heißt: nämlich sich durch ein bemühtes Hochdeutsch das Flair des Gebildeten zu geben. Das Berlinische, das Berlinern geriet in den Ruch des Jargons der Unterschichten. Vordem hatte man sich des Berlinischen keineswegs geschämt, und wir kennen ja die berühmten Berliner, die so redeten, wie ihnen der Schnabel gewachsen war. Die Anekdoten sind zahlreich.

Wie keine andere Sprache war das Berlinische befähigt, in ironischer Kurzfassung Umstände zu benennen und Personen zu charakterisieren. Wie zum Beispiel der Maler Max Liebermann in der Kunsthochschule lange vor dem Gemäldeentwurf eines Kunststudenten stand, bis sich ihm der Satz entrang: „Also – Symbolik is drinne!" Und Hitlers Machtantritt kommentierte der greise jüdische Maler mit der Formel: „Kann janich so ville fressen, wie ick kotzen möchte!"

Tucholsky prägte den immer wieder zitierten Standardsatz von dem Berliner mit dem goldenen Herzen und der eisernen Schnauze. Wie golden das Herz wirklich gewesen sein mag, entzieht sich unserer Kenntnis. Über die „eiserne Schnauze" wissen wir schon besser Bescheid. Der Ton war rauh und rüde, und konterkarierte eine eventuell aufkommende Sentimentalität. Als nach dem Krieg Alfred Döblin noch einmal nach Berlin kam, im französischen Dienstwagen, aber mit einem ehemaligen Berliner Taxichauffeur am Steuer, ließ er sich durch die Zerstörung kutschieren, Berlin-Mitte, Alexanderplatz, das Revier von Franz Biberkopf. Hier habe er früher gewohnt, vertraute er dem Fahrer an: Seit dem Reichstagsbrand, nachdem er weg mußte, sei er nicht mehr hier gewesen … Und der Fahrer darauf: „Da ham Se aber ooch nischt versäumt!" Nein, sentimental war der Berliner weiß Gott nicht.

Berichtet wird auch von einem Wahlplakat zu einer der ersten Berliner Wahlen, auf welchem ein Hausvater auf seinem Plüschsessel hockt, die Zeitungen verschiedener Parteien studierend, während seine Frau, eine Trümmerfrau mit Schippe und Abklopfhammer im Vordergrund, auf den Satz hinwies: „Wähle – aber nich so, Justav, det ick jleich noch mal enttrümmern muß!" Pathos liegt dem Berliner nicht. Auch sein Verhältnis zur Poesie und zum „schönen Geschlecht" war eher von Derbheit geprägt.

Unser Zeitzeuge, Kurt Tucholsky, hat oftmals das Lob der Berlinerin gesungen, und ich bin sicher, daß, trotz einschneidender Veränderungen im Leben der Stadt und im Leben der Menschen, dieses Lob immer noch Gültigkeit besitzt. Wir wollen hier keinen Gesang über die „stillen Heldinnen" anstimmen, aber in den schlechten Jahren Berlins, und das waren nicht allzu wenige, waren es doch hauptsächlich die Frauen, die Berlinerinnen, welche die Hauptlast aller Schwierigkeiten zu bewältigen hatten, in der Trümmerwelt des Nachkriegs und in den vier Dezennien der Teilung. Wobei die Ostberlinerinnen ein etwas schwereres Päckchen zu tragen hatten als ihre westlichen Schwestern. Und jede von ihnen konnte sich mit der Parodie auf Bürgers „Leonore" trösten:

„Jeduld, Jeduld, wenn's Herz auch bricht! Mit de Beene strampeln nutzt ja nicht …"

Der Typus der Berlinerin ist dadurch gekennzeichnet, daß sie von einer verblüffenden Direktheit ist, in vielerlei Hinsicht, nicht zuletzt in jenem Bereich, in dem sie schnell zur „Sache" kommt. Keine Umstände, keine Umwege, entweder Ja oder Nee. Spielerisches ist ihr nicht eigen. Und insofern ist sie manchmal maskuliner als der jeweils Erwählte. Und um sie aus der Ruhe zu bringen, bedarf es eines mittleren Erdbebens.

Ein Freund in Berlin, Komponist, ausgerüstet mit einer Haushälterin, erzählte mir von einer Begegnung eben dieser Frau mit einem Exhibitionisten in einer abgelegenen Straße im Bezirk Mahlsdorf. Der Exhibitionist trat vor die ältere Besorgin, öffnet abrupt seinen Mantel und bot seine Pracht zum Anblick dar. Womit er nicht gerechnet hatte, war der Kommentar der kei-

nesfalls Erschreckten. Sie sagte bloß: „Wenn se den von mein Mann sehen, schmeißen se Ihren wech …" Und ging geruhsamen Schrittes an dem völlig verstörten Entblößer vorbei. Derlei kann nur in Berlin geschehen. Weil ja ein Grundsatz aller Berliner besagt: „Ick wundere mir über ja nischt mehr!" Das heißt, der Berliner ist stets und ständig auf Wunder, die ihm nicht imponieren, vorbereitet. Weil er selbstverständlich von viel wunderlicheren Wundern gehört hat.

Selbst der Krieg, die Luftangriffe, das Elend der Nachkriegsära wurden durch Witze für Momente erträglicher. Die Fähigkeit des „richtigen" Berliners, neue zutreffende Benennungen zu erfinden, hat sich bis heute erhalten. Das „Internationale Congreß Centrum" in Berlin trägt inoffiziell den Namen „Panzerkreuzer Charlottenburg". Als der Bezirk Charlottenburg selber noch in Trümmern lag, wurde er „Klamottenburg" genannt, und andere Bezirke wie Steglitz wurden umgetauft in „Stehtnix" und Lichterfelde-West in „Trichterfelde-Rest".

Und eine jener Bemerkungen, die endgültige Vernichtung ihrer Stadt mit blutiger Ironie begleitend, besagt: „Wer jetzt noch lebt, is selba schuld – Bomben sind jenuch jefallen!"

Trotz der vielen Zuwanderer haben die meisten von ihnen kaum sprachliche Spuren im Berlinischen hinterlassen. Wesentlich haben die Hugenotten das Berlinische bereichert und die jüdischen Bürger. Viele jiddische Begriffe lassen kaum noch ihren Ursprung erkennen. So erfahren wir von Herrn Meyer, daß eine der üblichen Redewendungen beim Skatspiel „Der Karle mauat wieder!" mit dem Deutschen nicht das mindeste zu tun hat. Es geht nicht um die Tätigkeit des „Mauerns", sondern es handelt sich um eine verballhornende Adaption des jüdischen

„Mora", jiddisch „Moire", was Angst bedeutet. Wer da beim Skat „mauert", erweist sich als risikoscheuer Spieler. Vom Polnischen, obwohl gerade aus Posen jährlich Legionen von Schnittern einfielen, existiert kaum ein Wort, so wenig wie vom Italienischen. Der Sog des Berlinischen hat, was fremde Zungen beisteuerten, verschlungen, verdaut, verändert und als etwas Original-Berlinisches wieder ausgespien.

Keine andere europäische Großstadt hat Fremde derart rasch integriert wie Berlin. In London oder Paris bleibt man, selbst bei ausreichenden Sprachkenntnissen, für immer und ewig Ausländer. Solche Hürden hat Berlin seinen Neubürgern nie errichtet. Unvergeßlich wie die Kinder eines ungarischen Lyrikers, der in Ostberlin das Ungarische Kulturzentrum leitete, in kürzester Frist mit einer Perfektion berlinerten, daß einem die Ohren weh taten.

Die Leichtigkeit, in Berlin heimisch zu werden, hat eine ganze Anzahl von Gründen. Einer mag wohl sein, daß Berlin eine relativ junge europäische Metropole ist, wohingegen in den anderen Zentren sich schichtenspezifischere Formen des Zusammenlebens ausbildeten, soziale Abstände stärker betont wurden und sich verfestigten. Das bürgerliche Berlin mit seinen vielen Raffkes und Piefkes, mit den Neureichen und den Schiebern hat in diesem Jahrhundert zweimal nahezu revolutionäre Umschichtungen erfahren. Die Proletarisierung bürgerlicher Kreise, der Aufstieg von Ellenbogenkünstlern, die Marginalisierung des Adels, ja, selbst die Hitlerische „Volksgemeinschaft" ließen die zwischenmenschlichen Grenzen durchlässiger werden. Nicht zuletzt hatte daran die Trivialkultur der Zwischenkriegszeit ihren Anteil mit den Tanzpalästen, Fünf-Uhr-Tees, die Kino-Sucht, die Revuen, die Kabaretts – all das erzeugte zwar nicht innige Beziehungen zwischen den Berlinern, aber es brachte sie doch einander näher. Etwas wie eine Stammeszugehörigkeit entstand, vergleichbar vielleicht der einer relativ geschlossenen Ethnie.

Und vor allem band das Berlinische die Leute aneinander. Wer nicht wußte, was eine „Nulpe" ist, war selber eine. Und als grammatikalisches Grundgesetz galt: „Der Berliner sagt immer mir, ooch wenn's richtig is!"

Das Berlinische schuf den Konsens zwischen den Berlinern und war sowohl Ausdruck ihrer Lebensweise als auch, mit Rückkopplungseffekt, das die Empfindungen bestimmende Element. In den Redewendungen, Trostsprüchen, in den redundanten Phrasen regierten Respektlosigkeit und Räsonnement. Manche sind tiefsinniger Blödsinn und klingen doch gleich biblischen Weisheiten, wie etwa: „Wie man's macht, isset falsch. Und macht man's falsch, isset ooch nich richtig!"

Zum Süßholzraspeln ist das Berlinische nicht gemacht. Geht man die Liste der Berliner Wörter und Redensarten durch, erkennt man gleich, daß der Anteil der Verbalinjurien, der Beschimpfungen, Beleidigungen, Drohungen und Kränkungen außerordentlich groß ist. Tucholskys „eiserne Schnauze" stellt den Hauptanteil. Bildhaft sind alle diese Wendungen, und es ist erstaunlich, wofür beispielsweise die Nase herhalten muß. Einmal heißt es da „Een Schlach, und die Neese sitzt hinten!" Dann wieder „Ick hab de Neese pleng!" (von französisch „plein"). Mal „bejießt man sich die Neese", indem man sich vollaufen läßt, dann ist „man Neese", wenn man reingefallen ist; man zieht einem anderen die Würmer aus der Neese, die in Wahrheit keine sind, sondern die Wahrheit selber, oder man läßt sich ein Geschäft aus der „Neese jehen". Natürlich kann man auch jemandem Tatsachen unter die Neese reiben; es kann einem was „in die Neese stechen", ergo anlocken, und nicht zuletzt kann man irgendwem auch noch „jeden Dreck uff de Neese binden", also ihm ansonsten Intimes erzählen.

Freilich, dieser kleine Beitrag zur Berliner Nasologie ist, wie eine Bekannte von mir sagen würde „Asbach". Womit sie meint, das sei doch alles „uralt".

Falls wir davon ausgehen, daß die Sprache für uns denkt, müßten wir annehmen, der Berliner sei alles andere als ein Gemütsmensch, sei ein roher Patron, einer, dem die Faust locker am Handgelenk sitzt. Solcher Ansicht möchte ich widersprechen. Mir scheint vielmehr, daß seine verbalisierte Robustheit zur Maskerade gehört. Nein, nein, ich beziehe mich nicht noch einmal auf das erwähnte „Goldene Herz", weil ich da gewisse Zweifel habe. Aber hinter der auch schon zum klassischen Klischee erhobenen „rauhen Schale" steckt ein Menschentyp, dessen Umgangsart Tarnung ist – wenn auch eine zur zweiten Natur gewordene.

Doch wie der „richtige" Berliner beschaffen ist, wüßte ich auch nicht zu sagen. Gibt es ihn denn überhaupt noch an seinem alten Wohnort? Trifft man ihn noch freilaufend an? Steht er nicht längst auf der Roten Liste schützenswerter Geschöpfe? Heute stammen die Taxifahrer aus Izmir und die Kellner aus Brno, die Maurer kommen aus Warschau und die Unterweltler aus Moskau und die Prostituierten aus Kiew – wo aber findet man noch den Typus, der bis zu einem gewissen Grade den von Hans Meyer beschriebenen Kategorien entspricht?

Daß in Berlin auch Berliner wohnen, ist unzweifelhaft, doch wie hoch der Prozentsatz der „richtigen" sein mag, ist ungewiß. Gewiß, Residuen sind vorhanden, insbesondere im Osten der Stadt, Berlin NO, im proletarischen Teil, weil dort, bedingt durch die staatlich verordnete Immobilität der Herren Honecker und Co., die Bevölkerungsfluktuation weitaus geringer gewesen ist als in den westlich gelegenen Bezirken. Der Prenzlauer Berg, eines jener Reservate, wo man den „richtigen" Berliner und seinen von Mutterwitz durchwirkten Dialekt studieren konnte, ist einem Wandel unterworfen. Wie ein anderes urberlinisches Quartier, nämlich Kreuzberg, sich bis zur Unkenntlichkeit veränderte, so hat eine ähnliche Entwicklung den Prenzlauer Berg erfaßt. Die „Autonome Szene", Künstler, aus Westberlin anreisende Neugierige, die sich in einem deutschen „Quartier Latin" wähnen, bewirken, daß das, was noch vom „richtigen", nämlich gestrigen Berlin zeugte, peu à peu verschwindet.

Aus dem vergangenen, durch die Teilung in geschichtliche Stagnation geratenen Berlin wird eine andere Großstadt. Zwar beschwören die Medien und ihre Mittler jedes einigermaßen kulturell zu nennende Ereignis als einen Akt der Wiedergeburt des Berlins der zwanziger Jahre, aber dabei handelt es sich um eine Selbsttäuschung voller Zukunftsängste. Die rückwärtsgewandte Sehnsucht, die sich darin ausdrückt, muß unerfüllt bleiben. Denn nicht die Stadtplaner und Architekten machen eine Stadt aus, sondern ihre Einwohner. Und die „richtigen" Berliner, denen die Stadt einst ihren Ruf verdankte, existieren nicht mehr.

The "Real" Berliner

Günter Kunert

Whether the name Hans Meyer or Mayer has a special affinity with philology is a question to which there will probably never be a definitive answer. The Hans Meyer here referred to wrote a book entitled Der richtige Berliner (The Real Berliner). Published in 1878, it dealt with Berlin dialect, which he felt was endangered. As he saw it, two trends were proving particularly detrimental to the dialect. First and foremost was the city's fast and furious growth as the Reich capital. Between 1820 and 1870 its population quadrupled from 200,000 to 800,000. They were joined by 12,000 newcomers a year, so that by the time Meyer's book was published there were already over a million Berliners. He felt that the influx of new Berliners was bound to dilute the dialect, but he underestimated the power of speech as a force for integration. Newcomers to the Continent's largest city of tenement blocks soon lost their original accent or dialect, and as for the next generation, they all spoke broad Berlin dialect anyway.

A more serious threat was posed by the sudden and widespread desire felt by people in the German capital to appear to be more than they really were, and to do so by what the writer Kurt Tucholsky called "talking posh": taking pains to speak High German so as to assume the flair of an educated person. Berlin dialect came to be seen as how the lower classes talked. Yet Berliners hadn't previously been in the least ashamed of speaking dialect. We all know of famous Berliners who spoke "what came naturally" – and there are numerous anecdotes to prove the point.

Berlin dialect was more adept than any other at briefly and ironically coming up with epithets for circumstances and at characterising people in a nutshell. Take the painter Max Liebermann, who stood looking at a painting by a student at the art college for ages until he finally came out with the words: "Well, there sure is symbolism in it!" When Hitler came to power, Liebermann, by then an old man (and a Berlin Jew), commented: "I just can't eat as much as I would like to puke up!"

Tucholsky coined the stock phrase about Berliners having a heart of gold and a lip of iron. How much gold there was in them is hard to say, but we know more about the "iron lip." It cultivated a rough and ready note to counteract the slightest suspicion of sentimentality.

When the novelist Alfred Döblin came back to Berlin for a visit after the war, he was driven round in a French official car with a former Berlin taxi-driver at the wheel. They drove round the ruins of the city centre, including Berlin Alexanderplatz and the haunts of Franz Biberkopf, hero of his novel of the same name. He used to live here, he told the driver, and hadn't been back since the time of the Reichstag fire, when he had had to leave the city. "You ain't missed much," the driver replied. Berliners really didn't go in for sentimentality.

Then there is the tale of a poster for one of the first post-war Berlin elections on which a family man is sitting in his armchair studying the newspapers of the various parties while his wife, complete with her rubble-clearing kit of hammer and spade, points in the foreground at her advice, couched in Berlin dialect, to the effect that he may by all means vote, but not for a party which leaves her having to clear up the rubble again.

The Berliner is not given to pathos, and his relationship with poetry and the fair sex has tended to bear the hallmark of coarseness and uncouthness. Kurt Tucholsky, in his contemporary testimony, often sang the praises of Berlin women, and I am sure this praise still holds good, despite fundamental changes in the life of the city and of the people who live in it. This is not to sing the praises of the "silent heroines," but the fact remains that in Berlin's bad years – and there has been no lack of them – it was the women for the most part who bore the brunt of hardship, both in the post-war ruins and in the four decades in which Berlin was a divided city. It must also be said that East Berlin women had a slightly heavier burden to shoulder than their sisters in the West. Yet each could console herself with the words of the parody on Bürger's Leonore: "Patience, patience, though your heart may be breaking! Kicking against the traces will get you nowhere …"

One characteristic of Berlin woman is her amazing habit of getting straight to the point in many respects, not least when she gets down to basics, as it were. There is no beating about the bush, it is either yes or no. Playfulness is not in her nature, and in this respect she is sometimes more masculine than the man of her choice. It takes a fair to medium-sized earthquake to disturb her equanimity.

A friend of mine in Berlin, a composer who has a housekeeper, once told me how she had dealt with an exhibitionist in a remote street in the Berlin borough of Mahlsdorf. The exhibitionist stepped in front of the ageing housekeeper, whipped his overcoat open and flashed his pride and joy. But whatever he may have been expecting, it will not have been the comment which the far from nonplussed lady made. All she said was: "When you see my husband's you'll throw yours away …" And off she strode, past the totally disconcerted flasher. That sort of thing can only happen in Berlin. Because all Berliners feel bound by the principle that nothing can take them out of their stride. In other words, they live in constant expectation of wonders that will fail to impress them. Because, of course, they have all heard tell of far stranger things.

Even the war, the air raids and the hardship of the post-war years were made more bearable for a moment by jokes. The "real" Berliner's ability to hit on the right epithet has survived to this day. The city's International Congress Centre is unofficially known as Battleship Charlottenburg, and when Charlottenburg itself lay in ruins, it was dubbed "Klamottenburg," or Trashville. Other parts of town came in for similar treatment. Steglitz was christened "Stehtnix" (Nothing left standing), Lichterfelde-West "Trichterfelde-West" (Craterfield West).

And a one-liner laced with ironic gore that accompanied the city's final destruction in the dying days of World War II was: "If you're still alive it serves you right; enough bombs fell."

Despite the many new arrivals, most of them have left little or no trace in Berlin dialect. The main influences have been those of the Huguenots and the Jews. Many Yiddish words have been so bowdlerised that their origin is barely recognisable. Meyer wrote that "Der Kerl mauat wieder!" – a comment which recurs in Skat, the German card game – has nothing whatever to do with German. It means to play a waiting game, to stonewall if you like (Mauer is "wall" in German). But the term originates from a bowdlerisation of the Hebrew word "mora," or "moire" in Yiddish, meaning "fear."

The Skat player who stonewalls shows himself to be scared and reluctant to run a risk. Yet barely a word has been borrowed from Polish despite the countless numbers of Poles who used to descend on Berlin and environs every year as harvest workers. Italian has left few if any traces either. The attraction exerted by Berlin and its dialect engulfed and devoured, digested and changed what other languages had to offer, only to regurgitate it as something different and typical of Berlin.

No other European city has integrated foreigners as swiftly as Berlin has. Even if your command of the language is adequate, you always remain a foreigner in London or Paris. Berlin has never erected such hurdles for newcomers to the city. I shall never forget how the children of a Hungarian poet who was head of the Hungarian cultural centre in East Berlin learnt to speak broad Berlin dialect in next to no time – so broad that it hurt to listen to it!

There is a wide range of reasons why it is so easy to feel at home in Berlin. One may be that the city is a relatively young European metropolis, whereas elsewhere more class-specific ways of life took shape and social gaps were stressed more strongly and thus consolidated. Twice this century bourgeois Berlin, with its nouveaux-riches and racketeers, has undergone a well-nigh revolutionary redistribution. The proletarisation of the middle class, the rise of pushy social climbers, the marginalisation of the nobility and even Hitler's "national community" have all made inter-personal borders more open and easier to cross. Even the trivial culture of the inter-war years with its palais de dance, its five-o-clock tea, its moviemania, its revues and its cabarets played a part. It may not have forged close and intimate ties between Berliners, but it certainly brought them closer to each other. Something along the lines of a clannishness took shape, arguably comparable with a fairly distinct ethnic entity.

Above all, Berlin dialect forged a link between them. Anyone who didn't know what a "Nulpe" (a clot or a jerk) was, was one himself. And an essential of Berlin grammar was always to say "mir" (me in the Dative case) rather than "mich" (Accusative) – even, as the self-deprecating witticism went, "when it was right."

Berlin dialect established a consensus among Berliners. It both lent expression to their way of life and was, by way of feedback, the element which gave expression to their feelings. A spirit of irreverence and reasoning predominated in their turns of phrase, their comforting remarks and their redundant expressions, some of which are profound nonsense while sounding like pearls of Biblical wisdom, such: "No matter how you do it, it's wrong, and even when you do it wrong it's still not right."

Berlin dialect isn't designed to whisper sweet nothings. Run through a list of Berlin words and expressions and you will see right away that the proportion of verbal insults, injuries and threats is extraordinarily high. Tucholsky's "iron lip" accounts for the lion's share. All these expressions are graphic, and it is amazing how much use is made of, say, the nose in all this imagery. Take, for instance, the phrase "Een Schlach, und die Neese sitzt hinten!" (One punch and your nose will be at the back of your head!), or "Ick hab de Neese pleng!" (My nose is full, i. e. I am sick and tired of it; pleng, incidentally, is the French word "plein"). "Man bejiesst sich die Neese" (You water your nose, i. e. get drunk) and you are "Neese" when you have come a cropper. "Man zieht jemandem die Würmer aus de Neese," literally: you pull the worms out of someone's nose, meaning to get at the truth. Or you let a deal "aus der Neese jehen" – or miss out on something. You can always "jemandem Tatsachen unter die Neese reiben" – or rub their noses in the truth. You can have something "in die Neese stechen" (a smell you pick up, something which attracts you). And, last not least, there are people you can "jeden Dreck uff de Neese binden" – or tell anything and everything. Needless to say, this minor contribution towards Berlin noseology is, as a lady friend of mine would say, "Asbach," by which she means "uralt" or as old as the hills – Berlin rhyming slang based on "Asbach uralt (age-old)" brandy.

If we work on the assumption that language thinks for us, then we must assume that Berliners are anything but sentimental, that they are rough and ready, with fingers on standby to form a clenched fist. I should like to contradict any such notion. It seems to me that this verbal rough, tough guy stuff is merely part of a masquerade. No, no, I am not referring to the "heart of gold" again; I have my doubts about it. But behind the classic cliché of the "rough exterior" there is a kind of person whose very behaviour is camouflage, a camouflage which has become second nature.

Yet even I can't say what the "real" Berliner is like. Does he still exist in his old haunts? Does he still run around without a leash? Has he not long been redlisted as an endangered species? Nowadays the taxi-drivers come from Izmir and the barmen from Brno, the bricklayers from Warsaw, the underworld fraternity from Moscow and the prostitutes from Kiev. But where are people roughly corresponding to the type Hans Meyer described still to be found?

There can be no doubt that Berliners still live in Berlin, but it is hard to say how many are "real" Berliners. A residual number are still to be found, especially in East Berlin, in the proletarian northeast, where Honecker & Co., the East German leaders, forbade freedom of movement and fluctuation was much lower than in West Berlin boroughs. Prenzlauer Berg, an area where you used to be able to study the "real" Berliner and his witticism-studded dialect, is in the throes of change. Just as another quintessential Berlin borough, Kreuzberg, has changed beyond recognition, so a similar trend has begun in Prenzlauer Berg. The effect of squatters, artists and inquisitive visitors from West Berlin who imagine themselves to be in some kind of German "Quartier Latin" is that what testified to the "real" Berlin of yesteryear is slowly disappearing. The Berlin of yesteryear, in a state of historic stagnation brought about by the division of the city, is being transformed into another city. The media and its intermediaries may style any cultural event worth mentioning a renaissance of 1920s Berlin, but that is merely self-deception full of fears for the future. The nostalgic longing to which it lends expression is doomed to remain unfulfilled. Planners and architects are not who make a city; it is the people who live there. And the "real" Berliners who earned the city its erstwhile reputation no longer exist.

Le «vrai» Berlinois

Günter Kunert

La question de savoir si le fait de s'appeler Hans Meyer ou encore Mayer prédispose à la philologie ne peut que difficilement être tranchée. Le Hans Meyer dont il s'agit ici, publia, en 1878, un livre intitulé «Der richtige Berliner», «Le vrai Berlinois», une étude du berlinois, dialecte allemand qu'il jugeait menacé. Deux tendances lui paraissaient, en effet, être préjudiciables à la survie du parler berlinois. C'était, avant tout, le prodigieux essor qu'avait pris cette ville, devenue «capitale de l'empire». De 1820 à 1870, le nombre de ses habitants quadrupla, passant de 200.000 à 800.000. Douze mille nouveaux Berlinois venaient s'y ajouter chaque année et, lorsque M. Meyer fit paraître son livre, on en comptait déjà plus d'un million. Selon lui, la masse des nouveaux venus devait nécessairement affadir le berlinois. Or, il avait sous-estimé la faculté d'intégration de cette langue. Quiconque venait s'installer dans la plus grande ville du continent quant au nombre d'immeubles locatifs, véritables clapiers, perdait très vite son parler vernaculaire, celui de son pays d'origine. Et, à la seconde génération, tous avaient, de toute façon, adopté le berlinois et le parlaient sans le moindre complexe.

Un bien plus grand danger résultat de la prétention subite des métropolitains à vouloir plus paraître qu'ils n'étaient véritablement, ce qui s'exprimait dans ce que Tucholsky appela «la petite gueule truquée» du Berlinois, par quoi il entendait le fait de vouloir se donner un air cultivé en s'évertuant à parler «haut allemand». Le parler berlinois passa bientôt pour être le jargon des couches populaires. On n'avait, dans le passé, nullement éprouvé de honte à parler berlinois et nombre de Berlinois célèbres, qui avaient leur franc parler, se servaient de ce dialecte. Les anecdotes sont légion.

Plus que toute autre langue, le berlinois disposait de la faculté de décrire des faits ou circonstances sous une forme laconique, pétrie d'ironie et de caractériser les gens. Tel le peintre Max Liebermann qui, à l'Ecole des Beaux-Arts où il enseignait, demeura longtemps pensif devant l'esquisse d'un étudiant jusqu'à ce que la phrase lui échappe: «Also – Symbolik is drinne!» (Mais si, il y a du symbolisme là-dedans). Et, vers la fin de sa vie, le peintre juif, commenta l'arrivée au pouvoir de Hitler par ces mots: «Kann janich so ville fressen, wie ick kotzen möchte» (Je ne peux pas manger autant que je voudrais pouvoir vomir).

C'est à Tucholsky que l'on doit l'expression standard, que l'on aime à citer pour caractériser le Berlinois, de l'homme «au cœur d'or» et à la «gueule de fer», autrement dit à l'infatigable clapet. Nous ignorons le degré de pureté de l'or de ce cœur. Mais nous en savons plus, en revanche, sur le «clapet de fer». Le ton était bourru et rude et venait contrecarrer une éventuelle effusion sentimentale.

Lorsque, après la guerre, Alfred Döblin revint à Berlin, roulant en voiture officielle française, pilotée par un ancien chauffeur de taxi berlinois, il se fit conduire à travers la ville détruite, passant par le centre de Berlin, l'Alexanderplatz, le quartier de Franz Biberkopf. Il y avait vécu autrefois, confia-t-il à son conducteur et «n'y était plus revenu depuis l'incendie du Reichstag, après lequel il avait dû partir». A quoi le chauffeur lui répliqua: «Vous n'avez vraiment rien manqué …». Non, Dieu sait que le Berlinois n'était pas sentimental.

Il y eut aussi cette affiche électorale, placardée à l'occasion d'une des premières élections de Berlin et représentant un père de famille affalé dans son fauteuil, en train d'étudier les journaux de différents partis tandis que, au premier plan, sa femme, une «femme des décombres», une pelle et un marteau à la main, lui montre le slogan: «Vote Gustave, mais pas que je sois obligée, après, de déblayer encore une fois les décombres!»

Le Berlinois n'est pas enclin au pathétisme. Ses rapports avec la poésie et le «beau sexe» étaient plutôt empreints de verdeur. Kurt Tucholsky, notre témoin de l'époque, a souvent chanté les louanges de la Berlinoise et je suis certain qu'en dépit des changements profonds intervenus dans la vie de cette ville et de ses habitants, ces louanges demeurent valables de nos jours. Notre intention n'est pas d'entonner ici l'hymne des «héroïnes discrètes», mais le fait est que, pendant les mauvaises années que connut Berlin, et elles furent nombreuses, ce sont principalement les femmes, les Berlinoises, qui eurent à porter le plus lourd fardeau, la majeure partie des difficultés, dans le monde de décombres de l'après-guerre et durant les quatre décennies de sa division. Cependant, il convient d'ajouter que la charge laissée aux Berlinoises de l'Est fut un peu plus lourde que celle de leurs sœurs de l'Ouest. Mais chacune d'elle pouvait se consoler en reprenant la parodie de la ballade «Leonore» de Bürger «Jeduld, Jeduld, wenn's Herz auch bricht! Mit de Beene strampeln nutzt ja nicht …» (Patience, patience, même si cela te fend le cœur! Il ne sert à rien de gigoter).

La Berlinoise se caractérise, à bien des égards, par une franchise ahurissante, dans le domaine, notamment, où elle en arrive vite «au fait». Pas de cérémonies, pas de détours, c'est oui ou non. Toute badinerie lui est étrangère. Elle est, en ce sens, parfois plus masculine que l'heureux élu respectif. Lui faire perdre son sang-froid nécessite un tremblement de terre de moyenne amplitude.

Un ami berlinois compositeur, ayant une employée de maison, me raconta, qu'un jour, cette femme rencontra un exhibitionniste dans une rue isolée du quartier de Mahlsdorf. L'exhibitionniste se posta devant la bonne, qui n'était déjà plus très jeune, et ouvrit brusquement son manteau, dévoilant son superbe attirail. La seule chose à laquelle il ne s'était pas attendu fut le commentaire de la bonne dame, nullement effrayée. Elle se contenta de lui lancer: «Si vous voyiez celui de mon mari, vous jetteriez le vôtre …» Et passa, d'un pas tranquille devant l'exhibitionniste demeuré hagard. Semblables choses ne peuvent arriver qu'à Berlin. En effet, le principe «Je ne m'étonne plus de rien!» est commun à tous les Berlinois. Cela revient à dire que le Berlinois s'attend à tout moment et en permanence à des prodiges qui ne lui en imposent pas le moins du monde. Car, il a, bien sûr, entendu parler d'autres prodiges encore plus prodigieux …

L'humour du Berlinois contribua même à rendre la guerre, les attaques aériennes et la détresse d'après-guerre plus supportables, ne fut-ce que pour de brefs instants. Le «vrai» Berlinois a su préserver, jusqu'à nos jours, sa faculté d'inventer sans cesse de nouvelles dénominations qui frappent juste. Le «Centre international des Congrès» de Berlin porte, officieusement, le nom de «Panzerkreuzer Charlottenburg» (cuirassé de Charlottenburg). A l'époque où le district de Charlottenburg était encore en ruine, on le gratifia de l'appellation «Klamottenburg» (le quartier de la fripe), d'autres quartiers comme Steglitz se virent rebaptisés en «Stehtnix» (plus rien n'y est debout») et Lichterfelde-West en «Trichterfelde-Rest» (restes des champs d'entonnoirs).

Et l'un des derniers commentaires qui accompagnèrent d'ironie l'anéantissement définitif de leur ville disait :«Wer jetzt noch lebt, is selba schuld – Bomben sind jenuch jefallen» (Celui qui vit encore n'a qu'à s'en prendre à lui-même, ce ne sont pas les bombes qui ont manqué …).

Les nombreux immigrés qui vinrent s'y installer n'ont, pour la plupart, laissé que peu de traces dans le parler berlinois. Les huguenots de même que les citoyens juifs sont ceux qui ont le plus contribué à l'enrichir. Nombreuses sont les expressions yiddish qui ne sont plus identifiables en tant que telles. Ainsi M. Meyer nous apprend-il que l'une des locutions en usage dans le jeu du Skat, «Der Karle mauat wieder», n'a rien à voir avec l'allemand. Il ne s'agit pas du «mauern» allemand (se tenir sur la défensive) mais de l'adaptation et de la déformation du mot hébreux «mora», «moire» en yiddish, qui désigne la peur. Qui donc «mauert» en jouant aux cartes s'avère un joueur peu enclin à prendre des risques. Presqu'aucun mot n'est resté du polonais, bien que des légions de moissonneurs venus de Poznan aient envahi la ville chaque année, aussi peu d'ailleurs que de l'italien. Du fait de son attrait, le dialecte berlinois a englouti, digéré, métamorphosé ce que les langues étrangères lui ont apporté et l'a «recraché» sous forme de parler berlinois d'origine. Aucune autre grande ville européenne n'a intégré aussi rapidement ceux qui étaient venus de l'extérieur. On demeurera éternellement étranger à Londres ou à Paris, même si l'on dispose de connaissances linguistiques suffisantes. Berlin n'a jamais dressé d'obstacles de ce genre à ses nouveaux citoyens. Inoubliable, le souvenir laissé par les enfants d'un poète lyrique hongrois, directeur du Centre culturel hongrois à Berlin-Est, qui avaient appris à parler berlinois avec une telle célérité et une telle perfection que les oreilles vous en faisaient mal.

La facilité avec laquelle on peut s'acclimater à Berlin a de multiples raisons. L'une d'entre elles est, sans doute, que Berlin est une métropole européenne relativement jeune alors que d'autres capitales ont vu se constituer des formes de coexistence spécifiques des différentes couches sociales, venant accentuer et consolider les disparités sociales existantes. Au cours de ce siècle, le Berlin bourgeois, avec ses nombreux parvenus, ses crâneurs, ses nouveaux riches et trafiquants a connu, à deux reprises, des mutations sociales presque révolutionnaires. La prolétarisation des milieux bourgeois, l'ascension irrésistible de ceux qui jouaient des coudes pour se frayer leur chemin, la marginalisation de la noblesse, voire même la «communauté populaire» de Hitler rendirent perméable le cloisonnement social. La culture triviale de l'entre-deux-guerres qui avait vu naître les palais de la danse, les thés dansants, la frénésie cinématographique, les revues, les cabarets y avait largement contribué. Tout cela n'engendra pas, certes, de rapports particulièrement profonds entre les Berlinois, mais les rapprocha, malgré tout, les uns des autres. Une sorte d'appartenance tribale en ressortit, comparable, peut-être, à celle d'une ethnie relativement homogène.

Mais c'est en tout premier lieu le parler berlinois qui contribua à souder les habitants les uns aux autres. Quiconque ignorait ce qu'était une «Nulpe», un benêt, en était un lui-même. Et l'une des lois fondamentales de la grammaire voulait que le Berlinois emploie toujours le pronom personnel «mir» (me) (que ce soit à l'accusatif ou au datif), «ooch wenn's richtig is!» (même si cela est juste!).

C'est à ce parler berlinois qu'est dû le consensus qui s'instaura entre les Berlinois. Il était à la fois manifestation de leur mode de vie mais aussi, par effet réactif, l'élément déterminant de leur vie affective. Dans les locutions, les paroles de réconfort, le verbiage redondant régnaient l'irrévérence et l'effronterie. Certaines de ces locutions sont de l'ineptie pure tout en ayant un petit air de sagesse biblique, comme par exemple: «Wie man's macht, isset falsch. Und macht man's falsch, isset ooch nich richtig!» (qu'on fasse les choses d'une façon ou d'une autre, c'est mal. Et quand on fait mal les choses, ça n'est pas bien non plus.)

La langue du Berlinois n'est pas faite pour compter fleurette. Il n'est que de parcourir la liste des mots et locutions berlinoises pour reconnaître que le pourcentage d'injures, d'invectives, d'offenses, de menaces et de vexations est prodigieusement élevé. La «gueule de fer» du Berlinois, pour reprendre l'expression de Tucholsky, y est pour beaucoup. Toutes ces locutions sont imagées et on découvrira quel rôle étonnant y joue le nez. On dira par exemple: «Een Schlach, und die Neese sitzt hinten!» (Un bon coup et tu te retrouves avec le nez derrière la figure!). Ou bien: «Ik hab de Neese pleng» (J'en ai plein le nez, voire le dos). Il arrive qu'on «se tire dans le nez», «man bejießt sich die Neese» lorsqu'on «s'en jette un derrière la cravate» ou «man ist Neese», quand on est tombé dans le panneau; on tirera les vers du nez d'une autre personne, ceux-ci n'étant finalement que la pure vérité, ou encore «une affaire vous passe sous le nez» «vor der Neese jehen». Il va de soi que l'on peut également «flanquer un tas de choses au nez de quelqu'un» ou que celles-ci vous piquent dans le nez», «in de Neese stechen», autrement dit vous attirent et pour en finir, on pourra également «mettre un tas d'ordures sur le nez de quelqu'un d'autre», «jeden Dreck uff de Neese binden», c'est-à-dire lui faire, à part cela, toutes sortes de confidences intimes.

Il faut bien avouer que ce bref exposé sur le nez berlinois est, comme le dirait de moi une personne de connaissance, «Asbach uralt», franchement ringard donc comme le nom de ce cognac «archivieux» l'indique.

Si nous partons du principe que la langue pense pour nous, nous sommes en droit de supposer que le Berlinois est tout sauf une «bonne pâte», qu'il est un personnage plutôt fruste, toujours prêt à vous asséner un coup de poing. Je tiens à dire que cela ne fait pas partie de mes convictions. Il me semble bien plutôt que sa rusticité verbale fait partie de son déguisement. Non, je ne m'en référerai pas encore une fois au «cœur d'or» dont il a déjà été question, car je ne suis pas sans avoir de doute à cet égard. Mais, sous cette «écorce rêche» pour employer l'expression consacrée désignant le Berlinois, se dissimule un type d'homme dont le comportement n'est que camouflage – devenu, il est vrai, sa seconde nature.

Et pourtant je ne saurais pas dire non plus comment devrait être fait le «vrai» Berlinois. Existe-t-il encore vraiment à son ancien domicile? Le rencontre-t-on encore en liberté? N'est-il pas, depuis belle lurette, sur la Liste rouge des créatures en voie de disparition et donc dignes de sauvegarde? De nos jours, les chauffeurs de taxi sont issus d'Izmir, les garçons de café de Brno, les maçons viennent de Varsovie, les délinquants de Moscou et les prostituées de Kiev – Où donc trouver le specimen qui, jusqu'à un certain degré, correspond aux catégories qu'a décrites Hans Meyer?

Que Berlin soit, entre autres, peuplé de Berlinois, ne fait aucun doute; ce qui est moins certain, c'est à combien s'élève le pourcentage des «vrais». Il est un fait qu'il en existe certains résidus, tout spécialement dans l'est de la ville, à Berlin NO, dans la partie prolétarienne, car, du fait de l'immobilité décrétée par l'Etat en la personne de Honecker & Cie, les fluctuations démographiques ont été bien moins importantes que dans les districts de l'ouest. Le Prenzlauer Berg, l'une de ces réserves, où l'on pouvait encore étudier le «vrai» Berlinois et son dialecte, imprégné de ce fameux humour railleur congénital, est en pleine mutation. Il subit un sort analogue à celui de Kreuzberg, un autre quartier on ne peut plus berlinois, qui s'est transformé au point d'en être méconnaissable. La «Scène autonome», mais aussi des artistes, des curieux venus de Berlin-Ouest et se croyant dans un «Quartier latin» allemand, font que les derniers témoins du «vrai» Berlin, celui d'hier, disparaissent peu à peu.

Le Berlin des temps passés, dont l'évolution historique s'est vue contrainte à la stagnation en raison de la division, est en passe de devenir une autre métropole. Certes, les médias et leurs intercesseurs aimeraient bien voir dans tout événement un tant soit peu culturel, une résurrection du Berlin des années 20, mais il s'agit là d'un leurre traduisant leurs anxiétés face à l'avenir. La nostalgie du passé, qui s'y manifeste, devra rester inassouvie. Car ce ne sont ni les urbanistes ni les architectes qui font qu'une ville est ce qu'elle est, mais ses habitants. Et les «vrais» Berlinois qui firent autrefois la célébrité de cette ville n'existent plus.

Eines der schönsten Zeugnisse preußischer Architektur ist das 1695 bis 1699 erbaute und bis 1791 erweiterte Schloß Charlottenburg. Seine Front erreicht eine Länge von 505 Metern.

One of the finest examples of Prussian architecture is Charlottenburg Palace, built between 1695 and 1699 and extended up to 1791. Its facade is 505 metres long.

Le Château de Charlottenbourg, construit de 1695 à 1699 et agrandi jusqu'en 1791 est l'un des plus beaux témoins de l'architecture prussienne. Sa façade atteint une longueur de 505 mètres.

Das Reichstagsgebäude, das 1894 errichtet wurde, wird bald wieder das Zentrum deutscher Politik sein. Nach dem von Norman Foster geleiteten Umbau wird hier der Deutsche Bundestag residieren (oben).

Soon the Reichstag building, erected in 1894, will once more be the centre of German politics. After rebuilding works under the direction of architect Norman Foster are completed, the German Bundestag will sit here (above).

Le Reichstag, bâtiment érigé en 1894, redeviendra bientôt le centre de la politique allemande. Une fois que seront terminés les travaux de réaménagement dirigés par Norman Foster, il abritera le Bundestag (en haut).

Das „Rote Rathaus", 1861 bis 1869 erbaut, verdankt seinen volkstümlichen Namen dem roten Klinker. Es ist Regierungssitz des wiedervereinigten Berlin (unten).

The "Red Town Hall," built between 1861 and 1869, owes its popular name to its red-brick exterior. It is the seat of the city government of reunited Berlin (below).

L'«Hôtel de Ville rouge», érigé de 1861 à 1869, doit son nom populaire à la brique rouge de sa façade. Il est le siège du gouvernement de la ville réunifiée de Berlin (en bas).

Berlin, die rastlose Metropole: Auch abends und in der Nacht pulsiert rund um die Türme der alten und neuen Gedächtniskirche das Leben.

Berlin, the restless metropolis: even in the evening and at night, life pulsates around the towers of the old and new Gedächtniskirche.

Berlin, métropole trépidante: une vive animation continue de régner, le soir et pendant la nuit tout autour de l'ancienne et de la nouvelle Gedächtniskirche (église commémorative).

Der Kurfürstendamm ist 3,5
Kilometer lang und Berlins
Bummelboulevard. Am Kranzlereck heißt es sehen und
gesehen werden.

Kurfürstendamm is 3.5 kilometres long and Berlin's
favourite boulevard for a
stroll. At Kranzlereck the main
thing is to see and be seen.

Le Kurfürstendamm, avenue
où aiment flâner les Berlinois,
s'étire sur 3,5 kilomètres. On
se retrouve au Kranzlereck
pour voir et être vu.

Die Museumsinsel in der Spree. Hier befindet sich eines der spektakulärsten Museenensembles der Welt: Das Pergamonmuseum (im Bild), die Nationalgalerie, das Alte und das Neue Museum sowie das Bode-Museum präsentieren Kunstschätze und Altertümer von Weltrang.

Museum island in the River Spree, site of one of the most spectacular museum ensembles in the world: the Pergamonmuseum (photo), the Nationalgalerie, the Altes Museum, the Neues Museum and the Bode Museum display world-ranking art treasures and antiquities.

L'«Ile des Musées», sur la Spree. On y trouvera l'un des ensembles de musées les plus étonnants qui soient au monde: Le Musée Pergame (photo), la Galerie nationale, le Vieux et le Nouveau Musée ainsi que Musée Bode abritent des trésors artistiques et des chefs-d'œuvre de l'Antiquité.

Die einzigartige Akustik und musikalisch architektonische Beschwingtheit der in den sechziger Jahren von Hans Scharoun entworfenen Philharmonie werden weltweit gerühmt.

The brilliant acoustics and musical and architectural élan of the Philharmonie concert hall, designed in the 1960s by Hans Scharoun, are praised worldwide.

L'exceptionnelle qualité acoustique et la grâce architectonique du bâtiment de la Philharmonie, réalisé dans les années 60 par Hans Scharoun, soulèvent l'admiration dans le monde entier.

Unmittelbar neben dem 138 Meter hohen Funkturm liegt das Internationale Congreß Centrum. Hier finden alljährlich bedeutende Fachmessen – wie die Internationale Funk- und Fernsehausstellung oder die Internationale Touristikbörse (ITB) – statt.

Directly alongside the 138-metre high radio tower stands the International Congress Centre, venue each year of major trade fairs such as the International Radio and TV Exhibition or the International Tourism Exchange (ITB).

Le Centre international des Congrès est situé à proximité immédiate de la Tour de la Radio, haute de 138 mètres. C'est ici que se tiennent, tous les ans, foires et expositions internationales – telles l'Exposition internationale de la Radio et Télévision ou la Bourse internationale du Tourisme (ITB).

Der schönste Platz des alten Berlin ist der Gendarmenmarkt mit Schinkels klassizistischem Schauspielhaus und den identischen, sich gegenüberstehenden spätbarocken Kuppeltürmen des Deutschen (im Bild) und Französischen Doms.

The most attractive square in old Berlin is Gendarmenmarkt, with Schinkel's classical Schauspielhaus theatre and the identical late Baroque cupolas of the German (photo) and French cathedrals, which stand opposite each other.

La plus belle place du vieux Berlin est le Gendarmenmarkt. Il est encadré par la Schauspielhaus, édifice de style néo-classique dû à Schinkel, ainsi que par les tours à coupoles identiques de la cathédrale allemande (photo) et française, qui se font face et datent toutes les deux du baroque tardif.

Blick vom Grunewaldturm auf den Wannsee an der Havel: Berlins geliebter Lido, ein Segel- und Erholungsrevier seit den zwanziger Jahren.

A view from the Grunewald tower of the Wannsee on the River Havel: Berlin's popular lido, a sailing and leisure area since the 1920s.

Vue de la Tour Grunewald sur le lac de Wannsee, formé par la rivière Havel: ce lido, fort prisé des Berlinois, est un lieu de détente où, depuis les années 20, se pratique la voile.

Die nähere Umgebung Berlins ist grün und wasserreich. Bootsfahrten lassen auf der Spree, den vielen Kanälen und – wie hier in Spandau – auch auf der Havel mit ihren Seen unternehmen.

Berlin's immediate surroundings are green and abounding in water. There are boat trips on the Spree, the many canals, and – as here in Spandau – on the Havel and its lakes.

Les proches environs de Berlin sont noyés dans la verdure et sillonnés de cours d'eau. On peut y entreprendre des promenades en bateau sur la Spree, sur les nombreux canaux – comme on le voit ici à Spandau – mais aussi sur la Havel et son chapelet de lacs.

Blick auf Köpenick an der Mündung der Dahme in die Spree. In der Bildmitte der Turm des Rathauses, das durch den Schuster Wilhelm Voigt – in der Literatur der „Hauptmann von Köpenick" – weltbekannt wurde.

View of Köpenick, where the Dahme flows into the Spree. In the centre of the photograph is the tower of the town hall made famous by cobbler Wilhelm Voigt, the man on whom the play "The Captain of Köpenick" was based.

Vue sur Köpenick, au confluent de la Dahme et de la Spree. Au centre de l'image, la tour de l'hôtel de ville, que le cordonnier Wilhelm Voigt – plus connu en littérature sous le nom de «Hauptmann von Köpenick» – a rendu célèbre dans le monde entier.

Schon Heinrich Heine hat von der Vielfalt der Berliner Kneipen geschwärmt. Das Nolle am Nollendorfplatz hat noch viel Berliner Flair bewahrt.

In the last century Heinrich Heine wrote enthusiastically about the variety of Berlin taverns. The Nolle on Nollendorfplatz has retained much of the Berlin flair.

Heinrich Heine s'enthousiasmait déjà pour la multiplicité des bistrots berlinois. Le «Nolle», en bordure de la Nollendorfplatz a su conserver en grande partie son atmosphère typiquement berlinoise.

Postmodern und doch ein
Architekturklassiker: das Kauf-
haus Galeries Lafayette von
Jean Nouvel in der einst und
wieder berühmten Fried-
richstraße.

Post-modern architecture
which is already a classic: the
Galeries Lafayette department
store designed by Jean
Nouvel in Friedrichstrasse, a
street which has regained its
former fame.

Postmoderne, et pourtant
déjà un classique de l'architecture: les grands magasins
Galeries Lafayette conçus par
Jean Nouvel, bordent la Fried-
richstraße, rue qui a retrouvé
sa célébrité d'antan.

Am Landwehrkanal finden sich mitten in der Großstadt idyllische Orte – wie hier im multikulturellen Viertel Kreuzberg.

Along the Landwehr canal there are idyllic spots right in the city centre – as here in the multicultural borough of Kreuzberg.

Tout au long du Landwehrkanal, on découvrira, au cœur même de la métropole, des coins qui n'ont rien perdu de leur caractère idyllique – tel qu'on le voit, ici, dans le quartier multiculturel de Kreuzberg.

Erst 1991 wurden dem Fassadenbau der im Krieg zerstörten Neuen Synagoge in der Oranienburger Straße wieder die weithin leuchtenden Kuppeln aufgesetzt. Im Hintergrund überragt der Fernsehturm die Szenerie.

The gleaming cupolas of the New Synagogue in Oranienburger Strasse were replaced on its facade only in 1991, after having been destroyed in World War II. In the background the television tower dominates the scene.

Ce n'est qu'en 1991 que le bâtiment de la Nouvelle Synagogue de l'Oranienburger Straße, détruite pendant la guerre, et dont il ne restait que la façade, s'est vu couronné de coupoles scintillantes, visibles de loin. A l'arrière-plan, la Tour de Télévision, dominant l'ensemble.

Berlin war spätestens seit dem 18. Jahrhundert und bis zu den Greueln des Holocaust immer auch eine jüdische Stadt. Generationen von jüdischen Bürgern sind auf dem Friedhof an der Schönhauser Allee im Stadtteil Prenzlauer Berg begraben.

By the 18th century at the latest and right up to the horrors of the Holocaust, Berlin was always a Jewish city. Generations of Jewish citizens are buried in the cemetery on Schönhauser Allee in the Prenzlauer Berg district.

Depuis le XVIIIe siècle, au plus tard, jusqu'aux atrocités de l'Holocaust, Berlin a toujours été également une ville juive. Des générations de citoyens juifs sont enterrées au cimetière de la Schönhauser Allee, situé dans le quartier de Prenzlauer Berg.

Man muß nur sehen und wissen

Heinz Kruschel

Da kommen Menschen aus idyllischen Gegenden und sähen Sachsen-Anhalt am liebsten aufgeteilt: den Westen an Niedersachsen, Ostelbien an Brandenburg, Harz, Börde und Burgenland an Thüringen und den Norden an Mecklenburg. Man muß ihnen das nachsehen, sie gewöhnen sich erst an das neue Bundesland, das verwaltungsmäßig natürlich ein Kunstgebilde ist.

Mitteldeutschland, sagen die einen. Für die Bayern gehört es zu Norddeutschland. Für andere paßt es landschaftlich, historisch und auch wirtschaftlich, wenn man an Ackerbau und Bodenschätze denkt, zum Westen. Oder ist es schon dem spröden Osten verwandt? Inmitten der Bundesländer liegend, reicht es von der Altmark bis Thüringen, ist gegensätzlich, gebirgig und eben; es verfügt über Industrie und Wald, über Schwarzerde und Sandmoränen. Flüsse, die wie Adern auf einer kräftigen Hand das Land gestalten, fließen an tausendjährigen Städten und ehrwürdigen Domen vorbei: die beherrschende Elbe an Coswig, Wittenberg, Magdeburg, Jerichow, Tangermünde und Havelberg; die vielbesungene Saale berührt Naumburg, Merseburg, Halle sowie Bernburg und führt ihr Wasser der Elbe zu.

Elbe und Saale bildeten jahrhundertelang die Trennlinie zwischen Ost und West. Hier war im Mittelalter Grenzland, von dieser Linie aus wurde christianisiert und nach Osten kolonialisiert; und hier, wo sich alte slawische Befestigungen befanden, entstanden Klöster und Pfalzen, Reichsmittelpunkte, denn die herrschenden Ottonen hatten das karolingische Verwaltungssystem übernommen. Die Ruinen der alten Königspfalz Memleben, wo die ersten beiden deutschen Kaiser starben, zeugen von einem der bedeutendsten Bauten der Ottonen. Dieses Geschlecht bewegte die Welt.

Das Grenzgebiet war kein deutsches Herzland, das ist es erst im Laufe einer langen Geschichte geworden, aber es war seit uralten Zeiten mit den Menschen im Bunde: Hier fanden sich erste Waffen aus quarzigem Feuerstein und Harpunen aus Knochen, geschliffene steinzeitliche Werkzeuge sowie Tonwaren der Schnurkeramiker und zinnreiche Bronzen in Fürstengräbern. Viele Völker haben auf eiszeitlichem Boden Spuren hinterlassen: Thüringer, Slawen, auch die Kelten, die Gräber türmten und Kultsteine aufstellten. Die Römer aber betraten das Land nicht, ihr Stoßtrupp soll auf die Stimme einer Seherin gehört haben, die riet, nicht weiter als bis an Elbe und Saale vorzudringen. Angesichts der Urwälder dürften sie sich an die Teutoburger Schlacht erinnert haben.

Kernland der Romanik

Hierzulande bildeten sich erst unter Heinrich I. im 10. Jahrhundert die Burgen und in ihrer Nähe die kleinen Dörfer, denen man oft noch das hohe Alter ansieht. So entengrützegrün dürfte schon immer der Dorfteich gewesen sein, so eisgrau die Reste der Mauern, so wehrhaft die Kirchen, so ernst die alten Straßen. Hier mußte der Boden erst entsumpft und gerodet werden. Mönche kamen aus dem Westen, gerufen von Bischöfen oder auch ungerufen, dem Vorbild ihres Apostels Bonifacius folgend. Sie züchteten Vieh und zogen Gebäude hoch, die zu architektonischen Kunstwerken wurden. Zeugen dieser Zeit sind das Kloster Michaelstein, Sankt Marien in Havelberg, die Basilika der Konradsburg, der Falkenstein, das Kloster Unser Lieben Frauen, die Stiftskirchen von Gernrode und Quedlinburg sowie Peter und Paul in Naumburg.

Das Land, das wir heute Sachsen-Anhalt nennen, wurde ein Kernland der Romanik. Dabei gab es bis dahin keine Bautradition im Sinne römischer Vorbilder oder einer überlieferten Anlehnung an die Klassik. Die Romanik wurde der ruhige, archaisch erdennahe Baustil, wie die Basilika in Gernrode und die Krypten in den Domkirchen zu Zeitz und Merseburg vor Augen führen. So zeigte man sich auch in der Plastik dem Königsgeschlecht verbunden. Die Stifterfiguren in Naumburg, ob Uta, Ekkehard oder die lachende Regelindis, sie tragen porträthafte Züge, wie auch der schwarze Mauritius im Magdeburger Dom und die Darstellung des Ritters auf der Grabplatte im Merseburger Domkreuzgang.

In den folgenden Jahrhunderten warf man, dem französischen Vorbild folgend, manchen romanischen Bauten das gotische Gewand über. Aufsteigend und hoch wurde gebaut, mit kühnen Türmen, die sich wie Arme dem Christengott entgegenreckten. Die Baumeister des Doms zu Magdeburg befanden sich im Wettlauf mit dem französischen Kathedralbau: Noch lagen ja keine Erfahrungen vor, wie sicher die hohen Konstruktionen waren. Aber der Austausch von Informationen funktionierte schon. Hausteinarm war hier das Land, so daß sich die Backsteingotik für Dome und Profanbauten wie in Tangermünde entwickelte.

Sind die Menschen wie Luther oder Händel?

Wurde vom 11. bis zum 15. Jahrhundert viel gebaut, so verringerte sich das zu Beginn des 16. Jahrhunderts. Es war, als hätten Hinterwäldler die Renaissance verschlafen, die sich in Italien lange durchgesetzt hatte. An Elbe, Saale und Bode erschien sie erst nach Reformation und Bauernkrieg. Kardinäle wollten nun wie die Medici in Florenz leben. Zwei Prediger aus Bergbaugebieten Mitteldeutschlands gehörten zu den Protagonisten humanistischen Denkens: Thomas Müntzer, radikaler Bauernführer, und Martin Luther, der berühmte Reformator. Der eine wurde nach kriegerischem Aufstand hingerichtet, der andere verkündete mit friedlichem Aufstand in Wittenberg die neue Lehre. Glaubensbewegte Zeiten.

Die Frage, ob die Menschen hier so sind wie der Luther war, also unpathetisch und spöttisch, kritisch und sachlich, die Frage läßt sich nicht leicht beantworten, denn aus dem Land stammen die Komponisten Telemann und Händel, der Reichskanzler Bismarck, die Dichter Klopstock und Novalis oder der Philosoph Nietzsche, also sehr verschiedene Temperamente und Begabungen. Vielleicht sind die Menschen hier nicht so rasch wie anderswo, sondern nachdenklicher; sie überschlagen, rechnen durch und wirken rauh. Es zogen Thüringer, Niedersachsen und Pommern zu. Tolerante Landesfürsten gaben verfolgten Hugenotten nicht nur Asyl, sondern auch Bürgerrechte, so daß sie bald Familien gründen konnten. Und Flamen machten wüste Flächen urbar.

Generalissimus Tilly konnte seinen Plan, die Reformation zu überwinden, nicht verwirklichen, obwohl der militärische Führer der Protestanten, Gustav Adolf, 1632 bei Lützen fiel.

Es blieben bewegte Zeiten. Nach dem Dreißig-jährigen Krieg strichen Wölfe durch Städte und Dörfer. Preußen begann zu erstarken und über jene Gebiete zu herrschen, die unter branden-burgischer, kursächsischer oder erzbischöflicher Herrschaft gestanden hatten, bis auf Anhalt, das selbständig blieb.

„Wer't kann, der hewe an …"

In Stendal wollte zu reformatorischer Zeit die Gemeinde die neuen Lutherlieder singen. Der Pastor kannte sie noch nicht und forderte die Altmärker auf: „Wer't kann, der hewe an, ik kann et nich." Die Handwerksburschen in der Ge-meinde konnten. Stur soll der Altmärker sein. Wegen eines unerlaubten Schulbaus hatte der Papst die Stadt einst vierzig Monate lang ex-kommuniziert, die Bürgerschaft blieb stolz, und die Schule, aus der sich das Gymnasium ent-wickelte, wurde gebaut. In Stendal steht der größte Roland des deutschen Ostens, Wahrzei-chen für städtische Rechte und Freiheiten. Die Hanse konnte sich auf diese Stadt verlassen. Schustersohn Johann Joachim Winckelmann bereitete uns den Weg zur Klassik und wurde als „Herrscher der Geisteswelt" verehrt.
Altmark, das ist Wald und fruchtbares Tiefland, das sind Kirchen aus heimischem Backsteinmaterial. Altmark, das ist die Kaiserburg von Tan-germünde, und das ist auch der Bär, das Wap-pentier der Askanier, die von Otto I. mit dem ehemals wendischen Land belehnt worden waren. Durch dieses grüne Land fließt die Elbe frei und schwappt, Arme und Teiche bildend, auf die saftigen Weiden über. Das geht so durch die Havelsche Mark bis Magdeburg.

Des Herrgotts Kanzlei

Schon 805 urkundlich erwähnt, trat Magdeburg unter den Ottonen in die Geschichte ein. Lieb-lingsort Edithas, der Frau Ottos I., das romani-sche Kloster, in dem sich heute eine Konzert-halle und die größte Plastiksammlung des Ostens Deutschlands befinden. Der Magdebur-ger Reiter, die erste figürliche Reiterdarstellung

überhaupt. Stärkste Festung Preußens, hier wußte Friedrich II. seine Familie und seinen Staatsschatz in Sicherheit. Der Schwermaschi-nenbau, der um das Überleben kämpft. Kein Glanz, kein Gloria. Die Hauptstadt des Landes holt tief Luft, müde ist sie nicht.
Im fruchtbaren Löß der Börde, die sich baum-arm mit Städtchen und großen Dörfern zeigt, wachsen Weizen und Zuckerrüben. Nach Süden hin wird das Land hügeliger, bis ein steinerner Rand aufragt, die Teufelsmauer bei Blanken-burg. Hinter ihr steht der Harz wie eine Festung. Vom Hexentanzplatz über dem schroffen Bode-tal aus flogen die Gespielinnen des Teufels auf den Brocken zur Walpurgisnacht, Anregung für Goethes Szenen. Sagen und struppiger Farn leben in diesen Felsspalten. Der Harz, obwohl viel kleiner als der Thüringer Wald, wirkt nicht idyllisch, sondern wie von einer geballten Span-nung mit einem Höhepunkt, der Brocken heißt und ein Brocken ist, 1 142 Meter hoch und feucht und kahlköpfig im Nebel der ozeani-schen Winde, von granitenen Felsbrocken über-sät, wie von Riesenhand ausgestreut. In kleinen Orten stehen Fachwerkhäuser, ihr Holz wuchs in den Eichen rundum, und gebaut hat der Harzer selber. Es gibt einen Ostharz und einen West-harz, zum Glück nur noch im geographischen Sinn.
Nach Südosten zu in die Goldene Aue über den einem Raubvogelnest ähnlichen Kyffhäuser hin-weg, wo Barbarossa warten soll. Durch diese Landschaft sind die Mönche aus Franken gezo-gen, die sächsischen Königinnen, geschlagene Ungarn, Fürstenheere und aufständische Bau-ernhaufen, Wallensteins Reiter, schwedische Truppen, Napoleons Elite, bewaffnete Arbeiter und Freikorps.
Das klassische Bergbaugebiet Mansfeld ist arm geworden, viele Menschen leiden unter Arbeits-losigkeit, sie wirken matt wie ihr Land. Hier soll-te bald wieder der Fleiß wohnen dürfen, die Tapferen haben es verdient. Und die Tapferen „begünstigt das Glück", heißt es in „Unseres Herrgotts Kanzlei", dem Roman Wilhelm Raa-bes (1831–1910), der den Kampf der lutheri-schen Stadt Magdeburg gegen kaiserliche Trup-pen und das Interim schildert.

An Unstrut und Saale

Da gedeiht auf tonigen Schichten an sonnigen Hängen ein so guter Wein, daß er sogar den Franzosen schmeckt. Mittelpunkt des mit Bur-gen und Domen geschmückten Kreises ist die Bistumsstadt Naumburg mit der viertürmigen Basilika und den „steinernen Wundern". Saale-abwärts gelangt man nach Merseburg, wo viele deutsche Könige und Kaiser ihre Reichstage abhielten. Merseburg schützte die Saalefurt. Berühmt wurden die beschwörenden Zauber-sprüche.

Riesenwerke lagern vor der Stadt: die Chemie-giganten Leuna und Buna. Die Saale fließt wei-ter nach Halle, der größten Stadt Sachsen-Anhalts, deren Lebensnerv die Salzquellen waren. Die Universität führte im Kampf um die geistige Freiheit. Berühmt sind die Franckeschen Stiftungen, die einzigartige Schulstadt mit dem Waisenhaus. Halle hat sich zur Kulturhauptstadt entwickelt. Über die Grenzen hinaus bekannt sind die Händel-Festspiele.
Volkreich ist das Industriedreieck, zu dem noch Bitterfeld gehört, das an das Wandergebiet der Dübener Heide grenzt – und wieder diese Span-nung: da Kraterlandschaft der Tagebaue, hier die Heide. Dessau ist nicht weit, die Stadt der Jun-kerswerke und des Bauhauses. Barocke und klassizistische Schlösser und Parks in Wörlitz und Mosigkau zeugen davon, wie anhaltinische Fürsten in ihrer Hauptstadt residiert haben, bis nach Luftangriffen dieses „zweite Weimar" ver-brannte.
Sachsen-Anhalt ist Lutherland. In Wittenberg wirkte der Reformator 38 Jahre. Von hier aus gingen seine Thesen in die Welt. Und noch vor dem Wendejahr 1989 ließ der Pfarrer Schor-lemmer ein Schwert für einen gerechten Frieden zu einem Pflug umschmieden: als Aufforderung zur Tat.
Wir sehen nur, was wir wissen, sagt Goethe. Sachsen-Anhalt ist kein enges Land. Wie auf dem Gesicht eines alten Menschen gibt es viel zu lesen. Man muß nur sehen und – wissen.

You Only Have to Look and Know

Heinz Kruschel

People come from idyllic regions and say they would prefer to see Saxony-Anhalt divided up: the West would go to Lower Saxony, areas east of the Elbe to Brandenburg, the Harz, Börde and Burgenland to Thuringia and the North to Mecklenburg. You have to forgive them, they are only just getting used to the new federal state, which is, of course, an administrative artefact.

Some call it central Germany. The Bavarians regard it as part of north Germany. Others say that scenically, historically and also economically, if one takes into account agriculture and mining, it fits in with the West. Or is it related after all to the brittle East? It lies surrounded by other federal states, stretching from the Altmark to Thuringia; it is a landscape of contrasts, mountainous and flat; it boasts industry and forest, black earth and sand moraine. Rivers, defining the landscape like veins in a strong hand, flow past ancient towns and venerable cathedrals: the dominant Elbe through Coswig, Wittenberg, Magdeburg, Jerichow, Tangermünde and Havelberg; the much-sung Saale touching on Naumburg, Merseburg, Halle and Bernburg, before carrying its waters to the Elbe. For centuries Elbe and Saale formed the dividing line between East and West. In the Middle Ages this was border territory, and the line was the starting point for Christianisation and eastward colonisation. Here on the site of ancient Slav fortifications, monasteries and palaces sprang up, centre-points of the Empire, for the ruling Ottonian dynasty had taken over the Carolingian system of administration. The ruins of the old royal palace of Memleben, where the first two German emperors died, testify that it was one of the most important Ottonian buildings. This race moved the world.

The border territory was not German heartland – it only became so in the course of a very long history – but from ancient times it was in league with the people. Here the first weapons of quartziferous flint and bone harpoons were found, polished Stone Age tools, along with string ceramic pots and tin-rich bronzes in princes' tombs. Many ethnic groups have left their traces in Ice Age soil: Thuringians, Slavs, even the Celts, who built grave mounds and erected cult stones. But the Romans did not enter this territory. Their raiding party is said to have heeded the words of a seer who advised them not to press on beyond Elbe and Saale. The primaeval forests must have reminded them of the Battle of the Teutoburger Wald.

Heartland of Romanesque architecture

In these parts it was not until the reign of Henry I in the tenth century that castles sprang up, with small villages nearby which have often retained their traditional appearance. The village pond must always have been the same duckweed green, the ruined walls the same icy grey, the churches must always have been so stalwart, so serious the old village streets. Here the ground had first to be drained and cleared. Monks came from the West, bidden by bishops or unbidden, following the example of their apostle Boniface. They reared cattle and erected buildings that became architectural treasures. Witnesses to this era are Michaelstein monastery, St Marien in Havelberg, the Konradsburg basilica, Falkenstein, the abbey of Unser Lieben Frauen, the collegiate churches of Gernrode and Quedlinburg, and SS Peter and Paul in Naumburg.

The region we now call Saxony-Anhalt became a heartland of Romanesque architecture, even though there had been no previous building tradition in the sense of Roman models or an inherited leaning towards classical style. Roman style became the calm, archaically earth-bound architectural style epitomised by the basilica in Gernrode and the crypts of the cathedral churches in Zeitz and Merseburg. Even in the plastic arts affinity with the royal dynasty was demonstrated. The statues of the founders in Naumburg, whether of Uta, Ekkehard or the laughing Regelindis, display portrait-like features, as does the black Mauritius in Magdeburg cathedral and the picture of a knight on a gravestone in the cloister of Merseburg cathedral.

In the centuries that followed, many Romanesque buildings were clad in Gothic finery, following the French example. Buildings were tall and soaring, with bold towers reaching heavenwards like arms outstretched in supplication. The builders of Magdeburg cathedral found themselves in competition with French cathedral architecture. As yet no-one had any experience of how safe the tall structures were. But the exchange of information was already functioning. The region's lack of quarrying stone led to the development of Gothic-style brick architecture for both cathedrals and secular buildings, as in Tangermünde.

Are people like Luther or Händel?

Whilst there was a great deal of building activity from the 11th to 15th centuries, at the start of the 16th things slowed down. It was as if backwoodsmen had slept through the Renaissance, which had long since made its mark in Italy. Along the Elbe, Saale and Bode it did not put in an appearance until after the Reformation and the Peasants' War. Now cardinals wanted to live like the Medici in Florence. Two preachers from central German mining areas were among the protagonists of humanistic ideas: Thomas Müntzer, radical peasant leader, and Martin Luther, the renowned Reformer. The former was executed after a warlike rebellion, whilst the other engaged in peaceful revolution, proclaiming the new doctrine in Wittenberg. Turbulent times for faith and religion.

It is not easy to answer the question whether people here are cast in Luther's mould, unemotional and mocking, critical and objective. For this was the birthplace of the composers Telemann and Händel, Imperial Chancellor Bismarck, the poets Klopstock and Novalis, and the philosopher Nietzsche – a very wide range of temperaments and gifts. Maybe the people here are not as quick as elsewhere, but more thoughtful; they fold their arms, figure things out, and seem rude and rough. People moved here from Thuringia, Lower Saxony and Pomerania. Tolerant princes granted persecuted Huguenots not only asylum but also civil rights, so they were soon able to start families. And Flemings reclaimed desolate wastelands for cultivation.

Generalissimo Tilly failed in his plan to defeat the Reformation, even though the military leader of the Protestants, Gustav Adolf, was killed in the Battle of Lützen in 1632.

The times continued turbulent. After the Thirty Years' War wolves roamed through towns and villages. Prussia began to gain in strength and to govern regions which had been under the rule of Brandenburg, the Elector of Saxony or the archbishops – except Anhalt, which remained independent.

"Let him begin who can …"

During the Reformation period the congregation of Stendal in the Altmark asked to sing Luther's new hymns. The pastor was not yet familiar with them and responded with the invitation: "Let him begin who can, I cannot." The travelling journeymen in the parish could. Altmark people are said to be stubborn. The Pope once excommunicated the town of Stendal for forty months on account of an unauthorised school building. The citizens refused to give in, and the school, which later developed into the grammar school, was built. Stendal boasts the largest statue of Roland in eastern Germany, the emblem of civic rights and liberties. The Hanseatic League could depend on this town. Cobbler's son Joachim Winckelmann prepared the ground for the classical period and was revered as "master of the world of thought."

Altmark means forest and fertile plains, with homely brick churches. Altmark means the Kaiserburg castle in Tangermünde, and also the bear, the heraldic animal of the Ascanians, to whom Otto I enfeoffed the former land of the Wends. The Elbe flows freely through this green countryside, forming arms and ponds where it splashes over into lush meadows. And so it continues through the Havelsche Mark to Magdeburg.

The Lord's Pulpit

Magdeburg, first mentioned in documents in 805 AD, entered history under the Ottonians. It was the favourite place of Editha, wife of Otto I. The Romanesque monastery that now houses a concert hall and the largest collection of sculptures in east Germany. The Magdeburg horseman, the first ever figurative sculpture of a rider on horseback. The strongest fortress in Prussia, where Frederick II could rely on the safety of his family and his state treasure. Heavy engineering fighting for survival. No glamour, no glory. The state capital is not tired, it is just taking a deep breath.

Wheat and sugar beet grow in the fertile loess of the Börde region, with its sparse trees, little towns and large villages. Towards the South the countryside becomes hillier, until it reaches a towering stone ridge, the Teufelsmauer (Devil's Wall) near Blankenburg. Behind it the Harz stands like a fortress. From the Hexentanzplatz (Witches' Dance Floor) above the steep Bode valley the devil's playmates flew to celebrate Walpurgisnacht on the Brocken, providing the inspiration for scenes in Goethe's "Faust." Its rock crevices are the home of myths and wild ferns. The Harz, though smaller than the Thuringian Forest, exudes an air not of the idyllic, but of concentrated tension, with one peak, which is called the Brocken (chunk) and is indeed a chunk, 1,142 metres high and damp and bald in the mist of oceanic winds, strewn with granite rocks as if scattered by a giant's hand. In small towns and villages there are half-timbered houses, their wood taken from nearby oaks, and built by the Harz dwellers themselves. There is an East Harz and a West Harz, but happily now the divide is only geographical.

South-eastwards to the Goldene Aue via Kyffhäuser, resembling the nest of a bird of prey, where Barbarossa is said to wait. Monks from Franconia, Saxon queens, defeated Hungarians, royal armies and rebellious peasant hordes, Wallenstein's horsemen, Swedish troops, Napoleon's elite, armed workers and the volunteer corps passed through this countryside.

The classical mining area of Mansfeld has grown poor, many people suffer unemployment, they look as sapped of energy as the country round about. Hard work ought to come into its own again here, these brave spirits have earned it. And fortune favours the brave, says "Unseres Herrgotts Kanzlei" (The Lord's Pulpit), a novel by Wilhelm Raabe (1831–1910), which describes the struggle of Lutheran Magdeburg against Imperial troops during the Reformation era in the sixteenth century.

By Unstrut and Saale

The layers of clay on sunny slopes nurture such a good wine that even the French like it. Centrepoint of this district, adorned with castles and cathedrals, is the diocesan town of Naumburg with its four-towered basilica and the "stone wonders." Further down the Saale one reaches Merseburg, where many German kings and emperors held their diets. Merseburg defended the ford over the Saale and became famous for its magic spells.

Now enormous factories are encamped outside the town: the chemicals giants of Leuna and Buna. The Saale flows on down to Halle, Sachsen-Anhalt's largest town, its lifeblood formerly the salt springs. Its university played a leading role in the struggle for intellectual freedom. It is famous for the Franckesche Stiftungen, a unique school town and orphanage. Halle has grown to be the state's cultural capital, known far and wide for its Händel festival.

The industrial triangle is thickly populated. It includes Bitterfeld, bordering on the walking country of the Dübener Heide, and once more there is this tension: there the crater landscape of open-cast mines and here the heath. Not far off is Dessau, site of the Junkers works and home to the Bauhaus. Baroque and classical palaces and parks in Wörlitz and Mosigkau testify to the lifestyle of the princes of Anhalt in their capital, until this second Weimar burned down after air-raids.

Saxony-Anhalt is the land of Luther. The Reformer lived and worked for 38 years in Wittenberg. From here his theses travelled all over the world. And even before the political changes of 1989, Pastor Schorlemmer turned a sword into a ploughshare for a just peace: as a challenge.

We see only what we know, says Goethe. Saxony-Anhalt is not a narrow state. As in the face of an old man or woman, there is much to read. You only have to look and – know.

Il suffit de regarder et de savoir

Heinz Kruschel

Bien qu'issus de régions idylliques, certains ne demanderaient pas mieux que de voir la Saxe-Anhalt répartie entre les Länder environnants: l'ouest serait ainsi rattaché à la Basse-Saxe, les régions situées à l'est de l'Elbe au Brandebourg, le Harz, les Börde, et le Burgenland à la Thuringe, le nord au Mecklembourg. Pardonnons-leur, car il leur faut encore s'habituer à ce nouveau Land de la République fédérale, qui, sur le plan administratif, constitue effectivement une entité artificielle.

Pour les uns, la Saxe-Anhalt s'insère dans l'Allemagne centrale. Les Bavarois, eux, considèrent qu'elle fait partie de l'Allemagne du Nord. Pour d'autres encore, elle se rattache à l'Ouest, tant du point de vue de son paysage que sur le plan historique et économique, si l'on pense à son agriculture et à ses ressources naturelles. Ou s'apparenterait-elle déjà à l'Est, plus austère? Entourée par plusieurs autres Länder, elle s'étend de l'Altmark jusqu'à la Thuringe, est de caractère contrasté, montagneuse et plate à la fois; on y trouve des industries et des forêts, des terres noires et des moraines sablonneuses. Tels des vaisseaux sanguins irriguant une main vigoureuse, les fleuves et rivières la sillonnant ont donné leur empreinte au pays, et longent des villes millénaires ainsi que de vénérables cathédrales: l'Elbe en tout premier lieu, qui baigne Coswig, Wittenberg, Magdebourg, Jerichow, Tangermünde et Havelberg; la Saale, si souvent chantée, qui, elle, arrose Naumburg, Merseburg, Halle ainsi que Bernburg, pour aller ensuite se jeter dans l'Elbe. Pendant des siècles, l'Elbe et la Saale constituèrent la ligne de séparation entre l'est et l'ouest du pays. C'était, au Moyen Age, une région frontalière d'où se fit l'évangélisation et qui vit la colonisation progresser en direction de l'Est, là que se trouvaient d'anciennes fortifications slaves et que furent construits des monastères et des palais, centres de l'empire, car les Ottoniens qui y régnaient avaient adopté le système administratif des Carolingiens. Les ruines de l'ancien palais impérial de Memleben, où moururent les deux premiers empereurs allemands, sont les vestiges d'un des édifices les plus importants jamais construits par les Ottoniens. Ces derniers jouèrent un rôle déterminant dans l'histoire. A l'époque, ce territoire frontalier ne se situait pas au cœur de l'Allemagne, ce n'est qu'après une longue histoire qu'il occupa cette position. Et pourtant, depuis des temps immémoriaux, des hommes s'y étaient établis: on y retrouva, en effet, les premières armes en silex quartzeux, des harpons faits d'os, ainsi que des outils affinés remontant à l'âge de la pierre, des poteries en céramique lisérée et des bronzes stannifères que recélaient certains tombeaux princiers. Nombreux sont les peuples à avoir laissé leurs tracés sur ce sol issu de l'époque glaciaire: Thuringiens, Slaves mais aussi Celtes, qui y élevèrent leurs tumulus et dressèrent d'énormes pierres afin de célébrer leur culte. Les Romains, toutefois, ne franchirent pas les frontières du pays, leurs troupes de choc ayant préféré s'en remettre aux dires d'une voyante qui leur avait conseillé de ne pas pénétrer plus avant que jusqu'à l'Elbe et la Saale. Sans doute s'étaient-ils souvenus, à la vue des opulentes forêts de cette contrée, de la bataille de Teutobourg.

Foyer de l'art roman

Ce n'est qu'au Xe siècle, sous le règne de Henri Ier, que furent érigés les premiers châteaux forts, et que des bourgades se constituèrent à proximité de ces derniers, bourgades dont l'aspect dénotent encore le grand âge. Il est fort probable que les mares des villages étaient déjà, à l'époque, de couleur verte, comme les lentilles d'eau qui les recouvrent, les murs délabrés d'un gris blanc, les églises en état de se défendre, les vieilles rues tout aussi austères que de nos jours. Il fallut, dans un premier temps, assécher et défricher les terres. Des moines arrivèrent de l'Occident, appelés par des évêques mais aussi sans qu'on les en eût priés, suivant la voie que leur avait ouverte leur apôtre, Saint-Boniface. Ils pratiquaient l'élevage et édifièrent des bâtiments qui s'avérèrent des chefs-d'œuvre d'architecture. Parmi les témoins de cette époque, nous citerons le monastère de Michaelstein, Sankt Marien à Havelberg, la basilique du château fort de Konradsburg, Falkenstein, l'abbaye «Unser Lieben Frauen», les collégiales de Gernrode et de Quedlinburg ainsi que Saint-Pierre et Paul à Naumburg.

Le pays que nous appelons aujourd'hui Saxe-Anhalt fut un des principaux foyers de l'art roman. Et pourtant, il n'existait alors aucune tradition en matière d'architecture, aucun archétype romain dont on eût pu s'inspirer ni d'emprunt que l'on eût pu faire au classicisme. Ainsi que l'illustrent la basilique de Gernrode et les cryptes des cathédrales de Zeitz et de Merseburg, l'art roman s'affirma, traduisant sérénité et archaïsme. En matière de sculpture, on se montra également attaché à la dynastie royale. A Naumburg, les statues évoquant les fondateurs, que ce soit celles d'Uta, d'Ekkehard, de la rieuse Regelindis, ou du noir Mauritius, de la cathédrale de Magdebourg ainsi que le chevalier représenté sur la dalle funéraire du cloître de la cathédrale de Merseburg sont déjà exécutés dans un style réaliste.

Au cours des siècles qui suivirent, on drapa de gothique nombre d'ouvrages de style roman, ainsi qu'on le faisait en France. Les édifices s'élancèrent alors vers le ciel, atteignant des hauteurs vertigineuses et furent dotés d'audacieux clochers qui étiraient leurs bras vers le Dieu des Chrétiens. Les bâtisseurs de la cathédrale de Magdebourg étaient engagés dans une course de vitesse avec les architectes des cathédrales françaises: le peu d'expérience dont on disposait ne permettait pas de savoir si ces hautes constructions étaient sûres. Mais l'échange d'informations fonctionnait déjà. Le pays étant pauvre en pierres de carrière, on utilisa la brique cuite dans l'édification des cathédrales gothiques et des édifices profanes, donnant naissance au style gothique de briques, tel qu'on peut l'admirer à Tangermünde.

Les hommes de cette région tiennent-ils de Luther ou de Händel?

Alors que l'activité de construction avait été intense du XIe au XVe siècles, elle s'affaiblit au début du XVIe siècle. A croire que la Renaissance qui triomphait depuis longtemps déjà en Italie était passée inaperçue de ces «cambroussards» engourdis. Ce n'est qu'après la Réforme et la Guerre des Paysans qu'elle fit son apparition en bordure de l'Elbe, de la Saale et de la Bode. Les cardinaux entendirent alors vivre comme les Medici à Florence. Deux prédicateurs venus de régions minières de l'Allemagne centrale furent parmi les protagonistes de la pensée humaniste: Thomas Müntzer, chef de file radical des paysans et Martin Luther, le célèbre réformateur. L'un fut exécuté après un soulèvement armé, l'autre proclama la nouvelle doctrine à Wittenberg en se rebellant pacifiquement. Ces temps furent profondément marqués par l'ardeur religieuse.

La question de savoir si les habitants de cette région sont de même nature que Luther, c'est-à-dire pondérés, railleurs, critiques et réalistes, demeure entière, car tant les compositeurs Telemann et Händel que le chancelier du Reich, Bismarck, les poètes Klopstock et Novalis ou encore le philosophe Nietzsche, tous des tempéraments et talents fort différents, sont eux aussi originaires de cette province. Peut-être les gens de cette région sont-ils seulement un peu moins rapides qu'ailleurs, mais plus réfléchis; ils calculent, font leurs comptes, donnant l'impression d'être rudes. Thuringiens, Bas-Saxons et Poméraniens vinrent s'y établir. Les princes, tolérants, ne se contentèrent pas de donner asile aux huguenots persécutés, mais leur accordèrent également des droits civiques qui leur permirent de fonder une famille par la suite. Les Flamands mirent en valeur des terres auparavant incultes. Tilly, généralissime, ne put mener à bout son projet de mettre la Réforme en échec, bien que le commandant militaire des troupes protestantes, Gustav Adolf, fût tombé au combat, en 1632, près de Lützen.

Les temps qui suivirent ne furent pas moins mouvementés. Après la guerre de Trente Ans, des loups rôdaient dans les villes et villages. La Prusse, devenue puissante, étendit sa domination aux territoires qui avaient été auparavant sous l'emprise du Brandebourg, de l'électorat de Saxe ou des archevêchés, à l'exception du Anhalt qui demeura indépendant.

«Que celui qui sait, entonne le cantique …»

Au temps de la Réforme, la paroisse de Stendal voulut, elle aussi, intégrer à son répertoire les nouveaux cantiques de Luther. Le pasteur, qui ne savait pas encore les chanter, dit alors aux paroissiens de cette région de l'Altmark: «Wer et kann, der hewe an, ik kann et nich. Que celui qui sait, entonne le cantique, moi, je ne sais pas.» Les artisans, eux, savaient. On prétend que les habitants de l'Ancienne Marche sont des entêtés. La ville s'étant proposé de construire une école bien que n'en ayant pas l'autorisation, le pape en avait alors excommunié les habitants, et ceci pendant quarante mois, mais les citoyens n'en firent qu'à leur tête et bâtirent finalement leur école qui devint par la suite un lycée. C'est à Stendal aussi que se dresse la plus grande statue de Roland de l'Est allemand, symbole des droits et privilèges accordés à certaines villes. La Hanse pouvait compter sur la ville de Stendal. Joachim Winckelmann, fils de savetier, ouvrit la voie au néo-classicisme et fut vénéré comme le «maître du monde de l'esprit».

L'Altmark, ce sont des forêts et une plaine fertile, des églises de briques faites à partir de matériaux issus de la région. C'est le château impérial de Tangermünde, mais aussi l'ours, animal héraldique des Ascaniens qui avaient été inféodés par Otton Ier, en même temps que le pays des Wendes. A travers cette verdoyante contrée, coule, en toute liberté, l'Elbe qui, formant de nombreux bras et des étangs, va déborder dans les opulents pâturages qui la bordent. Elle poursuit ainsi sa course à travers la Marche de Havel avant d'atteindre Magdebourg.

Mentionnée pour la première fois en 805 dans les annales, la ville de Magdebourg fit son entrée dans l'Histoire sous le règne des Ottoniens. Le refuge préféré d'Editha, épouse d'Otton Ier, était l'abbaye romane, qui héberge aujourd'hui une salle de concerts et la plus importante collection de sculptures de la partie est de l'Allemagne. Le cavalier de Magdebourg y est la première représentation du genre, sous forme de sculpture. Magdebourg, c'était aussi la plus puissante forteresse prussienne; Frédéric II y savait sa famille et son trésor public en sécurité. Et c'est l'industrie mécanique lourde qui, aujourd'hui, lutte pour sa survie. Ni splendeur ni gloire. La capitale du Land reprend son souffle, elle n'est nullement lasse.

Sur les terres de loess des Börde, à la végétation clairsemée, où l'on ne rencontre que petites villes ou de grosses bourgades, poussent le blé et la betterave à sucre. Vers le sud, le pays est de plus en plus vallonné. Les collines ne sont interrompues que par une bordure rocheuse, le «Mur du Diable», près de Blankenburg. Derrière, se dressent les montagnes du Harz, telles une forteresse. De l'endroit où dansaient les sorcières, dominant la vallée escarpée de la Bode, les compagnes de jeu du diable s'élançaient dans les airs, pour aller s'échouer sur le Brocken, où avait lieu la Nuit de Walpurgis dont Goethe s'inspira. Le Harz, bien que de dimensions beaucoup plus restreintes que la Forêt de Thuringe, n'a rien d'une région idyllique, mais donne plutôt l'impression d'une force de la nature tendue à l'extrême, dont le point culminant, appelé Brocken, «bloc rocheux», mérite bien son nom. Haut de 1142 mètres, humide et chauve, plongé dans le brouillard qu'apportent les vents océaniques, il est recouvert de gros rochers de granit qui semblent y avoir été semés par la main d'un géant. Les petites villes abritent des maisons à colombages, dont le bois vient des forêts de chênes qui poussaient jadis alentour, maisons que l'homme du Harz a lui-même construites. On distingue le Ostharz, à l'est et le Westharz, à l'ouest, distinction qui, heureusement ne se fait plus aujourd'hui que dans un sens purement géographique.

Descendons maintenant vers le sud-est, en direction de la Goldene Aue et survolons le Kyffhäuser, semblable à un nid d'oiseaux de proie, où, dit-on, attend encore l'empereur Barberousse. C'est à travers ce paysage qu'ont cheminé les moines venus de Franconie, les rois de Saxe, les Hongrois en déroute, les armées princières et les bandes de paysans insurgés, les cavaliers de Wallenstein, les troupes suédoises, l'élite de Napoléon, les ouvriers en armes et les corps francs.

Aujourd'hui, le bassin houiller classique de Mansfeld est une région pauvre; de nombreuses personnes souffrent du chômage, elles ont la mine fatiguée, aussi terne que celle de leur pays. Il faudrait que l'homme puisse, de nouveau, y faire preuve de son zèle, les plus courageux l'ont bien mérité. Et la chance sourit aux courageux, dit-on dans le roman «Unseres Herrgotts Kanzlei» de Wilhelm Raabe (1831–1910) relatant les combats qui, au XVIe siècle, à l'époque de la Réforme, opposèrent la ville luthérienne de Magdebourg aux troupes de l'empereur.

En bordure de l'Unstrut et de la Saale

Sur les pentes ensoleillées de ses collines argileuses, mûrit un vin à ce point excellent qu'il flatte même le palais des Français. La ville épiscopale de Naumburg, dotée d'une basilique à quatre tours et de «merveilles de pierre» est la métropole de ce district, rehaussé de châteaux forts et de cathédrales. En descendant la Saale, on rejoint Merseburg, où nombre de rois et d'empereurs allemands convoquèrent leurs diètes. Merseburg protégeait le gué enjambant la Saale. On se souviendra également du célèbre recueil de formules incantatoires qui y fut compilé.

D'énormes usines se dressent aux portes de la ville: celles des géants de la chimie que sont Leuna et Buna. La Saale poursuit son chemin en direction de Halle, la plus grande ville de la Saxe-Anhalt, dont les sources salées étaient autrefois le nerf vital. L'université joua un rôle prépondérant dans la lutte pour la liberté de pensée. Les «Franckesche Stiftungen», œuvres de charité hors pair, dont fait partie un orphelinat, sont demeurées célèbres. Halle est devenue une métropole culturelle. Les festivals de musique consacrés à Händel sont connus bien au-delà de ses frontières.

Le triangle industriel – dont fait encore partie Bitterfeld – qui confine à la région de randonnées de la Lande de Düben accuse un taux de population élevé. On y ressent de nouveau cette tension: d'un côté, un paysage de cratères qu'y a laissé l'exploitation minière en surface, de l'autre, la lande. Dessau, la ville des usines Junkers et du Bauhaus, n'est pas loin. Les châteaux de style baroque et néo-classique, les parcs de Wörlitz et de Mosigkau, sont autant de témoins de la présence des princes de Anhalt dans sa capitale, avant que les bombardements aériens ne viennent réduire en cendres ce second Weimar.

La Saxe-Anhalt est le pays de Luther. Le réformateur passa 38 ans de sa vie à Wittenberg. C'est de là que ses thèses se propagèrent dans le monde entier. Et, avant 1989, année du changement, le pasteur Schorlemmer fit, au nom d'une juste paix, transformer une épée en soc de charrue: une invitation à passer à l'acte.

Nous ne voyons que ce que nous savons, écrivait Goethe. La Saxe-Anhalt n'est pas un pays étroit. Tout comme sur le visage d'une personne d'un grand âge, on peut y lire beaucoup de choses. Il n'est besoin que de regarder et de savoir.

Mit seinen 1142 Metern überragt der Brocken alle anderen
Gipfel des Harzes. Mehr als
seine Gestalt und Höhe hat
der Mythos des alten Blocks-
berges, auf dem die Hexen in
der Walpurgisnacht zusam-
menkommen sollen, die
Menschen immer wieder in
seinen Bann gezogen.

The 1,142-metre-high
Brocken towers above all the
other peaks of the Harz. Also
known as the Blocksberg, it
has cast a spell on people
throughout the centuries, not
so much because of its shape
and height as on account of
the myth that witches hold a
rendezvous here on their sab-
bath, Walpurgis Night.

De ses 1142 mètres, le
Brocken domine tous les
autres sommets du Harz. Plus
encore que son aspect extérieur et son altitude, le mythe
qui s'est forgé autour de ce
vieux massif rocheux, sur
lequel, dit-on, se réunissaient
les sorcières dans la Nuit de
Walpurgis, continue de hanter
l'imagination des hommes.

Sie faucht und raucht wie eh
und je. Die Brockenbahn
scheint mit ihrer kohlraben-
schwarzen Lokomotive einer
längst vergangenen Zeit anzu-
gehören.

Still hissing and belching
smoke as in days of yore, the
Brocken railway and its jet-
black engine seem part of a
bygone age.

Il chuinte et crache ses
panaches de fumée comme
de tout temps. Le train
menant au sommet du
Brocken, ainsi que sa locomotive noire comme jais,
semblent surgis d'un lointain
passé.

Die wildromantische Felsland-schaft nahe der Roßtrappe im Harz hat immer wieder Maler und Zeichenkünstler angezo-gen. Sagenumwoben ist ein hufeisenförmiger Abdruck im Gestein: Das Pferd der Prin-zessin Emma soll ihn bei der Flucht vor Ritter Bodo nach einem tollkühnen Sprung über das Tal hinterlassen haben.

The wild, romantic, rocky landscape around the Rosstrappe in the Harz has held a recurring attraction for painters and sketchers. A horseshoe-shaped impression in the rock is shrouded in leg-end. It is said to have been left behind by Princess Emma's horse after a daring leap across the valley as she fled from the knight Bodo.

Le dédale de rochers, roman-tique et sauvage, près de la «Roßtrappe» (le «Pas du Che-val»), dans le massif du Harz, n'a cessé d'attirer les peintres et les dessinateurs. L'emprein-te d'un sabot de cheval, que l'on découvrira dans la roche, est enveloppée du mystère de la légende. Celle-ci veut, en effet, que le cheval monté par la princesse Emma l'ait laissée à cet endroit, en franchissant intrépidement le gouffre, alors que la noble dame était pour-suivie par le chevalier Bodo.

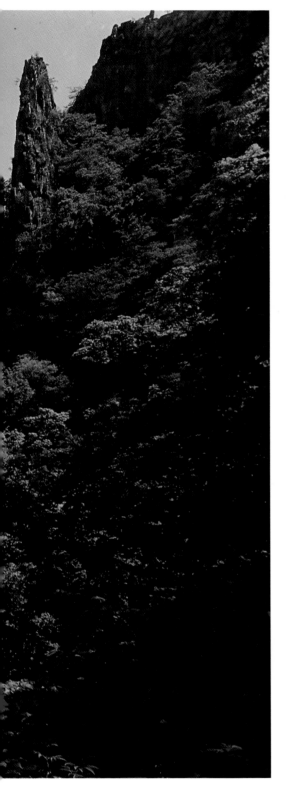

Der Marktplatz und das Rathaus von Wernigerode mit seinen Türmen und Erkern aus dem 15. Jahrhundert. Die „bunte Stadt am Harz" lohnt einen Besuch wegen ihrer Fachwerkhaus-Ensembles.

The market square and town hall of Wernigerode with its fifteenth-century towers and oriels. The "colourful town in the Harz" has other attractions for the visitor, including numerous ensembles of half-timbered buildings.

Place du Marché et Hôtel de ville de Wernigerode. Surmonté de flèches élancées et orné d'oriels en façade, ce dernier date du XVe siècle. La «ville bigarrée au pied du Harz» mérite la visite en raison de l'ensemble constitué par les nombreuses maisons à colombages encore existantes.

Schon von weitem sichtbar ruht auf einem Felsen hoch über der berühmten Fachwerkstadt Quedlinburg das Schloß, das von den beiden kantigen Türmen der Stiftskirche überragt wird.

Perched on a rock high over the town of Quedlinburg, famous for its half-timbered buildings, the castle can be seen from a long way off. Above it protrude the two angular towers of the collegiate church.

Visible de loin, le château, que surmontent les deux tours à arêtes vives de l'église collégiale, repose sur un piton rocheux surplombant cette ville célèbre pour son patrimoine de maisons à colombages.

Das Schöne mit dem Nützlichen zu verbinden war das Bestreben des Fürsten Leopold III. Friedrich Franz von Anhalt-Dessau. Angeregt durch Reisen nach England entstand Ende des 18. Jahrhunderts unweit der Städte Dessau, Wittenberg und Bitterfeld der Wörlitzer Park, die früheste Schöpfung des englischen Landschaftsgartens auf dem Kontinent. Hunderttausende von Besuchern erleben heute die Wörlitzer Anlagen als ein Kunstwerk besonderer Schönheit. Der Blick geht über den See auf das Schloß und die Kirche.

Prince Leopold III Friedrich Franz of Anhalt-Dessau always strove to combine beauty with utility. Inspired by journeys to England, Wörlitz Park, not far from the towns of Dessau, Wittenberg and Bitterfeld, was laid out at the end of the eighteenth century, the first example of an English landscaped garden on the European continent. Nowadays hundreds of thousands of visitors come to enjoy the park and gardens as a work of art of special beauty. The photograph shows the view across the lake to the castle and church.

Joindre l'utile à la beauté, telle était l'aspiration profonde du prince Léopold III Frédéric Franz von Anhalt-Dessau. Inspiré par ses voyages en Angleterre, il fit aménager le parc de Wörlitz vers la fin du XVIIIe siècle, non loin des villes de Dessau, Wittenberg et Bitterfeld. Ce parc représente la première création, sur le continent, de jardins paysagés à l'anglaise. Des centaines de milliers de visiteurs sont attirés par ce chef-d'œuvre d'une si singulière beauté. La vue plane, par-delà le lac, jusqu'au château et à l'église.

Die Landeshauptstadt Magdeburg spielte im Mittelalter als Zentrum der Slawenmission und Entstehungsort des „Magdeburger Rechts", verbriefter bürgerlicher Freiheiten, eine wichtige Rolle in der deutschen Geschichte. Die Türme des Doms St. Mauritius und die Elbe geben der Stadt ihre unverwechselbare Silhouette.

In the Middle Ages Magdeburg, the state capital, played a significant role in German history. It was the centre for missionary work among the Slavs, and the place of origin of the "Magdeburg Law" setting down civil liberties. The towers of St Mauritius' Cathedral and the River Elbe lend the city an unmistakable silhouette.

Centre de l'évangélisation des Slaves et lieu d'origine du «Droit de Magdebourg» qui garantissait par écrit les libertés individuelles, Magdebourg, capitale du Land, joua un rôle important dans l'histoire allemande au Moyen Age. Les tours de la cathédrale St-Maurice (Dom St. Mauritius), mais aussi l'Elbe, confèrent à la ville sa silhouette fort caractéristique.

Unter neugotischen Baldachinen stehen auf dem Markt der einstigen Residenzstadt Wittenberg die Denkmäler Martin Luthers und seines Freundes und Mitarbeiters Philipp Melanchthon. Hier nahm die Reformation im Jahre 1517 ihren Ausgang.

These monuments to Martin Luther and his friend and colleague Philipp Melanchthon stand beneath neo-Gothic canopies on the market square of the former royal seat of Wittenberg. In 1517 Wittenberg was the starting point for the Reformation.

Abritées par des baldaquins de style néo-gothique, les statues élevées à la mémoire de Martin Luther ainsi que de son ami et disciple Philipp Melanchthon, se dressent sur la Place du Marché. C'est de là qu'en 1517 se propagèrent les idées de la Réforme.

Die spätgotische Schloßkirche von Wittenberg gilt als „Denkmal der Reformation". Rechts, unterhalb der Kanzel, ist das Grabmal Martin Luthers zu sehen.

The Late Gothic palace church in Wittenberg is regarded as a "monument to the Reformation." On the right, beneath the chancel, Martin Luther's gravestone can be seen.

L'église du château de Wittenberg, qui date de la fin du gothique, est considérée comme le «Monument de la Réforme». A droite, en dessous de la chaire, on découvrira le tombeau de Martin Luther.

Am Ufer der Saale liegt Merseburg mit seinem Schloß und dem doppeltürmigen Dom St. Johannes und St. Laurentius. In dieser Stadt entstanden im 8. Jahrhundert die „Merseburger Zaubersprüche". Es sind die ältesten Zeugnisse deutscher Literatur.

Merseburg with its palace and twin-towered Cathedral of St Johannes and St Laurentius lies on the bank of the Saale. The "Merseburger Zaubersprüche," a collection of magic spells which are the oldest examples of German literature, were written here in the eighth century.

Merseburg, avec son château et sa cathédrale à deux tours, St-Johannes et St-Laurentius, s'étire le long des rives de la Saale. C'est en cette ville que virent le jour les «Merseburger Zaubersprüche» (Recueil de formules magiques), les plus anciens témoignages de la littérature allemande.

Ein Gesicht, dessen Anmut und zarte Schönheit die Menschen seit Jahrhunderten fasziniert. Die Markgräfin Uta von Ballenstedt steht als Stifterfigur im Westchor des Naumburger Doms, daneben ihr Ehemann Ekkehard. Der Name des genialen Bildhauers aus dem 13. Jahrhundert bleibt wohl für immer unbekannt.

A face whose grace and delicate beauty has fascinated people for centuries. This statue of Margravine Uta von Ballenstedt, one of the founders, stands in the west choir of Naumburg cathedral alongside that of her husband, Ekkehard. The identity of the superbly gifted 13th-century sculptor will no doubt always remain a mystery.

Un visage, dont la grâce et la délicate beauté fascinent l'observateur depuis des siècles. La statue de la margravine Uta von Ballenstedt se dresse dans la partie occidentale du chœur de la cathédrale de Naumburg, dont elle est la fondatrice. A ses côtés, son époux, Ekkehard. Le nom du génial sculpteur, qui vécut au XIIIe siècle, demeure à jamais inconnu.

Ein modernes Forum

Roland Günter

Verfassungsrechtlich ist es ein junges Bundesland: erst knapp ein halbes Jahrhundert alt. Der Name zeigt, daß Unterschiedliches zusammenkommt. Die Gestalt des Bundeslandes ist Ausdruck einer historisch besonderen, deutschen Struktur: der kleinen Staaten. Nordrhein-Westfalen nahm auf: die Herzogtümer Kleve, Jülich, Berg und Geldern, das Fürstentum Lippe, die geistlichen Kurfürstentümer Münster und Köln, zu dem das Herzogtum Westfalen gehört, und neben einigen kleinen Territorien die freien Reichsstädte Aachen, Köln und Dortmund.

Elf unterschiedliche Bereiche. Nach der größten Katastrophe geschieht Eigentümliches: 1946 entsteht dieses seltsame Bundesland der vielen Bereiche als die liberalste und toleranteste Großregion.

Städtischer Stolz und bäuerliches Selbstbewußtsein

Im Osten liegt Lippe, einst das kleinste deutsche Land. Klein, weil es sich aller Expansionslust enthielt. Weitbekannt ist das Lied von der wunderschönen Residenzstadt Detmold, die nur einen Soldaten hat, und als er schließlich zum Schlachtfeld kommt, ist der Krieg zu Ende. Kritik am Militär: Friedliches Überleben ist wichtiger als fragwürdiger Ruhm.

Hintergrund ist eine Stadtkultur, die keine Lust auf Katastrophen hat. Jahrhundertelang toleriert von aufgeklärten Kleinfürsten, bedeutet Stadt: relative Selbständigkeit, Selbstverwaltung, Produzieren und Handeln, auch Umsetzen von Reichtum in Kultur. Das wird sichtbar in Bad Salzuflen, Lage, Lemgo, Detmold, Blomberg, Barntrup. Es ist eine der historisch interessantesten deutschen Städteketten.

Ähnlich aneinandergereiht und wirtschaftlich verbunden liegen in Ostwestfalen Minden, Bad Oeynhausen, Herford, Bielefeld, Rheda und Wiedenbrück. Eingebettet in ein landwirtschaftlich reiches Umland, in dem es, historisch selten, viele freie Bauern gab, entsteht früh eine differenzierte Industrialisierung.

Bielefeld zum Beispiel besitzt als stadtplanerisches Herz das englisch aussehende Fabrikschloß „Ravensberger Spinnerei". 1855 ist sie in Deutschland die erste große Aktiengesellschaft. Eine spektakuläre Bürgerinitiative rettete 1972 dieses Ensemble vor dem Abriß. Heute ist es Sitz einer der interessantesten Volkshochschulen der Welt, des Stadt-Museums und kultureller Institute.

Paderborn liegt an der Militärstraße, die um 800 dem Frankenkönig Karl dem Großen zur Eroberung und Erschließung des Ostens diente (Bundesstraße 1, von Aachen bis einst nach Königsberg). Der umherreisende Herrscher legte hier eine seiner vielen Residenzen an.

Im Gegensatz zu Ostwestfalen herrschte hier ein anderes politisches und sozial-kulturelles System: Lange Zeit verwaltete ein Bischof einen Staat. Auf den fruchtbaren Lößböden entlang des Hellwegs entwickelte sich eine guterhaltene Bauernkultur.

Das Münsterland ist ähnlich geprägt: Auch hier herrschte ein Bischof über eine bäuerliche Kultur. Das Selbstbewußtsein dieser Bauern mit ihrer geradezu legendär dickköpfigen Eigenständigkeit hat Gründe. Sie siedeln verstreut. Das Dorf ist eher eine gedachte Mitte. Und es gibt Wohlstand, allerdings früher in einem System von abhängigen Köttern mit Haus und Garten.

Der protestantische Bereich Westfalens, das Bergische Land und das Sauerland, hat aus diesen bäuerlichen Grundlagen seine eigene Interpretation gemacht: Keine Landeskirche anerkennt stärker die Selbständigkeit ihrer Gemeinden als diese.

Das Sauerland war bis in das 19. Jahrhundert eine arme Berglandschaft. Erst spät kam die Industrie, dann aber vielseitig. Die Höhenlage der Region zieht Fremdenverkehr an. Die Hauptorte sind klein: das Ski- und Bob-Zentrum Winterberg, das industrielle Meschede und das schöne Brilon.

Das Bergische Land, heute mit mehreren Naturparks, ist einer der wichtigsten deutschen Gewerbebereiche. Die Kargheit des Landes trieb Menschen dazu, die Ressourcen des Gebirges zu entdecken und zu nutzen: das Wasser als Energielieferanten und Bodenschätze als Rohstoffe.

Mit der Wasserkraft beginnt die Geschichte der industriellen Energie: Sie bewegt Mühlen für viele Gewerbe. Bis heute gibt es im Bergischen Land, vor allem um Remscheid, Solingen, Velbert und Lennep, eine differenzierte, einfallsreiche Kleineisenindustrie. Sie konzentriert sich an der Wupper in Industriedörfern, die sich 1929 zur Stadt Wuppertal zusammenschließen. Der Soziologe Max Weber wies auf die sozialkulturellen Wurzeln dieser Produzenten und Händler hin: Die Tüchtigen glauben, daß sie für den Himmel auserwählt sind. Eine Magie, die den Realismus fördert.

Wuppertal schafft sich 1898–1903 ein Symbol: über dem gewundenen Fluß eine Schiene aus Stahl, von Gerüsten getragen. Daran hängen (absturzsicher) Straßenbahnzüge. Leise schweben diese „Schlangen" durch das Tal, 13,3 Kilometer weit, in nur einer halben Stunde. Beim Anblick dieser Schwebebahn sagte Jean Cocteau: „Sehet an – ein Engel." Eugen Langen hatte die Idee, der Miterfinder des Otto-Motors.

Als 1896 in Hagen der junge Karl Ernst Osthaus das viele Geld seines Wuppertaler Bankier-Großvaters erbt, gibt er eines der exzellentesten Beispiele für die Umwandlung von Reichtum in Kultur: Er organisiert und finanziert Lebensreform-Projekte. Dafür zieht er wichtige Gestalter der Moderne an, wie Henry van de Velde, Peter Behrens, Johannes Lauweriks, Walter Gropius, Richard Riemerschmid, Bruno Taut und andere. 1901 entstand in Hagen das erste Museum der Welt zur modernen Kunst (1923 zog es nach

Essen um) und auch noch das erste Kunstgewerbemuseum der Welt. Die Projekte von Osthaus sind eine einzigartige konkrete Utopie: Industrie, Kultur und Kunst können sich miteinander versöhnen.

Das Siegerland ist der südlichste Bereich, mit alten lutherischen Herrscherhäusern, die 1578 calvinistisch wurden. Der Rohstoffreichtum (Erz) führte früh zu größerer Industrie.

Das Ruhrgebiet ist ganz und gar das Produkt der Industrieepoche. Das Innere der Erde wird erschlossen, um den Rohstoff Kohle zu ergraben. Die Dampfmaschine setzt ihn in die nach dem Wasser zweite industrielle Energie um. Kohle ist auch die Wurzel der dritten industriellen Energie, der Elektrizität.

Die Väter dieser größten kontinentalen Industrieregion kamen aus Holland. Die holländische Familie Haniel ließ in den Hütten in Oberhausen für die niederländischen Märkte produzieren. Daraus schmiedeten sie einen Konzern: die Gutehoffnungshütte (GHH). Diese GHH bringt die ersten von mehreren Industriestädten zustande, die eigentlich die Namen der Werke tragen könnten. Krupp schuf Essen, Klöckner Duisburg, Thyssen Hamborn (heute Duisburg) und Mülheim an der Ruhr, Hibernia Herne und Hoesch Dortmund.

Nicht nur Kanonen bilden den Mythos Krupp, sondern auch komplexe Stadtplanungen. Nirgendwo hat die englische Reformidee der Gartenstadt soviel Erfolg wie an der Ruhr.

Als die große Industrie schrumpfte, hinterließ sie ein großartiges historisches Erbe. Im 60 Kilometer langen Emscher-Landschafts-Park, geschaffen von der Internationalen Bauausstellung und vom Kommunalverband Ruhr, finden wir eine Kette von Industriedenkmälern, deren Fortdauer oft die Gründer-Urenkel erstritten: ein ganzes Hüttenwerk (1902) mit einem Park aus industrieller Landschaft in Duisburg-Meiderich; ein gewaltiges Schiffshebewerk (1894) in Waltrop; ein Zechen-Versailles (1898) mit einer gläsernen Maschinenhalle (1902) in Dortmund-Bövinghausen; die „Bauhaus-Zeche" Zollverein (1928) in Essen. Der größte stützenfreie Raum der Welt, der Gasometer (1928) in Oberhausen, ist nun Ausstellungs- und Theaterstätte.

Hinzu kommt ein Netz von vielen hundert kleinen Gartenstädten. Es sind Arbeitersiedlungen wie Eisenheim (1846) in Oberhausen, Rheinpreußen (1899) in Duisburg-Homberg, Schüngelberg (1905) in Gelsenkirchen-Buer oder wie das „Neger-Dorf" (1920) in Lünen. 50 Bürgerinitiativen kämpften in den siebziger Jahren erfolgreich gegen Bauspekulation und Abriß.

In der Folge des Strukturwandels entstehen „Poetische Orte" wie das Gesamtkunstwerk um eine Sonnenuhr auf der Halde Schwerin (1994) und der Irische Baumkreis (1994) in Castrop-Rauxel. Einzigartige Kernpunkte einer Kette von sozial- und kulturgeschichtlichen Museen sind die beiden dezentralen Industriemuseen in Dortmund-Bövinghausen (1976) und Oberhausen (1980).

Der Niederrhein ist ein ländliches Gebiet mit kleinen alten Städten (Kleve, Kalkar, Xanten, Wesel), jahrhundertelang Hinterland der Niederlande.

In der Eifel steckt unter der idyllischen Oberfläche im Naturpark Hohes Venn eine der größten Militäranlagen der Welt (Westwall). Nach 1945 expandierte das Militär noch einmal, mit Truppen-Übungsterrains, Flugplätzen, Bunkern und Lagern. Nun, wo es keinen Feind mehr gibt, der hier aufgefangen werden soll, rostet all dies vor sich hin. Wie im Bergischen Land entstand in den Tälern frühe Industrie, am spannendsten sichtbar in der Fachwerkstadt Monschau.

Aachen, unmittelbar an der Grenze zu Belgien und den Niederlanden, ist eine Drehscheibe in alle Himmelsrichtungen und über mehrere Grenzen hinweg. Vom Frankenkönig Karl dem Großen, dem einzigen wirklich europäischen Herrscher, sind Palast, Forum und Hofkirche erhalten.

Rheinfahrt

Der Rhein ist die wichtigste europäische Achse und bereits seit der Antike eine bedeutende Wasserstraße. Zu allen Zeiten war die Rheinfahrt eine Erlebnisreise. Zu Schiff führt sie stromaufwärts zum Siebengebirge und ins klassische hessisch-pfälzische Rheintal. Nicht weniger interessant, aber kontrastreicher ist die Rheinfahrt stromabwärts durch urwaldartige Auwälder, Industrielandschaften, vorbei an Städten und der niederrheinischen Parklandschaft.

Auf der Schiene ist Bonn der Aufbruchsort für eine der schönsten Eisenbahnstrecken der Welt im szenenreichen Tal des Stromes.

Preußen erhält durch Erbe 1614 die Kernländer des Rheins. Aber nicht Preußen prägt dieses Land, sondern der Rhein. Denn Preußen mißverstand den Rhein gründlich: als Grenze. Der Rhein aber ist, wie die großen Historiker der Mentalitätsgeschichte Lucien Le Febvre und Marc Bloch analysierten, keine Grenze, sondern der offene Kern Europas.

1945 löschen die Siegermächte Preußen aus, weil es als Hort des deutschen Militarismus gilt. Das war es ohne Zweifel. Vor 1850 gab es in Deutschland mit seinen vielen Staaten diesen Militarismus nicht. Frankreich fordert 1945 die Abtrennung der linksrheinischen Gebiete und

die Internationalisierung der Ruhr. Obwohl es sich nicht durchsetzt, bewirkt es Ausgezeichnetes, denn es verhindert Zentralstaatlichkeit. So entsteht – Dialektik der Geschichte – der Föderalismus, das zukunftsreichste Geschenk. Die Alliierten, vor allem die britische Regierung, bestimmen den Umfang des Bundeslandes, und auch die Hauptstadt Düsseldorf.

Vom ehemaligen Kaiserhof ist in der Landeshauptstadt Düsseldorf nicht viel zu entdecken. In der Vorstadt Kaiserswerth hinterließ Kaiser Friedrich Barbarossa direkt am Rhein eine Pfalz (um 1180). Das Stadtschloß am Rheinufer ist, bis auf den Renaissanceturm (1549), zerstört, seine exzellente Bildersammlung in der alten Pinakothek München. Ein gestalterischer Höhepunkt ist das Schloß in Benrath (1755). Aus den ausrangierten Festungsmauern wurde um 1900 die Königsallee geformt, „die Kö", bekannte deutsche Einkaufs-Nobelstraße.

Nach außen symbolisiert Düsseldorf Regierung und Geschäft, doch es ist nicht weniger als Köln eine Stadt des guten Lebens. Die ganze Altstadt scheint eine einzige Theke zu sein. Dieses Milieu verdankt die Stadt einer langen Tradition. Schon Kurfürst Jan Wellem (1679–1716) zechte hier mit Künstlern. Studenten der Kunstakademie schufen später ein subkulturelles Boheme-Umfeld.

Heinrich Heine, in seiner Heimatstadt stets umstritten, trainierte am Rhein seine intelligente und glasklare Spottlust. Weltberühmt wurde Joseph Beuys. Er sog aus dem rheinischen Milieu Nachdenklichkeit, Selbstbewußtsein („Jeder Mensch ist ein Künstler") und Witz und verarbeitete dies in seinen Kunstwerken.

Niklaus Fritschi gestaltete 1993/94 die schönste Ufer-Szenerie, die es am ganzen Strom gibt. In der engsten Schleife des Rheins ist das Wasser ein Platz geworden – eine Mischung von Nutzen und Schönheit.

Köln, seit Römerzeiten ein Völkergemisch, ist die vielfältigste Stadt Nordrhein-Westfalens. Seine Assimilationskraft schafft Flair und Originale: das „Veedel" (Viertel), der „Köbes" (Jakob) im Brauhaus, die Witzbolde Tünnes, das durchtriebene Stadtkerlchen, und Schäl, der langsame Bursche vom Land. Auch der aufmüpfige alternative Karneval gehört dazu.

Rheinischer Katholizismus bedeutete stets Opposition gegen die Herrschenden. Und ironische Toleranz gegen Erzbischöfe, die selbst zwischen Liberalität und Fundamentalismus wechselten.

Eine der wichtigsten Museumsstädte der Welt bietet einen Blick in die Jahrtausende: in die Antike (Römisch-Germanisches Museum) sowie ins hohe und späte Mittelalter (Schnütgen-Museum, Wallraf-Richartz-Museum). Exzellent ist die künstlerische Kraft des 20. Jahrhunderts im Ludwig-Museum und im Kunstgewerbe-Museum dokumentiert.

Köln ist mehr als nur ein Zentrum internationaler Kunst, sondern auch Medienstadt, mit mehreren Sendern, einer Medienhochschule und einem neuen Mediapark.

In der Bundesstadt Bonn gab es nicht erst seit Adenauer, sondern bereits jahrhundertelang vorher eine Regierung: Von hier aus herrschten die Kölner Erzbischöfe, weil sie 1288 aus Köln verjagt worden waren und erst nach der Französischen Revolution zurückkehrten.

Neben der mittelalterlichen Stadt entstand eine Barock-Stadt mit dem italienisch geprägten Stadtschloß (1697 von Enrico Zuccalli, heute Universität) und dem französischen Schloß Poppelsdorf (1715 von Robert de Cotte). Sommerresidenz war Brühl (1701 ff. von Johann Conrad Schlaun, Balthasar Neumann, Dominique Girard) mit Falkenlust (1729 von François Cuvilliés).

Für den Föderalismus war Bonn die ideale Residenz. Denn die Bescheidenheit des Provisoriums gab den Bundesländern Chancen. Und wenn viele andere Staaten von ihrem Zentralismus geradezu gewürgt werden, hat Deutschland dank des Föderalismus und der Regierungsstadt Bonn damit keine Probleme.

Vielleicht liegt es an der Bescheidenheit, daß Bonn gegen Berlin verlor. Tatsache ist: Bonn gehört zur Rhein-Ruhr-Stadt mit ihren rund 12 Millionen Einwohnern, ist also Teil der größten Metropole Europas. Bundesstadt heißt der neue Titel für Bonn. Als Ausgleich erhält es europäische und internationale Behörden und vieles mehr – ein Zeichen für die Offenheit des Landes am Rhein.

Gegen Ende des 20. Jahrhunderts zeigt sich: Niemand hat mehr Zweifel, daß er mit der Konstellation gut leben kann. Heute ist Nordrhein-Westfalen mit 17 Millionen Menschen das einwohnerstärkste und, trotz Problemen an der Ruhr, das wirtschaftlich bedeutendste Bundesland. Nordrhein-Westfalen ist ein Marktplatz mit vielerlei Menschen: ein modernes Forum.

A Modern Forum

Roland Günter

Constitutionally, North Rhine-Westphalia is a relatively new federal state, barely half a century old, and its name shows it to have been a merger of different constituent parts. Its structure testifies to a German peculiarity: the small states that were its historical past. North Rhine-Westphalia combined the duchies of Kleve, Jülich, Berg and Geldern, the principality of Lippe, the electoral principalities – and church lands – of Münster and Cologne, including the duchy of Westphalia, several other smaller units and the free imperial cities of Aachen, Cologne and Dortmund.

Eleven different regions, yet after the greatest of catastrophes something strange happened. In 1946 this odd federal state comprising so many different parts took shape as the most liberal and tolerant large region.

Civic pride and rural self-assurance

Lippe, to the east, used to be the smallest German state. It was small because it exercised total restraint where expansion was concerned. There is a well-known folk song about the beautiful princely town of Detmold which has only one soldier, and when he eventually reaches the battlefield the war is over. This criticism of the military makes the point that survival in peace is more important than dubious glory.

The background was a civic culture which had no desire for catastrophes. Tolerated for centuries by enlightened petty princes, the towns stood for relative independence, self-administration, manufacturing and trading, and converting wealth into culture. All are readily apparent in Bad Salzuflen, Lage, Lemgo, Detmold, Blomberg, Barntrup, one of the historically most interesting strings of German cities.

Similarly arranged in a row and linked economically are Minden, Bad Oeynhausen, Herford, Bielefeld, Rheda and Wiedenbrück in Eastern Westphalia. Embedded in rich agricultural surroundings with many freemen farmers, who were a historic rarity, industrialisation here early took on a specific form.

Bielefeld, for instance, boasts as its centrepiece from the town planner's viewpoint the Ravensberger Spinnerei, a factory built to look like a castle. With its Victorian exterior it was Germany's first large Aktiengesellschaft, or public limited company, in 1855. In 1972 a spectacular civic campaign saved the complex from demolition. It now houses what is arguably the world's most interesting adult education centre, plus the municipal museum and cultural institutes.

Paderborn is on the military highway used by Charlemagne in about 800 AD to conquer and open up the East. It is now Germany's Route No. 1, running from Aachen in the West to the Polish border and on to what used to be Königsberg in the East. Charlemagne set up one of his many imperial encampments here.

The political and socio-cultural setup here was different to the one which prevailed in Eastern Westphalia. This area was long ruled by its bishop. An age-old, well-preserved farming culture took shape on the fertile loess soil along the Hellweg.

Münsterland was similar in being ruled by a bishop and boasting a largely farming community. There were reasons for the self-assurance of these farmers with their well-nigh legendary stubbornness. They farmed at a distance from each other, with the village as something of a putative centre, and they were prosperous, albeit within a system of farm labourers with cottages and gardens of their own.

The Protestant regions of Westphalia, Bergisches Land and Sauerland, came up with their own interpretation of these rural foundations. No church region acknowledges the independence of its parishes more strongly than this.

Until the 19th century Sauerland was a poor hill area. Industry was late to arrive on the scene, but did so in varied ways. The altitude attracted holidaymakers. The main towns are small: the skiing and bobsleigh resort of Winterberg, industrial Meschede and attractive Brilon.

Bergisches Land, which now boasts several nature reserves, is one of Germany's foremost centres of trade and industry. The soil was so poor that people were forced to develop and exploit the resources of the hills: water as a source of power and natural resources as raw materials.

Hydroelectric power marked the beginning of the industrial era, powering mills used by many trades and industries. To this day the region, and especially the area around Remscheid, Solingen, Velbert and Lennep, retains a varied and imaginative ironworking industry. It was concentrated along the Wupper in industrial villages which merged in 1929 to form the city of Wuppertal. The sociologist Max Weber drew attention to the socio-cultural roots of these manufacturers and traders. The hard workers felt that theirs was the kingdom of heaven. It was a kind of magic which promoted realism.

Between 1898 and 1903 Wuppertal built the suspension railway which is its landmark. It is a permanent way on pylons, a steel track from which trams are suspended, safe and sure not to crash. They quietly glide through the valley, 13.3 kilometres in all, in a mere half hour. On first seeing the suspension railway Jean Cocteau said: "Behold, an angel." The idea was that of Eugen Langen, a co-inventor of the internal combustion engine.

In 1896, when the young Karl Ernst Osthaus inherited the fortune of his Wuppertal grandfather, a banker, he set an excellent example of how wealth can be converted into culture. He organised and financed reform projects, hiring leading modern designers such as Henry van de Velde, Peter Behrens, Johannes Lauweriks, Walter Gropius, Richard Riemerschmidt, Bruno Taut and others. In 1901 the world's first museum of modern art was opened in Hagen, moving to Essen in 1923, and the world's first museum of arts and crafts. Osthaus's projects are a unique, concrete utopia, reconciling industry, culture and art.

Siegerland is the southernmost area of the state, with old Lutheran ruling families who were converted to Calvinism in 1578. An abundance of raw materials (ore) led to the early development of large-scale industry.

The Ruhr is, of course, the epitome and product of the industrial era. Coal was mined to provide the second source of industrial energy, steam (the first having been water). Coal was also fired to provide the third source of industrial energy, electricity.

The founding fathers of this largest industrial region in continental Europe came from Holland. The Haniels, a Dutch family, manufactured iron and steel for the Dutch market in Oberhausen and went on to set up a group, Gutehoffnungshütte (GHH). Gutehoffnungshütte gave birth to the first of several industrial cities that might as well have borne the names of the works. Krupp created Essen, Klöckner Duisburg, Thyssen Hamborn (now a part of Duisburg) and Mülheim on the Ruhr, while Hibernia created Herne and Hoesch Dortmund.

The Krupp legend was based not just on guns but on complex town planning. Nowhere was the British garden city reform concept implemented as successfully as in the Ruhr.

When large-scale industry shrank, it left behind a magnificent historical legacy. On the 60-kilometre-long Emscher industrial heritage site, set up by the International Building Exhibition and the Ruhr Local Authorities' Association, there is a succession of industrial monuments the survival of which was often ensured by the founders' great-grandchildren. They include an entire 1902 foundry with a landscaped industrial park in Meiderich, Duisburg, a gigantic 1894 boatlift in Waltrop, a veritable Versailles of a colliery, built in 1898, with a 1902 plate-glass machine hall in Bövinghausen, Dortmund, and the 1928 "Bauhaus-designed" Zollverein colliery in Essen. The largest enclosed space in the world without supports, Oberhausen's 1928 gasometer, is now an exhibition centre and theatre.

They are accompanied by a network of hundreds of small garden cities: workmen's estates such as Eisenheim, 1846, in Oberhausen, Rheinpreussen, 1899, in Duisburg-Homberg, Schüngelberg, 1905, in Gelsenkirchen-Buer or the 1920 "Neger-Dorf" in Lünen. 50 campaigns by residents in the 1970s successfully fought property speculators and averted demolition.

As a result of structural change "poetic places" have emerged like the work of art around a sundial at the Schwerin slag heap, 1994, and the Irish tree circle, 1994, in Castrop-Rauxel. Unique keynotes in a chain of museums of social and cultural history are struck by the two decentralised industrial museums in Dortmund-Bövinghausen, set up in 1976, and Oberhausen, 1980.

The Lower Rhine is a rural area with little old towns like Kleve, Kalkar, Xanten and Wesel which for centuries was a hinterland for the Netherlands.

In the Eifel the idyllic Hohes Venn nature reserve conceals the Westwall, one of the largest military areas in the world. After 1945 the military expanded further still, setting up manoeuvre areas, airfields, bunkers and storage facilities. Now there is no longer an enemy to be brought to a halt here, everything is rusting away. As in the Bergisches Land, industry put in an early appearance, as is most excitingly to be seen in the half-timbered town of Monschau.

Aachen, on the border with Belgium and the Netherlands, is a turntable facing in all directions and across several borders. The palace, forum and court church of Charlemagne, king of the Franks and the only true European ruler, have survived to this day.

Rhine journey

The Rhine is Europe's major axis and has been an important waterway since the days of the Ancient World. A journey along the Rhine has always been an experience. Upstream it takes you by ship past the Siebengebirge and into Hesse and the Rhineland-Palatinate and the classic Rhine valley. A journey downstream is no less interesting and richer in contrasts. It takes you past primeval-style flood plain woodland, industrial landscape, towns and the parklands of the Lower Rhine.

By rail Bonn is the departure point for the most scenic railway route in the world along the beautiful Rhine valley.

Prussia inherited core areas of the Rhineland in 1614, but the hallmark it bears is that of the Rhine and not of Prussia. Prussia totally misunderstood the Rhine, seeing it as a border. But the Rhine, as the leading historians of the mind, Lucien Le Febvre and Marc Bloch point out, is not a border but the open core of Europe.

In 1945 the Allies abolished Prussia because it was felt to be the stronghold of German militarism, which it undoubtedly was. Before 1850 this militarism did not exist in Germany with its many states. In 1945 France called for the internationalisation of the Ruhr and a separate status for the areas on the left bank of the Rhine. Although it did not prevail with these demands it accomplished something excellent: it prevented the restoration of a centralised state. By a process of historical dialectics federalism, a most promising gift, resulted. The Allies, above all the British, determined the size and shape of the federal state. They also decided on Düsseldorf as its capital city.

There are few traces of the former imperial court in the state capital, Düsseldorf, where in about 1180 Holy Roman Emperor Frederick Barbarossa built an imperial palace on the bank of the Rhine in what is now the suburb of Kaiserswerth. Apart from the 1549 Renaissance tower, it no longer exists, and its excellent collection of paintings is now housed in the Alte Pinakothek in Munich. But the 1755 summer palace in Benrath is still a designer's delight. In about 1900 the disused city ramparts were transformed into Königsallee, or Kö for short, Germany's best-known high-class shopping street.

Outwardly, Düsseldorf stands for the state government and for big business, but it is also, no less than Cologne, a city of good living. The entire Altstadt, or old city centre, appears to be a continuous bar counter. It owes this to a long-standing tradition. Electoral Prince Jan Wellem, 1679–1716, was fond of drinking with artists here, and students at the art college later established a bohemian sub-culture of their own.

Heinrich Heine always a controversial figure in his native Düsseldorf, trained his intelligent, crystal-clear love of satire there. Düsseldorf artist Joseph Beuys achieved world fame too, deriving from Rhenish surroundings his contemplation, self-assurance ("everyone is an artist") and wit, processing them in his art.

In 1993/94 Niklaus Fritschi designed the most beautiful embankment on the entire Rhine. In the river's narrowest bend he has incorporated the water into a square, combining beauty and utility.

Cologne, with its mixture of peoples since Roman days, is the city with the greatest variety in North Rhine-Westphalia. Its facility for assimilation has created both flair and originals: the atmosphere of the Veedel, Köbes in the brewery and the wits Tünnes, the artful city slicker, and Schäl, the slow country lad. The rebellious, alternative Carnival is part of the picture too.

Rhenish Catholicism has always stood for opposition to the powers that be, and for ironic tolerance of archbishops who themselves alternated between liberal views and fundamentalism.

As one of the world's major cities of museums Cologne provides an insight into millennia: from the Ancient World (Römisch-Germanisches Museum) via the Middle Ages (Schnütgen-Museum, Wallraf-Richartz-Museum) to twentieth-century art, excellently documented in the Ludwig-Museum and the Kunstgewerbe-Museum.

Cologne is not just a centre of international art but also Germany's media city, with several broadcasting stations, the media college and a new Media Park.

The federal capital, Bonn, has been seat of government for centuries, and not just since the days of Konrad Adenauer. The archbishops of Cologne ruled from Bonn after they were expelled from Cologne in 1288, not returning until after the French Revolution.

Alongside the mediaeval town a Baroque town took shape. It includes the Italianate town palace, built in 1697 by Enrico Zuccalli and now the university building, and the French-style Schloss Poppelsdorf, built in 1715 by Robert de Cotte. The archbishops' summer residence was at Brühl, built from 1701 by Johann Conrad Schlaun, Balthasar Neumann and Dominique Girard, with Falkenlust, built in 1729 by François Cuvilliés.

Bonn was the ideal capital city for a state based on the principle of federalism. The unassuming character of the provisional capital gave the federal states opportunities, and while many other states are kept in a virtual stranglehold by their centralism, Germany has no problems on that score, thanks to federalism and to its capital, Bonn.

This unassuming nature may have been the reason why Bonn lost out to Berlin, soon to be Germany's capital once more. Yet Bonn is part of the Rhine-Ruhr conurbation with a population of roughly 12 million, making it part of Europe's largest metropolitan area. Federal city is what Bonn is now to be called, and in return for handing over to Berlin as the seat of government it is to house European and international agencies and much more – a token of the openness of the state on the Rhine.

Towards the end of the twentieth Century no-one doubts any longer that they can get along well with the new federal state. North Rhine-Westphalia today, with a population of 17 million, is Germany's most populous and, despite problems in the Ruhr, its most important federal state in economic terms. North Rhine-Westphalia is a marketplace of many people: a modern forum.

Un forum moderne

Roland Günter

Si on la considère sous l'angle du droit constitutionnel, la Rhénanie-du-Nord-Westphalie est un Etat fédéral encore jeune: elle n'a pas tout à fait un demi-siècle. Son nom révèle qu'elle est un assemblage d'éléments distincts. La configuration de l'Etat fédéral est l'expression d'une structure à la fois tout à fait particulière sur le plan historique et spécifiquement allemande: celle des petits Etats. La Rhénanie-du-Nord-Westphalie a accueilli, au cours de son histoire, les duchés de Clèves, de Juliers, de Berg et de Geldern, la principauté de Lippe et les électorats ecclésiastiques de Münster et de Cologne, dont faisait partie le duché de Westphalie, plusieurs petits territoires ainsi que Cologne, Aix-la-Chapelle et Dortmund, toutes les trois villes libres d'Empire.

Onze régions dissemblables. A l'issue de la plus grande catastrophe de son histoire, un singulier phénomène se produit: l'année 1946 voit naître un Etat fédéral qui, en dépit de sa nature composite est curieusement l'un des plus libéraux et des plus tolérants parmi les grands ensembles régionaux.

Des villes fières d'elles-mêmes et des paysans conscients de leur propre valeur

Lippe, situé dans l'est du pays, était autrefois le plus petit des Etats allemands. Petit parce qu'il s'était interdit tout désir d'expansion. Qui ne connaît la chanson célébrant la splendide ville de Detmold, ancienne résidence princière, dont le seul et unique soldat arrive sur le champ de bataille alors que la guerre vient juste de finir.

Il faut voir l'origine de ce phénomène dans la civilisation urbaine qui ne manifeste que peu de goût pour les désastres de ce genre. La ville, tolérée pendant des siècles par des princes éclairés régnant sur de petits Etats, est le symbole d'une administration autonome relative, de production et d'échanges commerciaux, mais également de la conversion des richesses en biens culturels. On peut en voir les résultats à Bad Salzuflen, à Lage, Lemgo, Detmold, Blomberg, Barntrup. Un chapelet de villes qui, du point de vue historique, comptent parmi les plus intéressantes d'Allemagne.

Se succédant de manière analogue, les villes de Minden, Bad Oeynhausen, Herford, Bielefeld, Rheda et Wiedenbrück, forment elles aussi une chaîne dont les maillons sont unis sur le plan économique. Enchâssées dans une région agricole opulente où, chose rare dans l'Histoire, vivaient alors de nombreux paysans libres, elles virent naître très tôt une industrialisation diversifiée.

Le cœur urbain de Bielefeld est occupé par une ancienne fabrique à l'allure de château, la »Ravensberger Spinnerei«, érigée dans le goût anglais. C'est, en 1855, la première grande société anonyme à être créée en Allemagne. En 1972, une initiative populaire qui défraya la chronique à l'époque, sauva cet ensemble de la démolition. Paderborn est construit en bordure de la voie militaire qui, aux environs de l'an 800, permit à Charlemagne, roi des Francs, de conquérir et de coloniser les pays de l'Est (aujourd'hui Bundesstraße 1, route qui menait jadis d'Aix-la-Chapelle à Königsberg). Ce souverain à l'humeur vagabonde y établit l'une de ses nombreuses résidences.

Le système politique et socio-culturel autrefois en vigueur dans cette région, était fort différent de celui de la partie orientale de la Westphalie. L'Etat y était administré par un évêque pendant une longue période. Sur les terres de loess fertiles s'étirant tout au long de la voie commerciale du Hellweg, s'est développée une forme d'agriculture basée sur une tradition séculaire et bien conservée.

Le Pays de Münster est d'un caractère semblable: là aussi, c'est un évêque qui régnait sur une culture paysanne. Le sentiment qu'éprouvaient ces paysans de leur propre valeur, leur autonomie et leur obstination légendaire ne sont pas le fait du hasard. Leurs fermes sont disséminées dans la campagne et le village n'est, en réalité, qu'un foyer fictif. Ces paysans jouissent d'un certain bien-être, encore que leur statut soit celui de fermiers dépendants, possédant maison et jardin.

La partie protestante de la Westphalie, le Bergisches Land et le Sauerland, a élaboré sa propre conception, partant de ces fondements agricoles: aucune Eglise régionale ne reconnaît dans une plus large mesure l'autonomie de ses paroisses.

Jusqu'au XIXe siècle, le Sauerland était une région montagneuse où régnait la pauvreté. Ce n'est que tardivement que l'industrie s'y établit. Elle se diversifiera par la suite. L'écrin montagneux de cette région attire les touristes. Les localités principales sont de petites dimensions: Winterberg, station de ski et de bobsleigh, Meschede, centre industriel, ainsi que la belle ville de Brilon.

Le Bergisches Land, qui s'enorgueillit aujourd'hui de plusieurs parcs naturels constitue l'une des plus importantes zones industrielles d'Allemagne. La stérilité du sol détermina les hommes à prospecter les ressources du massif montagneux et à les mettre en valeur: l'eau, comme pourvoyeur d'énergie et les richesses du sous-sol en tant que matières premières.

Jusqu'à nos jours, une petite industrie spécialisée et innovatrice est demeurée implantée dans le Bergisches Land, notamment dans les environs de Remscheid, Solingen, Velbert et Lennep. Elle se concentre le long de la Wupper dans de nombreux villages à vocation industrielle qui, en 1929, ont fusionné pour former la ville de Wuppertal.

En 1898, la ville de Wuppertal élabore ce qui deviendra son symbole: une construction faite de rails d'acier soutenus par une charpente, auxquels sont suspendus des wagons de tramway. Ces serpents sinuent au-dessus de la vallée qui s'étire sur 13,3 kilomètres, parcourant cette distance en une demi-heure seulement. A la vue de ce chemin de fer suspendu, Jean Cocteau s'exclama: «Regardez, un ange!». C'est Eugen Langen qui en conçut l'idée, le co-inventeur du moteur à explosion.

Lorsque le jeune Karl Ernst Osthaus hérite, en 1896, à Hagen, de la fortune de son grand-père, banquier à Wuppertal, il donne l'un des exemples les plus remarquables de la conversion de richesses en culture. Il organise et finance des projets de réforme. C'est en 1901 que vit le jour, à Hagen, le premier musée d'art moderne du monde (il fut transféré à Essen en 1923), ainsi que le premier musée des Arts décoratifs ayant jamais existé.

Le Siegerland, situé aux confins sud du pays, est la patrie des dynasties luthériennes qui passèrent au calvinisme en 1578. Les ressources naturelles (minerai) menèrent très tôt à la constitution de la grande industrie.

Le Bassin de la Ruhr est, lui, le produit pur et simple de l'ère industrielle. Les entrailles de la terre sont prospectées afin d'en tirer la matière première qu'elles recèlent: la houille. La machine à vapeur la transforme en énergie industrielle, la deuxième après l'eau. Le charbon constitue également la base de la troisième énergie : l'électricité.

Les artisans de cette zone industrielle, la plus importante du continent, sont issus des Pays-Bas. Ce que la dynastie hollandaise Haniel produisait dans ses aciéries de Oberhausen était destiné au marché néerlandais. Elle engendra bientôt un trust: la «Gutehoffnungshütte» (GHH). Cette dernière donna naissance aux premières villes industrielles qui, à vrai dire, pourraient tout aussi bien porter le nom des magnats de l'industrie auxquels elles doivent leur existence : Krupp créa Essen, Klöckner la ville de Duisburg, Thyssen Hamborn (aujourd'hui Duisburg) ainsi que Mülheim an der Ruhr, le konzern Hibernia Herne et Hoesch Dortmund.

Lorsque la grande industrie fut sur son déclin, elle laissa en héritage un exceptionnel patrimoine historique. Dans le parc paysagé de l'Emscher, qui s'étire sur 60 kilomètres et fut aménagé dans le cadre de l'Exposition internationale du Bâtiment par le Kommunalverband Ruhr, on trouvera toute une série d'édifices issus de l'ère industrielle, élevés entretemps au rang de monuments historiques. Les arrières-petits-fils des fondateurs durent souvent se battre pour les préserver de la démolition. Il y a là toute une usine sidérurgique (1902), entourée d'un parc industriel à Duisburg-Meiderich, un énorme ascenseur à bateaux (1894) à Waltrop, d'anciennes usines de vastes dimensions (1898) dotées d'une salle de machines vitrée (1902) à Dortmund-Bövinghausen, les bâtiments de style Bauhaus de la mine «Zollverein» (1928) à Essen, la plus vaste salle sans aucun support existant au monde: le gasomètre (1928) de Oberhausen (aujourd'hui cadre d'expositions et salle de théâtre).

Viennent s'y ajouter les centaines de petites cités-jardins qui sont d'anciens lotissements ouvriers, tels que Eisenheim (1846) à Oberhausen, Rheinpreußen (1899) à Duisburg-Homberg, Schüngelberg (1905) à Gelsenkirchen-Buer ou encore le »Village des Nègres« (1920) à Lünen. Les efforts entrepris par une initiative populaire dans les années 70, dans le but de lutter contre la spéculation immobilière et la démolition de ces cités, se virent couronnés de succès.

Le Rhin inférieur est une région rurale parsemée de petites villes anciennes (telles Clèves, Kalkar, Xanten, Wesel) et a constitué pendant des siècles l'arrière-pays des Pays-Bas.

Le parc naturel de Hohes Venn, dans l'Eifel, dissimule, sous son aspect idyllique l'une des plus vastes zones militaires du monde (l'ancienne ligne Siegfried). Après 1945, l'armée y étendit encore une fois son secteur d'activités en aménageant des terrains de manœuvre, des aéroports, des abris anti-aériens ainsi que des entrepôts. Et maintenant qu'il n'y a plus d'ennemi à refouler, tout cela rouille tranquillement.

De même que dans le Bergisches Land, l'industrie vint s'établir dans les vallées. Monschau, ville captivante aux nombreuses maisons à colombages, évoque particulièrement bien cette période.

Aix-la-Chapelle, qui confine à la Belgique et aux Pays-Bas, constitue une plaque tournante qui s'ouvre sur tous les horizons et sur plusieurs frontières. De l'époque où y régna Charlemagne, roi des Francs, le seul monarque véritablement européen, datent le Palais, le Forum et la Hofkirche.

Voyage sur le Rhin

Depuis l'Antiquité, le Rhin est l'axe européen le plus important ainsi qu'une voie fluviale de tout premier plan. De tous temps, un voyage sur le Rhin a été un événement marquant. Si l'on remonte le fleuve en bateau, il mène en direction du Siebengebirge et dans la classique vallée du Rhin hessoise et palatine. Il n'est pas moins intéressant de descendre le Rhin. Le paysage y est plus contrasté, la vallée étant envahie d'opulentes forêts, bordée de complexes industriels ou encadrée par les espaces de verdure du Rhin inférieur aux allures de parc.

En 1614, la Prusse obtient par héritage les pays du Rhin que sont Clèves, Mark et Ravensberg. Toutefois, ce n'est nullement la Prusse qui donne à ce pays son empreinte, mais le Rhin. En effet, la Prusse se méprit totalement sur la fonction du Rhin en tant que frontière. Or, le Rhin, comme l'ont pertinemment analysé Lucien Le Febvre et Marc Bloch, historiens des Sciences humaines, n'est nullement une frontière. Il représente le noyau de l'Europe, mais un noyau ouvert vers l'extérieur.

En 1945, les puissances victorieuses éradiquent la Prusse, celle-ci étant considérée comme le haut lieu du militarisme allemand. Qu'elle l'ait été, ne fait aucun doute. Avant 1850, alors qu'elle se constituait encore de nombreux Etats, l'Allemagne n'avait pas connu de militarisme de ce genre. En 1945, la France exige la cession des territoires de la rive gauche du Rhin et l'internationalisation de la Ruhr. Elle ne réussit pas à imposer ses vues et cela a un excellent effet: elle empêche ainsi la centralisation de l'Etat allemand. C'est la naissance du fédéralisme – ainsi le veut la dialectique de l'histoire –, un cadeau des plus prometteurs.

Düsseldorf, la capitale, ne recèle plus grand chose qui pourrait rappeler l'ancienne cour impériale. A Kaiserswerth, dans la banlieue, l'empereur Frédéric Barberousse fit ériger un palais impérial en bordure même du Rhin (vers 1180). Cette demeure fut détruite à l'exception de la tour Renaissance (1549) et l'excellente collection de tableaux que le château abritait fut transférée à l'Ancienne Pinacothèque de Munich. L'un des points culminants de l'architecture de cette région est le château de Benrath (1755). C'est à partir des vestiges des murs de cette forteresse que l'on aménagea, en 1900, la Königsallee, la fameuse »Kö«, la plus sélecte des rues commerçantes d'Allemagne.

Düsseldorf symbolise extérieurement le gouvernement et les affaires, mais elle n'en est pas moins, au même titre que Cologne, une ville où il fait bon vivre. La vieille ville donne l'impression de n'être qu'un seul et unique comptoir. Elle doit cette atmosphère à sa longue tradition. Le prince-électeur aimait vider un verre en compagnie d'artistes. Ce sont les étudiants de l'Académie des Beaux-Arts qui contribuèrent plus tard à lui conférer cette atmosphère de vie de bohême qui est la sienne.

Heinrich Heine, qui fut toujours fort contesté dans sa ville natale, s'entraîna, au bord du Rhin, à affiner son goût de la raillerie acérée et pleine d'esprit. Joseph Beuys devint célèbre dans le monde entier. C'est ce milieu qui a empreint son caractère méditatif, là qu'il puisa sa confiance en soi ainsi que son humour, qui se traduisirent dans ses œuvres d'art. Niklaus Fritschi aménagea en 1993/94 les berges du fleuve et en fit le plus beau cadre qui existe le long du fleuve.

Cologne, où, depuis l'époque des Romains viennent s'amalgamer les peuples les plus divers est la ville de Rhénanie-du-Nord-Westphalie dont la phyiognomie est la plus diversifiée. Sa faculté d'assimilation génère l'aura qui la caractérise et que l'on retrouve aussi bien dans le «Veedel» (le

quartier), que dans le personnage original du «Köbes», le serveur des brasseries, chez les plaisantins que sont «Tünnes«, rusé citadin et «Schäl«, campagnard balourd, voire même dans le Carnaval, plus frondeur ici qu'ailleurs.

Cologne, l'une des villes les plus importantes au monde pour ce qui est des musées, offre un panorama de la peinture à travers les millénaires, plongeant le contemplateur dans l'Antiquité (Musée romain-germanique), le Haut Moyen Age et le Moyen Age tardif (Musée Schnütgen/Musée Wallraf-Richartz). La vigueur artistique du XXe siècle est excellemment illustrée au Musée Ludwig ainsi qu'au Musée des Arts décoratifs. Cologne n'est pas uniquement un foyer de l'art international, mais aussi une ville médiatique possédant plusieurs stations de radio et télévision, une Ecole supérieure des Médias ainsi qu'un «parc médiatique».

Bonn, «ville de la Fédération» fut siège du gouvernment non pas seulement depuis Adenauer, mais des siècles durant: c'est d'ici en effet que régnèrent les archevêques de Cologne après qu'ils eurent été chassés de Cologne en 1288, où ils ne retournèrent qu'à l'issue de la Révolution française.

A la ville médiévale vint s'ajouter la ville baroque dotée d'un château de style italien (construit par Enrico Zuccalli en 1697; il abrite aujourd'hui l'université) et du château français de Poppelsdorf (conçu en 1715 par Robert de Cotte). La résidence d'été (érigée à partir de 1701 par Johann Conrad Schlaun, Balthasar Neumann et Dominique Girard) ainsi que le pavillon de chasse «Falkenlust» (œuvre de Cuvilliés réalisée en 1729) se trouvaient à Brühl.

Du point de vue du fédéralisme, Bonn fut une capitale idéale. En effet, la modestie de cette solution provisoire donna aux autres Länder la possibilité d'évoluer. Peut-être est-ce en raison de cette modestie que Bonn finit par perdre la partie à l'avantage de Berlin. Le fait est pourtant que Bonn est intégré dans la conurbation Rhin/Ruhr (12 millions d'habitants), faisant ainsi partie de la plus importante métropole d'Europe. «Ville de la Fédération», tel est le nouveau titre attribué à Bonn. En échange, elle se voit gratifiée d'administrations européennes et internationales et de bien d'autres choses encore. Un signe de l'ouverture d'esprit de cette province des bords du Rhin.

En cette fin du XXe siècle, il ne fait plus de doute pour personne qu'il est possible de s'accomoder de cette constellation. Les 17 millions d'habitants que compte la Rhénanie-du-Nord-Westphalie font de ce Land le premier au plan démographique et le plus important par sa puissance économique, en dépit des problèmes auxquels le Bassin de la Ruhr doit faire face.

La Rhénanie-du-Nord-Westphalie est une place de marché qu'anime une population aux multiples visages: un forum moderne.

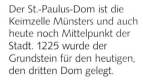

Der St.-Paulus-Dom ist die Keimzelle Münsters und auch heute noch Mittelpunkt der Stadt. 1225 wurde der Grundstein für den heutigen, den dritten Dom gelegt.

St Paul's cathedral was the nucleus of the town of Münster, and is still its centrepoint. The foundation stone of the present cathedral, the third built on this spot, was laid in 1225.

C'est autour de la cathédrale St-Paul (St-Paulus-Dom) que s'est développé Münster et là que continue de battre le cœur de la ville de nos jours. La première pierre de la cathédrale (en réalité est la troisième du nom) fut posée en 1225.

Der Barockbaumeister Johann Conrad Schlaun schuf Haus Rüschhaus 1745 bis 1749. In dem kleinen Anwesen bei Münster verbrachte Westfalens bedeutendste Dichterin, Annette von Droste-Hülshoff, einen wesentlichen Teil ihres Lebens.

Haus Rüschhaus was built between 1745 and 1749 by Baroque architect and master builder Johann Conrad Schlaun Westphalia's most eminent poetess, Annette von Droste-Hülshoff, spent a substantial part of her life living on this little estate.

La «Rüschhaus» est l'œuvre de Johann Conrad Schlaun, bâtisseur du baroque, qui la construisit de 1745 à 1749. C'est dans ce petit domaine que Annette von Droste-Hülshoff passa la majeure partie de sa vie.

Inmitten eines herrlichen englischen Landschaftsparks im
Münsterland liegt Schloß
Westerwinkel. Der Bau von
1663 bis 1668 ist wehrhaft
und geschlossen, die vier Flü-
gel umrahmen einen kleinen
Innenhof.

Schloss Westerwinkel in the
Münsterland is set amidst a
magnificent English-style landscaped park. Built between
1663 and 1668, it is sturdy
and solid, with four wings surrounding a small interior
courtyard.

Un splendide parc aménagé à
l'anglaise, entoure le château
de Westerwinkel, dans le Pays
de Münster. Ce bâtiment,
construit de 1663 à 1668,
dont les quatre ailes enca-
drent une petite cour intérieure, constitue un ensemble
fermé, de type défensif.

Eine idyllische Szenerie an der „Westfälischen Mühlenstraße": Gerade siebzig Jahre alt ist die Kolthoffsche Mühle in Levern bei Stemwede. Die kleine Mühle, deren umlaufende Galerie viel zu groß geraten erscheint, entstand 1922.

Idyllic scenery along the "Westphalian Mill Road." The Kolthoff Mill in Levern near Stemwede is just seventy years old. The small mill with the disproportionately large-looking gallery was built in 1922.

Tableau idyllique, le long de la «Route des Moulins westpha-lienne»: le moulin de Kolthoff, à Levern, près de Stemwede, a tout juste soixante-dix ans. Ceinturé d'une galerie qui a l'air d'être beaucoup trop grande, il fut construit en 1922.

Kloster Corvey prägte seit 822 über Jahrhunderte das geistige und kulturelle Leben Norddeutschlands. Die schloßartige Benediktinerabtei wurde im 18. Jahrhundert barock umgebaut.

Corvey Abbey, founded in 822, made its mark on intel-lectual and cultural life in northern Germany for cen-turies. The palatial Benedic-tine abbey was modernised in the Baroque style in the eigh-teenth century.

Fondée en 822, l'abbaye de Corvey a empreint, pendant des siècles, la vie spirituelle et culturelle de l'Allemagne du Nord. Cette abbaye bénédic-tine aux allures de château fut remaniée au XVIIIe siècle dans le style baroque.

Fünf graue Felsen ragen bis zu 40 Meter in den Himmel: die Externsteine im südlichen Teutoburger Wald. Das einzigartige Naturdenkmal und eine in den Felsen geschlagene Kapelle waren bereits im Mittelalter eine Wallfahrtsstätte.

Five grey rocks towering up to 40 metres high: the Externsteine in the southern Teutoburger Wald. Back in the Middle Ages this unique natural monument and a chapel carved into the rock were already a place of pilgrimage.

Hauts de 40 mètres, cinq rochers gris se dressent dans le ciel: ce sont les «Externsteine», pierres de grès, que l'on trouvera dans le sud de la Forêt de Teutobourg. Ce site naturel hors pair ainsi que la chapelle, creusée à même la roche, étaient déjà des lieux de pélerinage au Moyen Age.

In Reih und Glied, hinge-
streckt über vier Gassen stehen die Fachwerkhäuser des
Alten Fleckens in Freudenberg
im Siegerland. Das Ensemble
entstand nach dem großen
Stadtbrand am 9. August
1666. Heute steht der Alte
Flecken unter Denkmalschutz.

The half-timbered houses of
the Alter Flecken in Freudenberg in the Siegerland region
stand in formation along four
narrow streets. This ensemble
was built after the great town
fire of 9 August 1666. Alter
Flecken is now a protected
historic monument.

A Freudenberg, dans le Siegerland, les maisons à colombages du «Alter Flecken» s'alignent en rangs serrés, le long
de quatre ruelles. Cet
ensemble fut aménagé après
le grand incendie qui ravagea
la ville le 9 août 1666. Le
quartier «Alter Flecken» fait
aujourd'hui partie des sites
protégés.

Westfalens größte Talsperre, der Biggesee, ist ein Paradies für „Wasserratten". Die 1965 fertiggestellte Biggetalsperre ist der südlichste, jüngste und voluminöseste unter den Stauseen des Sauerlands.

Westphalia's largest reservoir, the Biggesee, is a paradise for water sports enthusiasts. Completed in 1965, it is the southernmost, most recent and most extensive of the Sauerland reservoirs.

Le plus grand barrage de Westphalie, le Biggesee, est un véritable paradis pour les «fanas de la trempette». Terminé en 1965, il est le plus récent et le plus vaste des lacs de barrage, en même temps que celui des lacs du Sauerland qui se trouve le plus au sud du pays.

Weltweit ein einmaliges Verkehrsmittel, fährt die Wuppertaler Schwebebahn an Schienen hängend und meist dem Lauf der Wupper folgend durch das Stadtgebiet. Seit ihrer Entstehung im Jahr 1900 läuft der Betrieb reibungslos.

The Wuppertal suspension railway, the only hanging railway of its kind in the world, runs through the town, largely following the course of the River Wupper. Opened in 1900, it has operated smoothly ever since.

Moyen de transport unique au monde, le tramway aérien de Wuppertal, suspendu à des rails et suivant en grande partie le tracé de la Wupper, dessert le territoire de la municipalité. Il fonctionne sans problèmes depuis son inauguration qui eut lieu en 1900.

Am Autobahnkreuz Duisburg-Hamborn, wo der Emscherschnellweg direkt in das Thyssen-Stahlwerk Bruckhausen zu führen scheint, präsentiert das Ruhrgebiet seine altgewohnte Silhouette. Keiner jedoch vermag zu sagen, wie lange die Schwerindustrie dem Reisenden noch solch imposante Kulissen bietet.

The Ruhr displays its familiar silhouette at the Duisburg-Hamborn autobahn intersection, where the Emscher motorway seems to run directly into Thyssen's Bruckhausen steelworks. However, no-one can say how long heavy industry will still offer the traveller such imposing backdrops.

Là où se trouve l'échangeur Duisburg-Hamborn et où l'Emscherschnellweg semble directement mener à l'aciérie Thyssen de Bruckhausen, le bassin de la Ruhr a conservé sa silhouette de toujours. Personne ne peut dire, toutefois, combien de temps encore l'industrie lourde présentera au voyageur un visage aussi imposant.

Helm, Visier und eine silberne Schutzhülle von der Schulter bis zum Fuß schützen den Stahlkocher bei Thyssen gegen das 1500 Grad Celsius heiße, glühende Roheisen, wenn es aus dem Hochofen kommt.

Helmet, visor and a silver overall from head to foot shield this Thyssen foundry worker from the glowing pig iron as it emerges from the blast furnace at a temperature of 1,500 degrees Celsius.

Casque, visière et cape argentée l'enveloppant des épaules jusqu'aux pieds, protègent le fondeur de la firme Thyssen de la fonte incandescente qui atteint 1500 degrés lorsqu'elle sort du haut-fourneau.

Von 1932 bis 1986 drehten sich die Seilscheiben am Förderturm von Schacht XII der Zeche Zollverein in Essen-Katernberg, die heute für Ausstellungen genutzt wird. Eine Schachtanlage, die nicht nur höchsten technischen Anforderungen gerecht wurde, sondern auch in ihrer Ästhetik Maßstäbe für die Industriearchitektur setzte.

The winding-tower pulleys of Shaft XII of the Zollverein colliery in Essen-Katernberg, now used for exhibitions, were in operation from 1932 to 1986. This pithead installation not only fulfilled the highest technical requirements, but set aesthetic standards for industrial architecture.

Les poulies de cable du chevalement du puits XII de la mine «Zollverein», à Essen-Katernberg, tournèrent de 1932 à 1986. Cette dernière sert aujourd'hui de cadre à de nombreuses expositions. Le puits répondait non seulement aux plus hautes exigences de la technique, mais servit par la suite de critère à l'architecure industrielle, en raison de son esthétisme.

Die Kräne von Duisburg-Ruhrort haben jährlich etwa 50 Millionen Tonnen Güter im Griff. Am Schnittpunkt von Rhein und Ruhr gelegen, gehört Duisburg zu den größten deutschen Binnenhäfen.

Every year the cranes of Duisburg-Ruhrort hoist around 50 million tons of goods. Situated at the confluence of Rhine and Ruhr, Duisburg is one of Germany's biggest inland ports.

Les grues de Duisburg-Ruhrort happent 50 millions de tonnes de marchandises par an. Situé à l'intersection du Rhin et de la Ruhr, Duisburg compte parmi les plus importants ports fluviaux d'Allemagne.

Auf dem Gelände der bereits 1914 stillgelegten Zeche Maximilian in Hamm fand im Jahr 1984 eine Landesgartenschau statt. Zu diesem Anlaß verpaßte man der ehemaligen Kohlenwäsche den gläsernen Elefantenkopf.

In 1984 a regional garden show was held on the site of the Maximilian mine in Hamm, closed down as long ago as 1914. To mark the occasion the former coal-washing plant was equipped with a glass elephant's head.

L'exposition horticole régionale eut lieu, en 1984, sur le terrain de la mine «Maximilian» à Hamm, fermée depuis 1914. A cette occasion, l'ancien atelier de lavage du charbon fut coiffé d'une tête d'éléphant en verre.

Industriedenkmale prägen das Ruhrgebiet. Das Schiffshebewerk Henrichenburg in Waltrop galt bei seiner Fertigstellung 1899 als technische Sensation und kann heute als Museum besichtigt werden.

Industrial monuments stamp the character of the Ruhr. When it was completed in 1899 the Henrichenburg boat lift in Waltrop was regarded as a technical sensation. It is now open to visitors as a museum.

La présence de monuments industriels donne son empreinte au bassin de la Ruhr. L'élévateur pour bateaux de Henrichenburg, à Waltrop, achevé en 1899, était alors considéré comme une nouveauté révolutionnaire sur le plan de la technique. Transformé en musée, il est aujourd'hui accessible au public.

Das Plenum des Deutschen Bundestages im neuen Plenarsaal während der Regierungserklärung von Bundeskanzler Helmut Kohl im November 1994. Neben der neuen Hauptstadt Berlin wird Bonn auch in Zukunft ein politisches Zentrum Deutschlands sein.

The new Bundestag plenary chamber in Bonn, completed in 1992, here seen during Federal Chancellor Helmut Kohl's government policy statement in November 1994. Alongside the new capital, Berlin, Bonn will continue to be a political centre of Germany.

Le Bundestag, Parlement fédéral, réuni en séance plénière dans le nouvel hémicycle lors de la déclaration gouvernementale du chancelier fédéral, M. Helmut Kohl, en novembre 1994. Bonn demeurera, à l'avenir, un des centres politiques de l'Allemagne, à côté de Berlin, la nouvelle capitale.

Als verschlossen und sonderbar galt Ludwig van Beethoven bei seinen Zeitgenossen – der Schöpfer unvergänglich schöner Musikwerke. Bonn ist stolz auf den großen Komponisten, der hier am 17. Dezember 1770 als Sohn eines Hofmusikers geboren wurde, und würdigt ihn mit einem Denkmal auf dem Münsterplatz.

Though regarded by his contemporaries as reserved and peculiar, Ludwig van Beethoven composed works of music of immortal beauty. The great composer was born in Bonn on 17 December 1770, the son of a court musician. The town's pride in him is manifested by this monument in his honour on the Münsterplatz.

Aux yeux de ses contemporains, Ludwig van Beethoven passait pour être de caractère renfermé et étrange – et pourtant, les œuvres musicales qu'il créa sont d'une impérissable beauté. Bonn est fier de ce grand compositeur qui y naquit le 17 décembre 1770 en tant que fils d'un musicien à la cour. La ville lui rendit hommage en élevant un monument à sa mémoire, sur la Münsterplatz.

Von der Burgruine Drachenfels auf den Bergen des Siebengebirges geht der Blick über das freundliche, windgeschützte Bad Honnef auf den silbrigen Rhein.

The view from the ruins of Drachenfels castle in the Siebengebirge hills of the pleasant town of Bad Honnef, situated in a sheltered position on the silvery Rhine.

Des ruines de la forteresse du Drachenfels («Rocher du Dragon»), sur les hauteurs du Siebengebirge, la vue plane sur le Rhin scintillant, par delà la charmante ville de Bad Honnef, bien abritée des vents.

Der Altenberger Dom gilt als eine der bedeutendsten gotischen Kirchen in Deutschland. Im Kontrast zur klaren, schlichten Linienführung im Inneren des Doms steht die Farbenpracht des riesigen achtteiligen Maßwerkfensters in der Westfassade.

Altenberg Cathedral is one of the most important Gothic churches in Germany. The gorgeous colours of the gigantic, eight-part, stained-glass window in the west facade stand out in contrast against the clear and simple lines of the interior.

La cathédrale d'Altenberg passe pour être l'une des plus importantes églises gothiques d'Allemagne. Les lignes limpides et sobres de la cathédrale contrastent avec le faste de la gigantesque verrière colorée composée de huit parties, sur la façade ouest.

Masken, Kostüme, Frohsinn:
Während der Festumzüge des
Kölner Karnevals ist die ganze
Stadt auf den Beinen.

Masks, costumes and good
cheer: during the Cologne
carnival parade the whole city
is out and about.

Masques, costumes, allégres-
se: la ville toute entière est sur
les jambes pendant les défilés
du Carnaval de Cologne.

Zwischen dem imposanten
Kölner Dom und dem Rhein-
ufer liegt das Kulturzentrum
mit Wallraf-Richartz-Museum
und Museum Ludwig. Vom
Deutzer Rheinufer aus ist der
Blick auf diese ungewöhnliche
Kombination von Bauwerken
aus Mittelalter und Moderne
besonders eindrucksvoll.

Between the grandeur of
Cologne Cathedral and the
bank of the Rhine lies an arts
centre including the Wallraf-
Richartz-Museum and the
Museum Ludwig. The view
from Deutz on the other
bank of the Rhine of this
unusual combination of mediaeval and modern architecture is particularly impressive.

Le centre culturel de la ville
de Cologne, où l'on trouvera
le Musée Wallraf-Richartz et
le Musée Ludwig, se situe
entre l'imposante cathédrale
et les bords du Rhin. De la
rive droite du fleuve, de
Deutz, la vue se dégageant
sur cette combinaison inhabi-
tuelle de bâtiments médiévaux et modernes, est particulièrement saisissante.

Die elegante Landeshaupt-
stadt Düsseldorf mit ihrer reizvollen Rheinpromenade
beherbergt viele Schaltstellen
von Wirtschaft und Politik.

Düsseldorf, the elegant state
capital with its delightful
Rheinpromenade is indeed a
centre of business and politics.

Düsseldorf, l'élégante capitale
du land, connue pour sa belle
promenade des bords du
Rhin abrite en effet également de nombreux centres
de décision du monde industriel et politique.

Die Königsallee in Düsseldorf,
kurz „Kö" genannt, beginnt
am Corneliusplatz mit dem
Schalenbrunnen und dem
Kaufhof an der KÖ. Auf dieser
Straße beruht Düsseldorfs
Ruhm als Konsummetropole
und Modestadt.

Königsallee in Düsseldorf, "Kö"
for short, starts at Corneliusplatz with the Schalenbrunnen fountain and the Kaufhof
an der KÖ department store.
Düsseldorf's reputation as a
consumers' metropolis and
city of fashion stems from this
street.

La Königsallee, à Düsseldorf,
appelée tout simplement
«Kö», commence à la Place
Cornelius sur laquelle se dresse la fontaine «Schalenbrunnen». On y trouvera également le grand magasin «Kaufhof an der KÖ». Ce Boulevard
a fondé la célébrité de Düsseldorf, ville considérée comme
un temple de la consomma-
tion et une métropole de la
mode.

Bis vor wenigen Jahrzehnten war das Hohe Venn ein abgeschiedenes, weitgehend unberührtes Hochmoor im Dreieck der beiden belgischen Städte Eupen und Malmédy sowie Monschau auf deutscher Seite. Heute läßt sich der schwankende Boden des Naturreservats auf Holzwegen begehen.

Until a few decades ago the Hohes Venn was an isolated, largely unspoiled high moorland region in the triangle of land between the Belgian towns of Eupen and Malmédy and Monschau on the German side. Nowadays you can walk along boardwalks across ground that can rock beneath your feet.

Il y a quelques dizaines d'années les tourbières du «Hohes Venn», situées dans le triangle formé par les deux villes belges de Eupen et de Malmédy, ainsi que par Monschau, du côté allemand, constituaient encore une région isolée, demeurée en majeure partie à l'état naturel.

Reste einer mittelalterlichen Burg überragen Monschau an der Rur. Die wohlerhaltene Altstadt stammt aus der ruhmreichen Zeit der Monschauer Tuchmacher im 17./18. Jahrhundert.

The remains of a mediaeval castle tower above Monschau on the Rur. The well-preserved old town centre dates from the heyday of the Monschau weavers in the 17th and 18th centuries.

Les vestiges d'une forteresse médiévale surplombent Monschau sur la Rur. La vielle ville, préservée en très bon état, date des XVIIe et XVIIIe siècles, l'époque prestigieuse des drapiers de Monschau.

Der Aachener Dom – Begräbnisstätte Karls des Großen und Krönungskirche deutscher Könige. Der Radleuchter aus dem 12. Jahrhundert in der 805 geweihten Pfalzkapelle symbolisiert das himmlische Jerusalem.

Aachen cathedral – burial place of Charlemagne and the church where German kings were crowned. The 12th-century chandelier in the palatine chapel, dedicated in 805, symbolises the heavenly Jerusalem.

La cathédrale d'Aix-la-Chapelle, où est enterré Charlemagne et où furent sacrés les rois allemands. Le grand lustre en forme de couronne, exécuté au XIIe siècle et suspendu sous la voûte de la Chapelle Palatine concacrée en 805, symbolise la Jérusalem céleste.

Ein leichter Nebel liegt in der Luft. Am Niederrhein ist das Meer schon zu spüren. Eine stille Landschaft, verfließend, aber mit einem hellen Zauber.

A light mist hangs in the air. Along the Lower Rhine you can already sense the sea. A quiet landscape, hazy, but with a luminescent magic.

Une légère brume flotte dans l'air. En effet, l'influence de la mer se fait déjà ressentir dans cette région du Rhin inférieur. De ce paysage serein aux contours estompés, émane un charme fait de lumière.

Xanten am Niederrhein war eine wichtige Römerkolonie und besitzt einen mächtigen Dom. Das wuchtige Klever Tor aus dem Jahr 1393 läßt Xantens einstige Bedeutung erahnen.

Xanten on the Lower Rhine was an important Roman colony and it has an immense cathedral. The massive Klever Tor, dating from 1393, is an indication of Xanten's former importance.

Xanten, sur le Rhin inférieur, fut une importante cité romaine et possède, en outre, une puissante cathédrale. La porte trapue de Clèves, qui date de 1393, donne une approche assez concrète de l'importance que revêtait Xanten à l'époque.

Viele beeindruckende Schlösser und Wasserburgen lassen sich am Niederrhein entdecken. Schloß Pfaffendorf in Bergheim erhielt 1865 sein neugotisches Äußeres.

There are many impressive palaces and moated castles to discover on the Lower Rhine. Schloss Pfaffendorf in Bergheim was given its neo-Gothic exterior in 1865.

Dans la région du Rhin inférieur, le visiteur pourra découvrir de nombreux et imposants châteaux ainsi que d'anciennes demeures féodales entourées d'eau. Le château de Pfaffendorf, à Bergheim, fut aménagé dans le style néo-gothique en 1865.

Wälder, Wein und Zwibbelkuche

Wolfgang Boller

Irgendwer mußte es ja mal merken: Da waren auf der Mainzer Straßenbrücke über der Mitte des Rheins die Grenzmarkierungen zwischen den Ländern seitenverkehrt montiert. Die Schildchen deuteten die linke Rheinseite als Hessen, die rechte als Rheinland-Pfalz aus. In Wahrheit ist es gerade umgekehrt.

Als der Fehler dann entdeckt und in den Lokalnachrichten hinlänglich verspottet worden war, rätselten die Schoppenstecher in den Mainzer Weinstuben noch lange, ob die beteiligten Landvermesser sich von Anfang an vertan hatten oder viel später die Handwerker einer Malerkolonne nach einem Erneuerungsanstrich des Brückengeländers. Eine gute Note in Heimatkunde gibt es ohnehin nicht mehr. Es ist aber zu fragen, ob es sich um einen Irrtum aus Ignoranz oder Gedankenlosigkeit handelt. Mildernde Umstände lassen sich finden.

Ländchen im Zeitraffer

Der Rhein ist die Landesgrenze, knapp zweihundert Kilometer vom Flüßchen Lauter bis Bacharach. Die Mainzer Theodor-Heuss-Brücke führt von Hessen nach Rheinhessen, das einmal zu Hessen-Darmstadt gehörte. Sie verbindet umgekehrt die Hauptstadt von Rheinland-Pfalz mit ihren historischen rechtsrheinischen Vororten und Industriegebieten, die beim Länderpuzzle der Alliierten nach dem Zweiten Weltkrieg kurzerhand abgetrennt worden waren. Die Vergangenheit führten sie noch jahrelang im Namen. Der Rhein floß nicht an Mainz vorbei, er floß durch Mainz. Die Weisheit innenpolitischer Geographie ist nicht über Zweifel erhaben.

An die Brücke kann man sich jedenfalls halten. Sie ist die Schlagader des Straßenverkehrs zwischen den Nachbarstädten Wiesbaden und Mainz, Symbol der Vereinbarkeit des Unvereinbaren. Für die Mainzer Herrlichkeit ist sie so etwas wie eine Auffahrtsallee. Sie zielt auf die Barockpaläste des Landtags und der Staatskanzlei. Beide verbergen sich hinter ihren Rampen, als sei solcher Prunk, Deutschordenshaus und Zeughaus in einer Reihe mit dem kurfürstlichen Schloß, für Landesväter aus der Provinz im Grunde unangemessen. Anderseits ist freilich das Schloß gerade passend für die Mainzer Fastnacht wie das Alte Zeughaus für den Südwestfunk. Die feudalistischen Bürden der Vergangenheit sind für Spätgeborene allemal leichter zu tragen.

Das Entree ist eindrucksvoll, als hätte der Gastgeber zu Beginn der Runde seine wichtigsten Trümpfe auf den Tisch gelegt; andere, nicht minder repräsentative, sind vorstellbar: die Moselmündung am Deutschen Eck bei Koblenz beispielsweise oder die Porta Nigra in Trier, außerdem ein Dutzend Rheinbrücken und 15 Fähren von baden-württembergischen und hessischen Ufern. So sind die Konturen des Landes schon umrissen: vom Elsaß bis vor die Tore von Bonn, von Luxemburg bis zur Sieg, denn nördlich von Bacharach sind rechtsrheinische Territorien einbegriffen, nämlich mehr als 50 Kilometer vom Unterlauf der Lahn, ein Stück vom Hintertaunus und der Westerwald. Recht homogen präsentiert sich das Ländchen nicht mit den Hätschelkindern des lieben Gottes und seinen Stiefsöhnen – ein Ländchen ist es allemal, mit knapp 20 000 Quadratkilometern eins der sechs kleinsten im wiedervereinigten Deutschland: sechs Landschaftsregionen, die miteinander soviel zu tun haben wie die Bimssteinindustrie von Weißenthurm (gegenüber Neuwied) und die Rebenforschungsanstalt Geilweilerhof bei Siebeldingen in der Rheinpfalz oder wie die Römervilla bei Ahrweiler und die Chemiestadt Ludwigshafen, eine Konkurrenzgründung des bayerischen Königs.

Irgendwie hatte der liebe Gott die Versatzstücke seiner schöpferischen Launen ja zurechtgerückt, das Rheinische Schiefergebirge und das Mittelrheintal, ehe irdische Autoritäten am Schreibtisch mit Landkartenfarben darüber hinwegpinselten. Der Rhein reißt Mainz so erkennbar in Stücke wie der 50. Breitengrad unmerkbar trennt es vom kurmainzischen Diözesanbesitz im Rheingau, vereinigt aber als größter Strom des Ländchens (noch einmal ungefähr hundert Kilometer von der Pfalz bei Kaub bis Rolandseck) den kurtrierischen Amtssitz Montabaur mit dem Hohen Westerwald und Teilen des Siegerlands im neuen Regierungsbezirk Koblenz.

Die Autoritäten hatten es sich nicht weiter schwergemacht. Sie etablierten das Bundesland Rheinland-Pfalz ein Jahr nach Kriegsende im Bereich der französischen Besatzungszone. Das Land besteht historisch gesehen aus der bayerischen Pfalz und Rheinhessen sowie Teilen von Hessen-Nassau und der preußischen Rheinprovinz.

Die Rheinpfalz (auch Rheinbayern) auf der linken Rheinseite umfaßte die Bistümer Worms und Speyer. Der bayerische Regierungsbezirk, durch den Rhein von Baden getrennt, grenzte an die Rheinprovinz und Elsaß-Lothringen. Das nördlich angrenzende Rheinhessen, linksrheinisches Territorium des Großherzogtums Hessen (später: Freistaat Hessen-Darmstadt), liegt im Winkel von Rhein und Nahe. Die rechtsrheinische Preußenprovinz Hessen-Nassau, zwischen Westfalen, Sachsen, Sachsen-Weimar und Bayern, gliederte sich in die Regierungsbezirke Kassel (Hauptstadt) und Wiesbaden. Die preußische Rheinprovinz zu beiden Seiten des Rheins reichte von Elsaß-Lothringen bis zu den Grenzen Luxemburgs, Belgiens und der Niederlande. Die preußische Provinz, ein Ergebnis des Wiener Kongresses 1814/15, war zunächst in sechs Regierungsbezirke geteilt, von denen zwei auf dem Gebiet des heutigen Bundeslandes liegen: Koblenz und Trier.

Schon ein stattliches Ländchen – von der westlichen Staatsgrenze bis zum Rhein, von der Saar bis an die Sieg: Mit seinen Burgen (schätzungsweise 400), Domen (Mainz, Worms, Speyer und Trier) und Kaiserpfalzen (Ingelheim, Mainz, Worms, Speyer, Kaiserslautern, Sinzig), seiner greifbaren Römervergangenheit, seinen Erzstiften (Mainz, Trier), seinen Wäldern und Weinbergen und dem Rhein als der mittelalterlichen Pfaffengasse war es unbestreitbar das Herzstück des Heiligen Römischen Reichs Deutscher Nation. Auf dem Heiligen Stuhl zu Mainz saßen die mächtigsten Fürsten des alten Reichs, die staufische Reichsburg Trifels war die Schatzkammer der Reichsinsignien, Speyer die Nekropole der salischen Kaiser und Könige, später Schauplatz erster protestantischer Identität. Wie später überhaupt gemäß historischer Würfelspiele Plätze wie das Hambacher Schloß, durch das Nationalfest 1832, und Oggersheim, als Geburtsort eines Bundeskanzlers, sehr berühmt wurden.

Die Geschichte der Provinzen auf der linken Rheinseite ist seit den Gelüsten des französischen Sonnenkönigs auf das Erbe seiner Schwägerin Liselotte von einer verhängnisvollen Erbfeindschaft zu Frankreich gezeichnet. Sie gipfeln in der Abtretung im Friedensvertrag von Lunéville 1801. Die Konsequenzen waren weitreichend, aber nicht dauerhaft. Das Mainzer Deutschordenshaus wird Residenz des französischen Stadtkommandanten und kaiserlicher Palast Napoleons; nach dem Ersten Weltkrieg Wohnung des kommandierenden französischen Generals. Koblenz avanciert zur Kapitale des Departements Rhein-Mosel und wird nach dem Zweiten Weltkrieg zunächst auch Hauptstadt von Rheinland-Pfalz. Die stärkste preußische Festung am Rhein wird erst im zweiten Kaiserreich geschleift.

Die unselige Erbfeindschaft wirkte noch über die geräuschvoll bekundete Völkerfreundschaft der Staatsmänner nach dem Zweiten Weltkrieg hinaus. Im Befestigungsgürtel von Hitlers Westwall wurden über 630 Kilometer Länge mehr als acht Millionen Tonnen Zement sinnlos in den Boden gegossen. Relikte sind beispielsweise bei Steinfeld in der Südpfalz zu besichtigen.

Die Zugabe des kargen Fleischers

Am Rhein wuchsen die Reben, die Lieder und die Konflikte, just am romantischen mittleren Lauf. Hintertaunus und Westerwald blieben im Abseits rheinländischer Geschichtswirren. Im Kloster Maria Laach in der Eifel immerhin entzog sich der geschaßte Kölner Oberbürgermeister Konrad Adenauer den Verfolgungen im Dritten Reich. Ansonsten sind auch die Eifel und der Hunsrück mit Ausnahme territorialer Rivalitäten der Erzstifte nur Randgebiete weltpolitischer Erschütterungen.

Der Volkswirt Friedrich List aus Tübingen wird auf der Suche nach einem Gleichnis für die Rheinlande eines Tages erleuchtet. Das Land am Rhein, findet er Mitte des 19. Jahrhunderts zitierungswürdig, „ist des deutschen Ochsen Lendenstück und der Nordosten die halb ungenießbare, halb magere und rauhe Zugabe des kargen Fleischers". Die Einschränkung bezieht sich möglicherweise auf das Gros von Nordrhein-Westfalen, von der Sieg bis zum Mittellandkanal, sie gilt aber auch für die rechtsrheinische Zipfelmütze des Ländchens Rheinland-Pfalz, für Niedertaunus und Westerwald. Landschaftlich sind sie deshalb keineswegs ganz reizlos. Aber: Die schöpferische Euphorie in der Gestaltung geologischer Wunderwerke an Ahr, Mosel und Nahe ist verbraucht.

Irgendwann hatte der karge Fleischer keine Lust mehr. Eine gewisse gleichgültige Routine kennzeichnet die Hochflächen des Hunsrücks und der Eifel zwischen den Nebenflüssen des Rheins und endgültig dann den Westerwald. Da haut er ins Kannenbäckerland noch einen gewaltigen Klumpen Tonerde für die weltberühmten Bierseidel und Apfelweinbembel, feilt ein bißchen an den Basaltkuppen herum und erfindet das populäre Marschlied vom schönen Westerwald, den es in Wirklichkeit nicht gibt, bloß Weiden für wandernde Schafherden, Windschutzstreifen und einen frostigen Spätfrühling drei Wochen später als im Rheintal. Der landeskundige Kulturhistoriker Wilhelm Heinrich Riehl aus dem rechtsrheinischen Biebrich hatte für den Westerwald nichts übrig. Er nannte ihn „nassauisches Sibirien".

Ähnlich die Höhen des linksrheinischen Schiefergebirges: Eifel und Hunsrück gleichen einem landschaftlichen Kontrastprogramm zu den umgebenden Tälern. Die Eintönigkeit der Eifel wird allerdings von den charakteristischen Maaren gemildert, kreisrunden oder ovalen Vulkankraterseen. Es bleibt aber dabei: Die Eifel ist ein schwach besiedelter Landstrich aus Basalt, Lava und Tuff – „das Armenhaus Preußens". Die Bauern auf der windgefegten Hochfläche wußten selber nicht genau, wo sie zu Hause waren.

Der Bonner Professor Karl Simrock beobachtete vor 150 Jahren in der Eifel: „Von welcher Seite man auch hinkommen mag, nirgend wollen die Leute in der Eifel wohnen, überall fängt sie erst drei Stunden weiter an." Dabei, notierte er, sei die Eifel kein unwirtliches Land, weder so einförmig wie der Hunsrück, noch so rauh und wüst wie der Westerwald. Der Hunsrück, dessen Name sich tatsächlich vom Hunderücken herleiten soll, ist gleichfalls von der Natur benachteiligt. In Rheinhessen wird als Norm für einen bäuerlichen Familienbetrieb eine Agrarfläche von zwölf Hektar zugrunde gelegt, im Hunsrück, in der Eifel und im Westerwald 20 Hektar. Jedenfalls gibt es im Hunsrück Wälder und klassische Jagdreviere, Sägewerke, Dachschieferbrüche und verwaiste Militärbasen. Der Wein, sagt man im Hunsrück, kommt aus allen vier Himmelsrichtungen zu uns herauf: von Mosel, Rhein, Nahe und Saar.

Vom Wein beflügelt

Mit einem Schritt über die Nahe verwandelt sich das überraschungsreiche Ländchen von den kälteklirrenden und nässetriefenden Schlupfwinkeln des Räubers Schinderhannes in die sonnigen, heiteren Gunstlandschaften Rheinhessens und der Rheinpfalz, die wärmste, regenärmste Region Deutschlands mit im Jahresdurchschnitt 1650 bis 1700 Stunden Sonnenschein. Das sind namentlich die Weingärten der Rheinfront und des rheinhessischen Hügellands sowie das Rebenmeer der Oberrheinebene. Die Namen kleiner Dörfer klingen Weinkennern wie Festtagsgeläut in den Ohren. Von der Rheinfront (zwischen Mainz und Worms) Nierstein, Nackenheim, Guntersblum, aus der Pfalz Deidesheim, Forst, Ruppertsberg. In Rheinland-Pfalz gibt es sechs von 13 deutschen Weinanbaugebieten: von den Rotweinlagen der Ahr, den nördlichsten Weingärten der Welt, bis zu den Rebenzeilen an der Deutschen Weinstraße mit den höchsten je gemessenen Mostgewichten. Rheinhessen und die Rheinpfalz, die beiden größten Weinregionen Deutschlands, bestreiten etwa die Hälfte, mit den Erträgen von Ahr, Mosel-Saar-Ruwer, Mittelrhein und Nahe sogar etwa drei Viertel der gesamten deutschen Weinmosternte.

Die Lebensart der Rheinländer und Pfälzer ist vom Wein beflügelt. In Rheinhessen gibt es Sonnenblumenäcker und Spargelfelder, Erdbeeren, Aprikosen und Maraskakirschen; in der Pfalz Mandelbäume, Edelkastanien, Feigen und beiläufig das größte zusammenhängende Waldgebiet der Bundesrepublik, den Pfälzer Wald. Die Seligkeit aber sind der Wein und die Weinstuben und im Herbst der Federweiße mit Zwibbelkuche. Ein Handkäs zum Butterbrot mit einem Schoppen Raddegaggel, dem herben Kneipwein, ist für den Pfälzer ein befriedigendes Frühstück. Die Schoppenstecher sind einander in der Überzeugung einig, daß der Tod seinen Stachel verlöre, wenn man gewiß sein könnte, daß es im großen Himmel eine kleine Wirtschaft

gibt. Die lautstarke Liebe der Rheinländer und Rheinpfälzer zum und der Kult mit dem Wein haben Züge verschmitzter Ehrfurcht. Sie schmücken die Madonnen in ihren Dorfkirchen mit Rebenlaub und geben dem Jesuskind Weintrauben in die Hand. In Bad Dürkheim gibt es das größte Weinfaß (1,7 Millionen Liter) und das größte Weinfest („Dürkheimer Wurstmarkt"), der verharzte Inhalt einer römischen Flasche im Pfalzmuseum von Speyer ist der älteste Wein der Welt.

So lassen sich schließlich über Hunsrück und Eifel doch spirituelle Brücken schlagen zum Weinschiff vom Grabmal eines römischen Weinhändlers in Neumagen (Landesmuseum Trier) wie auch zum Mainzer Haus des deutschen Weins. In den Weinstuben hinter dem Dom wird immer noch mehr Rheingauer als rheinhessischer Wein getrunken – vielleicht in nicht mehr erklärbarer und kaum noch schmerzender nostalgischer Trauer um den verlorenen Rheingau.

Und wenn nun der Zecher in seligen Räuschen den nahezu vollkommenen Halbkreis um Mainz im krummen Querschnitt ausschritte – vom Rolandsbogen nahe der Grenze zwischen Germania superior und Germania inferior bis zum Deutschen Weintor bei Schweigen in der Südpfalz, vom Drachenfels bis Neulauterburg bei Lauterbourg, käme ihm am Ende in den Sinn, das Weintor als Schlußstein der Deutschen Weinstraße sei, wie man's nimmt, als Ausgangsportal zum französischen Nachbarn nicht minder geeignet denn als südliches Entree.

Woodland, Wine and Onion Tart

Wolfgang Boller

Someone was bound to notice. The state border signs on the Mainz road bridge over the Rhine were the wrong way round. Hesse was shown as being on the left bank and the Rhineland-Palatinate as on the right bank. In reality it is the other way round.

When the mistake was discovered and had been sufficiently ridiculed in the local news, habitués of Mainz wine bars long wondered whether the surveyors had got it wrong from the start or the mistake was made much later by workmen after the bridge had been given a fresh lick of paint. Good grades are no longer awarded in civics. Yet one still wonders whether it was a mistake made in ignorance or without thinking. Extenuating circumstances are conceivable.

A statelet in quick motion

The Rhine is the state border, running nearly 200 kilometres from the little River Lauter to Bacharach. Mainz's Theodor Heuss Bridge links Hesse with Rheinhessen, or Rhenish Hesse, which once formed part of Hesse-Darmstadt. Conversely, it links the Rhineland-Palatinate capital with its historic suburbs and industrial areas on the right bank of the Rhine which were abruptly cut off from the city by the Allies after World War II as part of their rewriting of the map. But for years the old suburbs continued to be called by a name redolent of the past. The Rhine did not flow past Mainz; it flowed through it. Domestic political geography is not always beyond all doubt the last word on the subject. The bridge is certainly a fact to hold onto. It is the main artery of road transport between neighbouring Wiesbaden and Mainz, a symbol of the reconcilability of the irreconcilable. For the greater glory of Mainz it is something of an an approach and driveway, leading up to the Baroque palaces which house the state assembly and state chancellery. They both hide behind their ramps, as though such majesty as the palace and arsenal of the Teutonic Knights alongside the Electoral Prince's palace were basically an unsuitable domicile for a provincial premier and his government. That said, the palace is a superb venue for the Mainz Fastnacht, or Carnival, just as the Altes Zeughaus, or arsenal, is a fine headquarters for Südwestfunk broadcasting corporation. The feudal burdens of the past are so much easier to bear nowadays.

They definitely serve as an impressive point of entry, as if the host had put his top trumps on the table right at the start. Others, no less representative, are conceivable. The starting point might, for instance, be the confluence of Rhine and Mosel at the Deutsches Eck, near Koblenz, or the Portra Nigra in Trier, not to mention a dozen bridges over the Rhine and 15 ferry services linking the Rhineland-Palatinate with Baden-Württemberg and Hesse. That, then, delineates the state's borders. They run from Alsace to just short of Bonn, from Luxembourg to the Sieg, including, north of Bacharach, territory on the right bank of the Rhine: over 50 kilometres of the Lower Lahn, part of the Lower Taunus and the Westerwald. The Rhineland-Palatinate, complete with the Lord's spoilt children and his stepsons, is not very uniform despite being no more than a statelet with a surface area of less than 20,000 square kilometres, making it one of the six smallest states in reunited Germany. It comprises six areas with as much in common as Weissenthurm, near Neuwied, and its pumice stone industry and Geilweilerhof vine research institute near Siebeldingen in the Rhenish Palatinate, or as the Roman villa near Ahrweiler and the chemicals city of Ludwigshafen, founded by the king of Bavaria to compete with other chemicals centres.

Somehow or other the Lord had arranged the scenery of his creative caprices, including the Rhenish slate hills and the mid-Rhine valley, before temporal authorities began at their desks to draw political maps of the area in appropriate colours. Imperceptibly, much like the 50th parallel, the Rhine tears Mainz apart, separating it from its erstwhile electoral diocesan church lands in the Rheingau, while uniting, as the state's largest river (which flows a further 100 kilometres from the Palatinate, near Kaub, to Rolandseck) Montabaur, the electoral seat of Trier, with the Hoher Westerwald and parts of Siegerland in the new administrative region of Koblenz.

The authorities did not go to any further trouble. They set up the federal state of the Rhineland-Palatinate a year after the war's end in what was then the French occupation zone. Historically it comprises the Bavarian Palatinate and Rhenish Hesse plus parts of Hessen-Nassau and the Prussian Rhine province.

On the left bank the Rhenish Palatinate, also known historically as Rhenish Bavaria, consisted of the sees of Worms and Speyer. The Bavarian administrative region, separated from Baden by the Rhine, bordered the Rhine province and Alsace-Lorraine. Neighbouring Rhenish Hesse to the north, forming part of the territory of the grand duchy of Hesse on the left bank of the Rhine (later the free state of Hesse-Darmstadt) borders on the rivers Rhine and Nahe. The Prussian province of Hesse-Nassau on the right bank of the Rhine, bordering on Westphalia, Saxony, Saxe-Weimar and Bavaria, comprised the administrative regions of Kassel, its capital, and Wiesbaden. The Prussian Rhine province on both sides of the Rhine extended from Alsace-

Lorraine to the borders of Luxembourg, Belgium and the Netherlands. This province, a creation of the Congress of Vienna, 1814–15, initially comprised six administrative regions, two of which, Koblenz and Trier, form part of today's federal state of the Rhineland-Palatinate. They still constitute an impressive statelet extending from its western border to the Rhine, from the Saar to the Sieg. With its castles (an estimated 400), cathedrals (Mainz, Worms, Speyer and Trier), its imperial palaces (Ingelheim, Mainz, Worms, Speyer, Kaiserslautern and Sinzig), its tangible Roman past, its archepiscopal sees of Mainz and Trier, its woods and vineyards and the Rhine as a succession of church lands in the Middle Ages, it was incontestably the heartland of the Holy Roman Empire. Its mightiest princes were enthroned in Mainz, the Hohenstaufen imperial castle of Trifels housed the treasury where the imperial insignia were kept. Speyer boasted the necropolis of the Salic kings and emperors and went on to witness the emergence of a Protestant identity. As the die was cast by history, other places, such as Hambach Castle, scene of a national demonstration by German students in 1832, and Oggersheim, the Ludwigshafen suburb that is the home of Federal Chancellor Helmut Kohl, staked their claim to fame.

From the time when France's Roi Soleil, Louis XIV, coveted the legacy of his sister-in-law, Liselotte of the Palatinate, a fateful arch-enmity with France was a keynote of the history of the provinces on the left bank of the Rhine. It culminated in the Treaty of Lunéville, 1801, the consequences of which were far-reaching, but not permanent. The palace of the Teutonic Knights in Mainz became the residence of the French city commander and the imperial palace of Napoleon, and after World War I the residence of the French commanding general. Koblenz became capital of the French Rhine-Moselle département and, after World War II, was capital of the Rhineland-Palatinate for a while. The mightiest Prussian fortress on the Rhine was not demolished until the German second empire, that of Bismarck and Kaiser Wilhelm.

Repercussions of this fatal arch-enmity even survived World War II and the noisy protestations of international amity by post-war statesmen. The fortifications of Hitler's Westwall meaninglessly engulfed over eight million tonnes of cement poured into the ground over a distance of 630 kilometres. Remainders of it can still be seen near Steinfeld in the southern Palatinate, for instance.

"The miserly butcher's makeweight"

Vines grew along the Rhine, especially along the romantic mid-Rhine, as did song and conflict. The Lower Taunus and the Westerwald were spared the confusion of Rhenish history. Konrad Adenauer, dismissed by the Nazis as lord mayor of Cologne, withdrew to the Eifel and Maria Laach monastery, thereby evading persecution in the Third Reich. Archepiscopal territorial rivalries apart, the Eifel and Hunsrück regions were also spared from being at the epicentre of international political tremors.

Tübingen economist Friedrich List, on the lookout for a suitable comparison for the Rhineland, one day had an inspiration. The Rhineland, he decided in the mid-19th century, coming up with a quotable quote, "is the sirloin of German beef, with the north-east its part-inedible, part-lean but rough makeweight supplied by the miserly butcher." This proviso may have been meant to apply to most of North Rhine-Westphalia from the Sieg to the Mittellandkanal, but it certainly also applies to the nightcap of the Rhineland-Palatinate on the right bank of the Rhine, to the Lower Taunus and the Westerwald. Their countryside is far from lacking in attractions, but the creative euphoria apparent in the design of geological wonders on the Ahr, the Mosel and the Nahe has clearly been exhausted.

At some stage or other the miserly butcher lost interest. A certain indifference of routine characterises the Hunsrück and Eifel plateaus which lie between tributaries of the Rhine, not to mention the Westerwald. He just slapped an enormous lump of clay on the Kannenbäckerland for its world-famous beer tankards and apple wine pitchers, rounded off the basalt hilltops with his file and invented the popular marching song about the lovely Westerwald, which in reality does not exist, being merely pasture for wandering flocks of sheep, windbreak strips and a frosty late spring which comes three weeks after that in the Rhine valley. The cultural historian Wilhelm Heinrich Riehl from Biebrich on the right bank of the Rhine, an expert on the region, had no time for the Westerwald, calling it "Nassau's Siberia."

It was a similar story with the slate mountains on the left bank of the Rhine. The Eifel and Hunsrück resemble a programme of scenic contrast with the surrounding valleys. Admittedly, the Eifel's monotony is tempered by its characteristic round or oval-shaped volcanic crater lakes. However, the fact remains: the Eifel is a thinly populated region consisting of basalt, lava and tuff — "the poorhouse of Prussia." The farmers on the windswept uplands didn't know themselves precisely where they lived. One hundred and fifty years ago Professor Karl Simrock from Bonn made this observation in the Eifel: "Whichever direction you come from, nowhere do the people admit to living in the Eifel, everywhere it starts three hours' journey further on." And yet, he noted, the Eifel was not an inhospitable region, neither as monotonous as the Hunsrück nor as raw and desolate as the Westerwald. The Hunsrück, whose name is said to derive from "Hunderücken", or "dog's back," has also been disadvantaged by nature. In Rhenish Hesse an area of twelve hectares is taken as the norm for a working family farm, while in the Hunsrück, the Eifel and the Westerwald it is 20 hectares.

In any case, the Hunsrück has forests and classic hunting grounds, sawmills, slate quarries and abandoned military bases. People there say the wine comes to them from all four points of the compass: from the Mosel, the Rhine, the Nahe and the Saar.

Quickened by wine

Just one stride across the Nahe and this little state brimful of surprises is transformed from the icy cold, dripping wet haunts of the robber Schinderhannes into the sunny, cheerful, favoured landscapes of Rhenish Hesse and the Rhine Palatinate, the warmest, driest region in Germany, with an annual average of 1,650 to 1,700 hours' sunshine. For these are the vineyards of the Rhine front and the Rhenish Hesse uplands, along with the sea of vines on the Upper Rhine plain. The names of small villages ring like festival church bells in the ears of wine connoisseurs. From the Rhine front (between Mainz and Worms) Nierstein, Nackenheim, Guntersblum, from the Palatinate Deidesheim, Forst, Ruppertsberg. Six of the 13 German wine-growing regions are in the Rhineland-Palatinate: from the red wine regions of the Ahr, the world's northernmost vineyards, to the rows of vines along the German Wine Road with the highest must yields ever measured. Rhenish Hesse and the Rhine Palatinate, Germany's two largest wine-growing regions, account for around half, and together with the yields from the Ahr, Moselle-Saar-Ruwer, Middle Rhine and Nahe, for about two thirds of the total German wine must harvest.

The lifestyle of the inhabitants of the Rhineland and the Palatinate is quickened by wine. In Rhenish Hesse there are fields of sunflowers and asparagus, strawberries, apricots and maraschino cherries; in the Palatinate almond trees, chestnuts, figs and, incidentally, the largest continuous forest region in Germany, the Pfälzer Wald. But what really brings joy to people's hearts are the wine and wine taverns, and in autumn a new white wine with onion tart. Bread and butter accompanied by strong cheese and a jug of Raddegaggel, the dry pub wine, is a satisfying breakfast for Palatinate people. The drinking fraternity are at one in the conviction that death might lose its sting if one could be certain that up there in the big wide heaven there was a little pub.

The vociferous love of wine and its cult-like status in the Rhineland and Rhenish Palatinate have traits of artful reverence. People decorate the Madonnas in their village churches with vine leaves and place grapes in the hand of the infant Jesus. Bad Dürkheim has the biggest wine vat (1.7 million litres) and the biggest wine festival ("Dürkheimer Wurstmarkt") in the world. The resinous contents of a Roman bottle in the Pfalzmuseum in Speyer are the oldest surviving wine. And so spiritual bridges can be cast across Hunsrück and Eifel to the wine ship on the gravestone of a Roman wine merchant in Neumagen (at the Landesmuseum in Trier) and the House of German Wine in Mainz. In the winebars behind the Cathedral they still drink more Rheingau than Rheinhessen wine — perhaps in nostalgic mourning, though no longer explicable and scarcely painful any more, for the lost Rheingau.

And if in the bliss of intoxication the drinker were to pace out in staggering steps the almost perfect semi-circle around Mainz — from Rolandsbogen near the border between the Roman Germania superior and Germania inferior to the German Weintor near Schweigen in the Southern Palatinate, from the Drachenfels to Neulauterburg near Lauterbourg, it might at length strike him that the Weintor is the coping stone of the German Wine Road, and, depending on how you see it, just as well suited to be the exit to neighbouring France as a southern entrance to Germany.

Forêts, vins et tarte à l'oignon

Wolfgang Boller

Il fallait bien que quelqu'un finisse par s'en apercevoir un jour: sur le pont de Mayence enjambant le Rhin, les poteaux-frontières délimitant les deux Länder et placés dans l'axe de symétrie du fleuve, avaient été installés en sens inverse. Ces panonceaux signalaient que la Hesse se trouvait en direction de la rive gauche du Rhin, le land de Rhénanie-Palatinat, à droite de ce dernier. C'est, en réalité, exactement le contraire.

Lorsque l'erreur fut découverte et qu'on en eut fait des gorges chaudes dans les medias régionaux, les habitués des «Weinstuben» de Mayence se creusèrent longtemps la tête, attablés qu'ils étaient devant leur verre de vin, pour savoir qui, finalement, s'était trompé: les arpenteurs, dès le début ou, bien plus tard, les ouvriers d'une équipe de peintres, venus redonner un coup de peinture au parapet. Avoir de bonnes notes en géographie locale n'est plus, il est vrai, chose courante aujourd'hui mais on est tout de même en droit de se demander s'il s'agit là d'une erreur commise par ignorance ou par manque d'attention. Il est toujours possible, en effet, de trouver des circonstances atténuantes.

Tour d'horizon du «petit pays»

Le Rhin tient lieu de frontière à ce Land, sur une distance de deux cents kilomètres ou presque, de la petite rivière qu'est la Lauter, jusqu'à Bacharach. Le pont Theodor-Heuss, à Mayence, relie la Hesse à la Hesse rhénane qui, jadis, appartint à la Hesse-Darmstadt. Inversement, il opère la jonction entre la capitale du Land de Rhénanie-Palatinat et ses faubourgs historiques ainsi que ses zones industrielles de la rive droite du Rhin, dont elle avait été amputée, sans autre forme de procès, après la Seconde Guerre mondiale par les alliés dans le cadre du réaménagement des différents Etats fédéraux. Mais, pendant des années, leur passé demeura présent dans leur nom. Le Rhin ne coulait pas en dehors de Mayence, mais bien à travers cette dernière. La sagesse, en matière de géopolitique intérieure n'est pas au-dessus de tout soupçon.

Quoi qu'il en soit, ce pont constitue un point de repère. Il est l'artère vitale du trafic routier entre les villes voisines que sont Wiesbaden et Mayence, et le symbole de la compatibilité de l'incompatible. Il représente en quelque sorte un boulevard d'accès à la splendeur mayençaise. En effet, il est axé sur les palais baroques abritant le Landtag et la chancellerie du ministre-président.

Ces deux derniers bâtiments se dissimulent derrière leurs rampes d'accès, comme si le fait que la «Deutschordenshaus» (ancienne commanderie des chevaliers teutoniques) et le Zeughaus (Ancien Arsenal) soient également situés dans le prolongement du château des Princes-Electeurs, représentait un faste ne seyant pas vraiment à des dirigeants de province. Il faut dire, pourtant, que le château se prête on ne peut mieux au Carnaval de Mayence, de même que l'Ancien Arsenal cadre à la perfection avec le Südwestfunk, la Radio-Télévision du Sud-ouest. Le fardeau du passé, quand c'est celui de l'époque féodale, est finalement plus facile à porter pour ceux qui sont nés «plus tard» et ne peuvent, de ce fait, être tenus pour responsables de l'histoire plus récente de l'Allemagne.

L'entrée en matière est en tout cas impressionnante, à croire que le maître de céans, a voulu, d'entrée de jeu, mettre ses atouts majeurs sur la table. Mais on peut s'en imaginer d'autres, non moins représentatifs: la confluence de la Moselle au Deutsches Eck, près de Coblence par exemple, ou la Porta Nigra à Trèves, voire la douzaine de ponts enjambant le Rhin et les 15 bacs faisant la navette entre les rives du Bade-Wurtemberg et de la Hesse. Les contours de ce Land sont, ainsi, déjà esquissés: il s'étend de l'Alsace aux portes de Bonn, du Luxembourg à la Sieg, car, au nord de Bacharach, certains territoires de la rive droite du Rhin sont déjà compris dans le compte, à savoir plus de 50 kilomètres du cours inférieur de la Lahn, ainsi qu'un bout du Hintertaunus et le Westerwald. Ce «petit pays», où vivent tant les enfants chéris du Bon Dieu que leurs parents pauvres, ne présente pas un caractère très homogène et on ne peut nier la modicité de ses dimensions: ses quelque 20 000 kilomètres carrés en font l'un des six plus petits Länder de l'Allemagne réunifiée. Il se compose de six régions se distinguant par leur paysage et ayant aussi peu de choses en commun que l'industrie de la pierre ponce à Weißenthurm (face à Neuwied) et l'Institut de Recherche œnologique de Geilweilerhof, près de Siebeldingen dans le Palatinat rhénan, ou que la villa romaine, près d'Ahrweiler, et Ludwigshafen, métropole de la chimie et fondation concurrente du roi de Bavière.

D'une certaine manière, le Bon Dieu, suivant les caprices de son génie créateur, avait fort bien agencé les éléments de son puzzle, en l'occurence le Massif schisteux rhénan et la vallée moyenne du Rhin, avant que les autorités d'icibas, penchées sur leurs cartes géographiques, viennent, d'un grand coup de leurs crayons de couleur, raturer cette divine création. Le Rhin dépèce Mayence aussi manifestement que le 50ème degré de latitude y passe inaperçu; il sépare la ville des possessions diocésaines du Rheingau ayant fait partie autrefois de l'électorat de Mayence, mais unit Montabaur, ancienne résidence des princes-électeurs de Trèves, au massif du Haut-Westerwald ainsi qu'à certaines parties du Siegerland situées dans la nouvelle circonscription administrative de Coblence, tout cela en sa qualité de plus long fleuve de ce «petit pays», puisqu'il coule sur une longueur d'environ 100 kilomètres à travers le Palatinat, de Kaub au Rolandseck.

Les autorités ne s'étaient pas compliqué l'existence. Un an après la fin de la guerre, elles instaurèrent le Land de Rhénanie-Palatinat au sein de la zone d'occupation française.

Sur le plan historique, le Land se compose du Palatinat bavarois et de la Hesse rhénane ainsi que de certaines parties de Hesse-Nassau et de la Prusse-Rhénane.

Un «petit pays» d'une taille imposante. S'étendant de la frontière régionale à l'ouest jusqu'au Rhin, de la Sarre à la Sieg, il constituait, avec ses châteaux forts, (environ 400), ses cathédrales (Mayence, Worms, Spire et Trèves), ses résidences impériales (Ingelheim, Mayence, Spire, Kaiserslautern, Sinzig), son passé romain si tangible, ses évêchés (Mayence, Trèves), ses forêts et ses collines recouvertes de vignobles mais aussi avec le Rhin, appelé «ruelle médiévale de la prêtraille», incontestablement le cœur du Saint Empire romain germanique. Les plus puissants parmi les princes de l'empire siégèrent à Mayence, le château des Hohenstaufen, Trifels, abritait le trésor où étaient conservés les insignes de l'empire, Spire fut la nécropole des empereurs et rois saliens et, par la suite, théâtre de l'identité protestante. L'Histoire voulut plus tard également que d'autres sites, tels que le château de Hambach – en raison de la Fête nationale qui y eut lieu en 1832 – ou Oggersheim, lieu de naissance de l'actuel chancelier allemand, accèdent à la célébrité.

A partir de l'époque à laquelle le Roi Soleil français convoita l'héritage de sa belle-sœur, Liselotte, la princesse palatine, l'histoire de ces provinces fut profondément marquée par une animosité héréditaire envers la France, animosité lourde de conséquences. Elle culmina en 1801 au Traité de paix de Lunéville, dans la cession à la France de la rive gauche du Rhin. Ces événements eurent une grande portée mais furent sans conséquences véritablement durables. La Deutschordenshaus, à Mayence, devint résidence du commandant de place français et palais de l'empereur Napoléon; après la Première Guerre mondiale, elle hébergea le général français commandant du corps d'armée. Coblence accède alors au rang de chef-lieu du département «Rhin-Moselle» et, à l'issue de la Deuxième Guerre mondiale, est élu dans un premier temps capitale du Land de Rhénanie-Palatinat. La plus puissante forteresse des bords du Rhin n'est démantelée que sous le second empire.

Le cadeau du boucher avare

Tandis que les vignobles fructifiaient en bordure du Rhin, les conflits et les chants révolutionnaires s'y multipliaient, juste à l'endroit où, en son cours moyen, le fleuve se fait romantique. Hintertaunus et Westerwald demeurèrent à l'écart des désordres rhénans de cette époque. Mais, c'est à l'abbaye de Maria Laach, située dans le massif de l'Eifel, que Konrad Adenauer, limogé de ses fonctions de premier bourgmestre de Cologne, vint se soustraire aux poursuites auxquelles il fut exposé sous le troisième Reich. L'Eifel et le Hunsrück, furent, eux aussi, épargnés par les remous dont fut agitée la scène politique mondiale, à l'exception des rivalités territoriales entre les évêchés.

A la recherche d'une parabole applicable aux pays rhénans, l'économiste Friedrich List, de Tübingen, eut, un jour, une idée lumineuse. Ce pays des bords du Rhin, écrit-il au milieu du XIXe siècle, «est le morceau d'aloyau du bœuf allemand et le nord-est le cadeau ingrat, à moitié immangeable et à moitié maigre du boucher avare». Peut-être cette distinction concerne-t-elle même la majeure partie de la Rhénanie du Nord-Westphalie, de la Sieg au Mittellandkanal, et vaut également pour la pointe du petit Land de Rhénanie-Palatinat, sur la rive droite du Rhin, de même que pour le Niedertaunus et le Westerwald. Du point de vue du paysage, ceux-ci ne manquent pourtant pas totalement d'attrait. Mais, l'euphorie créatrice s'est visiblement épuisée à façonner les chefs-d'œuvre des bords de l'Ahr, de la Moselle et de la Nahe.

A partir d'un certain moment, le boucher avare n'éprouva plus l'envie de continuer. Les hauts plateaux du Hunsrück et de l'Eifel, entre les affluents du Rhin, de même que le Westerwald, témoignent d'une certaine routine et de l'indifférence de leur créateur. Il balança, dans cette contrée du Bas-Westerwald une dernière et énorme motte de terre argileuse, destinée à la confection des chopes à bière et des cruches à cidre célèbres dans le monde entier, peaufina, sans trop de zèle, les sommets basaltiques arrondis, composant au passage la chanson de route fort populaire «ô belle forêt de Westerwald», qui en réalité n'en est pas une, puisque l'on ne trouve, en réalité, que des pâturages pour troupeaux de moutons migrants et des haies vives, dans cette région où le printemps est tardif et froid, n'y faisant son entrée qu'avec trois semaines de retard par rapport à la vallée du Rhin. Wilhelm Heinrich Riehl, historien de l'art originaire de Biebrich, sur la rive droite du Rhin, et excellent connaisseur de cette région, n'avait aucune sympathie pour le Westerwald qu'il appelait «Sibérie de Nassau».

Il en va de même des hauteurs du Massif schisteux rhénan, sur la rive gauche du Rhin. Du point de vue du paysage, l'Eifel et le Hunsrück présentent un vif contraste avec les vallées qui les entourent. Toutefois, la monotonie de l'Eifel est atténuée par les «Maare», caractéristiques de cette contrée, qui sont des lacs de forme circulaire ou ovale, nés au creux d'anciens cratères de volcans. L'Eifel est et demeure une contrée à faible densité de population, constituée de roches basaltiques, de laves et de tuf – «le parent pauvre de la Prusse». Les paysans de ces hauts plateaux balayés par le vent n'auraient pas pu dire avec exactitude où se trouvait leur «pays». Il y a 150 ans de cela, Karl Simrock, professeur à Bonn, avait fait l'observation suivante: «De quelque côté que l'on y arrive, nulle part les gens ne veulent habiter dans l'Eifel, partout celle-ci ne commence qu'à trois heures de chemin». Et pourtant, ainsi le notait-il, l'Eifel n'est ni inhospitalière, ni aussi uniforme que le Hunsrück, ni non plus aussi rude et sauvage que le Westerwald. Le Hunsrück, dont le nom dériverait du mot «Hunderücken», c'est-à-dire «dos du chien» est, lui aussi, désavantagé par la nature. En Hesse rhénane, une exploitation agricole familiale ne dispose généralement que d'une superficie de douze hectares, tandis que la norme est de vingt hectares dans le Hunsrück, l'Eifel et le Westerwald.

Quoi qu'il en soit, on trouvera dans le Hunsrück tant des forêts que des grandes chasses traditionnelles, des scieries, des carrières d'ardoises de toiture ou des bases militaires désaffectées. Le vin, dit-on au Hunsrück nous arrive des quatre points cardinaux: de la Moselle, du Rhin, de la Nahe et de la Sarre.

Un vin qui donne des ailes

Il suffit d'enjamber la Nahe pour que le «petit pays», si fécond en surprises, se métamorphose, passant du repaire glacial et humide qu'il fut à Schinderhannes, brigand de grand chemin, aux paysages privilégiés de la Hesse rhénane et du Palatinat rhénan, ensoleillés et sereins, constituant la région la plus chaude et la moins pluvieuse d'Allemagne. Le soleil y brille en moyenne 1650 à 1700 heures par an. C'est là que se trouvent notamment les vignobles des bords du Rhin et ceux qui s'aggrippent aux collines de la Hesse rhénane, mais aussi l'océan de vignes de la plaine du Rhin supérieur. Pour les connaisseurs en vins, les noms des petits villages de cette région tintent comme une volée de cloches les grands jours de fête. Sur le front rhénan (entre Mayence et Worms), il y a là Nierstein, Nackenheim, Guntersblum, dans le Palatinat: Deidesheim, Forst, Ruppertsberg. Le Land de Rhénanie-Palatinat compte six des 13 régions viticoles d'Allemagne: des vins rouges de l'Ahr – les vignobles situés le plus au nord à l'échelle mondiale – aux rangées de ceps de la Route allemande du Vin dont le moût accuse le plus haut poids spécifique jamais enregistré. La Hesse rhénane et le Palatinat rhénan, les deux plus importantes régions viticoles allemandes, fournissent environ la moitié et – si l'on y ajoute les rendements de l'Ahr, de la Moselle-Sarre-Ruhr, du cours moyen du Rhin et de la Nahe –, près des trois-quarts de l'ensemble de la récolte en Allemagne.

L'art de vivre des habitants de la Rhénanie et du Palatinat est stimulé par le vin. Dans les champs et sur les terres de la Hesse rhénane poussent tournesols, asperges, fraises, abricotiers et cerisiers marasques, dans le Palatinat rhénan amandiers, chataîgniers et figuiers. Cette région possède également la plus grande zone boisée d'un seul tenant existant en République fédérale, la Forêt du Palatinat. Le comble de la félicité, ce sont, ici, le vin et les Weinstuben, de même qu'à l'automne, le vin nouveau, que l'on accompagne d'une tarte à l'oignon. L'homme du Palatinat ne souhaite rien de plus, au petit déjeuner, que de déguster un Handkäse (petit fromage au cumin arrosé d'une marinade à base d'huile et de vinaigre) avec un morceau de pain tout en buvant un verre de «Raddegaggel», le vin rapeux et fort sec de la contrée. Les habitués des Weinstuben sont d'accord pour dire que la mort perdrait de sa cruauté si l'on pouvait au moins être sûr de trouver une petite auberge pour boire son vin dans l'immensité des cieux.

Le goût, bruyant, des habitants de Rhénanie et du Palatinat pour le vin, de même que le culte dont il y fait l'objet n'est pas sans ressembler à une malicieuse vénération. Ils ornent, en effet, les madonnes de leurs églises villageoises de feuilles de vigne et déposent des grappes de raisin dans la main de l'Enfant Jésus. A Bad Dürkheim, on pourra voir le plus grand tonneau (1,7 million de litres) et assister à la plus grande fête du vin (Dürkheimer Wurstmarkt) existant au monde. Le contenu résinifié d'une bouteille remontant à l'époque des Romains et conservé au Musée du Palatinat de Spire, représente le plus vieux vin qui soit.

Et, si le compagnon de la dive bouteille, en état de béate ivresse, venait à parcourir en titubant le demi-cercle presque parfait que décrit Mayence – partant du Rolandsbogen (Arc de Roland), situé près de ce qui fut autrefois la frontière entre Germania superior et Germania inferior pour aller jusqu'à la «Porte allemande du Vin», près de Schweigen dans le sud du Palatinat, ou de Drachenfels pour en arriver à Neulauterburg, près de Lauterbourg, il serait en droit de penser que la Porte du Vin qui clôture la Route allemande du Vin – pourrait, selon l'angle sous laquelle on la considère, tout aussi bien jouer le rôle de porte d'entrée pour ceux qui viennent du sud que celui de sortie en direction du voisin français.

Romantischer Rhein: Trutzig steht Burg Katz, 1370 von Graf Johann von Katzeneln-bogen gegründet, über St. Goarshausen. Ganz in der Nähe befindet sich der sagen-umwobene Loreleyfelsen.

The Romantic Rhine: The fortress of Katz, founded in 1370 by Count Johann von Katzenelnbogen, stands defi-antly over St Goarshausen. Close by is the legendary Loreley rock.

Le Rhin romantique: le châ-teau fort de Katz, érigé en 1370 par le comte Johann von Katzenelnbogen, dresse son imposante silhouette sur les hauteurs dominant St-Goarshausen. Tout près de là, se trouve le légendaire rocher de la Loreley.

Am Deutschen Eck bei Koblenz fließen Rhein und Mosel zusammen. Erst vor wenigen Jahren erhielt die Reiterfigur Kaiser Wilhelms I. wieder ihren Standplatz – über fünf Jahrzehnte war der Sockel ein Mahnmal zur Wie-derherstellung der deutschen Einheit.

The confluence of Rhine and Moselle at Deutsches Eck near Koblenz. The statue of Kaiser Wilhelm I mounted on horseback was replaced only a few years ago – for over five decades its pedestal stood as reminder of the need to restore Germany unity.

C'est à la pointe formée par le Deutsches Eck, près de Coblence, que confluent le Rhin et la Moselle. Il y a seu-lement quelques années que la statue équestre de l'empe-reur Guillaume Ier a réintégré la place qu'elle occupait initia-lement. Pendant plus de cinq décennies, le socle tint lieu de monument exhortant au réta-blissement de l'unité alleman-de.

Die Eifel, das sind die Maare, mit Wasser gefüllte Krater – hier das Weinfelder Maar. Vor 10 000 Jahren rauchten in dem Hochland zwischen Mosel und Kölner Bucht noch die Vulkane.

Characteristic of the Eifel are volcanic lakes, water-filled craters like the Weinfelder Maar pictured here. Ten thousand years ago there were still active volcanoes in the highland region between the Moselle and the Kölner Bucht.

L'Eifel, ce sont les «Maare» , cratères remplis d'eau, tel le «Weinfelder Maar», que l'on voit ici. Il y a 10 000 ans, des panaches de fumée s'échappaient encore des volcans en activité sur les hauts plateaux, entre la Moselle et le Bassin de Cologne.

Burg Eltz, das Urbild der Burgenromantik, liegt auf steiler Höhe am unteren Elzbach, einem Zufluß zur Mosel.

Burg Eltz, the archetypal romantic castle, stands high on a steep slope over the lower Elzbach, a tributary of the Moselle.

L'ancienne forteresse d'Eltz, archétype du château médiéval nimbé de romantisme, se dresse sur un promontoir surplombant le cours inférieur de l'Elzbach, un affluent de la Moselle.

Zu den eindrucksvollsten Bauwerken in der Eifel gehört die Klosterkirche von Maria Laach. Die 1093 gegründete Benediktinerabtei ist eines der kulturellen Zentren des Katholizismus in Deutschland.

The monastery of Maria Laach is one of the most impressive pieces of architecture in the Eifel. Founded in 1093, the Benedictine abbey is one of the cultural centres of Catholicism in Germany.

L'église abbatiale de Maria Laach fait partie des édifices les plus remarquables de l'Eifel. Cette abbaye bénédictine, fondée en 1093, est l'un des centres culturels de l'Eglise catholique en Allemagne.

Trier, die alte Römerstadt, ist Hauptort des Weinbaugebiets Mosel-Saar-Ruwer. Die römische Basilika aus dem 4. Jahrhundert überragt den kurfürstlichen Palast.

The old Roman city of Trier is the main centre of the Moselle-Saar-Ruwer wine-growing region. The fourth-century Roman basilica towers over the electoral palace.

Trèves, ancienne cité romaine, est le centre de la région viticole «Mosel-Saar-Ruwer». La basilique romaine, remontant au IVe siècle, domine le Palais des Princes-Electeurs.

Hoch über Cochem und der Mosel erhebt sich die ehemalige Reichsburg, die im vorigen Jahrhundert restauriert und wiederaufgebaut wurde.

High above Cochem and the Moselle towers the former Reichsburg, which was restored and reconstructed in the last century.

Sur un promontoir surplombant Cochem et la Moselle, se dresse le Reichsburg, ancien château médiéval restauré et reconstruit au siècle dernier.

Die Fähre nach Beilstein. „Du grünster der Flüsse", schrieb bereits im Jahr 371 ein römischer Dichter über die Mosel.

The ferry to Beilstein. As long ago as 371 AD a Roman poet wrote of the Moselle as "You greenest of rivers."

Le bac menant à Beilstein. «O toi, le plus verdoyant de tous les fleuves», écrivait déjà un poète latin, en 371, à propos de la Moselle.

Die Pfalz ist eine der großen Weinregionen Deutschlands. Eine besondere Reputation genießen die Weine der kleinen Gemeinde Forst bei Bad Dürkheim.

The Palatinate is one of Germany's great wine-producing regions. The wines of the small community of Forst near Bad Dürkheim enjoy a particularly good reputation.

Le Palatinat est l'une des grandes régions viticoles d'Allemagne. Les vins de la petite commune de Forst, près de Bad Dürkheim, sont particulièrement réputés.

Der Pfarrer Georg Friedrich Blaul fand in Deidesheim im vergangenen Jahrhundert genügend „angenehme Hindernisse, durch die man sich gern aufhalten läßt". Dazu gehörte sicher auch das historische Rathaus mit der schönen Freitreppe von 1724.

In the nineteenth century Pastor Georg Friedrich Blaul found in Deidesheim sufficient "pleasant hindrances one enjoys being delayed by." These certainly included the historic Rathaus with its attractive external staircase dating from 1724.

Au siècle passé, le prêtre Georg Friedrich Blaul trouva à Deidesheim suffisamment «d'obstacles agréables invitant à s'y attarder avec plaisir». L'hôtel de ville historique, construit en 1724 et doté d'un superbe perron en faisait assurément partie.

Neustadt an der Weinstraße ist die größte weinbautreibende Gemeinde Deutschlands. Neben dem Rebensaft locken auch die Fachwerksträßchen, wie hier die Hintergasse, in die Altstadt.

Neustadt on the German Wine Road is Germany's biggest wine-growing community. Along with the wine there are a multitude of narrow streets lined with half-timbered houses, like Hintergasse pictured here, to attract visitors to the historic town centre.

Neustadt an der Weinstraße est la plus vaste des communes d'Allemagne se consacrant à la viticulture. Le visiteur en appréciera, certes, le jus de la treille, mais il sera également séduit par les ruelles de la vieille ville, bordées de maisons à colombages, telle la Hintergasse que l'on voit ici.

Wein stimmt gesellig, ob im Gasthaus oder inmitten der Reben bei einer Pause während der Lese.

Wine makes for a convivial mood, whether in the tavern or amidst the vines during a break from harvesting.

Le vin dispose à la convivialité, qu'on le boive dans les auberges ou au cœur des vignobles en faisant une pause pendant les vendanges.

Tausende freiheitlich gesinnter Bürger zogen im Mai 1832 zum Hambacher Schloß, um für Demokratie und die Einheit Deutschlands zu demonstrieren. Das Land bestand damals aus vielen Einzelstaaten, die locker im Deutschen Bund zusammengeschlossen waren.

In May 1832 thousands of freedom-loving citizens marched to Hambach palace to demonstrate for democracy and German unity. At that time Germany consisted of many individual states loosely linked in the German confederation.

Des milliers de citoyens épris de liberté marchèrent, en mai 1832, sur le château de Hambach pour manifester en faveur de la démocratie et de l'unité allemande. Le pays était alors constitué de nombreux Etats, indépendants les uns des autres, associés par des liens assez laches au sein de la Confédération germanique.

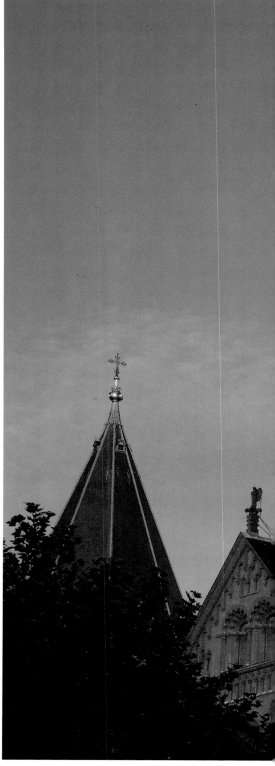

Der 1061 geweihte Kaiserdom ist das Wahrzeichen der am Rhein gelegenen Stadt Speyer. Acht deutsche Kaiser und Könige sind in der Krypta des romanischen Bauwerks begraben.

The imperial cathedral, consecrated in 1061, is the emblem of the town of Speyer on the Rhine. Eight German emperors and kings are buried in the crypt of the Romanesque building.

La cathédrale impériale, consacrée en 1061, est le symbole de la ville de Spire qui s'étend en bordure du Rhin. Huit empereurs allemands sont enterrés dans la crypte de cet édifice de style roman.

Der Rhein trennt Ludwigshafen von Mannheim und Rheinland-Pfalz von Baden-Württemberg. Der Hafen der „Chemiestadt" ist eines der wirtschaftlichen Zentren der Rhein-Neckar-Region.

The Rhine separates Ludwigshafen from Mannheim and Rhineland-Palatinate from Baden-Württemberg. The port of the "chemicals city" is one of the industrial centres of the Rhine-Neckar region.

Le Rhin sépare Ludwigshafen de Mannheim et la Rhénanie-Palatinat du Bade-Wurtemberg. Le port de la «ville de la chimie» est l'un des centres économiques de la région Rhin/Neckar.

Das Herz der Landeshaupt-
stadt Mainz ist der Kaiserdom
St. Martin und St. Stephan.
Seinen spätromanischen
Westbau überragt der Chor-
turm aus dem 18. Jahrhun-
dert.

Heart of the state capital
Mainz is the imperial cathedral of St Martin and St
Stephan. The eighteenth-cen-
tury choir tower rises above
its late Romanesque west section.

Le cœur de la capitale du
Land, Mayence, est occupé
par la cathédrale impériale St-
Martin et St-Stéphane. Son
bâtiment occidental, construit
dans le style du roman tardif
est surplombé par la tour du
chœur, datant du XVIIIe
siècle.

Urweiler Elegie
Ludwig Harig

Zuerst ist alles ganz einfach und kein Grund zur Klage, denn ein Baum ist ein natürliches Wesen, und wenn es eine Birke, eine Fichte, eine Pappel ist, dann ist sie schön, wenn sie schlank emporsteigt, und wenn es eine Eiche ist, dann muß sie sich krümmen, um schön zu sein. Eine Zeche dagegen ist nur etwas Künstliches, und weil uns Schiller nicht gesagt hat, wie eine Zeche gebaut sein muß, um schön zu sein, lassen wir sie eben unverändert häßlich, allenfalls unschön, am besten nichts anderes als eine Zeche sein. Aber schon wer diesem dritten Satz folgt, welcher davon spricht, wie sich jemand auf dem Weg über die Autobahn nach Saarbrücken weder durch die bukolischen Gemarkungen der Landwirtschaft bewegt, noch durch die urbanen Systeme der Industrie reist, sondern immer und mit jedem Augenaufschlag durch beides zugleich unterwegs ist, nämlich durch das Vorhandene und das Hergestellte, durch das immer schon Gewesene und das später erst Gemachte, durch ein Stück Natur und ein hinzugefügtes Gebilde aus Menschenhand, der fährt gleichsam auch an einem Satz Hegels entlang, und ihn ergreift das tiefe Ach, warum nicht diese Kiefern im Wiesenbruch von Eichelscheid, warum nicht dieser sanfte Bodenschwung ins Grumbachtal, warum nicht diese Blumenwiese über Limbach schön und also gar nicht tief und ungeachtet sind.

Er folgt also diesem ersten, diesem zweiten und diesem dritten Satz, dieser Blumenwiese über Limbach, diesem Bodenschwung ins Grumbachtal, diesen Kiefern bei Eichelscheid, und unvermittelt liegt Saarbrücken vor ihm: das Ölgemälde der Barockresidenz von 1770 mit dem weißen Schloß in der Mitte, den Terrassen zum Schloßgarten hinunter, den prächtigen Häusern der Talstraße, den Kirchen über den Dächern, der alten Brücke über den Fluß, und St. Johann am rechten Ufer zwischen den Zwiebeltürmen der beiden Kirchen, und zugleich auch aufgeschlagen das Buch des Freiherrn von Knigge mit seinen verblümten Schmeicheleien. Aber die Uferwiesen und den Stadtwald außerhalb der Mauern gibt es nicht mehr, Saarbrücken ist nicht mehr der lichte Punkt Goethes, ist nicht mehr die Stadt von zierlichem Umfange Knigges, und nach den Bomben des Zweiten Weltkrieges ist es auch nicht mehr ganz die städtische Bürgeridylle.

Ehemals warf Brebachs Eisenhütte Rauchschwaden und Funken empor, wenn die Luft der Gebläse durch die Konverter strich. Aber der Schlot des Fernheizwerks ragt jetzt über dem Schwimmschiff auf, und die Qualmwolken vom anderen Ende der Stadt ziehen mächtiger herüber. Über Brebachs Kränen und Stahlgestän-

gen thront nicht mehr der Geheime Rat von Stumm in seinem Herrensitz auf dem Halberg. Wohl begann hier die Geschichte der Stadt, zu Füßen des Bergs schlugen die Römer eine Brücke über den Fluß, errichteten ein Kastell und schürften im Schutz der zugespitzten Pfähle im Buntsandstein. Wohl baute hier Fürst Kraft sein Lustschloß Mon Plaisir, und Gottfried Benns später Nachruf, daß ihm über die Bahre hinweg neben der Industrie auch alles Gute, Schöne, Wahre ein letztes Halali zurufen möge, gilt nicht allein dem feinsinnigen Geheimen Rat. Aber über der Heidenkapelle, dem römischen Mithrasheiligtum von einst, hütet heute der Intendant des Saarländischen Rundfunks die bekehrten Werte des Abendlands sittenstreng und stereophon. Auch für ihn werden die Worte Gottfried Benns nicht in den Äther geredet sein, denn dieser trägt Europas Welle fort in alle Welt, und die Botschaften aus Saarbrücken sind für alle Völker moderiert. Hier tritt die Saar ins breitere Tal, längst ist sie nicht mehr elsässisch, nicht mehr lothringisch, nicht mehr französisch, längst sind es nicht mehr weiße und rote Saar, hier ist sie schwarz, deutsch und unpolitisch.

Drüben in Altsaarbrücken verkauft sich der Ludwigsplatz als Ansichtskarte. Stengels barocke Palais beherbergen heute wie ehedem die bürgerlichen Idyllen. Am frühen Morgen liegt geblümtes Bettzeug in den Fenstern, und wenn es Abend wird, kommen die jungen Grafiker aus der Hochschule der Bildenden Künste, ernst und gescheit, mit langen Haaren und Rüschenhemden, wie Hölderlin, von Maler Hiemer konterfeit.

Von hier aus ist es nicht weit zur Grenze, die schon Wolfgang Koeppen nicht mehr gefunden hat. Denn die Grenze ist keine Grenze mehr, die Bergmannsbauern aus Forbach und St. Avold betreten am Wochenende die Karadschas, die Darius in der Futterstraße vor seinem Teppichladen ausgebreitet hat, genau so forsch und einkaufslustig wie die Ackerbürger aus dem Köllertal. Über die unsichtbare Grenze hinweg fahren die Hüttenarbeiter aus den tausendjährigen Dörfern zum Wochenendpicknick in die Wälder von Pont-à-Mousson. Liegestühle und Sonnenschirme stehen am Waldrand, der Vater grillt Würste auf dem Rost, die Mutter blickt in die Natur. Bei der Rückkehr spät abends geht der Blick von der Bellevue am Schanzenberg vorbei auf die Kohlenkähne, die auf der Eisenstraße nach Völklingen schwimmen.

Das Rathaus in Völklingen ist ein Eisenhanskäfig, und wenn man durch die blauschimmernden Fenstergläser hindurchsehen könnte, so läge da der wilde Mann, der braun am Leib ist wie rostiges Eisen und dem die Haare über das Gesicht bis zu den Knien herabhängen. Denn die Fassade dieses schönen kubischen Baues ist schon verrostet, bevor die Stadtväter den wilden Mann verjagen. Sie ist aus rostigen Stahlplatten gebaut, die gar nicht erst zu oxydieren brauchen. Vom Kraftwerk Fenne im Norden weht der Wind den Geschmack nach Kohlenmehl, das auch die Gärten und die Wiesen sanft bestäubt. Hier atmen die Gesteinstaublungen unverdros-

sen tief, dieweil der letzte Sauerstoff zu den Partnern des Gemeinsamen Marktes zieht. Die Oxygen-Saar ist Europas größtes Sauerstoffwerk, aus seinen Röhren fließt die Atemluft, mit der die Partner schweißen, brennen, schmelzen, sprengen und Raketen treiben können.

Aber schon vor den Eingangstoren der Hütten und Gruben grünt der Wald. Der saarländische Bergmannsbauer ist nicht der Kumpel von der Ruhr. Lange Zeit hat er noch seine Ziege gehütet. Er ist beides zugleich, derb und zartfühlend, aber er weiß auch, wen er mit Glacéhandschuhen anfaßt und wohin er mit den Grubenschuhen tritt. Wenn bei den Diplomatenjagden im Warndtwald seine rote Treibermütze leuchtet, dann hat er seine Hasen schon im Trockenen. Hinauf zum Brennenden Berg im Wald zwischen Sulzbach und Dudweiler geht eine Erinnerung an Kindertage, vielleicht ist es auch diese biographische Notiz Goethes, die die innere Hitze des Berges immer heftiger macht als sie dann ist, wenn man die Finger in die Spalten steckt. Noch jeder Großvater hat durch die Generationen hindurch Eier auf diesem Dampf gesotten. Aber das ist immer nur ihm selbst gelungen, und immer ist es lange her, seit er es zum letzten Mal getan hat. Das unterirdische Flöz schwelt unverwandt für eine Bronzetafel. Aber von hier aus öffnet sich die Gegend wieder nach den Schlackenbergen über Flitsch und Rehbach. Da liegt Dudweiler; zwar sind die alten Schlafhäuser längst abgerissen, das Mauerwerk an Waschkaue und Verladerampe ist verrottet, das Fensterglas der Maschinenhallen eingestoßen, aber die schöne Szenerie der Fördertürme von Jägersfreude her, das System der Brücken und Gestänge, die Struktur aus Stahl und glasiertem Backstein war auch der Nachweis Hegels gegen Wald und Strom. Wieder schließt sich das Gelände, der Wasserdampf zwischen den Buchenblättern löst sich im Gedächtnis auf, und die ungenauen Erinnerungen liegen im Hangenden.

Stollen und Schächte verzweigen sich, unter den Tälern verläuft das Netz der Kohlenlager. Die Erzzüge aus Lothringen rollen durch Sulzbach und Friedrichsthal, die Eisenbahnlinie nach Neunkirchen steigt an den Halden entlang. Auch sie liegen ein paar Jahrzehnte ungenutzt, aber das ausgemergelte Gestein ist nicht fruchtlos geblieben, und schon sind kleine Birken- und Pappelhaine daraus geworden. Vor der Lokomotive liegt der Hofer Kopf, zwischen den Backsteinknochen aus Buntsandstein fahren die Züge ins weit geöffnete Maul des Bildstocker

Tunnels. Jenseits steht es nach Landsweiler und Reden zu offen, und mit neuen Kränen und Türmen, mit neuen Weihern und Bergen verschlägt es ihm die kaum geäußerte Rede von Wald und Bewuchs.

Noch am späten Abend ist der Himmel über Neunkirchen ein expressionistisches Aquarell. Aber es ist das Aquarell eines naiven Sonntagsmalers, im Wasser gibt es viel Farbe, denn das Abendgewölk vermischt sich mit gelbem Rauch und rotem Qualm, der am Ende der Neunkircher Eisenzeit aus der Ferne herbeiweht.

Auf den gefurchten Ackerwellen des Muschelkalkmeers, auf versteinerten Schneckenschalen und Seelilien, blühen Weizen und Klee. Zwischen monströsen Ammonshörnern schießen Pappeln und Erlen, und die Obstbäume sind weit über die Hügel des Gaus verstreut. Aus dem Mandelbachtal steigt die Straße nach Erfweiler auf, der karge geschlemmte Rundturm der Kirche ist ein romanischer Bergfried.

Reinheim im Tal der Blies, mit ruhigen, dörflichen Maßen, öffnet sich schon nach Lothringen hin. Man steigt eine breite Treppe zum Rundturm der Kirche hinauf und eine schmale Straße an Bauernhäusern ins Dorf hinab. Eine Sandgrube gab das Grab einer keltischen Fürstin frei, ihre Goldgeschmeide liegen in den Vitrinen des vor- und frühgeschichtlichen Museums in Saarbrücken. Hoch zieht sich die Birkenallee nach Medelsheim und Peppenkum; wenn im Frühmärz der Schnee vergeht, wiederholt sich das Weißbraun der Ackerfurchen im Gesprenkel der Birkenrinde.

Die romanische Kirche von Böckweiler ruht auf prähistorischen Gräberfeldern, das barocke Schloß von Blieskastel stand auf festem Fels. Aber das Schloß ist abgebrannt, nur ein nüchterner Bau an seiner Stelle und die Orangerie im halbwilden Garten samt der Schloßkirche mit den beiden gezwiebelten Dachreitern lassen an Marianne von der Leyen denken. Der Gollenstein auf der Alschbacher Höhe hat Revolutionen und Niederlagen überdauert. Ein Feldhase sitzt am Weg, er spitzt die Löffel und scheint für einen Augenblick ein zweiter, kleiner Megalith zu sein. Aber am Abend liegt er im Gasthaus Schwalb in der Pfanne, und in der getäfelten Gaststätte warten Rotgerber Toussaint La Marche und Bäcker Krätz in der Jakobinermütze auf den gespickten Braten. Freiheit, Gleichheit und Brüderlichkeit herrschen auch beim Pferderennen auf dem Webenheimer Bauernfest. Die Hengste galoppieren unter den blauen, den weißen, den roten Blusen.

Neben dem Ziehbrunnen auf dem Klosterberg in Wörschweiler gibt es ein Loch, das mit Steingeröll zugestopft ist. Ist hier der Einstieg zum unterirdischen Gang nach der römischen Siedlung von Schwarzenacker? Die Schloßberghöhlen von Homburg bergen den Sand, der früher über Böden und Papiere glitt, zum Scheuern

und zum Löschen, jetzt liegt er ungenutzt, und die Sonntagsausflügler nehmen ihn in ihren Schuhen mit nach Hause. Über Websweiler und Münchwies führen die Wanderwege ins Ostertal, wo am letzten Sonntag im Juli Blasmusikanten und Gesangvereine unter der Dörrenbacher Buche agieren. Aus Remmesweiler kommt der Weinhannes, aus Ottweiler der Ratzehannes, aus Landsweiler der Wingrath, aus Schiffweiler der Schnallematz, aus Habenichts die Habenichtse. Aber alle fassen sie die Hüften der Mädchen und tanzen unter den Lampions.

Durch Roggen- und Kartoffelfelder führt die alte Römerstraße nach St. Wendel. Im dreigetürmten Dom liegen die abgefleischten Gebeine des Hirten, im Missionshaus ausgestopfte Nandus und Negerspeere. Nikolaus von Kues kam und lehrte das Zusammenfallen der Gegensätze.

Vom Bosenberg geht der Blick über die Hügel und Kuppen des Nahe-Berglands. Er geht zurück zu Schachtelhalmen und Siegelbäumen, zu den Erzgebissen der Lebacher Eier und zu den Amethystmägen der Weißelbergdrusen. Als die Sättel brachen, drangen die vulkanischen Quarzite und Porphyrite empor und wölbten die Decke der Erde. Darunter liegen die Achatmandeln vom Momrich und die goldene Kutsche vom Spiemont. Tholey am Fuß des Schaumbergs ruht um seine Benediktinerabtei. Auf dem frühgotischen Turm sitzen restauriert Haube und Laterne, verhalten wittert das Figurenportal. Dirmingen im Tal der Ill birgt alte Jagdgeheimnisse, Lebach im Tal der Theel die Sagen der Herren von la Motte. Heute steht der Gutshof wie ein ausrangierter Bahnhof da. Im Norden, hinter der schmiedeeisernen Eingangspforte, steigt die Straße nach Wadrill. Die Hunsrückberge erheben sich jäh über dem Tannenwald, vom Hunnenring sieht man über die Wipfel hinweg. Der Steinwall der Fliehburg türmt sich empor, im Innern hat die Waldameise ihren Bau gehäuft.

Am Rand des Schwarzwälder Hochwalds geht es bergab zur Saar. Scheiden, Bergen, Britten, drei Dörfer quer zur Straße nach Trier, verbinden Waldhölzbach und Saarhölzbach miteinander. Der Buntsandstein erhebt sich über den engen Schleifen, die Südhänge tragen Wein und nehmen die mittlere Mosel vorweg. Flußaufwärts liegt der Felsen der Cloef, von dem aus die Touristenaugen zum Hufeisen der Saarschleife starren. Eine Postkartenschönheit breitet sich aus, im bewaldeten Schenkeldreieck verbirgt sich Montclair, der helle Berg, aber unter den Trümmern der Ruine quakt noch immer die Riesenkröte.

An der Saar zwischen Wadgassen und Merzig wiederholt sich noch einmal das Doppelspiel der Kohlentäler. Doch nicht allein das stete Drehen der Räder, das immerwährende Rauschen der Kräne von Bous und Dillingen stört und stützt das gelassene Schweigen der Saargaudörfer, auch die Erde von den Äckern wirkt gewaltig, sie stillt und stopft die unersättlichen Baggermäuler an den Abraumhalden und deckt die Schlacke mit dem Humus zu. Merzig mit seiner spätromanischen Basilika hinter den Apfelbäumen, mit seinen Straßen und Plätzen zwischen

mittelalterlichen Häusern und Winkeln, Mettlach mit seinen Keramiken und Fayencen in der Benediktinerabtei, mit seinem Alten Turm, bargen dem Schriftsteller Gustav Regler nicht Sicherheit und Zuverlässigkeit, nicht Größe und Gewalt. Der barocke Quader spiegelt sich im Wasser der Saar, das ottonische Oktogon schmückt den Park von Villeroy & Boch.

Was ist das für ein schönes Land, in dem der Irre hell und der Helle irre ist? Die Kelten waren gekommen und hatten Hänsel und Gretel in den Sandstein gemeißelt, die Römer betraten den Mosaikfußboden in der Villa zu Nennig und schauten den Gladiatoren zu, die Franken drehten ihre Langschwerter um und schmiedeten die Scheibenfibel von Wittersheim. Der zähe Bauer von der Lisdorfer Au ist flink bei der Hand, und der flinke Arbeiter von der Röchlinghütte ist zäh im Joch. An der Asphaltstraße zwischen Oberkirchen und Leitersweiler sitzen die Mädchen am Brunnen und singen, und tief im Wald zwischen Dudweiler und Saarbrücken schaut der Schwarzenbergturm wie ein alter Chinese auf die Mandarine der Wissenschaft. Hier ist alles etwas weniger infrastrukturiert, aber die Sonnentage werden jährlich nicht weniger.

Und wer nun diesen allerletzten Sätzen folgt, der begibt sich unbeabsichtigt in eine Elegie, die nicht zu Tränen rührt: Überall wird er auf die bukolischen Gemarkungen in den urbanen Systemen und auf die urbanen Systeme in den bukolischen Gemarkungen stoßen. Aber schließlich wird er in den pastoralen Beschwörungen des einfachen Lebens auf dem Lande und in den industriellen Bestandsaufnahmen des Arbeiterdaseins in den Städten einen Zug zur Nutzlosigkeit, zur Steppe, zum Schrott, zum einfachen Luxus entdecken. Denn diese Wiesen, über die keine Sense mehr geht, sind nun Objekte zur Land-Art, und diese Fördertürme, die nichts mehr fördern, deren Räder sich drehen, wenn der Wind es will, sind zu monströsen Stahlplastiken Harry Kramers geworden. Aus den Befestigungswerken des Westwalls rieselt der Kalk aus dem Beton, und die Bunker sind nur noch Tropfsteinhöhlen. In Bernhard Scherys Fotoatelier steht Großvater Louis mit seinen uniformierten Söhnen vor derselben Attrappe wie Großvater Etienne, aber im schönen und liebenswürdigen Gerümpel, in Plunder und Trödel, in Bettel und Nippes ist kein Entrinnen aus den Zwängen. Nur, wenn in diesem zärtlichen Zug die Dinge durchschaubar werden. Glück auf!

Urweiler Elegy

Ludwig Harig

At first everything is quite easy and there is no reason for complaint, for a tree is a natural being, and if it is a birch, a fir or a poplar, it is beautiful when it is tall and slim, and if it is an oak it must be bent and twisted to be beautiful. A coal-mine on the other hand is something artificial, and since Schiller never told us how a mine has to be built in order to be beautiful, we just let it be consistently ugly, or at least unlovely, at best nothing more than a mine. But let someone follow this third sentence telling how a person travelling along the autobahn to Saarbrücken is passing neither through bucolic agricultural areas nor through urbane systems of industry but always and whenever he looks is travelling through both at the same time, through both what exists and what has been manufactured, through what has always been there and what was not made till later, through a piece of nature and an object added by human hand. He will, as it were, be following a sentence by Hegel and will be overcome by a deep sigh as to why these pine trees in the Eichelscheid meadows, why this gentle sweep of land down into the Grumbach valley, why this meadow of flowers above Limbach is not beautiful and is thus not deep and unheeded. Thus he follows this first, second and third sentence, this meadow of flowers above Limbach, this sweep of land into the Grumbach valley, these pine trees near Eichelscheid, and Saarbrücken lies directly before him: the 1770 oil painting of the Baroque capital with the white castle in the middle, the terraces leading down to the castle garden, the magnificent houses in Talstrasse, the churches rising above the roofs, the old bridge across the river and St Johann on the right bank between the onion towers of the two churches, and at the same time the opened book by Baron von Knigge, Germany's one-time arbiter of manners and taste, with his oblique compliments. But the riverbank meadows and the town wood outside the walls are no longer there, Saarbrücken is no longer Goethe's light spot, no longer Knigge's daintily proportioned town, and since World War II air raids it has no longer quite been urban bourgeois idyll.

The Brebach iron foundry used to throw up swirls of smoke and sparks when the air from the blasts stole through the converters. But now the district heating stack towers over the floating ship and denser clouds of smoke waft over from the other end of the town. Privy Councillor von Stumm no longer sits in his manor house on the Halberg lording it over Brebach's cranes and steel girders. This is where the town's history probably began. At the foot of the hill the

Romans built a bridge across the river, erected a fort and quarried the new red sandstone under the protection of sharpened stakes. This must have been where Prince Kraft built his summer residence Mon Plaisir, and Gottfried Benn's later obituary, that along with industry everything good, beautiful and true should sound a last note on the hunting horn across his bier, applies not only to the sensitive Privy Councillor. But above the Heidenkapelle, the heathens' chapel, once the Roman Mithras shrine, the director-general of the Saar broadcasting corporation guards the values of the west with strict morality and stereophonic sound. For him too Gottfried Benn's words will not have been uttered into the ether, for he carries Europe's wave all across the world, and the news from Saarbrücken is presented for all the peoples. Here the river enters a wider valley, it has long ceased to be a river of Alsace, Lorraine or France, long ceased to be the white and red Saar, here it is black, German and unpolitical.

Over in Old Saarbrücken, Ludwigsplatz sells like a picture postcard. Now as ever Stengel's Baroque palaces shelter bourgeois idylls. Early in the morning flowered bedclothes hang on the window sills, and when evening comes, young graphic designers emerge serious and clever from the College of Fine Arts, with long hair and frilly shirts, like Hölderlin portrayed by the painter Hiemer.

From here it is not far to the border which Wolfgang Koeppen failed to find. For the border is no longer a border. At the weekend the mining farmers from Forbach and St Avold step on the carpets Darius has spread out in front of his shop in Futterstrasse just as keen and eager to buy as the Köllertal farmers. Foundry workers from thousand-year-old villages drive across the invisible border to weekend picnics in the woods of Pont-à-Mousson. Deckchairs and sunshades are set up by the edge of the woods, father barbecues sausages, mother looks at nature. In the late evening, as they return, they look past Bellevue on the Schanzenberg to the coal barges floating on the iron road to Völklingen.

Völklingen Rathaus is like a cage, and if one could see through the gleaming blue window panes one would see the wild man of the fairy tale with a body brown as rusty iron and his hair hanging over his face down to his knees. For the facade of this fine cubist building has already rusted before the city fathers drive out the wild man. It is built of rusty steel sheets which have no need to oxydise.

From the Fenne power station to the North the wind blows the taste of coal dust, which gently settles on gardens and meadows. Here the black lungs of the rock continue breathing deeply undeterred while the last oxygen goes to Common Market partners. Oxygen-Saar is the biggest oxygen works in Europe. From its pipes flows the air which partners use to weld, burn, melt, blow up and to fuel rockets.

But right outside the entrance gates to pit and foundry the woods are green. The Saar mining farmer is not the pitman of the Ruhr. For a long time he still tended his goat. He is at once rough and tender-hearted, but he also knows who to handle with kid gloves and where to aim his pit-shoe kicks. When the brilliant red of his beater's cap is seen at diplomatic hunts in the Warndt forest, he already has his hares somewhere dry and sheltered.

A memory of childhood days goes up to the Brennender Berg (Burning Hill) in the woods between Salzbach and Dudweiler. Maybe it is this biographical note of Goethe which always makes the heat inside the hill much more furious than it is when you stick your fingers in the cracks. Every grandfather for generations has boiled eggs in this steam. But he was always the only one who could do it, and it was always a long time ago when he last did it. According to a bronze plaque the subterranean steam smoulders still. But from here the area opens up again towards the Schlackenberge hills above Flitsch and Rehbach. There lies Dudweiler: the old sleeping quarters have long since been demolished, the masonry by the pit-head baths and loading ramp has crumbled, the machine hall window panes have been smashed in, but the lovely sight of the winding towers seen from Jägersfreude, the system of bridges and struts, the steel and glazed brick structure was also Hegel's proof against wood and river. The terrain closes in again, the water vapour between the beech leaves dissolves in memory, and the imprecise recollections are left hanging in the air. Galleries and shafts branch out, the network of coal seams runs beneath the valleys. The ore trains from Lorraine roll through Sulzbach and Friedrichsthal, the railway line to Neunkirchen climbs up past the slag heaps. They too have been disused for several decades, though the exhausted stone has not remained barren, but has already turned into little birch and poplar groves. Before the engine lies the Hofer Kopf, the trains pass between the red sandstone brick bones into the wide-open jaws of the Bildstock tunnel. At the other end towards Landsweiler and Reden it is too open, and the new cranes and towers, new ponds and hills take away the words just spoken about woods and vegetation.

Late in the evening the sky over Neunkirchen is still an expressionistic water-colour. But it is the water-colour of a naive painter, there is a great deal of colour in the water, for the evening cloud mingles with the yellow smoke and red fumes wafting here from a distance at the end of the Neunkirchen Iron Age.

Wheat and clover blooms on the wave-like furrows of the muschelkalk sea, on fossilised snail shells and water lilies. Poplars and alders shoot up between monster ammonites, and fruit trees are scattered far and wide over the district's hills. From the Mandelbach valley the road climbs up to Erfweiler, the whitewashed round tower of the church is a Romanesque keep. Reinheim in the valley of the Blies, with its placid, village proportions, opens up towards Lorraine. One climbs up a wide staircase to the church's round tower and down a narrow street of cottages into the village. A sandpit revealed the grave of a Celtic princess, her gold ornaments lie in the glass cases of the museum of pre- and ancient history in Saarbrücken. The avenue of birches rises steeply to Medelsheim and Peppenkum; when the snow melts in early March the whitish brown of the furrowed fields is mirrored in the speckled birch bark.

The Romanesque church of Böckweiler stands on a prehistoric burial ground, the Baroque castle of Blieskastel stood on solid rock. But the castle burned down, only a plain building which took its place and the orangerie in the untamed garden, plus a plain building which took its place and the castle chapel with its two onion-shaped roof turrets remain as a reminder of Marianne von der Leyen.

The Gollenstein on Alschbach hill has outlasted revolutions and defeats. A wild hare sits on the path and pricks up its ears, looking for a moment like another, small megalith. But by evening he is in the saucepan at Gasthaus Schwalb, the panelled inn where tanner Toussaint La Marche and baker Krätz with the liberty cap wait for their larded roast. Liberty, equality and fraternity also rule the day at the Webenheim agricultural fair. The stallions gallop beneath blue, white and red blouses.

Next to the well on the Klosterberg in Wörschweiler there is a hole covered by a boulder. Is this the entrance to the subterranean passage to the Roman settlement at Schwarzenacker? The Schlossberg caves of Homburg hold the sand which formerly glided across floors and papers to scour or blot them. Now it lies unused, and Sunday trippers take it home with them in their shoes. Through Websweiler and Münchwies the footpaths lead into the Oster valley, where on the last Sunday in July brass bands and choirs perform beneath the Dörrenbach beech. There is Weinhannes from Remmesweiler, Ratzehannes from Ottweiler, Wingrath from Landsweiler and Schnallematz from Schiffweiler and others who shall be nameless. One and all they take the girls by the hips and dance beneath the lanterns.

Through fields of rye and potatoes the old Roman road leads to St Wendel. In the three-towered cathedral lie the skeletal remains of the shepherd, in the mission house stuffed rheas and negro spears. Nikolaus von Kues came here and taught the coincidence of opposites.

From the Bosenberg the gaze ranges across the hills and hilltops of Nahe-Bergland. It goes back to horsetail ferns and lycopodiums, to the bronze teeth of the Lebach eggs and to the amethyst stomachs of the Weisselberg druses. When the saddles broke, the volcanic quartzite and porphyry erupted and arched the earth's surface. Beneath it lie the agate almonds of Momrich and the golden coach of Spiemont. Tholey at the foot of the Schaumberg rests around its Benedictine abbey. On the early Gothic tower roof and lantern sit restored while the portal figures age gently.

Dirmingen in the Ill valley holds ancient hunting secrets, Lebach in the Theel valley the legends of the la Mottes. Now the family estate looks like a disused railway station. To the north, behind the wrought iron entrance gate, the road climbs to Wadrill. The Hunsrück hills rise abruptly over the pine forest, from the Hunnenring one can look across the treetops into the distance. The stone rampart of the Fliehburg towers up, inside it the red ant has built its hill.

From the edge of the Schwarzwälder Hochwald it is downhill to the Saar. Scheiden, Bergen, Britten, three villages lying at right angles to the Trier road, join Waldhölzbach and Saarhölzbach together. The red sandstone rises above the tight river bends, the southern slopes bear vines and anticipate the mid-Mosel. Upstream is the rock of Cloef, from which tourist eyes stare across to the horseshoe bend in the Saar. A picture postcard beauty spreads all around. Amidst the wooded Schenkel triangle hides Montclair, the bright hill, but beneath the ruins giant toads still croak.

Along the Saar between Wadgassen and Merzig the double game of the mining valleys is repeated. Not only does the constant turning of wheels, the everlasting roar of cranes from Bous and Dillingen disturb and support the calm silence of the Saar villages, even the earth in the fields seems powerful, it feeds and fills the insatiable mouths of the excavators on the slag heaps and covers up the slag with humus.

Merzig with its late Romanesque basilica behind the apple trees, with its streets and squares between mediaeval houses, nooks and crannies, Mettlach with its ceramics and faïence in the Benedictine abbey, with its Old Tower, offered the writer Gustav Regler neither security and reliability, nor greatness and power. The Baroque masonry is reflected in the waters of the Saar, the Ottonian Octogon adorns the park of Villeroy & Boch.

What kind of weird and wonderful land is this, where the madman is clever and the clever mad? The Celts had come and chiselled Hansel and Gretel into the stone, the Romans trod the mosaic floor in the villa at Nennig and watched the gladiators, the Franks turned their long swords round and forged their Wittersheim monument. The hardy farmer from the Lisdorfer Au is deft of hand, and the deft worker from the Röchling foundry is hardy in the yoke. By the asphalt road from Oberkirchen to Leitersweiler girls sit at the well and sing, and deep in the woods between Dudweiler and Saarbrücken the Schwarzenberg tower looks like an old Chinaman at the mandarins of science. Here everything is somewhat less infrastructured, but there are no fewer sunny days in the year.

And anyone following these last sentences enters unintentionally into an elegy which does not move to tears: everywhere he will come upon bucolic districts in urban systems and urban systems in bucolic districts. But everywhere in the pastoral entreaties of the simple country life and in the industrial stocktakings of the worker's existence in the towns he will discover a tendency to uselessness, to steppe, to scrap, to simple luxury. For these meadows over which the scythe no longer swings are objects of country art, and these winding towers which no longer lift anything, whose wheels turn only if the wind so desires, have become monster Harry Kramer steel sculptures.

Lime trickles out of the concrete of the Westwall fortifications, and the bunkers are just dripstone caves. In Bernhard Schery's photographic studio grandfather Louis stands with his uniformed sons against the same backdrop as grandfather Etienne, but there is no escape from compulsions in nice, lovable junk, in rubbish and lumber, in bric-à-brac and knick-knacks. Only if through this affectionate tendency things become transparent. Good luck!

Elégie d'Urweiler

Ludwig Harig

Tout est d'abord tout simple et il n'y a pas lieu de s'affliger, car un arbre est un être naturel que l'on trouve beau lorsque sa silhouette effilée s'élance dans le ciel, comme le bouleau, le sapin, le peuplier ou qui doit se voûter pour l'être, lorsqu'il s'agit du chêne. Une mine de charbon est, elle, artificielle, et Schiller ne nous ayant pas dit comment une mine doit être faite pour être belle, nous la laissons telle qu'elle se présente à nous, laide, tout au plus disgracieuse, une mine et rien d'autre. Mais celui qui nous suivra dans cette troisième phrase nous enseignant que la personne qui roule sur l'autoroute en direction de Sarrebruck ne se meut ni à travers une campagne bucolique, ni à travers les complexes industriels urbains, mais qu'elle n'a qu'à lever les yeux pour se rendre compte qu'elle voyage en permanence à travers les deux à la fois, à travers ce qui existe à priori et ce qui est fabriqué, à travers ce qui a été de tout temps et ce qui fut créé plus tard, à travers un coin de nature et une entité forgée après coup par la main de l'homme, longe en quelque sorte une phrase de Hegel. Et voilà qu'elle est saisie de mélancolie, se demandant pourquoi ces sapins des bas-fonds marécageux d'Eichelscheid, cette douce ondulation du terrain s'inclinant vers la vallée de la Grumbach, pourquoi ce pré en fleurs au-dessus de Limbach ne sont pas beaux eux aussi et n'ont rien d'humble ou d'effacé. Il suit donc la première phrase, la deuxième puis la troisième, ce pré constellé de fleurs au-dessus de Limbach, cette ondulation du terrain pour rejoindre la vallée de la Grumbach, longe ces sapins près de Eichelscheid et voilà que Sarrebruck s'étend brusquement devant lui: un tableau peint à l'huile que cette résidence baroque de 1770, avec le château tout blanc au milieu, les terrasses menant au jardin en contrebas, les splendides maisons de la Talstraße, les églises dominant les toits, le Vieux Pont qui enjambe la rivière et St-Johann, sur la rive droite, entre les clochers bulbeux des deux églises, mais aussi le livre grand ouvert du baron von Knigge, connu pour sa flagornerie. Les berges verdoyantes et la forêt municipale à l'extérieur de ses murs ont disparu, Sarrebruck n'est plus le «point lumineux» qu'il fut pour Goethe, la ville d'aspect si gracile du baron von Knigge et, après les bombes de la Seconde Guerre mondiale, il a cessé d'être le refuge idyllique bourgeois.

Naguère, la forge de Brebach crachait panaches de fumée et étincelles quand l'air des souffleries passait à travers les convertisseurs. Mais la cheminée de l'usine de chauffage à distance surplombe désormais la ville et les nuages de vapeur montant de l'autre bout de la cité arrivent en force de ce côté. Le conseiller privé von Stumm ne domine plus les grues et les ossatures d'acier du haut de sa demeure. C'est ici, certes,

que commença l'histoire de la ville; les Romains jetèrent un pont sur la rivière, au pied de la colline, y érigèrent un fort et fouillèrent le grès bigarré à l'abri de leurs palissades taillées en pointe. Ici aussi que le prince Kraft construisit Mon Plaisir, son château de plaisance, et l'oraison funèbre qu'écrivit Gottfried Benn bien plus tard à son intention, selon laquelle l'industrie, mais aussi les muses lui devaient reconnaissance par-delà la tombe, ne vaut pas que pour le bel esprit qu'était le Conseiller privé. Mais, trônant au-dessus de la Heidenkapelle, ancien sanctuaire romain dédié à Mithra, le directeur général de la Radio sarroise veille aujourd'hui, en stéréophonie, et avec ce qu'il faut d'austérité sur les valeurs purifiées de l'Occident. Pour lui non plus, les mots de Gottfried Benn n'auront pas été simples propos au vent, car l'éther porte «l'Onde de l'Europe» aux quatre coins du monde et les messages émanant de Sarrebruck s'adressent à tous les peuples de la terre. C'est là que la Sarre débouche dans la vallée qui s'évase; il y a longtemps qu'elle n'est plus alsacienne, ni lorraine, ni française, longtemps qu'elle a cessé d'être la Sarre blanche et rouge, elle y est noire, allemande et apolitique. La cité romaine et le pont international ont vu hommes et soldats passer dans les deux sens, tous ont pris place aux tables sarroises, les couples y ont mangé et célébré leurs noces, se régalant, bien sûr, de pâtés de foie, de tartes à l'oignon et de chateaubriands.

Là-bas, dans le Vieux Sarrebruck, la Ludwigsplatz se vend sur carte postale. Tout comme jadis, les palais baroques de Stengel abritent de nos jours le petit bonheur bourgeois. Tôt le matin, les édredons à fleurs pendent aux fenêtres et, le soir venu, les jeunes dessinateurs-graveurs sortent de l'Ecole supérieure des Beaux-Arts, l'air sérieux et cultivé, portant cheveux longs et chemises à ruches comme Hölderlin que le peintre Hiemer fixa sur sa toile.

Il n'y a pas loin d'ici à la frontière que Wolfgang Koeppen n'a déjà plus réussi à trouver. En effet, la frontière a cessé d'en être une. En fin de semaine, les paysans-mineurs de Forbach et de St. Avold foulent les «karadschas» que Darius a déployés devant son magasin de tapis de la Futterstraße avec la même assurance et sont animés de la même fièvre d'achat que les bourgeois terriens de la vallée de la Koller. Franchissant la frontière invisible, les ouvriers métallurgistes, venus de villages millénaires, vont, en fin de semaine, pique-niquer dans les bois de Pont-à-Mousson. Chaises longues et parasols installés en bordure de la forêt, le père de famille fait cuire les saucisses sur le grill, la mère contemple la nature. Tard le soir, sur le chemin du retour, leurs regards se promènent de Bellevue par-delà la colline de Schwarzenberg pour se poser sur les péniches à charbon qui naviguent sur la «route du fer» en direction de Völklingen.

L'hôtel de ville de Völklingen est une cage digne de Jean de Fer et, si l'on pouvait voir à travers les vitres au reflet bleuté, on y découvrirait l'homme sauvage, au corps bistre comme du fer rouillé, dont la chevelure recouvre le visage et lui pend jusqu'aux genoux. En effet, la façade de ce

bel édifice cubique est déjà rongée par la rouille avant que les magistrats de la ville n'en aient chassé l'homme sauvage. Elle est faite de plaques d'acier rouillées qui n'ont même pas besoin de s'oxyder. De la centrale thermique de Fenne, au nord, le vent apporte ce goût de fine farine de charbon dont sont aussi saupoudrés les jardins et les prés. Les malades de pneumoconiose continuent d'y respirer à pleins poumons tandis que le peu d'oxygène qui reste s'achemine vers les partenaires du Marché commun. L'usine «Sarre-oxygène» est la plus grande productrice d'oxygène d'Europe, de ses tuyaux s'échappe l'air que nous respirons et qui permet aux partenaires de souder, de brûler, de fondre, de dynamiter, d'actionner les fusées.

Et pourtant, la forêt verdit aux portes mêmes des forges et des mines. Le paysan-mineur de la Sarre n'est pas «la gueule noire» de la Ruhr. Pendant longtemps, il a gardé ses chèvres. Il est rude et sensible à la fois, mais il sait aussi avec qui il doit prendre des gants et où il pose ses «grosses galoches» de mineur. Lorsque, à l'occasion des chasses organisées pour les diplomates dans la forêt de Warndtwald, sa casquette rouge de rabatteur pointe à l'horizon, c'est qu'il a déjà «ses lièvres» en poche. En remontant le Brennender Berg, la «montagne qui brûle», dans la forêt entre Sulzbach et Dudweiler, un souvenir surgit de l'enfance, peut-être est-ce cette notice biographique de Goethe, qui, lorsque l'on introduit les doigts dans les fissures, rend la chaleur à l'intérieur du massif encore plus brûlante qu'elle n'est en réalité. A travers toutes les générations, chaque grand-père a fait cuire des œufs sur cette vapeur. Mais chacun d'eux a également toujours été le seul à savoir le faire, et, la dernière fois, c'était, bien sûr, il y a longtemps de cela. Impassible, le filon souterrain enfle en attendant de devenir plaque de bronze. Mais d'ici, le paysage s'évase de nouveau, dévoilant les crassiers par-delà Flitsch et Rehbach. Voilà Dudweiler; les anciennes maisons-dortoirs ont certes été démolies depuis bien longtemps, les murs du bâtiment des bains-douches, de même que la rampe de chargement se gangrènent, les vitres de la salle des machines sont en partie défoncées, mais les chevalements de la mine «Jägersfreude», l'entrelacs des ponts et des voies ferrées, la structure d'acier et de briques vernissées, tout cela est aussi la justification de Hegel contre la forêt et le fleuve. Le paysage se referme de nouveau, le souvenir de la vapeur d'eau entre les feuilles des hêtres s'évanouit, les vagues réminiscences reposent désormais dans la salbande supérieure. Les galeries souterraines et les puits se ramifient, sous les vallées s'étire le lacis des gisements houillers. Les trains chargés de minerai en provenance de Lorraine traversent Sulzbach et Friedrichsthal, la ligne de chemin de fer menant vers Neunkirchen grimpe le long des terrils. Eux non plus ne servent plus à rien et cela depuis quelques dizaines d'années, mais la roche famélique n'est pas demeurée infructueuse, elle a donné naissance à de petits bois de hêtres et de peupliers. Face à la locomotive se dresse le Hofer Kopf, et, entre les briques de grès bigarré semblables à des os protubérants, les trains pénètrent dans la gueule grande ouverte du tunnel de Bildstock. Au-delà de ce dernier, le terrain s'évase de nouveau, dévoilant Landsweiler et Reden, et la vue des grues et des tours, des nouveaux étangs et des collines, laisse le spectateur interloqué, lui enlevant toute illusion de forêts et de végétation. A la nuit tombante, le ciel au-dessus de Neunkirchen, est encore une aquarelle expressionniste. Mais c'est celle d'un peintre naïf du dimanche, l'eau s'irise de couleurs, car les nuages de ce ciel crépusculaire viennent se mêler à la vapeur jaune et à la fumée rouge qui, en cette fin de l'ère sidérurgique, sont apportées par le vent du lointain, de l'autre bout de Neunkirchen.

Reinheim, dans la vallée de la Blies, dont les dimensions rappellent celles d'un village paisible s'ouvre déjà en direction de la Lorraine. Un escalier de vaste envergure mène à la tour ronde de l'église tandis qu'une rue étroite descend vers le village, longeant les maisons de ferme. Une sablière a libéré la tombe d'une princesse celte, ses parures en or reposent aujourd'hui dans les vitrines du Musée de la Préhistoire et de l'Histoire ancienne de Sarrebruck.

L'allée de bouleaux grimpe en direction de Medelsheim et Peppenkum et, quand au début du mois de mars, la neige disparaît, le brun émaillé de blanc des sillons fait écho à l'écorce mouchetée des bouleaux.

L'église romane de Böckweiler repose sur des cimetières préhistoriques, le château baroque de Blieskastel se dressait sur un rocher solide. Mais le château ayant été détruit par un incendie, seuls un bâtiment d'allure sobre venu le remplacer et l'orangerie, dans le jardin à demi-sauvage ainsi que l'église du château avec ses deux clochetons bulbeux évoquent encore Marianne von der Leyen. Le «Gollenstein», bloc rocheux se dressant sur les hauteurs de Alschbach, a survécu aux révolutions et aux défaites.

A Worschweiler, sur le Klosterberg, juste à côté du puits à poulie, il est un trou qui fut bouché avec des pierres d'éboulis. Est-ce là l'entrée de la galerie souterraine menant à la cité romaine de Schwarzenacker?

Les cavernes s'étendant sous le Schloßberg, à Homburg, recèlent le sable qui glissa autrefois sur les sols et le papier pour récurer et boire l'encre, du sable qui, désormais, ne sert plus à rien et que les promeneurs du dimanche emportent chez eux, dans leurs chaussures. Les chemins de randonnées mènent par Websweiler et Münchwies jusque dans la vallée de l'Os-

ter, où, le dernier dimanche de juillet, orphéons et chorales se produisent sous le hêtre de Dörrenbach. De Remmesweiler sont venus les Weinhannes, d'Ottweiler les Ratzehannes, de Landsweiler les Wingrath, de Schiffweiler les Schnallematz, de Habenichts les pauvres diables. Mais tous enlacent la taille des jeunes filles et dansent sous les lampions.

Traversant les champs de seigle et de pommes de terre, l'ancienne voie romaine mène à St. Wendel. La cathédrale à trois tours abrite la sépulture de son saint patron, la Maison de la Mission des nandous ainsi que des lances de nègres. Nikolaus von Kues vint et enseigna la théorie des coïncidences.

Du Bosenberg, le regard se promène sur les collines et les sommets arrondis des monts de la Nahe. Puis, il retourne vers les prèles et les sigillaires, vers les formations minérales des «œufs de Lebach» et les améthistes des druses de Weißelberg. Lorsque les croupes s'effondrèrent, quartzites et porphyres volcaniques percèrent en surface et voûtèrent l'écorce de la terre. En-dessous, gisent les amandes d'agate de Momrich et le carrosse doré de Spiemont. Tholey, au pied du mont Schaumberg, repose en toute quiétude autour de son abbaye bénédictine. Sa tour des débuts du gothique est coiffée d'une coupole bulbeuse ainsi que d'une lanterne, toutes deux restaurées, tandis que les sculptures du portail s'érodent doucement. Dirmingen, dans la vallée de l'Ill, recèle de vieux secrets de chasse, Lebach dans la vallée de la Theel, les légendes des seigneurs de la Motte. La ferme du domaine a, aujourd'hui, des airs de gare désaffectée. Au nord, derrière le portail en fer forgé, la route, qui va montant, se déroule en direction de Wadrill. Tout à coup, les monts du Hunsrück se dressent au-dessus de la forêt de sapins, du Hunnenring, la vue s'étend au-delà des cimes. Les fortifications dressent leurs monceaux de pierres, à l'intérieur la fourmi rouge a construit son monticule.

Longeant les hautes futaies de la Forêt-Noire, la route s'incline vers la Sarre. Scheiden, Bergen, Britten, trois villages bordant la route qui mène à Trèves, relient Waldhölzbach et Saarhölzbach. Le grès bigarré surplombe les boucles étroites que dessine la rivière, les versants sud portent les vignobles évoquant déjà le cours moyen de la Moselle. En amont du fleuve se trouve le rocher de la Clœf, d'où l'œil du touriste fixe le fer à cheval de la boucle de la Sarre. Une beauté de carte postale s'étend devant lui, dans le triangle boisé se dissimule Montclair mais, sous les décombres des ruines, le crapeau géant continue de coasser.

Le long de la Sarre, entre Wadgassen et Merzig, la dualité des vallées minières s'avère de nouveau. La rotation permanente des roues motrices, le grincement incessant des grues de Bous et de Dillingen, viennent non seulement troubler mais aussi conforter la quiétude des villages de cette région de la Sarre, et, de la terre des champs de labour, se dégage également une impression de puissance, cette terre qui allaite et bourre les gueules insatiables des exca-

vatrices fouillant les terrils et qui recouvre les scories de son humus. Ni Merzig, avec sa basilique du roman tardif dissimulée derrière les pommiers, avec ses rues, ses places, et ses recoins bordés de maisons médiévales ni Mettlach, avec sa Vieille Tour, ses céramiques et ses fayences de l'abbaye bénédictine, n'offrirent à l'écrivain Gustav Regler sécurité ou quiétude, grandeur ou violence. Le parallélépipède de style baroque se reflète dans les eaux de la Sarre, l'octogone ottonien orne le parc de Villeroy & Boch.

Est-ce là un beau pays que celui où le fou est lucide et l'esprit lucide fou? Les Celtes étaient venus et avaient ciselé au burin Hänsel et Gretel dans le grès, les Romains foulèrent le sol de mosaïques de la villa de Nennig et contemplèrent les gladiateurs, les Francs retournèrent leurs longues épées pour forger l'agrafe de Wittersheim. Le paysan endurci de la région de Lisdorf est un travailleur acharné, l'ouvrier acharné de la forge de Röchling est endurci sous le joug. Au bord de la route goudronnée entre Oberkirchen et Leitersweiler les jeunes filles chantent, assises à la fontaine et, au plus profond de la forêt entre Dudweiler et Sarrebruck, la tour de Schwarzenberg promène son regard de vieux chinois sur les mandarins de l'université. Tout ici pèche, plus qu'ailleurs, par manque d'infrastructure, mais les jours de soleil que compte l'année n'en diminuent pas pour autant.

Et qui donc lira ces dernières phrases se retrouvera, sans le vouloir, au beau milieu d'une élégie qui n'est pas de nature à émouvoir: partout, au cœur des complexes urbains, il rencontrera une campagne bucolique et se heurtera aux complexes urbains dans la campagne bucolique. Mais, dans les formules incantatoires prônant la vie simple à la campagne autant que dans l'inventaire de la condition ouvrière des villes, il découvrira finalement une même tendance à l'inutilité, à la steppe, à la mise au rebut, au simple luxe. Car ces prairies sur lesquelles ne siffle plus aucune faucille, ne sont autres que des objets d'un nouveau «country-art» et ces chevalements qui n'extraient plus rien, dont les roues tournent au gré du vent, se voient rabaissés au rang de monstrueuses sculptures d'acier à la Harry Kramer. Des fortifications de la ligne Siegfried tombe en pluie fine la chaux du béton et les blockhaus ne sont plus que des grottes suintantes. Dans l'atelier du photographe Bernhard Schery, grand-père Louis est représenté, en compagnie de ses fils en uniformes devant le même décor fictif que grand-père Etienne, mais dans ce beau et gentil bric-à-brac, dans ce fatras de guenilles, au milieu de ces fanfreluches et colifichets, rien ne permet d'échapper aux contraintes. Sauf si, à travers cette tendre tendance, les choses deviennent transparentes. Bonne chance!

Die Saar, in den Vogesen ent-
sprungen, mündet nach 246
Kilometern bei Konz in die
Mosel. Bei Mettlach macht sie
ihre eindrucksvollste Schleife.

The River Saar rises in the
Vosges, flowing into the
Moselle at Konz, 246 kilome-
tres downstream. Its most
dramatic bend is this one at
Mettlach.

La Sarre, qui prend sa source
dans les Vosges, conflue avec
la Moselle près de Konz,
après avoir parcouru 246 kilomètres. C'est près de Mettlach qu'elle décrit la plus
impressionnante de ses
boucles.

Die Liutwinuskirche in Mettlach. In ihrem Inneren werden wertvolle Teile der Innenausstattung der ehemaligen Benediktinerabtei von Mettlach aufbewahrt, unter anderem ein Kreuzreliquiar von 1230.

The Liutwinuskirche in Mettlach. The church interior houses valuable items from the interior decoration of the former Benedictine abbey of Mettlach, including a cruciform reliquary dating from 1230.

L'église Liutwinus, à Mettlach. De précieux éléments de l'ornementation intérieure de l'ancienne abbaye bénédictine de Mettlach y sont conservés, dont, notamment, un reliquaire en forme de croix datant de 1230.

Alte Fachwerkhäuser bestimmen das Bild des Städtchens Ottweiler an der Blies. Den schönen Rathausplatz überragt der Alte Turm aus dem 15. Jahrhundert.

Old half-timbered houses characterise the appearance of the little town of Ottweiler on the Blies. The Alter Turm (Old Tower), dating from the 15th century, dominates the attractive town hall square.

De vieilles maisons à colombages donnent leur cachet à la petite ville de Ottweiler sur la Blies. La belle Place du Marché est dominée par la «Vieille Tour» remontant au XVe siècle.

Der mächtige „Saardom" in Dillingen wurde 1910 bis 1913 im neoromanischen Stil erbaut.

The mighty "Saar cathedral" in Dillingen was built between 1910 and 1913 in the neo-Romanesque style.

L'imposante «cathédrale de la Sarre» à Dillingen, fut édifiée entre 1910 et 1913 dans le style néo-roman.

Die gotische Hallenkirche St. Wendalinus in St. Wendel stammt aus dem 14. Jahrhundert. Zur kostbaren Ausstattung gehören Tumba (im Bild) und Hochgrab des heiligen Wendalinus.

The Gothic hall church of St Wendalinus in St Wendel dates from the 14th century. Its sumptuous interior fittings include the tomb (pictured) and sarcophagus of St Wendalinus.

L'église-halle St-Wendalinus à St-Wendel, édifiée dans le style gothique, remonte au XIVe siècle. Parmi les trésors qu'elle abrite, on notera le sarcophage (photo) et le tombeau dressé de Saint Wendalinus.

Ein imposantes Zeugnis der Industriekultur des Saarlands: Die UNESCO erhob das Stahlwerk von Völklingen zum Weltkulturerbe.

Impressive testimony to Saarland's industrial culture: Unesco declared the Völklingen steelworks a world cultural heritage site.

Témoin imposant de la civilisation industrielle de la Sarre: l'aciérie de Völklingen s'est vue admise sur la liste du patrimoine culturel mondial établie par l'UNESCO.

In St. Wendel beginnt die 18 Kilometer lange „Straße der Skulpturen". Künstler aus aller Welt suchten nach gelungenen Verbindungen von Kunst und Landschaft.

The 18-kilometre long "Street of Sculptures" starts in St Wendel. Artists from all over the world tried to achieve a harmonious blend between art and landscape.

C'est à St-Wendel que commence la «Route des sculptures», longue de 18 kilomètres. Des artistes du monde entier se sont proposés de conjuguer art et paysage.

Markttag auf dem Saarbrücker Ludwigsplatz, im Zentrum der Landeshauptstadt. Die 1762 bis 1765 erbaute Ludwigskirche gilt als bedeutendster Kirchenbau des Saarlands.

Market day on Ludwigsplatz in the heart of Saarbrücken, the state capital. The Ludwigskirche, built between 1762 and 1765, is regarded as the Saarland's foremost church building.

Jour de marché sur la Ludwigsplatz, à Sarrebruck, au cœur même de la capitale du Land. La Ludwigskirche, édifiée de 1762 à 1765, passe pour être la plus importante des églises de la Sarre.

Moderne und historische Architektur befinden sich am Saarbrücker Schloß im Einklang. Der Architekt Gottfried Böhm baute den durch Kriegsschäden baufälligen Mittelteil in den achtziger Jahren um.

Modern and historic architecture in harmony at Saarbrücken palace. In the 1980s architect Gottfried Böhm rebuilt the central section, which had fallen into disrepair after suffering wartime damage.

Le château de Sarrebruck offre une synthèse harmonieuse de styles architecturaux à la fois historiques et modernes. Son architecte, Gottfried Böhm, procéda, dans les années 80, au remaniement de la partie centrale, dont les bâtiments, endommagés pendant la guerre, étaient en état de délabrement.

Hessischer Wildwuchs

Jutta Stössinger

Wir warten auf den Bürgermeister. Gleich muß er einschweben. 900 Wolkenkratzer warten auf ihn. Rippchen mit Kraut. Börsenmakler und Buchhändler. Fachwerk vom Feinsten. Goethe wartet. Dornröschen erwacht. Die Avantgarde winkt. Liebliche Höhen entbieten einen Gruß. Rhein und Main haben ihre schmutzige Wäsche gewaschen. Auf Schlössern und Burgen sind Fähnchen gehißt. Opel Rüsselsheim schickt die Belegschaft zum Flugplatz. Hoechst spendet für den guten Zweck. Das Wetter spielt mit, stets sonnentrunken und wohltemperiert; es wird in Offenbach, der deutschen Mitte, fürs Fernsehen ausbaldowert. Derweil machen Wiesbadener Landespolitik, Kasselaner Kunst, Frankfurter Geld. Oder umgekehrt. Oder alles auf einmal. Benvenuto, Signore Sindaco! Willkommen in Hessen, im Herzen des Widerspruchs. Wir stehen zu Ihrer Verfügung.

Als Ivo Gabellieri, Bürgermeister einer toskanischen Kleinstadt, beschloß, das Land jener Leute in Augenschein zu nehmen, die ihn und seinesgleichen alljährlich so überreich heimsuchen, fiel seine Wahl nicht aus Zufall auf hessisches Terrain. München sollte ja fesch sein und Hamburg gediegen, Berlin virulent und Leipzig, nun ja. Aber Ivo Gabellieri reist nicht nur als Tourist. Er baut an der Zukunft seines toskanischen Städtchens, in dem sich eine Sommerakademie recht gut ausnehmen könnte. Eine multikulturelle Ideenschmiede, sozusagen. Ein grenzübergreifendes Zentrum des frei flottierenden Gedankens. Verwandte will der Bürgermeister also treffen, Brüder und Schwestern im Geiste, Vordenker und Querköpfe. Da ist er hier richtig.

In Hessen, im Rhein-Main-Gebiet, in Frankfurt zumal ist der Dissens zu Hause, der, wunderbar genug, nicht zu Handgreiflichkeiten führt. Grenzüberschreitungen und gemischte Gefühle, Frontenwechsel und verblüffende Koalitionen sind typisch für die Region und ihre Bewohner.

Eine christdemokratische Bürgermeisterin steht einem rot-grünen Magistrat vor. Ein ehedem berüchtigter Barrikadenkämpfer wird Umweltminister. Ein Bankdirektor sattelt zum systemkritischen Philosophen um, ein strenger Kapitalismusgegner zum Varietédirektor. Und die Bühne, auf der das alles spielt, ist neben stinksolider Gründerzeitarchitektur und postmodernem Designerschnickschnack durchaus auch mit Trockenblumensträußchen und Apfelweinfolklore dekoriert. Wir sind keine Krämerseelen. Weltbürger sind wir auch nicht. Höchstens beides ein bißchen. Und allenfalls manchmal.

Gewiß: Wenn immer im Herbst zur Frankfurter Buchmesse ein internationales Publikum unser kleines Mainhattan bevölkert, wenn in der Paulskirche, dem Schauplatz der mißglückten 1848er Revolution, der Friedenspreis des Deutschen Buchhandels an einen Freigeist verliehen wird, dann weht schon mal ein Hauch von Welt durch unsere schmalen Hochhausschluchten. Gewiß: Wenn alle fünf Jahre an der kurfürstlichen Kasseler Karlsaue die documenta spektakelt und die Ausstellung den kleinkarierten Kunstgeschmack düpiert, dann schicken wir schon mal einen Zeitungsbericht an die entfernten Bekannten in New York oder Wanne-Eickel. Aber wahr ist auch, daß wir zur gleichen Zeit die Siebensachen packen, ein Sechserpack Binding-Bier, ein Dutzend Koteletts und einen Sack Grillkohle, um im Schrebergarten unter der Autobahnbrücke die Befindlichkeit der Bundesliga zu bekakeln. Scusi, Signore, wollten Sie das?

Wir können auch anders. Wir können einen Ausflug in die Vergangenheit machen, zur Saalburg, zum Limes, das wird Sie vielleicht interessieren. Wo Nord- und Süddeutschland sich scheiden, an der Mainlinie, siedelten um 100 n. Chr. römische Legionäre, bauten Grenzwälle, Kastelle, Bäder – und Wein an. Ein mildes Klima begünstigt das Gebiet zwischen Taunus, Odenwald und Wetterau, natürliche Verkehrswege, die großen Flüsse Rhein und Main, sorgten für raschen wirtschaftlichen Aufschwung. Auch das geistliche Leben florierte. Karl der Große lädt zur Synode nach „Franconofurd". Im dortigen Dom werden später die deutschen Könige gekrönt. Das Obrigkeitsdenken der Landeskinder läßt gleichwohl zu wünschen übrig. Sie sind kühle Rechner, kluge Geschäftsleute. Schon im 13. Jahrhundert bekommt Frankfurt das Marktrecht und wird zum zentralen europäischen Handelsplatz. Der Bürgerstolz erstarkt und setzt sich seine eigenen Denkmäler, prächtige Rathäuser zum Beispiel. Er beflügelt auch den Gemeinsinn. Kommerz und Kultur – das ist in Hessen kein unversöhnlicher Gegensatz. Die charakteristische Melange aus Patriziat, Handwerk und Geldadel, die das Leben über Generationen prägte, der Münz- und Gedankenaustausch zwischen Pfeffersäcken und Schreibtischtätern hat so schöne Früchte wie das Mäzenatentum gezeitigt, ohne das es in Frankfurt keinen Palmengarten und keinen Zoo, keine Universität und keine Stadtbibliothek, keine Alte Oper und kein Senckenbergmuseum gäbe. Es gäbe vieles nicht, was der Kommune zur Ehre gereicht. Johann

Friedrich Städel, von Beruf Bankier, öffnete zu Beginn des 19. Jahrhunderts seine private Gemäldesammlung fürs gemeine Volk. Hermann und Felix Weil, zwei Kaufleute mit revolutionären Interessen, unterstützten in den zwanziger Jahren das Institut für Sozialforschung; als Frankfurter Schule wurde es berühmt, von Theodor W. Adorno und Max Horkheimer geadelt, bei 68er Studenten zur ersten Adresse für den kritischen Diskurs.

Auch das Goethehaus hat selbstredend seine Sponsoren, aber dorthin gehen wir später. Erst müssen wir nach Höchst, Herr Bürgermeister, denn hier wuchert der hessische Wildwuchs so schön. Frittenbuden und Getränkeabholmärkte, Gebrauchtwagenhandlungen und Sonnenstudios säumen die Straßenschneise, ziemlich normal für den Großraum Rhein-Main. Dann wird es still. Unter der Jahrhunderteiche am kleinen Schloßplatz verträumt ein Liebespaar den Nachmittag. Im fachwerkverzierten Gasthaus „Zum Schwan" warten drei Pensionäre auf ihr Schöppchen Apfelwein. In der Justinuskirche rückt der Zeiger der Uhr gemächlich voran, mehr aus tausend Jahre ist die Basilika schon alt und dank spezieller Fürbitten erneut ein Schmuckstück geworden. Der Chemiekonzern persönlich hat sich hier engagiert, wie er überhaupt mit mancher Wohltat vor Ort seinem schwankenden Renommee auf die Sprünge hilft. Wenige hundert Meter weiter öffnen sich die Werkstore, hinter denen nicht nur Farbstoffe und Arznei-mittel erfunden wurden, sondern auch eine Faser, die in den fünfziger Jahren Furore mach-te: Trevira. Im Heimatmuseum erfahren wir davon.

Hessische Heimat, das ist auch der arme, grüne Norden an der ehedem deutsch-deutschen Grenze. Ironie des Schicksals: Im Niemandsland ist eine unberührte Natur zurückgeblieben, die ihresgleichen sucht. Dottergelbe Rapsfelder dehnen sich bis zum Horizont. Klatschmohn und Glockenblumen wiegen sich im Lufthauch. Verschlafene Dörfer ducken sich ins Hügelland. Der Bussard kreist über der Streuobstwiese. Das Käuzchen kündigt kein Unheil an. Aber die hei-lige Elisabeth zu Marburg, Landgräfin einst von Thüringen, wird ihre Gründe gehabt haben, sich ganz der Armenpflege zu verschreiben. Verlie-ßen nicht Menschen aus Not die Region ihrer Wiege? Und wurden nicht unglückliche Habe-nichtse zur Bereicherung der heimisch-höfi-schen Kassen als Söldner an fremde Herren ver-kauft? Ist alles passiert hier. Auch Corpsstuden-ten nahmen sich mal wichtig, es ist etwas her. Auf dem Hohen Meißner wird inzwischen ein Picknick mit Weck un Worscht gemacht. Bei den Hersfelder Festspielen favorisiert man sowieso seriöses Theater, und am Marburger Schloß, lie-ber Freund, trinken wir einen Espresso, linkslu-stig gestrickte Schüler rundrum.

Dann fahren wir nach Limburg, weil der Dom mit den sieben Türmen so zauberhaft ist und die Altstadt so besonders idyllisch. Eng sind die kopfsteingepflasterten Gäßchen, schmalbrüstig die sorgsam restaurierten Fachwerkhäuser aus Mittelalter, Renaissance und Barock. Old Germany, vecchia Germania. Das gibt es oft in der Gegend. In Büdingen, in Gelnhausen, in Alsfeld, da huschen die Ahnen durch die Bilder im Kopf, da wispert und spukt es aus sehr alter Zeit. In den weiten Tälern und felsigen Schluchten, den dichten Wäldern und sanften Gebirgen zwi-schen Vogelsberg und Spessart, Hunsrück und Rhön wohnen die Märchengestalten der Brüder Grimm: die Zauberfeen und die Froschkönige,

die Aschenputtel, Schneewittchen und gestiefel-ten Kater. Selbst Raubritter haben hier einmal gewohnt, die trutzigen Burgen bezeugen es noch immer, auch wenn heutzutage Erlebnis-gastronomen beim Schein der Fackeln Haus-mannskost servieren und der Rotwein im Rö-mer aus dem Chianti stammt.

Dabei liegt der Rheingau quasi vor der Tür, deut-sche Seelenlandschaft, wo hinter jedem Wein-berg die Blaue Blume wächst, als Sinnbild der Poesie fest wurzelnd im kollektiven Gedächtnis der zarten Mädchen und zotteligen Schwärmer. Sie werden Bettina von Arnim nicht kennen, Si-gnore Gabellieri, diese geistreiche Plaudertasche von widerspenstigem Naturell. Ihr Brieffreund aber, der damals schon betagte Geheimrat Goethe im fernen Weimar, ist bestimmt für Sie kein unbeschriebenes Blatt, er ging ja als Dich-terfürst der Deutschen in die Literaturgeschichte ein. In Winkel am Rhein, jener sonnenverwöhn-ten Riesling-Lage, ist es gewesen, daß Bettina zu Beginn des 19. Jahrhunderts saumselige Som-merferien verbrachte und blutjunge Hitzköpfe um sich scharte. Das war die Zeit der deutschen Romantik, von Hölderlin, Novalis, Eichendorff, Brentano. Es war auch die Zeit des säbelrasseln-den Hurra-Patriotismus, an dem manches frei-heitsliebende Talent zu zerbrechen drohte. Heinrich Heine besang die Loreley und emi-grierte nach Paris. Die Luft ist kühl; und es dun-kelt.

Aber im Kloster Eberbach oberhalb von Winkel ist die Tafel fürs Abendbrot gedeckt. Die Mön-che tragen keine Trauer. Sie tragen mittelalterli-che Kostüme und sagen: „Film ab!" Umberto Ecos „Name der Rose" wurde hier vor einigen Jahren in Szene gesetzt. Heute nehmen wir den Wanderweg nach Kiedrich, um den gregoriani-schen Gesängen der Chorknaben zu lauschen. Rüdesheim mit der beliebten Drosselgasse scheint Lichtjahre entfernt. Morgen wollen wir dort einen Muschelaschenbecher kaufen, denn ein Mitbringsel braucht der Mensch für die Daheimgebliebenen. Morgen wollen wir den Rest des Landes sehen, Darmstadt mit seinem Jugendstil-Ambiente und der Beuys-Kollektion, Fulda mit der barocken Fülle und dem kleingei-stigen Klerus, Bad Schwalbach und Schlangen-bad mit den heilenden Quellen. Heute ver-kosten wir einen gesegneten Jahrgang und probieren ein vorsichtiges Resümee. Hessen ver-messen? Madonna, unmöglich!

Wäre da nicht Frankfurt am Main, unser Dreh- und Angelpunkt, wir würden beim Rätseln über das gesamthessische Lokalkolorit verzagen. Frankfurt bündelt Ecken und Kanten, Haken und Ösen, wir erwähnten es schon. Das Frage-zeichen wird hier nachgerade zum Programm erklärt, das ist unser gemeinsamer Nenner. Win-terabends, wenn im Goethehaus die Lichter auf-gesteckt werden und im „Peking", dem chinesi-schen Zimmer, eine heiße Schokolade für den kleinen Johann Wolfgang duftet, verschwim-men die Grenzen zwischen Raum und Zeit

genauso wie am Mainufer, wo gleich acht Museen in die unterschiedlichsten Sphären der Phantasie entführen. In der Kleinmarkthalle, Mekka der Gourmands und Gourmets, betören alle Wohlgerüche aus Orient und Okzident die Sinne. Und um die immer neuen, immer höhe-ren Türme aus Glas und Stahl und Beton pfeift der Wind den City-Blues. Wir sind irritiert, und das sind wir gern. So sind sie, die Hessen. Oder so ähnlich.

Wirklich sicher ist im Land der Mitte nur das Eine: das Rezept für die Grüne Soße. Die lokale Presse vermeldet es in jedem Frühjahr so zuver-lässig wie den ersten Sonnenstrahl. Man nehme sieben Kräuter, frisch aus den Gärtnereien zwi-schen Oberrad und Rödermark, nämlich Peter-silie und Schnittlauch, Sauerampfer und Pimpi-nelle, Kresse, Kerbel und Borretsch, verrühre sie mit Sauerrahm und reiche dazu ein gekochtes Ei oder eine Scheibe Ochsenbrust. Alsdann setze man sich mit sympathischen Freunden zu Tisch und lasse den lieben Gott einen guten Mann sein. Na ja, Signore Sindaco, das kennen Sie ja von daheim, das können wir uns schenken. Genug geschwätzt. Und Ciao in Volterra.

Hesse's Rank Growth

Jutta Stössinger

We are waiting for the mayor. He should be arriving any moment now. Nine hundred sky-scrapers await him. Pork ribs with sauerkraut. Stockbrokers and booksellers. Superb half-timbered buildings. Goethe awaits him. Sleeping beauty awakes. The avant garde waves. Pleasant hills present their compliments. The Rhine and Main have washed their dirty linen. Flags are hoisted over palaces and castles. Opel Rüsselsheim sends its workforce to the airport. Hoechst makes a donation to the good cause. The weather plays along, sun-drenched and temperate; in Offenbach, the centre of Germany, the TV scouts are out. Meantime people in Wiesbaden concern themselves with state politics, in Kassel with art and in Frankfurt with money. Or vice versa. Or all three at once. Benvenuto, Signore Sindaco! Welcome to Hesse, the heart of contradiction. We are at your service.

When Ivo Gabellieri, mayor of a small town in Tuscany, decided to take a look at the country of those people who turn up each year in such overwhelming numbers to plague him and his fellow countrymen, it was no accident that his choice fell upon the state of Hesse. After all, Munich was said to be smart, Hamburg upright and solid, Berlin virulent and Leipzig, well, no comment. But Ivo Gabellieri is not just a tourist. He is working at the future of his little Tuscan town, where a summer academy might be a welcome new feature. A multi-cultural forge of ideas, so to speak. An international centre of free-wheeling thought. And so the mayor wants to meet kindred spirits, brothers and sisters of the soul, people with ideas ahead of their time, and awkward so-and-sos. He's in the right place. Hesse, the Rhine-Main region and especially Frankfurt are home to a type of dissent which, miraculously, does not lead to confrontations.

Border crossing and mixed feelings, changing fronts and astonishing coalitions are typical of the region and its inhabitants. A Christian Democrat mayoress heads a red-green administration. A man once notorious for taking to the barricades becomes environment minister. A bank director changes saddles to become a philosopher critical of the system, a strong opponent of capitalism becomes director of a variety theatre. And the stage where this all takes place is decorated with bouquets of dried flowers and apple wine folklore alongside staid late nineteenth-century architecture and post-modern designer fripperies. We are not petty-minded. But we are not cosmopolitan either. At most a bit of both. And at most sometimes.

Certainly, every year in autumn when our little Mainhattan is frequented by an international public attending the Frankfurt Book Fair, and when the German bookselling trade's peace prize is presented to a free spirit in the Paulskirche, scene of the failed 1848 revolution, a breath of the world blows through our narrow skyscraper ravines. Certainly, every five years when the Documenta exhibition is held at the Karlsaue in Kassel and dupes small-minded artistic taste, we send a newspaper report to our far-off relatives in New York or Wanne-Eickel. But it is also true that at the same time we pack up our gear, a six-pack of Binding beer, a dozen pork chops and a bag of charcoal and go off to our allotments or under the autobahn bridge to discuss the state of the German football league. Scusi, Signore, is that what you wanted?

Or we can do something else. We can take a trip into the past, to the Saalburg, to the *limes,* that might interest you. Along the River Main, dividing north Germany from south, in around 100 AD, Roman legionaries settled, establishing border ramparts, forts, baths – and viniculture. The region between Taunus, Odenwald and Wetterau is blessed by a mild climate. Natural transport routes, the great rivers Rhine and Main, ensured rapid economic upswing. Spiritual life flourished too. Charlemagne convened a synod in "Franconofurd." Later the German kings were crowned in the cathedral there. Even so, the natives' attitude to authority left much to be desired. They were cool calculators, clever business people. Frankfurt was granted market rights as early as the 13th century and became the centre of European trade. Civic pride was reinforced and constructed its own monuments, magnificent town halls for example. It also inspired public spirit.

Commerce and culture – in Hesse not an irreconcilable contradiction. The characteristic blend of patricians, craftsmen and money aristocracy which have stamped the way of life over generations, the exchange of cash and ideas between wealthy businessmen and intellectuals have borne wonderful fruits like the culture of patronage. Without this, Frankfurt would have no palm garden and no zoo, no university and no municipal library, no Alte Oper and no Senckenberg Museum. A host of things which are a credit to the community would not be there. At the beginning of the 19th century Johann Friedrich Städel, a banker by profession, opened his private art collection to the public. In the 1920s Hermann and Felix Weil, two merchants with revolutionary interests, supported the Institute for Social Research; it became famous as the Frankfurt School, was ennobled by Theodor W. Adorno and Max Horkheimer, and during the 1968 student movement was the main centre of critical discourse.

Naturally the Goethehaus also has its sponsors, but we will return to that later. First, Mr Mayor, we must go to Höchst, for here the rank growth of Hesse proliferates beautifully. French fries stalls and drinks cash and carries, second hand car dealers and suntan studios line the road, pretty normal for the Rhine-Main conurbation. Then it grows quiet. Under the centuries-old oak on the little Schlossplatz a pair of lovers while away the afternoon. In the half-timbered "Zum Schwan" inn three pensioners wait for their glass of apple wine. The hand of the Justinuskirche clock moves round unhurriedly, the basilica is over a thousand years old and thanks to special prayers has been restored to former glory. The Hoechst chemicals group was involved directly here, as indeed in many an act of local benificence to help boost its shaky reputation. A few hundred metres further on are the factory gates behind which not only dyestuffs and medicines were invented, but also a fibre which caused a sensation in the 1950s: Trevira. We'll hear all about it in the local history museum.

The homeland of Hesse also includes the poor, green North along the former intra-German border. An irony of fate: the unspoiled natural environment in the former no-man's land between the two German states is unparalleled. Bright yellow rape fields stretch as far as the horizon. Poppies and bellflowers sway in the breeze. Sleepy villages nestle among the hills. A buzzard circles above the orchard. The screech owl forebodes no ill. But St Elisabeth of Marburg, once countess of Thuringia, will have had her reasons for devoting herself entirely to the care of the poor. Did not people leave the region of their birth out of necessity? And were not unfortunate have-nots sold as mercenaries to foreign overlords to enrich their own court's coffers? All this happened here. Even members of student duelling societies once took themselves seriously, though some time ago. Now people have picnics of bread and sausage on the Hoher Meissner. At the Hersfeld festival people favour serious theatre, and at Marburg castle, dear friend, we'll have an espresso, amidst a cheerful crowd of left-wing youngsters wearing sweaters.

Then we'll go to Limburg, because the seven-towered cathedral is so enchanting and the Altstadt particularly idyllic. The cobbled alleys are narrow, the carefully restored half-timbered mediaeval, Renaissance and Baroque houses cramped together. Old Germany, vecchia Germania. There is a lot of it in this area. In Büdingen, Gelnhausen, Alsfeld, where ancestors flit through the pictures in your head, and whispering ghosts of far-off times come to haunt. In the wide valleys and rocky gorges, dense forests and gently rolling mountains between Vogelsberg and Spessart, Hunsrück and Rhön, live the fairy-tale figures of the Brothers Grimm: the magic fairies and frog kings, Cinderellas, Snow Whites and Pusses in Boots. Even robber knights once lived here, as stalwart castles testify, though nowadays theme restaurateurs serve plain fare by torchlight and the red wine in the glass with its coloured stem comes from Chianti.

And yet the Rheingau is almost on the doorstep, the German landscape of the soul, where behind every vine-covered slope grows the blue flower, the symbol of poetry, rooted firmly in the collective memory of tender girls and long-haired dreamers. You won't know Bettina von Arnim, Signore Gabellieri, that witty chatterbox with the contrary nature. However, her pen-friend, the already ageing Privy Councillor Goethe in far-off Weimar, is surely no stranger to you, for as Germany's prince of poets he went down in literary history. It was in Winkel am Rhein, a sun-spoiled home of Riesling, where at the beginning of the 19th century Bettina spent dilatory summer holidays, gathering hotheaded young bloods around her. That was the era of German Romanticism, of Hölderlin, Novalis, Eichendorff, Brentano. It was also the era of sabre-rattling jingoism, which threatened to destroy many freedom-loving talents. Heinrich Heine sang of the Loreley and emigrated to Paris. The air is cool and darkness draws nigh.

But in Eberbach monastery above Winkel, the table is laid for supper. The monks are not wearing mourning. They are clad in mediaeval costumes and calling: "Cut!" Umberto Eco's "Name of the Rose" was filmed here a few years back. Today we'll take the path to Kiedrich to hear the choirboys' Gregorian chant. Rüdesheim and the popular Drosselgasse seem light years away. Tomorrow we will buy a shell ashtray there, because you have to take a present to the folks back home. Tomorrow we'll take a look at the rest of the state, Darmstadt with its Art Nouveau ambience and the Beuys collection, Fulda with its Baroque wealth and small-minded clergy, Bad Schwalbach and Schlangenbad with their healing springs. Today we will sample a brilliant vintage and attempt a cautious summary. Survey Hesse? Madonna, impossible!

If it were not for Frankfurt am Main, our hub and pivot, we should despair of trying to define all-Hessian local colour. Frankfurt ties together corners and edges, hooks and eyes, as we have already mentioned. Here the question mark is virtually the programme, and that is our common denominator. On winter evenings when the lamps are hung up in the Goethehaus and a fragrant cup of hot chocolate awaits the young Goethe in "Peking," the Chinese room, the borders of space and time become hazy, as they do on the banks of the Main, where a total of eight museums lead you into the most varied realms of fantasy. In the Kleinmarkthalle, Mecca of gourmands and gourmets, all the aromas of Orient and Occident beguile the senses. And around the ever newer, ever higher towers of glass and steel and concrete the wind whistles the city blues. We are confused, and that's how we like it. That's what they're like, the Hessians. Or something like that.

Only one thing is certain in the middle state: the recipe for green sauce. The local Press reports it every spring as surely as the first ray of sun. Take seven herbs fresh from the market-gardens between Oberrad and Rödermark: parsley and chives, sorrel and pimpinella, cress, chervil and borage; stir with sour cream and serve with a boiled egg or a slice of beef. Then sit down at table with some good friends and get on with it. Well, Signore Sindaco, you know all about that from home, and we don't have to tell you how. Enough said. And ciao in Volterra.

Les herbes folles de la Hesse

Jutta Stössinger

Nous attendons le maire. Son avion ne devrait pas tarder à se poser. 900 gratte-ciel l'attendent. Des côtelettes avec de la choucroute. Des boursiers et des libraires. Des maisons à colombages du dernier raffinement. Goethe attend. La Belle au Bois dormant s'éveille. L'avant-garde signale sa présence. De riantes collines s'apprêtent à saluer l'arrivant. Le Rhin et le Main ont lavé leur linge sale. Sur les châteaux et forteresses médiévales flottent de petits drapeaux. Les usines Opel de Rüsselsheim délèguent leurs effectifs à l'aéroport. Hoechst donne pour la bonne cause. Le ciel est de la partie, toujours ivre de soleil, la température clémente, c'est à Offenbach en effet, au coeur de l'Allemagne, que l'on en prend le pouls, à l'attention des téléspectateurs. Pendant ce temps, Wiesbaden fait de la politique régionale, Kassel de l'art et Francfort brasse de l'argent. Ou inversement. Ou tout à la fois. Benvenuto, Signore Sindaco! Bienvenu en Hesse, au coeur de la contradiction. Nous sommes à votre disposition.

Lorsque Ivo Gabellieri, maire d'une petite ville de Toscane, décida d'inspecter le pays où vivent ceux qui, tous les ans, vont s'abattre en foule sur sa ville natale et celles de ses compatriotes, son choix ne se porta pas par hasard sur la Hesse. On lui avait dit que Munich était une ville pimpante, Hambourg bon chic bon genre, Berlin virulent, quant à Leipzig … Mais Ivo Gabellieri ne voyage pas seulement à titre de touriste. Il s'est donné pour tâche de forger l'avenir de sa petite ville de Toscane, où une Académie d'été ne ferait pas mauvaise figure, ma foi. Ce serait en quelque sorte un foyer multiculturel, où l'on brasserait des idées. Un centre transfrontalier de la liberté de pensée. Ce sont donc des proches que le maire entend rencontrer, des frères et des soeurs en esprit, des maîtres à penser et des fortes têtes. Il ne pouvait pas mieux tomber.

En Hesse, tout particulièrement dans la région du Rhin et du Main, mais surtout à Francfort, la dissension est de mise, sans qu'elle n'aboutisse pour autant à des voies de fait. Franchissements de frontières et sentiments mêlés, volte-faces et coalitions surprenantes sont typiques de cette région et de ses habitants. Une mairesse chrétienne-démocrate se trouve à la tête d'une municipalité gouvernée par une coalition de sociaux-démocrates et de Verts. Un combattant des barricades autrefois légendaire devient ministre de l'Environnement. Un directeur de banque change son fusil d'épaule pour se faire philosophe et critique du système en place, un anticapitaliste pur et dur se mue en directeur de

variétés. Et la scène sur laquelle tout cela se joue n'est pas seulement décorée dans le style architectural de bon aloi du Gründerzeit ainsi que de fioritures postmodernes, mais encore de petits bouquets de fleurs sèches et d'éléments folkloriques évoquant cette patrie du cidre. Nous ne sommes ni marchands dans l'âme, ni cosmopolites. Nous sommes, à la rigueur et dans une certaine mesure, les deux à la fois. Mais seulement quelquefois.

Lorsque, à l'automne, la Foire du Livre de Francfort attire dans notre petit «Mainhattan» un public international, et que, à la Paulskirche, théâtre de la Révolution avortée de 1848, le Prix de la Paix décerné chaque année par les libraires-éditeurs allemands est attribué à un libre-penseur, un souffle d'atmosphère internationale vient certes s'engouffrer dans les étroits défilés de nos rangées de gratte-ciel. Et quand, tous les cinq ans, la Documenta, cette grande manifestation d'art contemporain, bat son plein sur la Karlsaue de Kassel, ancienne résidence des princes-électeurs, faisant un pied de nez à l'art en place, cela est, certes, pour nous l'occasion d'envoyer à de vagues connaissances à New York ou à Wanne-Eickel, un article de journal s'y rapportant. Mais nous sommes tout aussi capables, en même temps, de rassembler notre barda, où nous avons pris soin de mettre un pack de bière Binding, une douzaine de côtelettes et un sac de charbon de bois et d'aller discuter en long et en large de l'état de la première division, dans le jardin ouvrier situé sous le pont de l'autoroute. Scusi, Signore, c'est ce que vous vouliez voir?

Nous avons d'autres cordes à notre arc. Nous pouvons entreprendre un voyage à travers le passé et nous rendre au château fort de Saalburg, au Limes, cela vous intéressera peut-être. C'est là, en effet, à l'endroit où l'Allemagne du Nord et du Sud se séparent, sur le Main, que des légionnaires romains vinrent s'établir aux environs de l'an 100 après J.-Chr., y construisant des remparts, des forts, des thermes et y plantant de la vigne. La région s'étendant entre le Taunus, l'Odenwald et la Wetterau est avantagée par un climat doux et les grands fleuves qui la baignent, le Rhin et le Main, permirent alors un essor économique rapide. La vie spirituelle s'épanouit elle aussi. Charlemagne invite à la synode, qui se tient à «Franconofurd». Plus tard, les rois allemands seront couronnés dans la cathédrale de cette dernière. Toutefois, le respect des enfants du pays pour les autorités laisse à désirer. Ils sont de froids calculateurs en même temps que des commerçants avertis. Dès le XIIIe siècle, Francfort se voit attribuer le droit de tenir marché, devenant ainsi une importante ville marchande au coeur de l'Europe. L'amour-propre de ses citoyens s'affirme de plus en plus et s'érige ses propres monuments, de splendides hôtels de ville, par exemple. Il exalte aussi le sens civique. En Hesse, commerce et culture ne s'opposent nullement. Le mélange caractéristique de patriciat, d'artisanat et de noblesse d'argent dont fut empreinte la vie à travers les générations, l'échange d'idées et d'espèces sonnantes et tré-

buchantes entre mercanti et intellectuels a porté de merveilleux fruits et donné naissance au mécénat, sans lequel il n'y aurait à Francfort ni Palmengarten (jardin exotique) ni zoo, ni université, ni bibliothèque municipale, ni l'Ancien Opéra ni le Musée d'Histoire naturelle de Senckenberg. Tant de choses n'existeraient pas qui font honneur à la municipalité. Au début du XIXe siècle, Johann Friedrich Städel, banquier de son état, rendit accessible au menu peuple sa collection privée de tableaux. Dans les années 20, Herrmann et Felix Weil, deux négociants aux sympathies révolutionnaires, apportèrent leur soutien financier à l'Institut de Recherche sociale, devenu célèbre sous le nom de Frankfurter Schule (Ecole de Francfort), laquelle fut ennoblie par Theodor W. Adorno et Max Horkheimer et devint un forum de discussion de premier ordre où se retrouvaient les esprits critiques parmi les soixante-huitards.

Il va de soi que la Maison Goethe a, elle aussi, ses sponsors, mais nous y reviendrons plus tard. Il faut tout d'abord que nous allions à Hoechst, Monsieur le Maire, car c'est ici que prolifèrent les herbes folles de la Hesse. Des baraques à frites et des commerces de boissons en grandes surfaces, des marchés de la voiture d'occasion et des centres de bronzage bordent le grand axe routier, ce qui ne surprendra pas dans cette agglomération géante du Rhin et du Main. Mais, soudain, l'agitation fait place au calme. Sous le chêne séculaire, près de la placette du château, un couple d'amoureux passe l'après-midi à rêver. A l'auberge «Zum Schwan», ouvragée de colombages, deux retraités attendent que leur soit servie leur carafe de cidre. Dans la Justinuskirche (église St-Justin), l'aiguille de l'horloge avance nonchalamment. C'est grâce à l'entremise de donateurs influents que cette basilique plus que millénaire a pu redevenir un véritable joyau. Le groupe de la chimie, Hoechst, s'est personnellement engagé dans la réalisation de ce projet, tout comme il tente de recrépir sa réputation aujourd'hui vacillante en répandant ses bienfaits sur place. A quelques centaines de mètres de là, s'ouvrent les portes de l'usine, derrière lesquelles furent élaborés non seulement matières colorantes et médicaments, mais aussi une fibre synthétique qui fit fureur dans les années 50: le trévira. C'est ce que nous apprenons au Musée d'Histoire locale.

La terre hessoise, c'est aussi le nord pauvre mais verdoyant, confinant à l'ancienne frontière germano-allemande. Ironie du sort: c'est précisément dans ce no man's land qu'une nature d'une incomparable virginité a pu être préservée. Des champs de colza d'un jaune éclatant s'étendent à perte de vue. Des coquelicots et des campanules ondulent sous la caresse du vent. Des villages engourdis de torpeur se blotissent au creux des collines. La buse plane au-dessus des prés parsemés d'arbres fruitiers. Le hululement de la chouette ne présage aucun malheur. Mais Sainte-Elisabeth de Marburg, jadis comtesse de Thuringe, savait fort bien pourquoi elle voua toute son existence à l'assistance aux pauvres. N'était-ce pas en effet la plus profonde misère qui contraignait les habitants de cette région à abandonner le berceau de leur enfance? Et de malheureux sans-le-sou n'étaient-ils pas vendus à des souverains étrangers à titre de mercenaires dans le but de renflouer les caisses de la cour hessoise? Tout cela advint ici-même. Les étudiants membres de certaines corporations se croyaient eux aussi importants, il y a quelque temps de cela, il est vrai. Dans l'intervalle, les pique-niqueurs, sur le Haut-Meißner, ont déballé leurs «Weck un Worscht», autrement dit leurs petits pains et leurs saucisses. Le Festival de Hersfeld privilégie, lui, des pièces de théâtre d'un genre sérieux et nous nous arrêterons au Château de Marburg, n'est-ce pas, cher ami, pour y prendre un express, entouré d'écoliers gauchisants.

Puis, nous nous mettrons en route pour Limburg, car la cathédrale et ses sept tours est d'une ravissante beauté, la vieille ville on ne peut plus idyllique. Les ruelles pavées y sont étroites, les maisons à colombages médiévales, les bâtiments Renaissance et baroques, tous soigneusement restaurés, y dressent leurs façades étriquées. Old Germany, vecchia Germania. Elle revêt souvent cet aspect dans cette région. A Büdingen, à Gelnhausen, à Alsfeld, les ancêtres surgissent du passé, un passé lointain qui hante leurs ruelles et fait entendre son doux chuchotement. Au fond des larges vallées, dans les gorges rocheuses, les forêts denses et sur les massifs montagneux aux pentes douces, entre le Vogelsberg et le Spessart, le Hunsrück et la Rhön résident les personnages de légende que nous devons aux frères Grimm, les fées avec leurs baguettes magiques, les rois grenouilles, les cendrillons, les belles au bois dormant et les chats bottés. Des chevaliers pillards y vécurent également, les châteaux forts en sont encore les témoins, même si les gastronomes, bien que soucieux de recréer l'ambiance authentique, ne servent aujourd'hui à la lueur des torches,

qu'une cuisine bourgeoise et un vin rouge en provenance de la région viticole du Chianti, dans un verre à pied, appelé ici «Römer».

Pourtant le Rheingau n'est pratiquement qu'à deux pas, cette contrée dont le paysage parle à l'âme allemande et où, derrière chaque vignoble, pousse la Fleur bleue, fermement enracinée dans la mémoire collective, symbole de la poésie, des tendres jeunes filles et des romantiques fervents à la tenue hirsute. Vous ignorez probablement qui était Bettina von Arnim, Signore Gabellieri, cette causeuse spirituelle, rebelle de nature. Mais son correspondant, vivant alors dans le lointain Weimar, Goethe, Conseiller secret, déjà âgé à l'époque et entré dans l'histoire de la littérature en qualité de prince des poètes allemands, ne vous est certainement pas inconnu. C'est dans l'angle que forme le Rhin, là où poussent, sur les côteaux ensoleillés les cépages du Riesling que, au début du XIXe siècle, Bettina passait habituellement des vacances d'été insouciantes, rassemblant autour d'elle de jeunes têtes chaudes. C'était l'époque du romantisme allemand, celle où vécurent Hölderlin, Novalis, Eichendorff, Brentano, mais aussi le temps du chantage à la guerre et du patriotisme cocardier, dont les esprits ainsi épris de liberté menaçaient d'être les victimes. Heinrich Heine chanta la Loreley puis émigra à Paris. L'air a fraîchi; il commence à faire nuit.

Au monastère d'Eberbach, surplombant la petite ville de Winkel, la table est mise pour le repas du soir. Les moines ne portent pas le deuil. Ils sont vêtus de costumes médiévaux et disent: «On tourne!». C'est là en effet que fut mis en scène, voilà quelques années, le roman d'Umberto Eco, «le Nom de la Rose». Aujourd'hui nous prenons le chemin de randonnée menant à Kiedrich, pour aller écouter religieusement les chants grégoriens interprétés par les enfants de chœur. Rüdesheim et sa Drosselgasse si fréquentée nous paraît se trouver à des années-lumière. Demain, nous y achèterons un cendrier certi de coquillages, car on ne peut évidemment rentrer chez soi les mains vides. Demain, nous visiterons le reste du pays, Darmstadt avec son atmosphère toute empreinte de l'Art Nouveau et sa collection Beuys, Fulda à l'opulence baroque et au clergé d'esprit étroit, Bad Schwalbach et Schlangenbad et leurs sources d'eaux minérales aux vertus curatives. Aujourd'hui, nous dégusterons un vin d'une année bénie des dieux et tenterons de faire un prudent résumé. Avons-nous bien recensé toute la Hesse? Madonna, cela est impossible!

S'il n'y avait pas Francfort-sur-le-Main, autour duquel tout tourne pour nous, nous désespérerions de trouver une réponse à la question de savoir quels sont les traits typiques susceptibles de caractériser la Hesse dans son ensemble. Francfort focalise tout ce qui a des angles, c'est un vrai sac de noeuds, nous l'avons déjà dit. Le mystère demeurant entier, nous faisons du point d'interrogation notre programme; ce sera notre dénominateur commun. Les soirs d'hiver, lorsque, dans la Maison de Goethe, s'allument les lumières et que, dans la chambre chinoise,

«Pekin», un chocolat chaud répand son parfum pour le petit Johann Wolfgang, les frontières entre l'espace et le temps s'estompent, tout comme sur les rives du Main, où huit musées nous font pénétrer dans les sphères les plus diverses de l'imagination. A la Kleinmarkthalle, la mecque des gourmands et des gourmets, vous serez envoûtés par toutes les senteurs de l'Orient et de l'Occident. Et, autour des tours de verre, d'acier et de béton, grimpant en nombre sans cesse croissant toujours plus haut dans le ciel, le vent siffle son city-blues. Nous sommes déconcertés sans que cela ne nous attriste. Les Hessois sont comme ça. Ou un peu dans ce genre-là.

Une seule chose demeure sûre en ce pays du centre de l'Allemagne: la recette de la «sauce verte». La presse locale la donne chaque année aussi fatalement qu'elle annonce le premier rayon de soleil. Prenez sept herbes aromatiques fraîches que vous serez allé chercher chez les pépiniéristes entre Oberrad et Rödermark, à savoir, du persil et des fines herbes, de l'oseille et de la pimprenelle, du cresson, du cerfeuil et de la bourrache, mélangez avec de la crème fleurette et servez avec un œuf dur ou une tranche de poitrine de bœuf. Mettez-vous à table en compagnie de sympathiques amis et laissez-vous vivre. A qui le dis-je, Signore Sindaco, vous connaissez parfaitement cela chez vous, point n'est besoin de commentaire. Et trêve de bavardage. Ciao, et à bientôt, à Volterra.

Die Skyline der Wirtschaftsmetropole Frankfurt: In einem
unablässigen Wettkampf um
Höhenmeter scheinen die
Bürobauten der Banken und
Versicherungen zu stehen.
Der Neubau der Commerz-
bank (Bildmitte) wird als
höchstes Gebäude Europas
auch die leuchtende Spitze
des Messeturms (links) über-
treffen.

The skyline of the City of
Frankfurt where the office
blocks of banks and insurance
companies seem to be
engaged in a relentless battle
to build higher and higher.
The new Commerzbank head
office (centre) will be the
tallest building in Europe,
taller even than the brightly-lit
top of the trade fair and exhibition grounds tower (left).

Francfort, métropole com-
merciale à la silhouette
emblématique: les immeubles
de bureaux des banques et
compagnies d'assurance semblent se livrer un combat gra-
tuit, grimpant à l'envi vers le
ciel. Une fois terminé, le nouveau bâtiment de la Com-
merzbank (au centre de l'image), le plus haut d'Europe, sur-
passera la Messeturm et sa
pointe scintillante.

Seit dem 13. Jahrhundert, als Kaiser Friedrich II. der Stadt ein entsprechendes Privileg verlieh, ist Frankfurt ein bedeutender Messestandort. Einige Millionen Besucher strömen bei den großen Handelsmessen, etwa der berühmten Buchmesse im Herbst, auf das Gelände.

Frankfurt has been a major trade fair venue since the thirteenth century, when Holy Roman Emperor Friedrich II granted the city the privilege to hold fairs. Several million visitors converge on the exhibition grounds for large trade fairs such as the Frankfurt Book Fair, which is held every autumn.

Depuis le XIIIe siècle, époque à laquelle l'empereur Frédéric II conféra à la ville le privilège de tenir marché, Francfort est demeuré un important lieu de foires. Le terrain des expositions voit affluer plusieurs millions de visiteurs attirés par les grandes foires commerciales, telle la célèbre Foire du Livre qui s'y tient à l'automne.

Beim Äppler, der traditionellen Apfelweinwirtschaft, verdurstet niemand. Ständig versorgen die Kellner die durstigen Zecher mit „Schöppchen", den gefüllten Gläsern.

No-one goes thirsty at the Äppler, the traditional hostelry selling Frankfurt "apple wine." Waiters constantly ply guests with glasses of thirst-quenching cider.

Personne, à l'«Äppler», auberge débitant traditionnellement du cidre, ne mourra de soif. Les serveurs veillent en permanence à ce que les buveurs assoiffés soient pourvus d'un «Schöppchen», verre de cidre rempli à ras bord.

Der Römer, das Frankfurter Rathaus, ist ein Bauensemble von elf Patrizierhäusern, deren ältestes (Mitte) aus dem 14. Jahrhundert stammt. Nach schweren Kriegsschäden wurde es wiederaufgebaut.

The Römer, Frankfurt's city hall, is a group of eleven town houses the oldest of which (centre) dates back to the fourteenth century. It was rebuilt after heavy wartime damage.

Le Römer, hôtel de ville de Francfort, est un ensemble composé de 11 maisons patriciennes, dont la plus ancienne (au centre) remonte au XIVe siècle. Fortement endommagé pendant la guerre, il fit l'objet d'une restauration par la suite.

Ein Mittelpunkt der vielfältigen Kulturszene Frankfurts ist die Alte Oper, ein Bau des späten 19. Jahrhunderts. Von jeher ein Symbol bürgerlichen Selbstbewußtseins, wurde sie mit großem Aufwand zu einem Kongreß- und Musikzentrum umgewandelt.

The Alte Oper, built in the late nineteenth century, is a focal point of Frankfurt's varied cultural scene. It has always been a symbol of bourgeois self-esteem and has now been converted at great expense into a congress and music centre.

Le «Vieil Opéra», édifice datant de la fin du XIXe siècle, est un des foyers culturels parmi tous ceux, fort divers, que compte Francfort. Symbole, depuis toujours, de la fierté de ses habitants, il fut transformé à grands frais en un centre de congrès et de concerts.

Unter Kennern gelten die trockenen Riesling-Weine des sonnenverwöhnten Rheingaus als unnachahmlich. Rechts im Bild: die „Wacht am Rhein" – die Germania des Niederwalddenkmals bei Rüdesheim.

Connoisseurs agree that the dry Riesling wines of the sun-splashed Rheingau region are beyond compare. On the right the statue of Germania on the Niederwalddenkmal near Rüdesheim stands guard over the Rhine.

Aux yeux des connaisseurs, les Riesling, vins secs du Rheingau, région privilégiée par le soleil, passent pour être inégalables. A droite, sur l'image: la «Garde sur le Rhin», statue de la Germania du monument de Niederwald, près de Rüdesheim.

27 Mineralquellen besitzt die hessische Landeshauptstadt Wiesbaden. Seine Glanzzeit erlebte der Kurort um die Jahrhundertwende; damals entstand auch das klassizistische Kurhaus.

Wiesbaden, the state capital of Hesse, boasts 27 mineral water springs. Its heyday as a spa was at the turn of the century, which was when the neo-classical Kurhaus was built.

La capitale du land, Wiesbaden, possède 27 sources d'eau minérale. Cette station thermale connut son apogée au tournant du siècle; c'est également de cette époque que date la Kurhaus (établissement thermal), un bâtiment de style néo-classique.

Drangvolle Enge herrscht meist in diesem idyllischen Sträßchen, denn die weltberühmte Drosselgasse von Rüdesheim ist nur wenige Meter breit.

This idyllic narrow street is usually crowded with people. It is Rüdesheim's world-famous Drosselgasse, and it is only a few metres wide.

Se frayer un passage à travers ces ruelles idylliques est, la plupart du temps, chose ardue, car la Drosselgasse de Rüdesheim, connue dans le monde entier, n'a que quelques mètres de large.

Fritzlar an der Fulda war einst ein befestigter Stützpunkt der Mainzer Erzbischöfe. Der Roland auf dem Brunnen blickt seit 1564 über den Marktplatz, an dem eines der ältesten Rathäuser Deutschlands steht.

Fritzlar on the River Fulda was once a fortified stronghold of the archbishops of Mainz. The statue of Roland on the fountain has stood guard over the Marktplatz since 1564. The square also boasts one of the oldest Rathaus buildings in Germany.

Fritzlar-sur-la-Fulda fut autrefois une ville fortifiée et un point d'appui des archevêques de Fulda. Depuis 1564, la statue de Roland couronnant la fontaine, promène ses regards sur la place du marché, en bordure de laquelle se dresse l'un des plus vieux hôtels de ville d'Allemagne.

In Hessen findet man noch viele erhaltene Fachwerkensembles – hier in der über 700jährigen Altstadt von Bad Wildungen.

In Hesse you can still find many a well-preserved group of half-timbered buildings, such as here in the Altstadt of Bad Wildungen, which is over 700 years old.

En Hesse, on pourra encore découvrir de nombreux ensembles de maisons à colombages préservés des outrages du temps – comme on le voit ici, dans la vieille ville de Bad Wildungen qui fut fondée il y a plus de 700 ans.

In Alsfeld, dem südlichen Tor zum Vogelsberg, ist die romantische Altstadt in ihrer ehemaligen historischen Geschlossenheit mit herrlichen Wohnbauten des 14. bis 19. Jahrhunderts – hier das Neurath-Haus – bis heute erhalten geblieben.

In Alsfeld, the southern gateway to the Vogelsberg area, the romantic Altstadt has survived unscathed in a unique historic unity of magnificent fourteenth- to nineteenth-century town houses like the Neurath-Haus (photo).

A Alsfeld, porte s'ouvrant vers le Vogelsberg, en direction du sud, la vieille ville romantique a préservé, jusqu'à nos jours, son caractère historique et son homogénéité incomparables. Parmi les splendides bâtiments d'habitation, issus du quatorzième au dix-neuvième siècle, on découvrira la maison Neurath, représentée sur la photo.

In den Jahren 1785 bzw. 1786 erblickten die beiden berühmtesten Hanauer das Licht der Welt – die Brüder Grimm. Das Denkmal der Sprachforscher und Märchensammler steht vor dem historischen Rathaus auf dem Neustädter Marktplatz.

Hanau's most celebrated native sons, the Brothers Grimm, were born in 1785 and 1786. The monument to the two linguists and collectors of fairy tales stands on Neustädter Marktplatz in front of the historic Rathaus.

C'est en 1785 et en 1786 que virent respectivement le jour les deux plus célèbres habitants de Hanau: les frères Grimm. Le monument élevé à la mémoire de ces linguistes et compilateurs de contes de fées se dresse face à l'hôtel de ville historique, sur la Neustädter Marktplatz.

Ein eindrucksvolles Ensemble bilden Burg und Dom von Limburg an der Lahn. Der siebentürmige Kirchenbau vom Anfang des 13. Jahrhunderts stellt sich von jeder Seite überraschend anders dar.

The castle and cathedral of Limburg on the Lahn form an impressive ensemble. The early thirteenth-century cathedral with its seven towers looks surprisingly different on every side from which you look at it.

Le château fort et la cathédrale de Limburg sur la Lahn forment un ensemble imposant. L'église à sept tours, édifice datant du XIIIe siècle, présente sur chacun de ses côtés un visage étonnamment différent.

Die romantische Stadt Marburg erstreckt sich vom Westrand der Lahnberge durch das Lahntal bis zum Schloßberg auf der anderen Seite. An der ältesten Universität Deutschlands (1527) in Marburg studierten auch Jacob und Wilhelm Grimm zu Beginn des 19. Jahrhunderts.

The romantic university town of Marburg extends from the western perimeter of the Lahnberge across the Lahn Valley to the Schlossberg. Students at what is now the oldest university in Germany, founded in 1527, included Jacob and Wilhelm Grimm in the early nineteenth century.

La ville romantique de Marburg s'étire de la bordure ouest des montagnes de la Lahn, à travers la vallée de la Lahn jusqu'au Schloßberg, sur la rive opposée. Marburg, la plus ancienne des universités allemandes (1527) accueillit également Jacob et Wilhelm Grimm qui y firent leurs études au XIXe siècle.

Das Bergland zwischen Fulda und Werra gehört zum Naturpark Meißner-Kaufunger-Wald. Sonnige Auen, saftige Wiesen und dichte Wälder, in denen früher die Räuber ihr Unwesen trieben, lassen das Herz des Wanderers höher schlagen.

The hill country between the Rivers Fulda and Werra forms part of the Meissner Kaufunger Wald nature park. Lush, sunsplashed meadows and dense forests where robbers used to waylay travellers are a constant source of pleasure and delight to hikers.

Le pays de collines, entre la Fulda et la Werra fait partie du parc naturel appelé Meißner-Kaufunger-Wald. Ses vallées ensoleillées, ses prés verdoyants ainsi que ses forêts denses que hantaient autrefois les brigands de grand chemin, font bondir de joie le cœur du randonneur.

Zu Anfang des 18. Jahrhunderts wurde die Karlsaue in Kassel vom Landgrafen Karl zum barocken Park ausgebaut. Die Orangerie diente als Lustschloß für die sommerlichen Vergnügungen des Hofes. Heute ist es ein Museum für Astronomie und Technikgeschichte.

In the early eighteenth century Kassel's Karlsaue was laid out as a Baroque park by Count Karl. The Orangerie served as a country seat for the summer entertainments and diversions of the court. Today it is a museum of astronomy and technology.

C'est au début du XVIIIe siècle que le terrain de la Karlsaue, à Kassel, fut aménagé en parc de style baroque par le landgrave Karl. L'Orangerie servait alors de château de plaisance pour les divertissements estivaux de la cour. Elle renferme aujourd'hui un Musée de l'astronomie et de l'histoire de la technique.

Gewaltig erhebt sich die Statue des Herkules über dem Oktogon und der Kaskadentreppe im Schloßpark Wilhelmshöhe. Die Anlage im gleichnamigen Kasseler Stadtteil gehört zu den bedeutendsten Barockgärten Europas.

The mighty statue of Hercules towers over the Oktogon and the cascading staircase in Wilhelmshöhe Schlosspark. Wilhelmshöhe, a suburb of Kassel, boasts one of the most important Baroque gardens in Europe.

De gigantesques dimensions, la statue d'Hercule domine l'Octogone et le «grand escalier d'eau» du parc du château de Wilhelmshöhe. Cet ensemble de jardins, situé dans le quartier de Kassel du même nom, fait partie des plus importants parcs aménagés dans le goût baroque en Europe.

Als Vorbild der Michaelis-
kapelle in Fulda diente die
Grabeskirche in Jerusalem.
Der Rundbau mit den acht
Säulen geht auf das 9. Jahrhundert zurück und gehört
damit zu den ältesten Kirchenbauten in Deutschland.

The Michaelskapelle in Fulda
was modelled on the Church
of the Holy Sepulchre in
Jerusalem. It is a round building with eight pillars dating
back to the ninth century,
which makes it one of the
oldest church buildings in
Germany.

La Michaeliskirche, à Fulda,
fut construite à l'image de
l'Eglise du Saint-Sépulcre, à
Jérusalem. Cette rotonde à
huit colonnes remonte au
IXe siècle et compte ainsi
parmi les plus vieux édifices
religieux d'Allemagne.

Die Schönheiten der Rhön lassen sich aus der Luft am besten betrachten: Segelflieger auf der Wasserkuppe. Der Fremdenverkehr gewinnt in der kargen Mittelgebirgslandschaft im Länderdreieck Hessen, Bayern, Thüringen zunehmend an Bedeutung.

The beauty of the Rhön is best admired from the air, as pilots and passengers of gliders soaring over the Wasserkuppe will agree. Tourism is growing increasingly important in the bleak Mittelgebirge landscape on the border between Hesse, Bavaria and Thuringia.

C'est d'en haut que les beautés de la Rhön se dévoilent avec le plus d'évidence: des planeurs sur la «Wasserkuppe». Le tourisme prend de plus en plus d'importance dans ce pays peu fertile, occupé par les montagnes moyennes et situé dans le triangle délimité par la Hesse, la Bavière et la Thuringe.

Die russische Kapelle auf der Mathildenhöhe in Darmstadt. 1898 bis 1899 erbaute der Architekt Louis Benois diese kleine orthodoxe Kirche mit den markanten Zwiebeltürmen auf Wunsch des Zaren Nikolaus II., dessen Gemahlin Alexandra aus dem Hause Hessen-Darmstadt stammte.

The Russian Chapel on Darmstadt's Mathildenhöhe is a small Russian Orthodox church with typical, distinctive onion-shaped towers which was built in 1898–99 by the architect Louis Benois for Tsar Nicholas II of Russia, whose wife Alexandra was a member of the Hesse-Darmstadt ruling family.

La chapelle russe, édifiée sur la Mathildenhöhe à Darmstadt. De 1898 à 1899, l'architecte Louis Benois construisit cette petite église orthodoxe surmontée de tours à bulbes caractéristiques, à la demande du tsar Nicolas II, dont l'épouse, Alexandra, descendait de la maison de Hessen-Darmstadt.

Die offene Ständerhalle im Erdgeschoß, die beiden Erker mit Spitzhelmen und schließlich das steile Walmdach bilden eine harmonische Einheit. Das Fachwerk-Rathaus von Michelstadt im Odenwald findet seit über 500 Jahren seine Bewunderer.

The open-fronted Ständerhalle on the ground floor, the two oriel windows with their helmet-shaped roofs and the steeply-sloping hip-roof of the entire building form a harmonious unit. The half-timbered Rathaus of Michelstadt in the Odenwald has had its admirers for over 500 years.

La halle reposant sur des piliers, au rez-de-chaussée, la façade flanquée de deux oriels surmontés de casques pointus et le toit en croupe fortement incliné constituent un ensemble harmonieux. L'hôtel de ville à colombages de la ville de Michelstadt dans l'Odenwald, fait l'objet de l'admiration des visiteurs depuis plus de 500 ans.

Ein Meer von Felsen ergießt sich von den bewaldeten Anhöhen nahe Reichenbach im Odenwald. Viele der Granitblöcke in der Umgebung des Feldbergs weisen Spuren römischer Steinmetze auf.

An ocean of rocks seems to pour from the wooded heights near Reichenbach in the Odenwald. Many of the granite blocks in the vicinity of the Feldberg show signs of work by Roman stonemasons.

Une mer de rochers se déverse sur les pentes des collines de l'Odenwald, à proximité de Reichenbach. De nombreux blocs de granit que l'on trouvera dans les environs du Feldberg, portent les traces des tailleurs de pierre romains.

Das milde Klima brachte der Bergstraße am Westfuß des Odenwaldes den Ruf einer „Hessischen Riviera" ein. In Weinheim laden die historischen Gassen zu gemütlichen Spaziergängen ein.

Its mild climate has earned the Bergstrasse at the western foot of the Odenwald a reputation for being a "Hesse riviera." In Weinheim the historic alleyways invite visitors to take a gentle stroll.

Le climat doux a valu à la Bergstraße, qui s'étire au pied des collines ouest de l'Odenwald, la réputation de «Riviera hessoise». Les ruelles historiques de Weinheim invitent à la flânerie.

Das Mosaik
im Mosaik
im Mosaik

Matthias Biskupek

Vorm ganz besonderen Thüringen liegt ein Berg sehr allgemeines Deutschland. Klischeevorstellungen von den Deutschen nähren sich aus althergebrachter Wirklichkeit. Alle essen Sauerkraut. Alle benehmen sich krachledern. Alle sind pünktlich. Alle singen, wenn sie übergroße Bierkrüge vor sich stehen haben. Alle haben ein schlechtes historisches Gewissen ... Neuerdings aber wissen Fremdlinge manchmal, daß die Norddeutschen die Süddeutschen schlecht verstehen, weil „deutsch" nur ein Schriftsprachbegriff ist. Ostdeutsche und Westdeutsche mißtrauen einander sowieso, aus jüngst vergangenen Zeiten heraus, und das übriggebliebene Dresdner Barock ist Prager Häuserzierrat viel verwandter als hanseatischer Backsteingröße. Das liegt nämlich, sagt dann der fremdländische Kenner im Vollgefühl seiner Bildung, am Föderalismus!

Die Staaten im Staatswesen

„Jawoll!" spricht der kennerhafte Fremdling, Deutschland ist ein Mosaik aus Ländern und Regionen. Weil es früher aus lauter Herzogtümern und Grafschaften und Königreichen bestand, noch zu Zeiten, als andere europäische Länder längst gut zentralistische Sitten pflegten. Doch mitten in diesem föderalen Deutschland steckt ein besonders filigraner Teil des Mosaiks: Thüringen. Das heutige Bundesland bestand noch in diesem Jahrhundert aus einer guten Handvoll Herzog- und Großherzogtümern, aus älteren und jüngeren Linien diverser Grafschaften, aus Fürstentümern, die nach ihren jeweiligen Hauptstädtchen benannt worden waren, aus preußischen und sächsischen Gebieten. In Thüringen wurde nach hessischem oder Berliner Recht geurteilt; die norddeutsche Taler- und die süddeutsche Guldenwährung stießen just in Thüringen aneinander, mitten in einer seiner operettenhaften Grafschaften.

Thüringen, seines Waldreichtums und seiner zentralen Lage wegen auch „Grünes Herz Deutschlands" genannt, war in Wirklichkeit das kunterbunte Flickendeckchen im großen Fleckenteppich Deutschland. Um ins Exil zu gehen, genügte ein Spaziergang ins Nachbardorf. Ein thüringischer Fürst war stolz, einen ganzen Flußlauf zu besitzen. In Thüringen saßen in hoch ummauerten Ackerbürgerstädtchen Welt- und Kulturgeschichte dicht beisammen. Belgische und englische Königshäuser entstammen dem Thüringer Fürstenwirrwarr. Sanssouci zu Potsdam wollte einst ein Klein-Versailles sein. Daraufhin wollte sich der Weimarer Hof mitten in Thüringen sein Klein-Sanssouci schaffen und bestellte Dichter als Minister, Professoren oder Superintendenten. Die Fürstensitze Meiningen, Rudolstadt, Sondershausen, Eisenberg, Gotha, Gera, Greiz, Schleiz, Lobenstein ... wollten wiederum alle mindestens ein Klein-Weimar sein und bauten ihre Musentempel. So hat Thüringen heute eine gewaltige Residenzschloßdichte und die meisten Berufstheater Deutschlands. Alle größeren und viele kleinere Städte besitzen eigene Orchester, Erben stolzer, höfischer kultureller Traditionen. Eine Handvoll Landesbibliotheken und Landesmuseen sind zu unterhalten, daneben Orangerien und Sommerresidenzen, fürstliche Schloßgärtchen und gräfliche Wasserkünste. Verzweifelt rief der nach der deutschen Einheit erste Ministerpräsident Thüringens – übrigens kein Einheimischer – aus: „So viele Theater und Orchester haben ja nicht mal die großen, reichen süddeutschen Länder Bayern und Baden-Württemberg zu verkraften!" – Wir sehen: Kunst und Kultur wird nicht in Unterhaltungs- und Bildungswerten gerechnet, sondern danach, ob es sich rechnet.

Das Bundesland Thüringen, zwischen die einstigen Königreiche Sachsen und Bayern geklemmt, die sich aus einer gewissen Tradition heraus „Freistaat" nennen, rief sich in neuer deutscher Einheitszeit ebenfalls beflissen zum „Freistaat" aus, um sich vom Dutzend der „Länder" zu unterscheiden. Eigentlich gehören wir in eine ganz andere Gewichtsklasse, will das wohl heißen.

Als Thüringen noch am südwestlichen Rande der DDR lag, ging unter seinen Bewohnern, die damals in drei Bezirken verwahrt und verwaltet wurden, eine ähnliche Möchtegern-Fama um: „Wir sind 1945 von Amerikanern besetzt worden, müßten deshalb zu Westdeutschland gehören. Nur weil der Amerikaner Westberlin wollte, wurde Thüringen an den Osten verkauft ..." Daß die Besatzungszonen noch vor Kriegsende von den späteren Siegermächten längst festgelegt worden waren, daß auch halb Sachsen und Anhalt zunächst unter amerikanischer Verwaltung standen, kümmert den thüringischen Möchtegernwestler nicht. Seine Geschichtchen sollen die wahre Geschichte verkünden.

Die Leutchen in den Städtchen

Thüringen hat keine Großstädte. Die Landeshauptstadt Erfurt tut ein bißchen weltstädtisch mit saftigen Restaurantpreisen und gewaltigen Mietzinsen, und Gera und Jena verweisen stolz darauf, daß sie mehr als hunderttausend Einwohner hätten. Doch wer durch Thüringer Städte bummelt, merkt sofort, daß der Fürst allzeit nah war und die Großindustrie weit. Dabei kamen von hier weltberühmte Waren, vom Jenaer Glas über Zeiss-Brillen und Sonneberger Spielzeug bis zu Greizer Stoffen. Das DDR-Edelauto „Wartburg" aus Eisenach hoppelt bis heute über Straßen, wenn auch nicht mit jenem Kultstatus, den sein kleiner sächsischer Bruder „Trabant" genießt. Schaut man aber genauer in die Industriegeschichte, so merkt man schnell: Es waren Familienbetriebe, Handwerksbuden, die da zu Weltruhm aufgestiegen waren. Und das Familiäre hielt sich hartnäckig in den Betrieben. Im DDR-Großkonzern Carl Zeiss Jena war man stolz auf allgegenwärtige Verwandtschaftskreise und Bekanntenkringel. Wie bei allen *Familien-Banden* hatte auch hier dies Wort einen Beigeschmack von Wahrheit. Zwischen Geborgenheit und Mief war der Unterschied nicht immer so groß, wie er hätte sein sollen.

Auch heute ist das, was Thüringer Weltruf ausmacht oder ausmachen könnte, das Kleingewerbe fleißiger Tüftler und Bastler. „Auf dem Wald", wie man hier jene bergige, im Winter oft schneereiche Gegend zwischen dem Vogtländischen Oberland im Südosten und der Rhön im Westen nennt, sind Glasbläser zu Hause und

Kleinbetriebe der Elektronik. Hier wurde das Porzellan zum zweiten Mal erfunden, als das sächsische noch Geheimrezept war. Von hier wurden Glasaugen in die weite Welt verschickt. Die Büchsenmacher von Suhl legten ihre ganze Kunstschmiedefertigkeit in Gerätschaften zum Erlegen von Wildtieren und Feindesmenschen. In die große Ackerebene zwischen den Thüringer Gebirgen, das Thüringer Becken, wurden, als Ackerbau nicht mehr aktuell schien, allerlei Betriebe hingesetzt, die Brot, Wohlstand und Schönheit bringen sollten; Schreibmaschinen wurden gebaut und Computer. Im Moment rappeln sich die nach 1990 plattgemachten Betriebe dieser einstigen Ackerebene auf, um irgendwann auch wieder ein Wörtlein auf den Märkten der Welt mitreden zu dürfen.

Ob Einheimische dabei mitmischen können, wird sich zeigen. Der Heimatstolz ist angeknackst, nicht so sehr durch vierzig Jahre DDR, als durch die hernach mit gutgemeinten Ratschlägen und besten Finanzen ausgerüsteten eingewanderten Westdeutschen. Sie beherrschen die Rundfunkkanäle und die inoffiziellen Geldkanäle. Sie wissen vieles wirklich besser, aber Thüringer sind gelegentlich dickköpfig. Sie reden dann über ihre „Identität", meinen damit wohl auch ein nebulöses Thüringertum, vor allem aber ihre Herkunft. Alle Höhen und Tiefen haben sie an ihrem Heimatort durchgestanden. Und wehe, jemand ändert Altbewährtes. Großen Lärm machte eine Verwaltungsreform, als Gebiete des einstigen Fürstentums Schwarzburg mit herzoglich-meiningischen Territorien zusammengelegt werden sollten. Man ist ein Leben lang darauf stolz, daß man vom Rennsteig stammt, dem berühmtesten, quer durch Thüringen führenden Wanderpfad Deutschlands. Man betont, daß man am Fuße des deutschen Minnesängersymbols, der Wartburg, aufwuchs, den gleichen Schulweg wie Johann Sebastian Bach hatte, Martin Luthers Ururururgroßneffe ist und sein ganzes bewußtes Leben im burgenreichen Saaletal zubrachte. Als Folge thüringischer Zwergstaaterei fühlen die Leute hier sich ihrem Sprengel, ihrer Gegend, ihrer Stadt eher zugehörig als einem abstrakten Bundesland. Doch wenn ein Weimarer in breitfreundlicher Mundart sagt: „Ich bin ein Glassiggstädder!" und vor Stolz, daß er und Goethe quasi Spielkameraden sind, fast platzt, so muß man dies nicht immer bierernst nehmen: Ein kleiner Hang zur Selbstironie mag dem Thüringer eigen sein, genährt durch die Operettenstaaten der großen Vergangenheit und das komische deutsche Dreibuchstabenland der jüngsten Geschichte.

Die Gefühle im Subjekt

Gelegentlich frage ich mich: Wieso hältst Du es nun schon so lange in Thüringen aus? In diesem kleingliedrigen Ländchen voller zänkischer Bergvölkerschaften? Wo dumpfe deutsche Volksmusik von den Bergen widerhallt, Thüringer Klöße und Thüringer Rostbratwürste ungefragt als Inkarnation kulinarischer Genüsse gelten, gleich, wie lieblos und industriell sie neuerdings gefertigt werden? Wo Heimatliebe so oft zur Tümlichkeit verkommt?

Dann antworte ich mir selber mit fester, mutmachender Stimme: Junge, das Ländchen ist ja gar nicht so eng und muffig; es gibt hier noch immer unbetonierte Berggipfel, ganz ohne Parkplätze, und großartige, romantisch-verspielte Landschaften; es gibt sogar echte Dörfer und – noch – unverwechselbare Städte. Manche Gemeinden werden auch wieder unverwechselbar. Du hast hier eine Menge Freunde, Eingeborene und Zugewanderte, die just diese feine, schon erwähnte Selbstironie pflegen, eine Eigenschaft, die im mächtigen Einheitsdeutschland unterzugehen droht. Junge, sage ich mir dann, du bist hier gefeit davor, im Wohlgefühl zu versinken: du findest immer genug an Reibungsfläche. Die Zipfelmützigkeit mancher Hiesigen zeigt dir deutlich, daß die Deutschen noch nicht überall so liberal, weltoffen und fremdenfreundlich sind, wie sie sich neuerdings gerne sehen möchten. Du findest genug Stoff, um dich aufzuregen – und du findest genug Verständnis, um dich auch wieder abzuregen. Du wohnst hier auf halber Strecke zwischen Berlin und München; exakt zwischen Stockholm und Mailand, ob du nach Norden oder nach Süden ausbüxt, ist ganz allein deine Sache und Sache deiner Verbindungen.

Und die großartigen, verschiedenen Sprechweisen, die du hier alle naselang zu hören bekommst, sind doch auch ein Grund, gelegentlich hier und nur hier den Leuten zuzuhören. Da mischt sich DDR-Bürokratendeutsch mit modischem Effizienzgeschwätz. Die Mundarten sind noch lebendig; hinter dem Rennsteig wird fränkisch gesprochen, gegen Osten hin pflegen feinere Leute unverfälschtes Gewandhaussächsisch, im Südosten klingt's vogtländisch, zum Harz hin beginnt jener Sound, den du als Magdeburgisch im Ohr hast, ab Eisenach babbelt man hessisch. Ein Mosaik verschiedener Sprechweisen. Das Land ist ein Land im Übergang in jeder Hinsicht, zwischen norddeutschem Flachland und süddeutschem Alpenglühn, zwischen altvertrauter DDR-Meckerei und neudeutschem Erfolgs-Gedöns, zwischen Lustschloß und Frustgehäus.

Du findest prächtige Klischees: Leute mit Sauerkrauthorizont und krachlederne Gestalten; Leute mit schlechtem und Leute mit fehlendem historischen Gewissen; aber du findest genug an Leuten, die so sind, wie wir eigentlich alle gern wären: tolerant, großzügig, von heiterem Wesen, humorvoll …

Diese Mischung gibt es überall in Deutschland? Mag ja sein, aber ich erlebe sie eben gern in dieser ganz speziellen Form in Thüringen. Die Meinung, daß Thüringen eben doch das Besondere im Allgemeinen ist – die darf ich hier doch mal landestypisch, also bissel dickköpfig, vertreten, gelle?

The Mosaic within a Mosaic within a Mosaic

Matthias Biskupek

In front of the very special state of Thuringia lies the mountain of a very general Germany. Stereotypes of the Germans feed on traditional reality. They all eat sauerkraut. They all behave like country bumpkins. They are all punctual. They all sing when they have an outsize beer glass in front of them. They all have an uneasy historic conscience …

Of late, however, strangers have sometimes been aware that North Germans find it hard to understand South Germans because "German" as a concept is only a written language. East Germans and West Germans mistrust each other in any case because of the recent past, and what has remained of Dresden Baroque is much more akin to the decoration of houses in Prague than to grand Hanseatic redbrick. It's all because of federalism, says the foreign expert, smugly displaying his knowledge.

States within the state

Oh yes, says the knowledgeable stranger, Germany is a mosaic of states and regions, because formerly it consisted of a large number of duchies and earldoms and kingdoms at a time when other European countries had long adopted good centralist manners.

But in the middle of this federal Germany there is one particularly intricate part of the mosaic: Thuringia. Right into this century the present federal state consisted of a fair handful of duchies and grand duchies, of old and new lines of various earldoms, of principalities bearing the names of their miniature capitals, of Prussian and Saxon regions. Cases in Thuringia were judged according to Hessian or Berlin law; the North German thaler and the South German florin met in Thuringia, in the middle of one of its Ruritanian earldoms.

Thuringia, otherwise known as the "green heart of Germany" on account of its wealth of forests and its central position, was in reality a colourful little patchwork rug in the big patchwork carpet of Germany. A walk to the neighbouring village was sufficient to take you into exile. A Thuringian prince was the proud owner of a whole river. In Thuringia world and cultural history sat cheek by jowl in little farming towns surrounded by high walls. The Belgian and British royal families are both descended from the confusion of Thuringian princes. Sanssouci in Potsdam once aspired to being a little Versailles. Thereupon the Weimar court decided to create its own little Sanssouci in the heart of Thuringia and installed poets as ministers, professors or superintendents. In turn the princely seats of Meiningen, Rudolstadt, Sondershausen, Eisenberg, Gotha, Gera, Greiz, Schleiz, Lobenstein … wanted at the very least to be a little Weimar, and built their own temples to the muses. Thus present-day Thuringia has an enormous density of palaces and more professional theatres than any other state in Germany. All the larger and many smaller towns have their own orchestras, the heirs of proud, courtly, cultural traditions. A handful of state libraries and museums have to be kept up, in addition to orangeries and summer palaces, princes' palace gardens and earls' fountains and waterfalls. Thuringia's first postreunification premier – not a native, by the way – exclaimed in despair: "Even the big, rich South German states of Bavaria and Baden-Württemberg don't have to keep up so many theatres and orchestras!" As we see, art and culture are not calculated in terms of entertainment and educational value, but by whether they can be made to pay.

The federal state of Thuringia is wedged between the former kingdoms of Saxony and Bavaria, which have on the basis of a certain tradition proclaimed themselves free states. And so in the era of new German unity Thuringia too assiduously proclaimed itself a free state, so as to distinguish itself from the other dozen states. "Actually we are in a completely different league" is presumably what they mean to convey.

When Thuringia was still on the south-western edge of East Germany, a similar would-be rumour did the rounds of its inhabitants, who at that time were confined and administered in three local government districts. In 1945, it ran, we were occupied by the Americans, therefore we ought to be part of West Germany. Because the Americans wanted West Berlin, Thuringia was sold to the East … The fact that even before the war was over the occupation zones had long since been settled by the later victorious powers, and that half of Saxony and Anhalt had initially been under American administration, is of no concern to Thuringian would-be westerners. Their little stories are supposed to tell the real story.

Folk in the towns

Thuringia has no large towns. Erfurt, the state capital, has some metropolitan pretensions, with hefty restaurant prices and enormous rents, and Gera and Jena point out proudly that they have over a hundred thousand inhabitants. But anyone taking a stroll through Thuringian towns notices immediately that the prince was always nearby and big industry far off. Even so, some world-famous products were made here, from Jena glass to Zeiss lenses, Sonneberg toys and Greiz textiles. To this day the East German luxury car, the Wartburg, made in Eisenach, Thuringia, trundles along the roads, even though it does not enjoy the cult status enjoyed by its little Saxon sibling, the Trabant. However, if one takes a closer look at industrial history, one quickly realises that it was family businesses, craftsmen's firms, which rose to become worldfamous. And family connections stubbornly persisted. In East Germany, people employed at Carl Zeiss in Jena were proud of the omnipresent circles of friends and relations. As with all family links, here too the German word "Banden," meaning both "links" and "gangs," had a ring of truth. There was not always such a big difference as there might have been between snug and fug.

To this day it is the small-scale industry of hard-working inventors and craftsmen which makes or could make Thuringia's international reputation. "Up in the woods," as people here refer to the hilly region, often snow-clad in winter, between the Vogtland highlands to the south-east and the Rhön to the west, you can find glass blowers and small electronics firms. Here the formula for European porcelain was discovered for the second time while Saxony's was still a secret. From here glass eyes were exported all over the world. The rifle-makers of Suhl invested all their gunsmiths' craft into making equipment for bagging wild animals or the enemy. When farming ceased to be fashionable, all kinds of industries designed to bring bread, prosperity and beauty were introduced to the great farmland plain between the Thuringian mountain chains known as the Thüringer Becken, or Thuringian basin. Typewriters and computers were manufactured. At present the businesses in this former farmland plain, bankrupted after 1990, are busy recovering so that at some stage they will be in a position to have a say in world markets again.

Whether the natives will be able to play any role in this remains to be seen. Their regional pride has been dealt a blow, not so much by forty years of East Germany as by the West Germans who moved in afterwards, duly equipped with well-meaning advice and the best of finance. They dominate both the broadcasting channels and the unofficial money channels. There are many things which they really do know better, but Thuringians can sometimes be stubborn. Then they talk about their "identity," in which they probably include some nebulous concept of Thuringian-ness, but primarily their own origins. They have gone through thick and thin on their native soil. And woe betide anyone who wants to change long-standing traditions. There was a great hue and cry about an administrative reform to merge some areas of the erstwhile principality of Schwarzburg with territories belonging to the duchy of Meiningen. To come from the Rennsteig, Germany's most famous

hiking path, which cuts right across Thuringia, is a lifelong source of pride. One is anxious to emphasise that one grew up at the foot of the Wartburg, scene of the minnesingers' contest, had the same walk to school as Johann Sebastian Bach, is Martin Luther's great-great-great-great-great nephew, or spent all one's conscious life in the castle-strewn Saale valley. Because Thuringia is made up from a variety of mini-states, people here feel more affinity with their parish, their district or their town than with some abstract federal state. However, one should not always take it in deadly earnest when someone from Weimar confides in his broad, pleasant dialect that he is from "Glassigg-stadt"–the town of the classics, almost bursting with pride that he and Goethe were virtually playmates. A slight tendency to self-mockery, nurtured by the Ruritanian states of the glorious past and the East Germany of recent history, is typically Thuringian.

Subjective feelings

Occasionally I ask myself: How come you have stood it for so long in Thuringia, this little state made up of fragments and full of quarrelsome hill tribes, where thudding German folk music echoes from the mountains; where Thuringian dumplings and Thuringian sausages are unquestioningly accepted as the incarnation of culinary delights, regardless how lovelessly and industrially they are manufactured these days; where love of one's native land so often degenerates into folksiness?

Then I answer myself in a firm, encouraging voice: come now, the little state is not so cramped and musty after all. It still has mountain tops which are not covered in concrete and without parking lots, and wonderful, romantically picturesque scenery. There are even real villages and – as yet – distinctive towns. Many communities are becoming distinctive again, too. You have a lot of friends here, both natives and immigrants, who practise that same delicate self-mockery I have mentioned, a trait which is threatened with extinction in powerful united Germany. Look, I say to myself, here there is no danger of sinking into complacency; you will always find enough sources of friction. The backwoods nature of many of the locals shows you clearly that Germans are not yet everywhere as liberal, cosmopolitan and nice to strangers as they have liked to think of late. You will find enough things to get excited about – and you will find enough understanding to calm down again. Here you live half way between Berlin and Munich; exactly half way between Stockholm and Milan. Whether you head north or south depends entirely on you and your connections.

And, after all, the splendid variety of ways of speaking you get to hear all the time are another reason for sometimes listening to people here rather than anywhere else. It is a mixture of East

German red tape and trendy latter-day talk of efficiency. Dialects are alive and well; behind the Rennsteig, Franconian is spoken, over towards the east refined people speak undisguised Leipzig Saxon, the south-east has the ring of the Vogtland, towards the Harz begins the sound your ears recognise as Magdeburg dialect, and starting from Eisenach they babble in Hessian. A mosaic of different ways of speaking. Thuringia is in every respect a state in transition, from the North German plain to the South German Alps, from East German grumbling of old to new German talk of success, from stately pleasure dome to a home of frustration.

You will find some magnificent stereotypes: people with a sauerkraut horizon and rustic figures; people with a bad and people with no historic conscience. But you will find enough people who are as we would all really wish to be: tolerant, generous, of cheerful disposition, humorous …

You can find the same mixture all over Germany? Maybe, but I enjoy it in this very special form in Thuringia. Surely I am allowed to argue – in a typically Thuringian way, with a touch of stubbornness – that Thuringia is simply the special in the general?

Mosaïque dans la mosaïque, dans la mosaïque

Matthias Biskupek

Sur le chemin de cette Thuringe tout à fait particulière où nous allons pénétrer, se dresse une montagne, celle de l'Allemagne au sens général du terme. Les idées reçues ayant trait aux Allemands puisent dans une imagerie perpétuée par la tradition. Tous mangent de la choucroute. Tous portent des culottes de peau courtes et ont des mœurs plutôt frustes. Tous sont ponctuels. Tous chantent lorsqu'ils ont d'énormes chopes de bière devant eux. Tous ont mauvaise conscience quant à leur passé … Depuis peu, toutefois, il arrive que les étrangers savent aussi que les Allemands du Nord comprennent mal les Allemands du Sud, la notion d'«allemand» ne faisant partie que de la langue écrite. Les Allemands de l'Est et les Allemands de l'Ouest, quant à eux, nourrissent, du fait de leur histoire récente, un sentiment de méfiance les uns envers les autres et le style baroque de ce qui est resté de Dresde s'apparente bien plus à l'ornementation des bâtiments de Prague qu'à la magnificence hanséatique façonnée dans la brique rouge. Cela tient au fédéralisme, ne manquera pas de remarquer alors le connaisseur étranger, tout fier de son érudition.

Les Etats dans l'Etat

Parfaitement! vous dira l'étranger qui s'y connaît, l'Allemagne est une mosaïque de provinces et de régions. Parce qu'elle n'était constituée, autrefois, que de duchés et de comtés et de royaumes, et cela, à une époque où le centralisme était depuis longtemps entré dans les mœurs politiques d'autres pays européens.
Or, en plein cœur de cette Allemagne fédérale, se trouve un morceau arachnéen de cette mosaïque: la Thuringe. Le Land se constituait encore, au début du siècle, d'une bonne poignée de duchés et de grands-duchés, de divers comtés issus de dynasties anciennes, mais aussi de branches plus récentes, ainsi que de principautés, baptisées d'après leurs capitales respectives, de territoires prussiens et saxons. En Thuringe, la justice était rendue sur la base du droit hessois ou berlinois; c'est dans cette province, au beau milieu d'un de ses comtés d'opérette, que venaient s'achopper la monnaie de l'Allemagne du Nord, le thaler, et celle de l'Allemagne du Sud, le florin.

La Thuringe, appelée «cœur vert de l'Allemagne» en raison de ses nombreuses forêts et de sa position centrale, n'était en réalité qu'un petit tapis rapiécé et disparate au sein de la vaste mosaïque que constituait l'Allemagne. Pour prendre le chemin de l'exil, il suffisait de faire une promenade dans le village voisin. A l'intérieur des petites villes de Thuringe, où, à l'abri de leurs énormes remparts, vivaient les bourgeois terriens, histoire universelle et culture se côtoyaient. Les maisons royales belge et anglaise sont issues de l'embrouillamini princier de Thuringe. Le château de Sans-Souci, près de Potsdam, ambitionna alors le titre de petit Versailles. Sur quoi la cour de Weimar voulut, elle aussi, édifier son petit Sans-Souci en plein cœur de la Thuringe et nomma poètes, professeurs et surintendants aux postes de ministres. Les principautés de Meiningen, de Rudolstadt, puis de Sondershausen, Eisenberg, Gotha, Gera, Greiz, Schleiz, Lobenstein … entendirent à leur tour devenir au moins de petits Weimar et érigèrent des temples à leurs muses. C'est ainsi que la Thuringe possède, aujourd'hui, un nombre prodigieux de châteaux résidentiels, de même que la plupart des théâtres professionnels d'Allemagne. Toutes les villes de moyenne importance et nombre de petites villes disposent de leurs propres orchestres, héritiers de traditions courtoises et fiers de l'être. Une poignée de bibliothèques et de musées doivent être entretenus, sans oublier les orangeries et résidences d'été, les petits jardins de châteaux princiers et les grandes eaux comtales. Après la réunification de l'Allemagne, le premier ministre-président de Thuringe, s'exclama, désespéré: «Pas même les grands et riches Länder de Bavière et de Bade-Wurtemberg n'ont autant de théâtres et d'orchestres à financer». Comme nous le voyons, l'art et la culture ne sont pas jugés en fonction de leurs valeurs au niveau de l'apport culturel et du divertissement, mais selon des critères de rentabilité.
Le Land de Thuringe, coincé entre les anciens royaumes de Saxe et de Bavière qui, en vertu d'une certaine tradition, portent le nom d'«Etats libres» s'est empressé, en ces temps d'uniformisation de tout ce qui est allemand, de se proclamer, lui aussi, «Etat libre» afin de se distinguer de la douzaine de Länder existants. Sans doute cela signifie-t-il que la Thuringe fait, en réalité, partie d'une autre catégorie de poids.
A l'époque où la Thuringe se situait encore aux confins sud-ouest de la RDA, une légende véhiculant une ambition semblable, circulait parmi ses habitants, alors administrés et bien gardés dans trois districts: nous, Thuringiens, avons été occupés par les Américains en 1945 et devrions donc être rattachés à l'Allemagne de l'Ouest. Ce n'est que parce que les Américains voulaient Berlin-Ouest que la Thuringe fut adjugée à l'Est … Que les zones d'occupation aient été délimitées bien avant la fin de la guerre par les puissances qui devaient sortir victorieuses de cette dernière, que la moitié de la Saxe et du Anhalt ait également été placée sous administration américaine dans un premier temps, ne

soucie guère le Thuringien obnubilé par l'Allemagne de l'Ouest. A travers ses petites histoires, c'est l'Histoire, la vraie, qu'il voudrait nous annoncer.

Les petites gens des petites villes

La Thuringe est dépourvue de grandes villes. Tandis que la capitale du Land, Erfurt, se donne des airs de métropole internationale grâce aux prix «salés» de sa restauration et au montant fabuleux de ses loyers, Gera et Iéna ne manquent pas de souligner, avec fierté, qu'elles ont plus de cent mille habitants. Mais quiconque flâne à travers les villes de Thuringe se rend très vite compte que le prince fut toujours proche et la grande industrie éloignée. Pourtant, des produits de grand renom sont issus de cette région, du verre de Iéna aux étoffes de Greiz, en passant par les jouets de Sonneberg et les lunettes Zeiss. La voiture chic de RDA, la «Wartburg», fabriquée à Eisenach, continue de cahoter par les routes de Thuringe, même si elle ne fait pas l'objet du même culte que sa petite sœur saxonne, la «Trabant». Mais il suffit d'examiner d'un peu plus près l'histoire de l'industrie de cette région pour constater que toutes ces firmes, qui s'étaient taillé une réputation internationale, étaient des entreprises familiales et artisanales. Et leur structure familiale demeura longtemps une de leurs caractéristiques. Carl Zeiss Iéna, groupe géant de la République démocratique allemande, était fier de sa nombreuse parenté et de ses cercles d'amis. Comme dans tous les clans familiaux, le mot avait, ici aussi, un arrière-goût de vérité. Entre l'intimité sécurisante que suggéraient ces liens et l'odeur de renfermé qui se dégageait d'une telle étroitesse, la différence n'était pas toujours aussi grande qu'elle aurait dû l'être.
Ce qui fonde ou pourrait fonder la réputation internationale de la Thuringe, est, aujourd'hui encore, la petite entreprise du bricoleur et l'ingéniosité de ce dernier. «Auf dem Wald», «sur la forêt», comme on appelle, ici, cette région montagneuse souvent enneigée en hiver, située entre les massifs du Vogtland, au sud-est, et la Rhön,

à l'ouest, est la patrie des souffleurs de verre et des petites entreprises de l'industrie électronique. C'est là que fut réinventée la porcelaine, alors que la Saxe gardait encore jalousement le secret de sa propre fabrication. C'est de là que furent expédiés les œils-de-verre aux quatre coins du monde. Les ouvriers de Suhl mirent tout leur savoir-faire de ferronier d'art dans la fabrication d'appareils destinés à tuer les bêtes sauvages et l'homme. Et, lorsque la culture du sol ne sembla plus être d'actualité, toutes sortes d'industries vinrent s'implanter dans le Bassin de Thuringe, grande plaine arable s'étendant entre les massifs du même nom, industries qui devaient assurer l'emploi, la prospérité et contribuer à la beauté du paysage. On y fabriqua des machines à écrire et des ordinateurs. Les entreprises de cette ancienne plaine de labours, qui, après 1990, furent réduites à néant, commencent actuellement à redresser la tête, afin d'être en mesure, un jour ou l'autre, d'avoir leur petit mot à dire sur les marchés de ce monde.

L'avenir dira si les habitants du pays pourront, eux aussi, être de la partie. L'amour-propre des Thuringiens est ébranlé, non tellement du fait de quarante ans de RDA que de l'immigration des Allemands de l'Ouest, qui arrivèrent équipés de puissants moyens financiers et armés de conseils qui partent, certes, d'une bonne intention. Ils règnent désormais en maîtres sur les chaînes de radio et les canaux non officiels à travers lesquels circule l'argent. Ils sont, il est vrai, plus malins que les autres à bien des égards, mais les Thuringiens savent, à l'occasion, être têtus, eux aussi. Ils parlent alors de leur «identité», exprimant ainsi leur appartenance à une nébuleuse civilisation thuringienne, mais entendent par là, avant toutes choses, leur origine. Ils ont tenu bon sur leur sol natal à travers les vicissitudes de leur histoire. Malheur à qui, d'ailleurs, voudra apporter un quelconque changement à ce qui a fait ses preuves. Un projet de réforme administrative déclencha un véritable tollé lorsqu'il fut question de regrouper certaines régions ayant appartenu autrefois à la principauté de Schwarzburg et plusieurs territoires de l'ancien duché de Meiningen. Une vie durant, on est fier d'être originaire du «Rennsteig», le plus célèbre des chemins de randonnée d'Allemagne qui traverse la Thuringe de part en part. On aime à souligner que l'on a grandi au pied de la Wartburg, symbole de l'époque des minnesinger, les troubadours allemands, que l'on a pris le même chemin que Johann Sebastian Bach pour aller à l'école, que l'on est l'arrière-arrière-arrière-arrière-petit-neveu de Martin Luther et que, aussi loin que l'on puisse se souvenir, on a passé sa vie dans la vallée de la Saale, à l'ombre de ses châteaux forts.

En conséquence du peu d'étendue des Etats thuringiens de naguère, les habitants de cette région ont plus l'impression d'appartenir à leur paroisse, à leur contrée, à leur ville qu'à un Land abstrait de la Fédération. Et pourtant, lorsqu'un citoyen de Weimar vous dit, dans son dialogue traînant «Ich bin ein Glassiggstädder», crevant presque d'orgueil à l'idée qu'il est pratiquement un camarade de jeux de Goethe, il ne faut pas le prendre trop au sérieux: peut-être n'est-ce que le penchant qu'il a à se railler lui-même, penchant alimenté par les Etats d'opérette de son glorieux passé et le drôle de sigle de trois lettres employé pour désigner ce pays de l'histoire allemande récente.

La Thuringe vue de l'intérieur du sujet

Il est des moments où je me demande: comment peux-tu supporter depuis si longtemps de vivre en Thuringe? Dans ce pays de petites dimensions où vivent des peuplades montagnardes acariâtres? Où les lourds accents de la musique populaire allemande retentissent du haut des montagnes, où les boulettes et les saucisses grillées de Thuringe sont considérées comme le summum des plaisirs de la table, peu importe qu'elles soient fabriquées, comme cela en est le cas dernièrement, selon des procédés industriels et sans le moindre soin? Où l'amour porté au pays natal dégénère souvent en parodie de la culture allemande.

Alors je me réponds à moi-même, d'une voix ferme, afin de me donner du courage: tu vois bien que ce petit pays n'est finalement pas si exigu que ça et que l'air n'y est pas aussi vicié que tu ne le pensais; on y trouve encore des sommets qu'aucun immeuble de béton, aucun parking ne sont venus défigurer, de même que de splendides paysages d'aspect romantique; il y existe aussi de vrais villages et – combien de temps encore – des villes au cachet incomparable. Certaines communes commencent également à retrouver leur physiognomie d'antan. Tu y as une foule d'amis, issus de la région ou venus de l'extérieur, qui ont su conserver la subtile ironie avec laquelle ils se considèrent eux-mêmes et dont il a déjà été question, trait de caractère qui menace de disparaître dans la puissante Allemagne unifiée. Tu vois, me dis-je alors, tu ne crains pas, ici, de sombrer dans la béatitude: tu trouveras suffisamment de points de friction. L'étroitesse d'esprit de certains autochtones te montre clairement que les Allemands ne sont pas encore partout aussi libéraux, aussi ouverts au monde et xénophiles qu'ils aimeraient le paraître ces derniers temps. Tu trouveras suffisamment d'occasions de t'insurger – et suffisamment de compréhension te permettant de calmer ton émoi. Tu habites à mi-chemin de Berlin et de Munich; à égale distance de Stockholm et Milan, que tu t'évades en direction du nord ou du sud, c'est une affaire qui te concerne et qui dépend de tes contacts.

Et tous ces parlers régionaux, aux accents si différents, que tu peux y entendre à tout bout de champ sont aussi une raison d'écouter, ici et ici seulement, les gens parler. L'allemand bureaucratique de la RDA vient s'y mêler au verbiage technocratique moderne. Les dialectes y sont demeurés vivaces; derrière le «Rennsteig», on parle franconien, vers l'est, les gens distingués utilisent le saxon pur de Leipzig, au sud-est, l'idiome est celui du Vogtland, en direction du Harz domine l'accent propre au Madgdebourgeois tandis qu'à partir de Eisenach s'affirme le dialecte hessois. Une mosaïque de parlers fort divers. Cette contrée est un pays de transition à tous les égards, entre la plaine d'Allemagne du Nord et les Alpes du Sud de l'Allemagne, entre l'esprit ronchonneur de la RDA et le discours performant de la nouvelle Allemagne, entre le château de plaisance et le logement de misère. Tu y trouveras les stéréotypes tels qu'on se les imagine: des gens qui ne voient pas plus loin que leur assiette de choucroute, des individus aux mœurs rustiques; des gens ayant mauvaise conscience quant à leur Histoire et d'autres qui en manquent totalement mais tu trouveras aussi suffisamment de personnes qui sont ce que nous aimerions être tous: tolérants, généreux de cœur, sereins, doués d'humour …

Ce mélange existe partout en Allemagne dites-vous? Possible, mais j'aime le rencontrer sous cette forme bien particulière en Thuringe. J'ai bien le droit de défendre l'opinion selon laquelle la Thuringe est l'élément particulier de l'ensemble – avec un tantinet d'entêtement, puisque tel est le trait de caractère typique de cette région, n'est-ce pas?

Die Wartburg im Thüringer Wald bei Eisenach gilt als das Symbol deutscher Kultur schlechthin. Nur zwei berühmte Ereignisse seien genannt: Im 13. Jahrhundert war die Burg Stätte des berühmten „Sängerkriegs", der Richard Wagner zu seiner Oper „Tannhäuser" anregte, und 1521 bis 1522 übersetzte Martin Luther hier das Neue Testament.

The Wartburg in the Thuringian Forest near Eisenach, regarded as the epitome of German culture. To name but two famous events, in the thirteenth century the castle was the scene of the famous "Singers' Contest" which inspired Richard Wagner's opera Tannhäuser, and Martin Luther translated the New Testament here in 1521–1522.

Le château de la Wartburg, dans la Forêt de Thuringe, près de Eisenach, est considéré comme étant le symbole par excellence de la culture allemande. Nous ne citerons que deux des événements historiques dont il fut le cadre: les Minnesänger, troubadours de l'époque, s'y affrontèrent au XIIIe siècle, pendant les célèbres concours de chants qui inspirèrent à Richard Wagner son opéra «Tannhäuser». C'est également là que, de 1521 à 1522, Martin Luther traduisit en allemand le Nouveau Testament.

Das Holz der Decke und der Wände in der Lutherstube der Wartburg stammt fast vollständig aus der Zeit, als der Reformator hier als „Junker Jörg" lebte. Die Bibel auf dem Tisch, 1541 gedruckt, enthält Vermerke Luthers.

The wooden ceiling and wall panelling in the Luther Room in the Wartburg dates almost entirely from the period when the Reformer lived here under the pseudonym of Junker Jörg. The Bible on the table, printed in 1541, contains Luther's annotations.

Les boiseries du plafond et des murs de la chambre de Luther, au château de la Wartburg, datent pour la plupart de l'époque où le réformateur y vécut sous le nom de «Junker Jörg». La bible reposant sur la table, imprimée en 1541, comporte des annotations de la main de Luther.

In der Geschichte der Zeiss-Werke Jena spiegelt sich das Schicksal des ganzen Landes: Nach 1945 in ein west- und ein ostdeutsches Unternehmen getrennt, vereinigte sich der Hersteller optischer Geräte Mitte der neunziger Jahre wieder am Ursprungsort.

The fate of the whole country is reflected in the history of the Zeiss works in Jena. Separated after 1945 into a West German and an East Germany company, the optical instruments manufacturer was reunited in its place of origin in the mid-1990s.

L'histoire des usines Zeiss, à Iéna, reflète le destin qui fut celui du pays tout entier: scindée en deux après 1945, et répartie entre les deux Allemagnes, l'entreprise de ce fabricant de matériel d'optique se vit «réunifiée», vers le milieu des années 90, là même où elle avait été fondée.

Thüringen, Deutschlands Mitte, hat in weiten Teilen seine landschaftliche Unschuld bewahrt. Zwischen Werra und Saale (hier bei Lobenstein), Wartburg und Kyffhäuser fand die Nation ihre Mythen.

Large areas of Thuringia, in the centre of Germany, have retained their unspoiled countryside. The nation's myths stem from the region between the Rivers Werra and Saale (seen here near Lobenstein), the Wartburg and Kyffhäuser.

Le paysage de la Thuringe, province située au cœur même de l'Allemagne, a, dans une large mesure, conservé sa virginité. C'est entre la Werra et la Saale (que l'on voit ici, sur cette photo prise dans les environs de Lobenstein), entre le château de la Wartburg et les montagnes de Kyffhäuser, que la nation puisa ses mythes.

Im 14. Jahrhundert entstand die Sage von Kaiser Rotbart, dem historischen Friedrich I. Barbarossa, der im Kyffhäuserberg schläft, bis er wiederkommen und des Reiches Herrlichkeit erneuern wird. Später sollte ein Denkmal Kaiser Wilhelm I. in diese Tradition stellen.

The legend of Emperor Redbeard, the historic Friedrich I Barbarossa, dates from the fourteenth century. He is said to be sleeping in the Kyffhäuser mountain until he returns to restore the Reich to its former glory. A later monument was to place Kaiser Wilhelm I in this tradition.

C'est au XIVe siècle que vit le jour la légende de l'empereur à la barbe rousse, qui n'est autre que le personnage historique de Frédéric Ier Barberousse. Cette légende veut qu'il dorme dans les montagnes de Kyffhäuser en attendant le moment de revenir rendre sa grandeur à l'Allemagne. Un monument, élévé plus tard à cet endroit, devait présenter l'empereur Guillaume Ier comme l'héritier de cette tradition.

Das mittelalterliche Ensemble der Türme vom Dom (links) und von der Severikirche krönt das „Thüringische Rom": die Landeshauptstadt Erfurt. Der Domschatz birgt eine bedeutende Sammlung sakraler Kunst.

The mediaeval ensemble of towers of the cathedral (left) and St Severus' Church crown "Thuringia's Rome," the state capital Erfurt. The cathedral houses a major collection of sacred art.

L'ensemble d'aspect moyen-âgeux, formé par les tours de la cathédrale (à gauche) et de la Severikirche (Eglise Saint-Sever), couronne la «Rome thuringienne»: Erfurt, capitale du land. Le Trésor de la cathédrale renferme une remarquable collection d'objets se rapportant à l'art sacré.

In der kleinen thüringischen Stadt Schmalkalden gründeten die protestantischen Reichsstände in Anwesenheit von Luther 1531 den Schmalkaldischen Bund. Die Reformation hatte damit erstmals eine mächtige politische Organisation erhalten.

In 1531, in the small Thuringian town of Schmalkalden, the Protestant German princes founded the Schmalkaldic League in the presence of Martin Luther. This was the first powerful political organisation to support the Reformation.

C'est en 1531, à Schmalkalden, petite ville de Thuringe, qu'en l'absence de Luther, les états protestants de l'empire conclurent la Ligue de Schmalkalden. La Réforme s'était ainsi dotée pour la première fois d'une puissante organisation politique.

Das „Römische Haus", errichtet zwischen 1792 und 1797, hat Zeichnungen Goethes zum Vorbild, die er von seiner Italienreise mitbrachte. Das Gebäude diente Herzog Carl August von Sachsen-Weimar-Eisenach als Sommersitz.

The "Roman House," built between 1792 and 1797, is based on drawings by Goethe which he brought back from his journey to Italy. The building was a summer residence of Duke Carl August of Sachsen-Weimar-Eisenach.

La «Maison romaine», construite entre 1792 et 1797, fut réalisée d'après les dessins que Goethe avait rapportés de son voyage en Italie. Ce bâtiment servit de résidence d'été au duc Carl August von Sachsen-Weimar-Eisenach.

„Übermütig sieht's nicht aus", bemerkte Johann Wolfgang von Goethe über sein bescheidenes Gartenhaus nahe der Ilm in Weimar. Bis zu seinem Tode 1832 suchte der große Dichter das Refugium gerne auf.

"It doesn't look ostentatious," said Johann Wolfgang von Goethe of his modest garden house near the River Ilm in Weimar. He was fond of seeking refuge here right up to his death in 1832.

«Il est sans prétention», écrivait Johann Wolfgang von Goethe à propos de son modeste pavillon, situé près de l'Ilm, à Weimar. Pourtant, il demeura le refuge préféré du grand poète, jusqu'à sa mort, en 1832.

Markttreiben in der Klassik-
stadt Weimar vor historischer
Kulisse: In dem Gebäude mit
dem Doppelgiebel verbrachte
der Maler Lucas Cranach
seine letzten Jahre.

Market day against a historic
backdrop in Weimar, the
home of German Classicism.
The painter Lucas Cranach
spent his declining years in
the house with the double
gable.

Une vive animation règne les
jours de marché à Weimar,
ville du classicisme. En toile
de fond: les bâtiments historiques, dont la maison à
double pignon où le peintre
Lucas Cranach passa les dernières années de sa vie.

Der Saal der Anna-Amalia-
Bibliothek in Weimar ist ein
Meisterwerk des deutschen
Rokoko. Hier wirkte Goethe
als Chef; hier arbeiteten die
Geistesgrößen der Klassik mit
diesen Büchern.

The hall of the Anna Amalia
Library in Weimar is a masterpiece of German Rococo.
Goethe was in charge here,
and the great minds of German Classicism worked here
with these books.

La salle de la Bibliothèque
Anna-Amalia à Weimar, est
un chef-d'œuvre du rococo
allemand. Goethe y régna en
maître. C'est ici également
que les esprits éminents de la
période classique venaient
compulser les volumes qu'elle
renferme.

Goethes Wohnhaus am Frauenplan in Weimar wurde nach seinen Plänen 1792 umgebaut und eingerichtet. Die Wohnräume des großen Dichters und sein schöner Garten können besichtigt werden.

Goethe's house on Frauenplan in Weimar was converted and decorated to his own plans in 1792. The great writer's living quarters and his beautiful garden are open to visitors.

La maison de Goethe, en bordure du Frauenplan, à Weimar, fut transformée et aménagée d'après ses plans, en 1792. Les pièces qu'habita le grand poète peuvent être visitées, de même que son beau jardin.

Das Doppeldenkmal der Dichter Goethe und Schiller in Weimar, geschaffen von dem Bildhauer Ernst Rietschel, wurde 1857 eingeweiht.

The double monument to the writers Goethe and Schiller in Weimar, by sculptor Ernst Rietschel, was unveiled in 1857.

Le double monument élevé à Weimar à la mémoire des poètes Goethe et Schiller, œuvre réalisée par le sculpteur Ernst Rietschel, fut inauguré en 1857.

Erst 1802 konnte sich Friedrich Schiller in Weimar ein eigenes Haus leisten, und nur wenige Jahre durfte sich der 1805 verstorbene Dichter daran erfreuen. Vor der Eingangstür sahen sich die Freunde Schiller und Goethe zum letzten Mal.

Friedrich Schiller was not able to afford his own house in Weimar until 1802, and was only able to enjoy it for a few years before he died in 1805. Schiller and his friend Goethe saw each other for the last time outside its front door.

Ce n'est qu'en 1802 que Friedrich Schiller fut en mesure de s'acheter une maison à Weimar, mais le poète, mort en 1805, ne put en jouir que quelques années seulement. Goethe et Schiller, liés d'amitié, se virent pour la dernière fois sur le pas de la porte de cette maison.

Schloß Altenburg entstand auf den Grundmauern einer alten Kaiserpfalz vom 16. bis zum 18. Jahrhundert. Die Schloßkapelle mit ihrem kunstvoll verschlungenen spätgotischen Gewölbe bekam später eine kostbare Barockausstattung.

Schloss Altenburg was built between the sixteenth and eighteenth centuries on the foundations walls of an old imperial palace. The palace chapel with its intricately entwined Late Gothic vaulted ceiling had its sumptuous Baroque interior added at a later date.

Le château d'Altenburg fut construit du XVIe au XVIIIe siècle sur les fondations d'un ancien palais impérial. La chapelle, de style gothique flamboyant, dont la voûte se constitue d'éléments s'entrelaçant avec art, fut dotée, plus tard, d'un riche décor baroque.

Erst 18 Jahre war Johann Sebastian Bach alt, als er 1703 die Stelle des Organisten in der Arnstädter Kirche antrat. Heute trägt das Gotteshaus den Namen des großen Barock-Komponisten.

Johann Sebastian Bach was only 18 years old when he took up the post of organist in the church in Arnstadt in 1703. The church is now named after the great Baroque composer.

Johann Sebastian Bach n'avait que 18 ans lorsqu'il prit ses fonctions d'organiste à l'église de Arnstadt en 1703. Celle-ci porte aujourd'hui le nom du grand compositeur de musique baroque.

Paulina war die Tochter eines Lehnsmannes von König Heinrich IV. Sie gründete etwa 1105 das Kloster, das später nach ihr benannt wurde: Paulinzella. Kurze Zeit danach begannen die Benediktiner-mönche mit dem Bau der dreischiffigen Basilika.

Paulina was the daughter of a vassal of King Heinrich IV. In around 1105 she founded the monastery which was later named after her: Paulinzella. It was not until a good deal later that the Benedictine monks began building the triple-naved basilica.

Paulina était la fille d'un vassal du roi Heinrich IV. Aux environs de 1105, elle fonda le couvent qui devait, par la suite, adopter son nom: Paulinzella. Quelque temps plus tard, les moines bénédictins mirent en œuvre la construction de la basilique à trois nefs.

Im Jahre 1640 wurde Gotha Residenz der Herzöge von Sachsen-Gotha. Auf Schloß Friedenstein (1643–1655) gründete der Schauspieler Konrad Ekhof 1775 das erste Hoftheater Deutschlands.

In 1640 Gotha became the seat of the Dukes of Sachsen-Gotha. At Schloss Frieden-stein (built between 1643 and 1655) the actor Konrad Ekhof in 1775 founded Germany's first court theatre.

C'est en 1640 que Gotha devint résidence des ducs de Sachsen-Gotha. Konrad Ekhof, acteur de théâtre, fonda, en 1775, le premier «théâtre de la cour» d'Allemagne au château de Frie-denstein (érigé de 1643 à 1655).

Thüringen ist ein Land der Burgen und Schlösser. Zwischen Gotha und Erfurt stehen die als die „Drei Gleichen" bekannten Festen: im Vordergrund Burg Gleichen, hinten die Wachsenburg; die dritte im Bunde, die Mühlburg, ist nicht im Bild.

Thuringia is a land of castles and palaces. The three fortresses known as the "Three Equals" stand between Gotha and Erfurt. In the foreground is Burg Gleichen, and behind it the Wachsenburg. The third in the league, the Mühlburg, is not in the picture.

La Thuringe est le pays des forteresses médiévales et des châteaux. Entre Gotha et Erfurt se dressent les trois châteaux forts, connus sous le nom des «Trois congénères»: au premier plan le Burg Gleichen, derrière, le Wachsenburg; le troisième complice, le Mühlburg, est caché aux regards.

Im nationalsozialistischen Konzentrationslager Buchenwald bei Weimar starben zwischen 1937 und 1945 mehr als 56 000 Menschen. Die Skulptur von Fritz Cremer auf dem Gelände der Nationalen Mahn- und Gedenkstätte erinnert an das Leiden der Opfer.

Between 1937 and 1945 more than 56,000 people died in the Nazis' Buchenwald concentration camp. The sculpture by Fritz Cremer at the site of this national memorial is a reminder of the victims' sufferings.

Plus de 56.000 personnes périrent, entre 1937 et 1945, au camp de concentration nazi de Buchenwald. La sculpture élevée sur l'emplacement du camp, devenu mémorial national, est l'œuvre de Fritz Cremer et rappelle les souffrances des victimes.

Auf dem Kamm des Thüringer Waldes verläuft der „Rennsteig". So wird der alte Grenzweg genannt, der etwa 170 Kilometer von der Werra bis zur Saale verläuft.

Across the ridge of the Thuringian Forest the "Rennsteig," or old boundary trail, runs for around 170 kilometres from the Werra to the Saale.

Sur une distance de 170 kilomètres, de la Werra à la Saale, la crête du massif montagneux de la Forêt de Thuringe est parcourue par le «Rennsteig», autrement dit la voie qui suit le tracé de l'ancienne frontière.

Die Sachsen – Menschen, Mundart, Mentalität

Edgar Sebastian Hasse

Der Sachse ist stolz auf August den Starken, Meißner Porzellan und die Dresdner Gemäldegalerie. Aber auf den sächsischen Dialekt? Mit „Eiverbbüsch" – was verdolmetscht heißt: „Guck mal" – präludiert der Leipziger oder Dresdner sein verbales Solo, sogleich gemächlich-gemütlich fortfahrend, wobei die Vokale tief im Halse zu verschwinden scheinen und die weichen Konsonanten über die harten siegen.

Worte wie „Dähtasse" (Teetasse), „Bemmschen" (eine Scheibe Brot), „Griemlgähse" (Bagatelle, Nichtigkeit) oder „Gelumbe" (Sache, Kleidung, Hausrat), „Motschegiebchen" (Marienkäfer) bedürfen für Ausländer der Übersetzung ins Hochdeutsche und mehrten den Ruf der Sachsen als einem germanischen Stamm, den, horribile dictu, eine gewisse Nähe zu Vierbeinern auszeichne. Österreichs Dichterfürst Franz Grillparzer: „Die Leute hier dehnen jede Silbe, verlängern jedes Wort, hängen überall ein Lieblings-E an, so daß ihre Sprache endlich ein förmliches Mäh, Mäh von Schafen wird." Kurt Tucholsky: „Neben den Menschen gibt es noch Sachsen und Amerikaner, aber die haben wir noch nicht und bekommen Zoologie erst in der nächsten Klasse."

Soviel Spott über die verbalen Kapriolen kränkt die sächsische Seele zu Recht. Wer weiß schon noch, daß der Reformator Martin Luther die Heilige Schrift, wegweisend für die deutsche Kultur, in die sächsische Kanzleisprache übersetzte und Sächsisch im 17. und 18. Jahrhundert – eiverbbüsch – als „zierlich" und „schön" galt? Nach Leipzig ging man, um – wie Johann Wolfgang von Goethe – „das wohlklingende zierliche Hochdeutsch", desgleichen die feine Lebensart, zu lernen. Den Prestigeverlust der einst renommierten Mundart führten vermutlich Friedrich der Große und der Eiserne Kanzler Otto von Bismarck herbei; der eine besiegte das sächsische Königreich im Siebenjährigen Krieg von 1756 bis 1763, der andere 1866 beim blutigen Gemetzel von Königgrätz. Wer wollte schon die Sprache des geborenen Verlierers sprechen, der auf der falschen Seite stand? Zu allem Unheil hat ein Sachse namens Ulbricht jahrelang die DDR regiert und, kurz vor dem Mauerbau 1961, im sächsischen Tremolo erklärt, niemand habe die Absicht, in Berlin eine Mauer zu bauen. Was für eine „Dräggschlaider" (Schandmaul)! So was vergißt man nicht.

Zwar werden die Sachsen, jene Landsleute, die im geographischen Dreieck zwischen Erzgebirge, Vogtland und Leipziger Tieflandsbucht zu Hause sind, noch immer ob ihrer legeren, abgeschliffenen Mundart verhöhnt. Doch keineswegs müssen sie ihr Licht unter den Scheffel stellen – erst recht nicht die sächsischen Mädchen, die als äußerst hübsch und charmant gelten. Von ihrem Liebreiz schwärmt ein altes Handwerkerlied:

„Darauf so bin ich gegangen nach Sachsen,
wo die schönen Mägdelein auf den Bäumen wachsen."

Fleißig und pfiffig ist der Volksstamm, „fiecheland" (vigilant, wachsam, helle) nach eigenem Bekunden. Neugier ist den Sachsen samt und sonders eigen – eine Eigenschaft, die bei keinem anderen deutschen Stamm in diesem Ausmaß anzutreffen ist und, positiv gewendet, zu nützlichen Entdeckungen geführt hat. Ein Sachse erfand die erste illustrierte Zeitung. Aus Sachsen stammen Klöppelspitze, Skat und der DDR-Volkswagen „Trabant".

Nicht nur erfinderisch sind sie und gescheit, sondern auch gemütlich. Nirgendwo in Deutschland feiert man so stimmungsvoll die Advents- und Weihnachtszeit wie im verschneiten Erzgebirge, dem „Sächsischen Sibirien" – vor einer glimmernden Kulisse mit kerzengeschmückten Schwibbögen, holzgeschnitzten Räuchermännchen, Engeln und Pyramiden. *„O Arzgebirg, wie bist du schie!"* Hunderte Heimarbeiterfamilien leben von der Massenproduktion weihnachtlicher Gemütlichkeit.

Am wohligsten ist freilich den Sachsen zumute, wenn sie ihren Kaffee schlürfen. „Die Sachsen bleiben Coffee-Schwestern", komponierte der Leipziger Thomaskantor Johann Sebastian Bach in seiner „Kaffeekantate". Als den Preußen das Kaffeetrinken verboten war, ließen sich die Sachsen im Leipziger „Kaffeebaum", Deutschlands ältestem Kaffeehaus, ihr „Scheelchen Heeßen" schmecken. Zu DDR-Zeiten wurde jede West-Mark gespart, um im „Intershop" das heißbegehrte Nationalgetränk zu kaufen. Die Krönung beim Kaffeegenuß: das „Ditschn", auf deutsch: das Eintauchen. Der Sachse vermag sein körperliches und seelisches Wohlbehagen zu steigern, indem er Kuchen, Bemmschen oder Plätzchen in den Kaffee ditscht. Wie die Franzosen ihre Croissants in den Morgenkaffee.

Wer so seine Gemütlichkeit zelebriert, ist ein friedlicher, genügsamer Mensch. Kriege führen? Ganz selten. Sich an die Spitze stellen? Sachsen stehen lieber in der zweiten Reihe. Auf die Barrikaden gehen? Nur einmal in der Geschichte – und dann aber ganz friedlich und ganz gemütlich und ganz erfolgreich: 1989, bei der Herbstrevolution, die in der Leipziger Nikolaikirche ihren Anfang nahm.

Die Sachsen – Menschen und Mächte

Seit dem Ende der DDR-Diktatur können sich die Sachsen, das Fast-Fünf-Millionen-Volk am Oberlauf der Elbe, auf die historischen Traditionen ihres Landes besinnen, ohne daß ideologische Dogmen die realistische Sicht auf das wechselvolle Wirken von Menschen und Mächten versperren. 800 Jahre lang blieben die Sachsen ihrem Herrscherhaus treu, den Wettinern und deren albertinischer Linie. Ähnliches gelang nur den Bayern. Erst 1918 mußten sie ihren Thron räumen, als auch in Dresden die Republik ausgerufen wurde. König Friedrich August III. trat wutschnaubend ab mit dem Satz: „Macht doch eiren Dregg alleene."

Heroen waren die meisten Könige nicht. Denn ihre Fürstennamen klingen friedlich: Georg der Bärtige, Friedrich der Sanftmütige, Friedrich der Ernsthafte. Einer der wenigen Herrscher mit politischem Kalkül: Heinrich I., erster Sachse auf deutschem Königsthron und Stammvater der Ottonen. Vor ihm, der sieg- und trickreich gegen die Ungarn kämpfte und 936 in Memleben starb, waren die Sachsen ein kaum geschlossener Stamm, dessen ursprüngliches Siedlungsgebiet im Westen Schleswig-Holsteins, am Unterlauf der Elbe lag („Niedersachsen"). Erst später, vom 13. Jahrhundert an, dehnte sich das Herrschaftsgebiet der Sachsen, deren Name vermutlich eine Kurzform des althochdeutschen Wortes „sasnotas" (Schwertgenossen) ist, kontinuierlich auf die obere Elbe aus. Bis zur Keimzelle des künftigen sächsischen Staates: die Mark Meißen.

Dort ließ König Heinrich I., wie andernorts auch, eine Burg bauen, Schutz- und Trutzmauer gegen die hereinbrechenden Ungarn und Startrampe der von ihm betriebenen Christianisierung der Sorben. Heute steht auf den Grundmauern die Albrechtsburg, die spätgotische Residenz wettinischer Fürsten. Prominentester Wettiner ist freilich Friedrich August I. (1670–1733), genannt der Starke, der dem Land mit Machtinstinkt und Kunstsinn zu höchster Blüte, ja Weltgeltung verhalf.

Die Sachsen – Menschen, Musen, Metropolen

Mit August dem Starken, der zum Katholizismus übertrat, um in Personalunion König von Polen zu werden, beginnt eine Periode kultureller und wissenschaftlicher Leistungen, die Sachsens Ruf als Kulturlandschaft höchsten Rangs bis heute prägt. Unter seiner Regentschaft entdeckt Johann Friedrich Böttger, gemeinsam mit Ehrenfried Walter von Tschirnhausen, das europäische Hartporzellan, und gründet in Meißen eine Manufaktur: Anfang der Erfolgsgeschichte des Edelporzellans mit den beiden blauen Schwertern, die bis heute andauert. Während die Produktion, namentlich für das Königshaus, auf Hochtouren anläuft, floriert im Erzgebirge der Silber- und Erzbergbau – Grundstock für die Finanzmacht der Wettiner. Das an Bodenschätzen reiche Land – neben Silber birgt die Erde auch Zinn, Wismut und Kobalt – lockt Generationen von Einwanderern an. Sie lassen sich rings um Freiberg nieder, dem Bergbauzentrum und späterem Sitz der weltweit ersten Bergakademie; um 1900 war Sachsen das am dichtesten besiedelte Gebiet Europas.

In Freiberg und anderen Orten baut, zur Zeit von August dem Starken, Gottfried Silbermann seine Orgeln. In Leipzig komponiert und musiziert Johann Sebastian Bach. In Herrnhut – auch dies gehört zur Kulturleistung jener Epoche – gründet Nikolaus Graf Zinzendorf eine pietistische, weltweit missionierende Gemeinde, die noch heute mit ihren Bibelversen, den täglichen „Herrnhuter Losungen" bekannt ist.

Den größten kulturellen Aufschwung erfährt allerdings Dresden, die Residenzstadt. Matthäus Daniel Pöppelmann baut den Zwinger, jenes barocke Schloß, in dem August der Starke rauschende Feste zu feiern beliebte und sich heute die berühmten Kunstsammlungen, darunter die „Sixtinische Madonna" von Raffael, befinden. Der Zweite Weltkrieg konnte ihnen nicht viel anhaben – sie wurden vor dem Bombenangriff am 13. und 14. Februar 1945 in Sicherheit gebracht. Gleichwohl wurde die Stadt damals zum größten Teil zerstört. Jahrzehntelang gemahnte die Ruine der Frauenkirche, bedeutsamster protestantischer Kirchenbau, an die Toten und die Sinnlosigkeit von Kriegen. Seit 1992 wird das Denkmal wiederaufgebaut. Dresden: Das sind außerdem Semperoper, Brühlsche Terrassen, Augustusbrücke und Bürgerwiese. Für den Dramatiker Gerhart Hauptmann leuchtete die Kunstmetropole wie ein „heitere(r) Morgenstern der Jugend". „Deutsche(s) Florenz" lobte der Dichter und Philosoph Johann Gottfried Herder die im Elbtal gelegene Stadt, in deren Nähe sich das Elbsandsteingebirge erhebt. Tatsächlich bietet Dresden, heute High-Tech-Standort und Barockstadt zugleich, mit seinen Villenvierteln, dem exzellenten Kulturangebot und der reizvollen Umgebung höchste Lebensqualität, die nach Umfragen von Meinungsforschern mit Platz drei in Europa bewertet wurde.

Während in der Landeshauptstadt die oberen Zehntausend residieren, blühen in Leipzig Handel und Wandel, schlägt in der traditionellen Industrieregion Chemnitz/Zwickau das wirtschaftlich starke Herz Sachsens. Alles ist hübsch aufgeteilt. „Leipzig handelt, Dresden verfrühstückt und Chemnitz verdient", sagen die fleißigen und pfiffigen Sachsen, die auch nach dem Ende der DDR es wieder einmal geschafft haben: Ein Drittel des industriellen Bruttosozialprodukts der fünf neuen Bundesländer wird in Chemnitz und Zwickau erarbeitet, wo große deutsche Konzerne wie Siemens und Volkswagen präsent sind. Den Sachsen traut man am ehesten den Aufschwung in Ostdeutschland zu.

Leipzig ist das andere sächsische Wirtschaftszentrum. Die alte Messe-, Universitäts- und Musikstadt entwickelte sich – dank der günstigen geographischen Lage – zum bedeutenden Umschlagplatz für Menschen und Güter. Hier steht Europas größter Kopfbahnhof; von Leipzig nach Dresden führte eine der ersten deutschen Eisenbahnstrecken. Die Messe, im 12. Jahrhundert erstmals nachgewiesen, prägte das Leben der Stadt und ihrer Bewohner: Die Leipziger waren schon immer ein bißchen weltoffener als manch andere Großstädter. Handelshäuser und Einkaufsviertel, zum Beispiel die Mädler-Passage mit „Auerbachs Keller", berühmt durch Goethes Faust, sind auf den internationalen Kommerz eingestellt. Selbst als der Eiserne Vorhang Ost und West noch trennte, trafen sich Industrielle und Politiker von hüben und drüben zu den jährlichen Herbst- und Frühjahrsmessen. Heute setzen die Veranstalter auf eine Vielzahl von Fachmessen – vor allem auf die Buchmesse. Keine andere deutsche Stadt ist mit dem Buch und seiner Geschichte so eng verwoben wie Leipzig, in der Anfang des Jahrhunderts rund 400 Verlage ihren Sitz hatten. Einige, die vor dem Mauerbau in den Westen gegangen waren, kehren nun, nach der Wende, zurück. Es gehört sich einfach, wieder in der Messestadt zu sein, von der einst Goethe schwärmte: „Mein Leipzig lob' ich mir. Es ist ein Klein-Paris und bildet seine Leute."

The Saxons – People, Dialect, Mentality

Edgar Sebastian Hasse

Saxons are proud of Augustus the Strong, Meissen porcelain and the Dresden Art Gallery. But of their Saxon dialect? The expression "eiverbbüsch" – meaning roughly "See here" – preludes every verbal solo embarked on by a native of Leipzig or Dresden. Speech then continues in a relaxed, leisurely drawl with the vowels seeming to disappear deep in the throat and soft consonants prevailing over the hard.

Words like "Dähtasse" (teacup), "Bemmschen" (a bread roll), "Griemelgähse" (a bagatelle or trifle), "Gelumbe" (thing, clothes, household goods) and "Motschegiebchen" (ladybird) need to be translated into standard German for foreigners, reinforcing the Saxons' reputation as a Germanic tribe distinguished, dreadful to say, by a certain likeness to four-legged animals. As Austria's prince of poets, Franz Grillparzer, put it: "People here stretch every syllable, prolong every word, hang their favourite "ä" onto everything, so that in the end their language sounds positively like the baa-ing of sheep." Kurt Tucholsky wrote: "Apart from humans there are Saxons and Americans, but we haven't done them yet and we don't have zoology until the next class."

All this ridicule of their verbal idiosyncracies really injures the Saxon soul. Who still cares to remember that the Reformer Martin Luther translated the Scriptures into standard Saxon, a pioneering step in German culture, and that – eiverbbüsch – in the 17th and 18th centuries Saxon was considered "delicate" and "pleasing"? People – among them Johann Wolfgang von Goethe – went to Leipzig to learn "melodious, delicate High German" and, of course, exquisite manners. The loss in prestige of this once highly-regarded dialect was probably due to Frederick the Great of Prussia and Otto von Bismarck, the Iron Chancellor. The former conquered the kingdom of Saxony in the Seven Years' War (1756–1763), the latter in 1866 in the bloody battle of Königgrätz. For who would want to speak the language of a born loser, someone on the wrong side? To add insult to injury, a Saxon by the name of Walter Ulbricht ruled East Germany for many years and, shortly before the Berlin Wall was built in 1961, declared in his Saxon tremolo that nobody was planning to build a wall in Berlin. What a "Dräggschlaider" (foul-mouth)! People don't forget that sort of thing.

The Saxons, whose home is the geographical triangle between the Erzgebirge mountains, Vogtland and the Leipzig lowlands, are still ridiculed on account of their easy, soft-spoken dialect. However, they have no need at all to hide their light under a bushel – least of all the Saxon girls, who have a reputation for being extremely pretty and charming. A traditional craftsman's song sings the praises of their charm:
"And then I went to Saxony,
Where pretty girls grow on trees."

The Saxons are a hard-working, smart people, "fiecheland" (canny, bright), as they describe themselves. All of them are intensely curious – a trait found nowhere else to this extent among the Germans, but which, positively applied, has led to useful discoveries. A Saxon invented the first illustrated newspaper. Pillow lace, the card game Skat and the Trabant car, East Germany's answer to the Volkswagen, all originated in Saxony.

They are not just inventive and intelligent but easy-going too. Nowhere else in Germany are Advent and Christmas celebrated in such an enchanting atmosphere as in the snowy Erzgebirge, the "Saxon Siberia" – against the flickering backdrop of wooden candelabras, intricately carved wooden incense-holders known as "Räuchermännchen," angels and pyramids. In the words of the song, "Oh Erzgebirge, how lovely you are!" Hundreds of families of homeworkers live by mass-producing items which help to create the magic of Christmas.

Saxons feel at their very best over a cup of coffee. "Saxons e'er are coffee lovers," wrote Johann Sebastian Bach, choirmaster at St Thomas's Church in Leipzig, in his "Coffee Cantata." At a time when the Prussians were forbidden to drink coffee the Saxons were savouring their "hot bowls" in the Leipzig Kaffeebaum, the oldest coffee-house in Germany. In East German days every West German mark was saved to buy the much sought-after national drink in the hard-currency Intershop. The crowning glory of a cup of coffee is "dipping." Saxons contrive to enhance their physical and mental well-being by dipping cakes, rolls or biscuits just as the French dip croissants in their morning coffee.

Anyone able to savour such easy-going pleasures is a peaceful, contented person. Wage war? Very rarely. Take the lead? Saxons prefer being in the second rank. Take to the barricades? Only once in the course of history – but even then completely peacefully and good-naturedly and completely successfully: in the autumn revolution of 1989, which started in St Nicholas' Church in Leipzig.

The Saxons – people and powers

Since the end of the East German dictatorship the Saxons, nearly five million of whom live along the upper reaches of the River Elbe, have been able to reflect on the historical traditions of their state without ideological dogmas obstructing a realistic view of the varied interaction of people and powers. For 800 years the Saxons stayed loyal to their ruling dynasty, the Albertinian line of the house of Wettin. Only the Bavarians can boast a similar achievement. Not until 1918, when a republic was proclaimed in Dresden, was Friedrich August III forced to vacate the throne. He abdicated, snorting with rage in a broad Saxon accent a dialect phrase which has gone down in history: "Alright, make your own mess."

Most of the Saxon monarchs were no heroes. Even their princely names have a peaceful ring: George the Bearded, Frederick the Gentle, Frederick the Serious. One of the few rulers with political acumen was Henry I, the first Saxon to be King of Germany, and progenitor of the Ottonian dynasty. Henry fought an extremely clever and victorious campaign against the Hungarians, and died in Memleben in 936 AD. Before his time the Saxons were a scarcely unified tribe who had settled originally in the west of Schleswig-Holstein along the lower reaches of the Elbe ("Lower Saxony"). It was not until later, from the thirteenth century onwards, that the Saxons, whose name is probably a short form of the Old High German word "sasnotas" (sword companion, or comrade-in-arms), embarked on a continuous expansion of their territory to the upper Elbe, right up to the germ cell of the future Saxon state: the march of Meissen.

There, as in many other places, King Henry I built a castle to stand up to and provide protection from the attacking Hungarians and to serve as a starting ramp for his Christianisation of the Sorbs. Nowadays the Albrechtsburg, a Late Gothic castle of the princes of Wettin, stands on the original foundations. The most prominent of the Wettins was, of course, Friedrich August I (1670–1733), or Augustus the Strong, whose instinct for power and artistic sense took Saxony to its peak and gave it international standing.

The Saxons – people, muses, metropolises

The reign of Augustus the Strong, who converted to Roman Catholicism so that he could also be king of Poland, was the beginning of a period of cultural and scientific achievements which to this day leave their mark on Saxony's reputation in the first rank of lands developed and cultivated by man. During Augustus's reign Johann Friedrich Böttger and Ehrenfried Walter von Tschirnhausen discovered the formula for European hard-glazed porcelain and established a factory in Meissen: the start of the success story of the exquisite porcelain which bears the two blue swords emblem. It is a story which is still going strong. While porcelain production for the royal household was getting into full swing, the Erzgebirge was the scene of a flourishing silver and ore mining industry – the basis of Wettin financial power. Rich in mineral resources – besides silver there are pewter, bismuth and cobalt deposits – the region attracted generations of migrants. They settled around Freiberg, a mining centre later to be the site of the world's first mining academy. In around 1900 Saxony was the most densely populated region in Europe.

In the time of Augustus the Strong, Gottfried Silbermann was building his organs in Freiberg and other places. In Leipzig Johann Sebastian Bach was composing and making music. In Herrnhut – this, too, is a cultural achievement of that epoch – Count Nikolaus Zinzendorf founded a pietistic community which carried out evangelising work worldwide. It is known still today through its Bible verses for the day, the "Herrnhut mottos." However, the greatest cultural upswing took place in Dresden, the royal capital. Matthäus Daniel Pöppelmann built the Zwinger, a Baroque palace where Augustus the Strong loved to hold glittering parties and which now houses celebrated art collections, including Raphael's "Sistine Madonna." These remained unharmed during the Second World War, having been taken to a place of safety before the air raids of 13 and 14 February 1945. Even so, the greater part of the city was destroyed in the bombing. For decades the ruins of the Frauenkirche, the most important Protestant church, stood as a reminder of the dead and of the senselessness of war. Reconstruction of the Frauenkirche was begun in 1992.

Dresden also means the Semper opera house, the Brühl terraces, Augustus bridge and the Bürgerwiese. The dramatist Gerhart Hauptmann described Dresden as a "bright morning star of youth." The poet and philosopher Johann Gottfried Herder called the city in the Elbe valley, not far from the Elbe sandstone mountains, the "German Florence." Dresden now is both a high-tech centre and a Baroque city. With its high-class residential areas, excellent cultural programme and delightful surroundings it offers a very high quality of life, according to opinion surveys the third-highest in Europe.

While the upper ten thousand live in the Saxon capital, in Leipzig trade and change flourish, and the economically strong heart of Saxony beats in the Chemnitz/Zwickau traditional industrial area. It is all nicely shared out. "Leipzig trades, Dresden breakfasts and Chemnitz earns," say the hard-working, smart Saxons. Since the demise of East Germany they have been hard at work once more: one third of the industrial gross domestic product of the five new federal states comes from Chemnitz/Zwickau, where leading German companies like Siemens and Volkswagen have factories. Saxons are trusted more than any others to bring about the economic upswing in East Germany.

Leipzig is the other Saxon economic centre. Thanks to its favourable geographical location the old trade fair, university and music city developed into an important place of transshipment for people and goods. Leipzig has Germany's largest railway terminal; one of the first German railway lines ran from Leipzig to Dresden. Trade fairs, the first known example of which was held in the 12th century, marked the life of the city and its inhabitants: the people of Leipzig have always been a touch more cosmopolitan than the residents of many other cities. Business houses and shopping centres are geared to international commerce. They include the Mädler-Passage and Auerbachs Keller, the inn made famous by Goethe's "Faust". Even when the Iron Curtain still separated East and West, industrialists and politicians from both sides of the divide used to meet at the annual autumn and spring fairs.

The organisers are now banking on a large number of specialist fairs, above all the book fair. No other German city is so closely linked to books and their history as Leipzig, where at the beginning of the century around 400 publishers were based. Some who moved to the West after the Berlin Wall was built are now, after the political changes, returning. It is simply right and proper to be back in Leipzig. As Goethe enthusiastically put it: "You can't beat my Leipzig. It is a Little Paris, and shapes and educates its people."

Les Saxons, leur dialecte, leur mentalité

Edgar Sebastian Hasse

Le Saxon est fier d'Auguste le Fort, de la porcelaine de Meißen et de son musée de peintures, la Gemäldegalerie. Mais l'est-il de son dialecte? L'homme de Leipzig ou de Dresde attaque son solo verbal par un «Eiverbbüsch», terme qui, traduit, revient à dire «ça alors ...», le poursuivant sans attendre davantage sur un ton placide et bon enfant, en même temps que les voyelles semblent disparaître au fin fond de sa gorge et que les consonnes sonores triomphent des consonnes sourdes.

Des mots tels que «Dähtasse» (tasse de thé), «Bemmschen» (tranche de pain), «Griemlgähse» (bagatelle, futilité) ou «Gelumbe» (chose, vêtement, ustensile de ménage), «Motschegiebchen» (coccinelle) demandent à être traduits en haut allemand pour les étrangers et viennent conforter la réputation faite aux Saxons de peuplade germanique qui – horribile dictu – ne serait pas sans avoir une certaine parenté avec les quadrupèdes. Franz Grillparzer, prince des poètes autrichiens, remarque: «Les gens ici dilatent chaque syllabe, allongent chaque mot, ajoutant où ils le peuvent un «e» qu'ils chérissent par-dessus tout, si bien que leur langage finit par se transformer littéralement en un mêê ..., ressemblant au bêlement des moutons». Et Kurt Tucholsky de renchérir: «En dehors des êtres humains, il existe aussi les Saxons et les Américains, mais nous ne les avons pas encore étudiés, ce n'est que dans la classe supérieure que la zoologie est au programme.»

Tant de sarcasmes à propos de leurs fantaisies verbales ulcère l'âme des Saxons. Qui sait encore que le réformateur Martin Luther traduisit les Saintes Ecritures dans la langue saxonne des chancelleries, ayant ainsi ouvert la voie à la culture allemande, et que, au XVIIe et XVIIIe siècles, le saxon passait – «ça alors ...» – pour être «distingué» et «beau»? On se rendait à Leipzig pour y apprendre «le haut allemand, langue mélodieuse et distinguée», – comme le fit Johann Wolfgang von Goethe – de même que l'art de vivre, tout aussi raffiné. On est en droit de supposer que ce sont Frédéric le Grand et Bismarck, le Chancelier de Fer, qui occasionnèrent la perte de prestige de ce dialecte autrefois réputé; l'un d'eux triompha du royaume saxon au cours de la Guerre de Sept Ans, qui eut lieu de 1756 à 1763, l'autre, en 1866, à l'issue du sanglant carnage de Königgrätz. Qui, après cela, aurait encore voulu parler la langue de l'éternel perdant, de celui qui était du mauvais côté de la barrière? Le malheur voulut, de surcroît, qu'un Saxon du nom d'Ulbricht ait gouverné pendant des années la RDA et que, peu avant la construction du mur, en 1961, il ait déclaré, avec des trémolos saxons dans la voix, que personne n'avait l'intention de bâtir un mur à Berlin! «Dräggschlaider!» l'infâme! Ce sont choses qui ne s'oublient pas.

Certes, les Saxons, ces Allemands dont la patrie se situe dans le triangle géographique formé par les massifs de l'Erzgebirge (les Monts Métallifères), du Vogtland et de la plaine de Leipzig continuent d'être l'objet de railleries en raison de leur façon de s'exprimer indolente et traînante. Mais ils n'ont aucune raison de dissimuler leurs talents – encore moins les jeunes Saxonnes qui passent pour être très belles et charmantes. Une vieille mélodie, autrefois fredonnée par les artisans vante leur séduction:

»Mon chemin me mena alors en Saxe,
Où les jeunes et belles filles poussent sur les arbres.»

Ce peuple est laborieux et astucieux, mais aussi «fiecheland», vigilant, à ses propres dires. La curiosité est propre à tous les Saxons sans exception, trait de caractère que l'on ne rencontre, à ce point accusé, chez aucune autre «ethnie» allemande et qui, vu sous l'angle positif, a mené à des découvertes de grande utilité. C'est à un Saxon que l'on doit le premier journal illustré. De Saxe viennent la dentelle faite aux fuseaux, le «Skat», un jeu de cartes, et la Volkswagen de la RDA, la «Trabant».

Ils ne se contentent d'ailleurs pas d'être inventifs et astucieux mais aiment aussi créer autour d'eux une atmosphère de chaude intimité. Nulle part ailleurs en Allemagne on ne fête aussi douillettement la période de l'avent et la Noël que dans l'Erzgebirge enneigé, la «Sibérie saxonne», ceci dans un décor illuminé du feu des bougies couronnant les décorations en forme d'arcs, et peuplé d'anges, de pyramides et de petits bonhommes sculptés sur bois servant de bougeoirs. «O Erzgebirge, que tu es beau!» Des centaines de familles travaillant à domicile vivent de la production en masse de ces objets qui contribuent à créer l'atmosphère chaleureuse si typique des fêtes de Noël.

Cette sensation de voluptueux bien-être atteint son paroxysme quand le Saxon «sirote» son café. «Les Saxons demeurent des marchandes de café» écrivait l'organiste de l'église Saint-Thomas de Leipzig, Johann Sebastian Bach, dans sa «Kaffeekantate». A l'époque où les Prussiens se virent interdire la consommation de ce breuvage, les Saxons savouraient leur «petite coupe de boisson chaude» dans le plus vieux café d'Allemagne, le «Kaffeebaum» de Leipzig. Du temps de la RDA, on mettait chaque mark-ouest de côté, afin de pouvoir s'acheter, à l'«intershop», la boisson nationale tant convoitée. Le comble du plaisir consiste à tremper une mouillette dans le café. Le Saxon est en mesure de décupler l'agrément physique et psychique qu'il en retire, en plongeant dans sa tasse un morceau de gateau, un macaron ou un quelconque biscuit. Tout comme les Français le font avec les croissants qu'ils trempent dans leur café du matin.

Qui se complaît de la sorte dans cette douillette atmosphère et lui voue un tel culte est de nature pacifique et peu exigeante. Faire la guerre? Très rarement. Vouloir être en tête? Les Saxons préfèrent occuper la deuxième place. Monter sur les barricades? Une seule fois dans leur histoire – mais fort pacifiquement et fort douillettement et qui plus est avec force succès: en automne 1989, lors de la Révolution d'octobre qui prit naissance à l'église St-Nicolas de Leipzig.

Les Saxons – Individus et régimes

Depuis la fin du régime dictatorial de RDA, les Saxons, ce peuple de presque 5 millions d'âmes occupant le cours supérieur de l'Elbe, peuvent renouer avec les traditions historiques de leur pays sans que des dogmes idéologiques viennent occulter la vision réaliste de l'action des individus et du pouvoir respectif, action susceptible de fréquents changements. Pendant huit cents ans, les Saxons demeurèrent fidèles à leur dynastie, la maison de Wettin et à sa ligne Albertine. Seuls les Bavarois peuvent se vanter d'un tel exploit. Ce n'est qu'en 1918 que cette lignée fut obligée de renoncer au trône, année où, à Dresde, fut proclamée la République. Courroucé, le roi Frédéric Auguste III abdiqua en proférant ces mots: «Débrouillez-vous donc tout seuls.»

La plupart des rois ne furent pas des héros. En effet, leurs noms princiers ont des accents pacifiques: George le Barbu, Frédéric le Placide, Frédéric le Sage. L'un des rares souverains à avoir fait preuve de calcul politique fut Henri Ier, premier Saxon à être monté sur le trône des rois allemands et ancêtre des Ottoniens. Avant lui, qui sortit vainqueur des combats menés contre les Hongrois au moyen de stratagèmes et qui mourut en 936 à Memleben, les Saxons étaient un peuple peu homogène, ayant auparavant colonisé la partie ouest du Schleswig-Holstein, et s'étant installé de part et d'autre du cours inférieur de l'Elbe («Basse-Saxe»). Ce n'est que plus tard, à partir du XIIIe siècle, que la sphère de domination des Saxons – dont le nom est probablement une forme abrégée du mot de l'ancien haut allemand, «sasnotas», (compagnons de glaive) – s'étendit progressivement au cours supérieur de l'Elbe. Et ce jusqu'à la cellule d'origine du futur Etat saxon: la Marche de Misnie. Comme un peu partout, le roi Henri Ier y fit construire un château fort, destiné à le protéger des envahisseurs hongrois et point de départ de la christianisation des Sorbes qu'il entreprit alors. Sur les fondations de ce château se dresse aujourd'hui l'Albrechtsburg, résidence de style gothique tardif des princes de Wettin. Le plus éminent représentant de cette lignée est, bien sûr, Frédéric Auguste Ier (1670–1733), dit le Fort, qui doué de l'instinct du pouvoir et d'un sens artistique aiguisé permit au pays d'atteindre son apogée et fonda sa renommée mondiale.

Les Saxons – muses et métropoles

Auguste le Fort, qui se convertit au catholicisme afin de revêtir également la dignité de roi de Pologne inaugure une période de réalisations culturelles et scientifiques sur lesquelles repose, aujourd'hui encore, la réputation de la Saxe, pays de culture du plus haut niveau. Sous son règne, Johann Friedrich Böttger découvre, avec Ehrenfried Walter von Tschirnhausen, la porcelaine dure européenne. Böttger fonde une manufacture à Meißen: c'est le début de la marche triomphale de la porcelaine fine, identifiable aux deux épées bleues, triomphe qui n'a cessé de s'affirmer jusqu'à nos jours. Tandis que la production, destinée notamment à la maison royale, démarre et tourne bientôt à plein régime, l'exploitation du minerai d'argent et des autres minerais des Monts Métallifères – base de la puissance financière des Wettins – prend un essor exceptionnel. Ce pays, riche en ressources minières – le sous-sol recèle, outre l'argent, de l'étain, du bismuth et du cobalte – attire des générations d'immigrants. Ces derniers s'installent aux alentours de Freiberg, centre de la région minière et siège, par la suite, de la première Ecole supérieure des Mines à avoir existé au monde; aux environs de 1900, la Saxe était la région d'Europe accusant la densité de population la plus élevée.

A Freiberg, mais aussi en d'autres lieux, Gottfried Silbermann fabrique ses fameuses orgues à l'époque où règne Auguste le Fort. A Leipzig, Johann Sebastian Bach compose et joue sa musique. A Herrnhut, – et cela fait également partie des réalisations culturelles de l'époque –, le comte Nikolaus Zinzendorf fonde une communauté piétiste, qui ira prêcher les infidèles à travers le monde et qui, avec ses versets, les «Herrnhuter Losungen» est encore connue de nos jours. C'est toutefois Dresde, la ville où réside le souverain, qui connaît le plus grand essor sur le plan culturel. Matthäus Daniel Pöppelmann érige le Zwinger, château de style baroque où Auguste le Fort aimait à donner de somptueuses fêtes et qui abrite, aujourd'hui, de célèbres collections d'art, dont la «Madonne Sixtine» de Raphaël. Mises en sécurité avant les attaques aériennes des 13 et 14 février 1945, elles ne furent pas touchées par la Seconde Guerre mondiale. Mais la ville fut, elle, détruite en majeure partie. Pendant des dizaines d'années, les ruines de la Frauenkirche, le plus important édifice religieux du culte protestant, évoquèrent la mémoire des nombreux morts et rappelèrent l'absurdité des guerres. Depuis 1992, la Frauenkirche est en voie de reconstruction.
Dresde: ce sont aussi le Semperoper, l'Opéra, les terrasses de Brühl, le pont Augustus et les Bürgerwiese. Aux yeux de l'auteur dramatique Gerhart Hauptmann, cette métropole de l'art resplendissait comme une «étoile sereine au matin de la vie». Le poète et philosophe Johann Gottfried Herder qualifia de «Florence allemande» cette ville située dans la vallée de l'Elbe, à proximité de laquelle se dressent les falaises de grès des massifs de l'Elbsandsteingebirge. Le Dresde d'aujourd'hui, à la fois technopole et ville baroque, offre, grâce à ses quartiers résidentiels, à son admirable éventail culturel et à ses environs attrayants, une qualité de vie qui le classe au troisième rang en Europe si l'on en croit les sondages effectués par un institut de recherche. Tandis que le gotha réside dans la capitale du Land, que le négoce fleurit à Leipzig; le cœur économique et vigoureux de la Saxe bat dans la région traditionnellement industrielle de Chemnitz/Zwickau. Tout est joliment départagé. «Leipzig fait du commerce, Dresde ripaille et Chemnitz gagne l'argent» disent les laborieux et futés Saxons qui, après l'effondrement du régime de RDA, ont réussi une nouvelle performance: un tiers du PNB industriel des cinq nouveaux Länder est réalisé à Chemnitz et Zwickau où sont installés de grands groupes allemands comme Siemens et Volkswagen. C'est aux Saxons que l'on fait le plus confiance pour relancer l'économie de l'Allemagne de l'Est.
Leipzig est l'autre centre économique de la Saxe. Grâce à la position géographique favorable qu'elle occupe, cette vieille ville universitaire, centre des foires et de la musique est devenue un foyer d'échanges tant en ce qui concerne les personnes que les marchandises. C'est là que se trouve la plus grande gare en cul-de-sac d'Europe; l'une des premières lignes de chemin de fer allemandes menait de Leipzig à Dresde. La Foire,

mentionnée pour la première fois au XIIe siècle, a marqué de son empreinte la ville et ses habitants: ceux-ci ont toujours été un peu plus ouverts au monde que d'autres métropolitains. Maisons de commerce et centres commerciaux, telle la galerie marchande Mädler, où l'on trouvera la «Cave d'Auerbach», rendue célèbre par le Faust de Goethe, vivent à l'heure du commerce international. Même à l'époque où le rideau de fer séparait encore l'Est et l'Ouest, les industriels et les hommes politiques des deux pays se rencontraient à l'occasion des foires annuelles de printemps et d'automne. Aujourd'hui, les organisateurs tablent sur les nombreuses foires spécialisées, notamment sur la Foire du Livre. Aucune autre ville allemande n'est aussi étroitement liée au livre et à son histoire que Leipzig où, au début du siècle, près de 400 maisons d'édition avaient leur siège. Certaines, qui avaient émigré à l'Ouest avant la construction du mur, revinrent s'installer à Leipzig après la réunification allemande. Il convient de nouveau d'être présent dans cette ville des foires, dont Goethe parlait jadis en termes enthousiastes: «J'aime mon Leipzig, je l'avoue. C'est un petit Paris qui vous forme ses gens».

Die berühmteste und wohl
auch schönste Ansicht der
Sächsischen Schweiz: Vom
Basteifelsen bietet sich ein
unvergleichliches Panorama
auf das stille Tal der Elbe.

The best-known and surely
the finest view that Saxon
Switzerland has to offer: the
incomparable panorama of
the tranquil Elbe valley, seen
from the Bastei rock.

Le plus célèbre et sans doute
le plus beau belvédère de la
Suisse saxonne: Du rocher de
Bastei, un incomparable
panorama s'ouvre sur la paisible vallée de l'Elbe.

Der alte Kaufmannsort Pirna in der Nähe von Dresden hat eine malerische Altstadt. Berühmt wurde Pirna durch seine Sandsteinbrüche. Aus den elbabwärts transportierten Steinen entstand auch der Dresdner Zwinger.

The old trading town of Pirna near Dresden boasts a picturesque Altstadt. Pirna's claim to fame was its sandstone quarries. Elbe sandstone, shipped downstream, was used to build, among other landmark monuments, the Zwinger Palace in Dresden.

Pirna, ancienne ville marchande située aux environs de Dresde, possède des quartiers anciens fort pittoresques. Ses carrières de grès l'ont rendue célèbre. Les pierres, transportées en aval de l'Elbe, servirent, entre autres, à construire le Zwinger, à Dresde.

Die alte Burg Stolpen, östlich von Dresden gelegen, diente ganz unterschiedlichen Zwecken. König August der Starke hielt hier eine seiner vielen Mätressen, die in Ungnade gefallene Reichsgräfin von Cosel, von 1716 bis 1765 gefangen.

In days of old, Stolpen Castle east of Dresden served a variety of purposes. After she had fallen into disfavour King Augustus the Strong kept his mistress Countess von Cosel prisoner here from 1716 until 1765.

L'ancien château fort de Stolpen, à l'est de Dresde remplissait des fonctions très diverses. Le roi Auguste le Fort y tint enfermée une de ses nombreuses maîtresses, la comtesse von Cosel, tombée en disgrâce, et ceci, de 1716 à 1765.

Schloß Pillnitz vor Dresden erinnert an die heitere Zeit des Barock. August der Starke ließ den von seinem Architekten Pöppelmann entworfenen Bau als Sommerresidenz errichten.

Schloss Pillnitz, just outside Dresden, recalls the serenity of the Baroque era. The architect Pöppelmann was commissioned to build the palace as a summer residence by King Augustus the Strong.

Le château de Pillnitz, aux portes de Dresde, évoque l'époque insouciante du baroque. Auguste le Fort fit aménager cet édifice conçu par son architecte Pöppelmann pour en faire sa résidence d'été.

Stolz blickt August der Starke über den Neustädter Markt in der Landeshaupstadt Dresden. Die goldene Reiterstatue wurde 1736, drei Jahre nach dem Tod des Kurfürsten, enthüllt.

Augustus the Strong proudly surveys the Neustädter Markt in the state capital, Dresden. The gilt equestrian statue was unveiled in 1736, three years after his death.

C'est avec fierté qu'Auguste le Fort contemple la place Neustädter Markt, à Dresde, la capitale du land. Cette statue dorée fut dévoilée en 1736, trois ans après la mort du prince-électeur.

In den Niederungen des Friedewaldes, nordwestlich von Dresden, steht das kurfürstliche Jagdschloß Moritzburg. Die fröhlichen Rot- und Ockertöne sind Kennzeichen des sächsischen Barock.

Moritzburg hunting lodge is in the Friedewald marshes north-west of Dresden. The cheerful reds and ochres are characteristic of the Saxon Baroque.

Au creux de la forêt de Friedewald, qui s'étend au nord-ouest de Dresde, se dresse le château de Moritzburg, pavillon de chasse du prince-électeur. Les teintes rouges et ocres dont émane une impression de gaieté, sont caractéristiques du baroque en Saxe.

Das „Blaue Wunder", die vor hundert Jahren errichtete Brücke zwischen den Dresdener Bezirken Blasewitz und Loschwitz, hat die Kriege überstanden. Das stählerne technische Denkmal überspannt mit 145 Meter Länge die Elbe.

The Blaues Wunder, or Blue Miracle, has linked the Dresden districts of Blasewitz and Loschwitz for a century, surviving two world wars unscathed. It is a steel bridge, with a span of 145 metres, across the Elbe.

Le «Miracle bleu», pont construit il y a cent ans pour relier les quartiers de Blasewitz et de Loschwitz, a survécu à la guerre. Ce monument en acier, long de 145 mètres, enjambe l'Elbe.

Besonders im Abendlicht, wenn die historischen Gebäude Dresdens – von Semperoper über die Hofkirche bis zur Brühlschen Terrasse (von rechts nach links) – sich in der Elbe spiegeln, ist heute schon wieder viel von dem einstigen Glanz der Elbmetropole zu spüren. Bis alle geplanten Wiederaufbaumaßnahmen abgeschlossen sein werden, wird es noch einige Zeit dauern.

Especially in the evening light, when Dresden's historic buildings — from the Semper Opera House to the Hofkirche and to the Brühlsche Terrasse (from right to left) — are reflected in the water of the Elbe, much of the city's former grandeur can be sensed once more. But it will be a while before all the reconstruction planned has been completed.

C'est au soleil couchant, lorsque les bâtiments historiques de Dresde – du Semperoper à la Hofkirche et la Terrasse de Brühl (de droite à gauche)– se reflètent dans l'Elbe, que l'atmosphère prestigieuse dont était autrefois baignée Dresde, se ressent, de nouveau, avec la plus grande intensité. La réalisation des mesures visant à restaurer le patrimoine historique demandera encore un certain temps.

Der Zwinger ist das berühmteste Baudenkmal Dresdens.
Der Barock-Baumeister Matthäus Daniel Pöppelmann
und der Bildhauer Balthasar
Permoser gaben dem Bau-
werk 1709 bis 1732 seine einzigartige Gestalt.

The Zwinger is Dresden's
best-known architectural
monument. It owes its unique
design to the Baroque architect Matthäus Daniel Pöppelmann and the sculptor
Balthasar Permoser, who
worked on it from 1709 to
1732.

Le Zwinger est le plus célèbre
des bâtiments historiques de
Dresde. De 1709 à 1732,
Matthäus Daniel Pöppel-
mann, architecte du baroque
ainsi que le sculpteur Balthasar Permoser, conférèrent au
Zwinger l'aspect qui en fait un
édifice hors du commun.

Meißen bietet eine zu Stein gewordene tausendjährige Geschichte: Die Albrechtsburg aus dem 10. Jahrhundert, der frühgotische Dom und das ehemalige Bischofsschloß verbinden sich zu einer reizvollen Silhouette.

Meissen bears testimony in stone to 1,000 years of history. The tenth-century Albrechtsburg, the early Gothic cathedral and the former episcopal palace jointly form an attractive silhouette.

Meißen s'enorgueillit d'une histoire millénaire: le château d'Albrechtsburg, construit au Xe siècle, la cathédrale qui date des débuts du gothique et l'ancien château épiscopal se conjuguent pour faire naître sa silhouette pleine de charme.

Als Stadt der „Blauen Schwerter" genießt Meißen seit Gründung der ersten europäischen Porzellanmanufaktur 1710 Weltruf. Die handbemalten Kunstwerke finden auf der ganzen Welt Verehrer und Käufer.

Since the first European porcelain factory was founded here in 1710, Meissen has enjoyed international repute as the town of the "blue swords" china logo. The hand-painted works of art are admired and bought by people from all over the world.

Depuis la fondation, en 1710, de la première manufacture de porcelaine européenne, Meißen, ville des «épées bleues», jouit d'une réputation internationale. Les chefs-d'œuvre peints à la main trouvent admirateurs et acheteurs dans le monde entier.

In Radebeul bei Dresden steht das 1728/29 erbaute Barockschloß Wackerbarths Ruh. Umgeben von Weinbergen liegt das reizvolle Belvedere, das über eine große Freitreppe zu erreichen ist.

Wackerbarths Ruh is a Baroque palace built in Radebeul, near Dresden, in 1728/29. The attractive Belvedere, accessed via an outside staircase, is surrounded by vineyards.

A Radebeul, près de Dresde se trouve le château de style baroque de Wackerbarths Ruh, construit en 1728/29. Le ravissant belvédère, entouré de vignobles, est accessible par un grand escalier extérieur.

Die große Orgel im Freiberger Dom ist ein Werk von Gottfried Silbermann, einem der bedeutendsten Orgelbaumeister Deutschlands. Silbermann hatte sich 1710 mit seiner Werkstatt in Freiberg niedergelassen.

The large organ in Freiberg Cathedral was built by Gottfried Silbermann, one of Germany's leading organ-builders. Silbermann set up his workshop in Freiberg in 1710.

Les grandes orgues de la cathédrale de Freiberg sont l'œuvre de Gottfried Silbermann, l'un des plus importants facteurs d'orgues d'Allemagne. C'est en 1710 que Silbermann vint s'installer à Freiberg et y aménagea son atelier.

Bautzen gehört zu den schönsten mittelalterlichen Städten Sachsens. Hoch über dem Ostufer der Spree bilden die Türme der Ortenburg, der Alten Wasserkunst, der Michaelis- und der Domkirche St. Peter ein malerisches Ensemble.

Bautzen is one of the most attractive mediaeval towns in Saxony. Up above the east bank of the Spree the towers of the Ortenburg, the Alte Wasserkunst, the Michaeliskirche and the cathedral church of St Peter's form a picturesque ensemble.

Bautzen fait partie des plus belles cités médiévales de Saxe. Dominant la rive Est de la Spree, les tours du château d'Ortenburg, de l'ancienne fontaine, de la Michaeliskirche et de la cathédrale Saint-Pierre forment un ensemble pittoresque.

In Görlitz, der östlichsten Stadt Deutschlands, findet sich noch eine Fülle von Bürgerhäusern aus Renaissance und Barock. Das Rathaus stammt aus dem 16. Jahrhundert.

Görlitz, the easternmost town in Germany, still boasts an abundance of Renaissance and Baroque town houses. The town hall dates back to the sixteenth century.

A Görlitz, ville située aux confins orientaux de l'Allemagne, on découvrira une multitude de maisons bourgeoises datant de la Renaissance et de l'époque du baroque. L'hôtel de ville date du XVIe siècle.

Leipzig, die über 800jährige Handelsstadt, knüpft an seine große Tradition an: Vor den Toren der Stadt entstand bis 1996 das modernste Messegelände Europas.

Leipzig, a commercial centre for over 800 years, has kept up with its great tradition. Just outside the city the most modern trade fair and exhibition centre in Europe was completed in 1996.

Leipzig, ville de commerce vieille de plus de huit siècles, renoue avec sa grande tradition: un parc d'exposition, le plus moderne d'Europe, a été aménagé aux portes de la ville et achevé en 1996.

Die Mädlerpassage in Leipzig: Einkaufsparadies und Adresse der Weltliteratur. In Auerbachs Keller spielt eine Szene aus Goethes „Faust", in der Mephisto die Leipziger Studenten narrt.

The Mädlerpassage in Leipzig is an arcade that is both a shoppers' paradise and the scene of an episode in world literature. Here, in Auerbachs Keller, Mephisto made a fool of the Leipzig students in Goethe's play "Faust."

La galerie marchande «Mädlerpassage» à Leipzig: paradis commercial, mais aussi endroit bien connu de la littérature universelle. C'est en effet dans la taverne d'Auerbach que se situe une scène du «Faust» de Goethe, scène au cours de laquelle Mephisto ridiculise les étudiants de Leipzig.

Die Bergbaustadt Zwickau erlangte vom 14. Jahrhundert an auch durch die Tuchproduktion wirtschaftliche Bedeutung. Daran erinnert noch das ehemalige Gewandhaus mit dem schwungvoll gestalteten Staffelgiebel, das in den zwanziger Jahren des 16. Jahrhunderts entstand.

From the fourteenth century on, the mining town of Zwickau gained importance as a manufacturer of cloth. This era is recalled by the former Gewandhaus, or drapers' hall, with the sweeping lines of its stepped gable, built in the 1520s.

A partir du XIVe siècle, la draperie contribua également à la prospérité de la ville minière qu'est Zwickau. L'ancienne Gewandhaus (Maison des drapiers) dotée d'un pignon étagé d'une belle unité rythmique et construite au cours des vingt premières années du XVIe siècle, vient rappeler cette époque.

Die Nußknacker gehören zu den prominentesten Vertretern der erzgebirgischen Schnitzkunst. Als im 17./18. Jahrhundert die Erzvorräte zurückgingen, fanden die Familien der Bergleute in der Spielzeugproduktion neue Verdienstmöglichkeiten.

Nutcrackers are among the best-known examples of Erzgebirge woodcarving. When ore deposits were rapidly depleted in the seventeenth and eighteenth centuries the miners' families developed woodcarving to supplement their incomes.

Les casse-noix font partie des plus éminents personnages que façonnent les sculpteurs sur bois de l'Erzgebirge (Monts métallifères). Lorsque, aux XVIIe et XVIIIe siècles les réserves en minerais déclinèrent, les familles de mineurs trouvèrent dans la fabrication de jouets une nouvelle possibilité de gain.

Grimma liegt an der Mulde, einem Nebenfluß der Elbe. Sein Schloß wird eingerahmt von Kirche (links) und Hauptgebäude des Augustinerklosters (im Hintergrund), in dem sich einst eine berühmte „Fürstenschule" zur Ausbildung sächsischer Pfarrer und Beamten befand.

Grimma is on the Mulde, a tributary of the Elbe. Its palace, or Schloss, is here seen framed by the church (left) and the main building of the Augustinerkloster (rear), an Augustinian monastery that used to house a famous "princely school" where Saxon clergymen and civil servants were trained.

La petite ville de Grimma est baignée par la Mulde, un affluent de l'Elbe. Son château est encadré par l'église (à gauche) et les bâtiments principaux du monastère augustinien (à l'arrière-plan) où se trouvait autrefois une célèbre «Ecole princière» se consacrant à la formation des prêtres et fonctionnaires saxons.

Nach Leipzig und Dresden ist Chemnitz die drittgrößte Stadt im Freistaat Sachsen. Das Rathaus ist eines der wenigen historischen Gebäude der Stadt, die ansonsten von „sozialistischen" Bauten geprägt ist.

Chemnitz is the third-largest city in Saxony (Leipzig and Dresden come first and second). The Rathaus is one of the few historic buildings in a city which now consists mainly of "socialist" architecture.

Chemnitz vient au troisième rang des villes de l'Etat libre de Saxe, après Leipzig et Dresde. L'hôtel de ville est l'un des rares monuments historiques de la ville, qui, pour le reste, se caractérise par des bâtiments «socialistes».

Zwei Namen, ein Volk

Otto Borst

Unter den Ländern der Bundesrepublik Deutschland sind solche, die einen mit Bindestrich markierten Doppelnamen haben: Rheinland-Pfalz, Baden-Württemberg oder Sachsen-Anhalt. Da werden jeweils zwei verschiedene Bereiche zusammengefügt, hier sind die Badener und hier die Württemberger, und scheinbar noch klarer: hie Alemannen, hie Schwaben. Wer „schwäbisch-alemannisch" sagt, meint, jedenfalls im Volksmund, zwei Paar Stiefel. Im Norden und in der Mitte Baden-Württembergs wohnen Schwaben, im Süden dieses Bundeslandes Alemannen. Als ich einmal gelegentlich eines Empfangs in Pfullendorf (im Linzgau am Bodensee) den Bürgermeister zu begrüßen hatte und ihn, ein paar Kilometer vom „Schwäbischen Meer" entfernt, als Landsmann und Schwaben ansprach, fiel er mir spontan ins Wort: Sie seien keine Schwaben hier in Pfullendorf, sondern Alemannen. Die anwesenden Offenburger und Freiburger gaben lauthals Beifall.

Von ein paar gelehrten Ausnahmen abgesehen, weiß heutzutage niemand mehr, daß „schwäbisch" und „alemannisch" dasselbe meinen. „Schwaben" und „Alemannen" ist ein und derselbe Stamm. Wahlafried, der von 808 bis 849 lebte und im Jahre 838 Abt der Reichenau wurde, eines Klosters von europäischem Rang, hat im Vorwort seiner Lebensbeschreibung des heiligen Gallus die Sache auf den Punkt gebracht. Für „das Land, das wir Alamannen oder Sueven bewohnen", schreibt er da, „wollen wir von den Bewohnern den Namen ihrer Heimat ableiten und sie Alamannien oder Suevien nennen. Es gibt also zwei Namen, die ein Volk bezeichnen."

Das Gegenteil also ist wahr: Schwaben und Alemannen sind ein Paar Stiefel. Schon Gregor von Tours konstatierte in seiner bis 591 reichenden Frankengeschichte lapidar: „Suebi, id est Alemanni" (Sueben, das heißt Alemannen). So weit, so gut. Aber die Sache ist komplizierter, als man denkt. Sie ist so schwer nachvollziehbar, daß man wetterwendisch einmal „schwäbisch" als „gültig" ansah, einmal „alemannisch". Schließlich, als die Dynastien und die von ihnen die Namen empfangenden Territorialstaaten vom Schlage Badens oder Württembergs aufkamen, war „badisch" oder „württembergisch" näherliegend und klarer. Bald war die Rede von *einem Volk* vergessen. Es bedurfte eines Ludwig Uhland, um wenigstens den Gebildeten unter den „Schwa-

ben-Alemannen" auseinanderzusetzen, in einem 1850 erstmals erschienenen Essay „Sueven und Alamannen", was historisch richtig ist und was nicht.

Was blieb, war der Doppelname, wovon der eine, „alle Mannen", hätte stutzig machen können. Diese Gruppe, dieser Bund, der sich da zusammengefunden hatte, die „Alemannen", war keiner von den alten und einhelligen Volksstämmen wie die Bayern, die Thüringer oder Sachsen, die vom Norden Europas herunterzogen in den Süden, dort ein abgegrenztes, überschaubares Gebiet einnahmen. Gegenüber diesen vergleichsweise kleinen Okkupationen wirkt der 260 n. Chr. gelungene Alemanneneinfall mit dem Durchstoß durch das römische Verteidigungssystem im Rheinknie gegen das Germanenland wie ein Schleusenbruch: Alemannen gab's bald überall, im deutschen Südwesten im engeren Sinne des Wortes, in Süddeutschland überhaupt, aber auch im Elsaß, in der Schweiz, im Vorarlberg, in Oberitalien. So unübersichtlich diese „Landnahme" war, so war es auch das Volk.

Wie austauschbar diese angebliche Zweiheit „Schwaben-Alemannen" (oder umgekehrt) in Wirklichkeit war, verrät uns der römische Staatsbeamte und Historiker Cornelius Tacitus. In seinem Buch über die Germanen und das Germanenland vom Ende des ersten nachchristlichen Jahrhunderts kommt er auch auf die Sueben zu sprechen. Sie bildeten kein einheitliches Volk, „sondern sind in eigene Völker geschieden, die ihre besonderen Namen haben, wenn sie auch alle unter der Bezeichnung Sweben zusammengefaßt werden". Das hätte so auch über die Alemannen geschrieben werden können. Mit „Sueben" oder „Sweben", auch hier sind die Bezeichnungen „Schwaben" und „Alemannen" deckungsgleich, meint man einen Bund mehrerer Völker. Einige davon kennen wir, die Semnonen, die ältesten und vornehmsten aller swebischen Völker, die Hermunduren, die Markomannen, die Quaden.

Aber als die Alemannen 260 n. Chr., wie gesagt, den römischen Limes überrennen, wendet sich nicht nur die südwestdeutsche Geschichte in entscheidendem Maß, sondern auch die Namensgebung: Jetzt ist von den Alemannen, von den Siegern die Rede. Der alte Schwabenbund verschwindet, wenn auch nicht gänzlich.

Dementsprechend firmiert das aus diesem Alemannenland zur Merowingerzeit herausgewachsene hoheitliche Konstrukt als Herzogtum Alemannien („Alamannia"). Klein, nebensächlich war dieses politische Gebilde gewiß nicht. Immerhin hat das im 6. und 7. Jahrhundert blühende Herzogtum die Gleichung alemannisch gleich deutsch vollzogen und so dazu den Anlaß gegeben, daß man heute von Deutschland in Frankreich und anderen romanischen Ländern von „Allemagne" bzw. von „Alemania" spricht. Für die Bezeichnung des Stammlands, des Herzogtums, hielten die Dinge freilich nicht lange an. Seit etwa 900 wird die Bezeichnung „Alamannia" mehr und mehr durch den alten Hauptnamen „Suevia" verdrängt und verschwin-

det mit den Staufern fast ganz. Erst Johann Peter Hebel hat mit seinen mundartlichen „Alemannischen Gedichten" (1803) den Alemannen-Namen wieder aus der Vergessenheit hervorgeholt und den Leuten des Südschwarzwalds (und übrigens auch des Vorarlbergs) ihre neue und zugleich uralte Identität gegeben.

Der fränkischen Reichspolitik war der Zusammenschluß der vielen Gau- und Adelsherrschaften zum schwäbischen „Stammesherzogtum" zu danken.

Aber erst mit den Staufern ändert sich die zunächst reichlich konfuse und gedemütigte Situation des Herzogtums Schwaben. Systematischer Landausbau, Burgen- und Städtegründung, der Erwerb von Kirchenlehen, von Grund- und Hoheitsrechten durch Kauf oder Tausch, die Organisation einer abhängigen Dienstmannschaft: all das gibt den staufischen Herzögen von Schwaben eine Territorialmacht ohnegleichen. Schon unter dem Staufer Philipp von Schwaben war es üblich, das schwäbische Herzogtum als ein dem Reich inkorporiertes Herrschaftsgebilde aufzufassen. Als sich Friedrich II., das „Wunder der Welt", 1220 über die Alpen nach Italien zurückzieht, bestellt er im oberschwäbischen Land den Truchseß Eberhard von Waldburg und dessen Neffen, den Schenk Konrad von Winterstetten, zu procuratores et gubernatores terrae (zu Lenkern und Statthaltern des Landes). Die Front der Grafen des alten Herzogtums ist auseinandergebrochen. Die Rechte und Landpartikel gehören dem Reich oder den Staufern. In ihrem Auftrag amtiert Konrad von Winterstetten 1239 als „Praefectus Sueviae" (als „Praefekt von Schwaben").

Die Schicksale des deutschen (und staufischen) Königs sind jetzt die Schicksale des schwäbischen Herzogtums. 1246 wird dem Hohenstaufen Konrad nicht nur seine Königswürde, sondern auch sein Herzogsamt entzogen. Als Konradin 1261 das schwäbische Herzogtum in Besitz nimmt, erklärt König Richard, das Herzogtum Schwaben sei längst dem Reich einverleibt.

Konradin hat, namentlich mit Hilfe der (schwäbischen) Augsburger Stadtvogtei, nicht ohne Glück versucht, die Herzogsgewalt wieder in seine Hände zu bekommen. Aber dann treibt es ihn im Herbst 1267 nach Italien, das großartige Erbe seiner Väter anzutreten. Ein Jahr später, am 29. Oktober 1268, wird er auf dem Marktplatz von Neapel unter den Augen einer gaffenden, erschreckten, gelähmten Menge enthauptet. In dieser Stunde entschied sich auch das Schicksal des Herzogtums Schwaben. Es ist nie mehr aufgebaut worden.

Übrigens starb Markgraf Friedrich von Baden, Konradins Freund, damals an seiner Seite. Die baden-württembergische Gemeinschaft kündigt sich hier schon an. Sie macht deutlich, daß dieses Bundesland Baden-Württemberg, obwohl selbst gestandene Historiker es glauben machen wollen, alles andere als ein geschichts- und traditionsloses Kunstprodukt ist. Der Bindestrich in seiner Firmierung weist nicht auf Trennung, sondern auf Gemeinsamkeiten. Baden-Württemberg ist kein mühsam aus Verschiedenheiten zusammengefügtes Gebilde, sondern eine gewachsene historische Einheit. Sie ist in vielen Generationen vorbereitet worden.

Zunächst hatte es freilich den Eindruck, als ob die Wege auseinanderliefen. Das tragische Stauferende hinterließ ein territorialpolitisches Vakuum, das größere Städte und größere Grafen auszunutzen wußten. Von adligen Stadtherren unabhängige Reichsstädte entstanden; die Männer des Hochadels vom Schlage der Zähringer, der Calwer, der Welfen und so weiter schufen sich Machtpositionen, die Vorahnungen von straff durchorganisiertem „Land" aufkommen ließen. Nimmt man die vielen Dutzende von geistlichen, reichsritterschaftlichen und österreichischen Gebieten dazu, versteht man, warum zu Ausgang des Alten Reiches der deutsche Südwesten die farbigste, die tollste Fleckerlkarte unter allen deutschen Landen zu bieten hatte. Zentralgewalten gab es da nicht, dafür Zwergherrschaften und Duodezfürstentümer der unterschiedlichsten Art und Gestalt.

Nur zwei Dynastien, den Badenern und den Württembergern, gelang es, sich aus dem Geviert der Kleinen fortzumachen und wenn auch gewiß nicht Großstaaten, so doch respektable Mittelstaaten zu schaffen. Baden, die alte Markgrafschaft, fand erst Ausgang des 18. Jahrhunderts zu einer gewichtigen Gestalt, als Markgraf Karl Friedrich seit 1771 ganz Baden in seiner Hand vereinigte und die Landeskultur in vielen Zweigen hob. Die napoleonische „Flurbereinigung" zwischen 1803 und 1810 brachte

eine Gebietserweiterung um das Zehnfache, die sich auch in Rangerhöhungen spiegelte: 1803 wurde der badische Markgraf Kurfürst, 1806 „Souveräner Kurfürst und Herzog von Zähringen" und schließlich am 12. Juli 1806 Großherzog.

Unter den Bundesstaaten des Bismarckreiches war das badische „Musterländle" eines der eifrigsten und nationalen Bahnen sich verschreibenden Mitglieder. Am 22. November 1918 verzichtete Großherzog Friedrich II. auf den Thron. Der Freistaat Baden gab sich am 21. März 1919 durch eine Nationalversammlung seine Verfassung. Nach der „Machtergreifung" der Nazis am 30. Januar 1933 löste der Gauleiter Robert Wagner die nominell noch im Amt befindliche badische Regierung auf; fortan gab es den „Gau Baden" wie über dem Schwarzwald drüben den „Gau Württemberg-Hohenzollern".

Dem Namen nach war die alte Grafschaft „Wirtemberg" also immer noch lebendig. Graf Eberhard im Bart wäre zu gerne „Herzog von Schwaben" geworden, wir haben ernstzunehmende Belege hierfür. Aber dem Kaiser, sprich dem Habsburger, war dieses Ansinnen eine verdächtige und Macht mindernde Sache. Er schlug 1495 Eberhard „nur" zum Herzog von Württemberg. Während das badische Territorium eigentlich immer die dem Rhein und Frankreich zugewandte „Wespentaille" blieb, nutzten die württembergischen Herzöge die verkehrsabgewandte Binnenlage ihres Gebiets zu planmäßigem Ämter- und Landankauf. Württemberg blieb der „Großstaat" im deutschen Südwesten. Seine mühevoll mit dem seit dem 26. Dezember 1805 als König regierenden Landesherrn ausgehandelte Verfassung kam am 29. September 1819 zustande.

Der Weg ins Bismarckreich war der gleiche wie der Badens, nur zurückhaltender, mehr demokratisch als liberal und sehr viel weniger preußenfreundlich. Der letzte württembergische König Wilhelm II. legte am 30. November 1918 die Krone nieder, aus Württemberg wurde ein „Freier Volksstaat". Von 1933 bis 1945, wie die Nazis sagten, „gleichgeschaltet" und von einem Reichsstatthalter „an Reiches Stelle" geführt, kam 1945 mit dem Kriegsende erhebliche Unruhe in das einst so ruhig und so geschlossen erscheinende Württemberg. Der Einmarsch der Amerikaner und Franzosen – wobei die französischen Einheiten immer die schnelleren blieben – brachte Eroberungen, deren Grenzen denen der alten beiden Länder zuwiderliefen. Fast hätte es deshalb einen Sonderkrieg zwischen Eisenhower und de Gaulle gegeben. Aber schließlich einigte man sich auf die Länder (Nord-)Württemberg-(Nord-)Baden, (Süd-)Württemberg-Hohenzollern und (Süd-)Baden.

Daß diese Situation keine Dauerlösung sein konnte, war klar. Jetzt spürte mancher vielleicht zum erstenmal, daß die Schwaben-Alemannen nicht nur zusammengehörten, sondern auch, um ein einziges Beispiel zu bringen, im „Schwäbischen Kreis", einem Selbstverwaltungskörper mit vergleichsweise ähnlichen Grenzen wie das heutige Baden-Württemberg, mehr als vier Jahr-

hunderte lang zusammenlebten. Optionen für ein geschlossenes Baden-Württemberg – das hätte freilich „Schwaben" heißen müssen – gab es in vielen Generationen und speziell nach 1945 in unübersehbarer Zahl. Was törichterweise als „neureiches" Retortenprodukt ausgegeben wurde, erwies sich in Wirklichkeit als eine Einheit. Sie hatte nur einen Fehler: daß sie vier gleichrangige Bezeichnungen hatte (schwäbisch-alemannisch-badisch-württembergisch), sieht man einmal von den fränkischen und pfälzischen Einschüssen im Norden des heutigen Baden-Württemberg ab. Auch die amerikanischen Besatzer müssen dieses Provisorium gespürt haben. Am 1. Juli 1948 gaben sie den elf Ministerpräsidenten den Auftrag zur Neugliederung. Im Südwesten kam man dem durch eine Volksbefragung am 24. September 1950 nach. Es hat Jahre gedauert, und es hat Gutes und Böses zutage gefördert, bis dieses Kunststück gelang, trotz aller Rankünen und aller rigide vorgebrachten Sonderinteressen ein Bundesland zu schaffen, das sich sehen lassen kann. Heute weiß man im Hohenlohischen ebenso wie im Markgräflerland und „mehrheitlich" wohl auch im Breisgau, daß der Weg der richtige war. Baden-Württemberg hat damit den übrigen „alten" und „neuen" Bundesländern ein im genauen Sinne einzigartiges Beispiel gegeben.

Two Names, One People

Otto Borst

Some of Germany's federal states are hyphenated, like the Rhineland-Palatinate, Baden-Württemberg or Saxony-Anhalt. They link different regions, such as Baden and Württemberg, and different people, such as Badeners and Württembergers or, seemingly clearer still, Alemannen and Swabians. Say something is Swabian-Alemannic – in colloquial German, that is – and you mean things which are poles apart. People who live in the north and centre of Baden-Württemberg are Swabians, while the southerners are Alemannic. I once had to say a few words of welcome to the mayor in Pfullendorf near Lake Constance, only a few miles from the lake popularly known as the Swabian Sea. I addressed him as a fellow-Swabian, whereupon he promptly interrupted me to explain that in Pfullendorf they weren't Swabians, but Alemannen – and people from Offenburg and Freiburg applauded vociferously.

Apart from a handful of scholars, no-one today knows any more that Swabian and Alemannic are one and the same. Wahlafried, who lived from 808 to 849 and in 838 became abbot of Reichenau, a monastery of European importance, made matters clear in the preface to his life of St Gallus. For "the country where we Alamanni or Suevi live," he wrote, "let us derive a name from the people who live there and call it Alamannia or Swabia. So there are two names for *one* people."

Thus the very opposite is true: Swabians and Alemannen are *not* poles apart. As Gregory of Tours succinctly noted in his history of the Franks up to the year 591 AD: "Suebi, id est Alamanni" (Swabians, in other words Alemannen). So far, so good. But matters are more complicated than you might think – and so hard to follow that, capriciously, Swabian at one time, and at other times Alemannic, has been felt to be the correct designation. Eventually, when dynasties emerged and states were named after them, such as Baden or Württemberg, calling people who hailed from them Badeners or Württembergers was clearer and made more sense. Soon all talk of one people was forgotten. It took a Ludwig Uhland to make it clear at least to the educated, in an 1850 essay entitled "Sueven und Alamannen," what was and what wasn't the historical truth.

What was left, the double-barrelled name, included one half which might have given rise to doubts. The Alemannen were not members of an old tribe like the Bavarians, Thuringians or Saxons who were commonly agreed to have headed south from Northern Europe and taken over a clearly delineated, recognisable territorial area. In comparison with these relatively limited bursts of occupation, the Alemannic invasion in about 260 AD breached the Roman defence system in a bend in the Rhine, causing an influx into Germanic tribal territory that was like a floodgate being thrown open. Soon there were Alemannen everywhere, in what is now southwest Germany, in south Germany in general, in Alsace, in Switzerland, in Vorarlberg, in Upper Italy. And the people were no less confusing than their takeover of territory.

The Roman official and historian Cornelius Tacitus made it clear how interchangeable the names of this alleged duo, the Swabian-Alemannen or Alemanno-Swabians, were in reality. In his book about the Germanic tribes written at the end of the first century AD he mentions the Swabians. They were, he wrote, not a uniform people "but are divided into separate nations with names of their own – even if they are all also known as Swabians." Exactly the same could have been written about the Alemannen. The Swabians (and here too Swabian and Alemannic are identical) were a league of several peoples, some of whose names we know. There were the Semnonii, the oldest and most distinguished Swabian people, the Hermundurii, the Marcomannii and the Quadii. But when the Alemannen overran the Roman *limes* in 260 AD, it was not just the history of south-west Germany that underwent a crucial change. So did the names that were used. From then on it was the victors, the Alemannen, whose name predominated. The old Swabian league vanished, albeit not entirely.

The territory which took shape in the Merovingian era was accordingly known as the duchy of Alemannia, and it was neither small nor insignificant. In the sixth and seventh century AD this duchy was equated with Germany, with the result that in French and Romance languages Germany is to this day known as Allemagne, Alemania etc. This did not continue to be the case with the name of the duchy itself, for which, from about 900 AD the designation Alamannia was increasingly replaced by the old name Suevia (Swabia) – and had almost entirely disappeared by the Hohenstaufen era. It was not until Johann Peter Hebel published his dialect verse, "Alemannic Poems," in 1803 that the name Alemannen was retrieved from oblivion and people in the southern Black Forest (and, incidentally, in Austria's Vorarlberg) gained a new – and regained their age-old – identity.

As part of Frankish imperial policy many small counties were merged to form the duchy of Swabia. But it was not until the Hohenstaufen era that the initially confused and humiliated status of the duchy of Swabia changed. Land was systematically cultivated, castles were built, towns were founded, church fiefdoms were bought, land and sovereignty titles were bought or exchanged and a feudal system was set up. As a result the Hohenstaufen dukes of Swabia gained unprecedented territorial power. Under Philip of Swabia, a Hohenstaufen, it was customary to see the duchy as part of the Holy Roman Empire. When Holy Roman Emperor Frederick II, a Hohenstaufen who was known in his day as the "wonder of the world," withdrew across the Alps to Italy in 1220, he appointed lord high steward Eberhard of Waldburg and his nephew, Konrad of Winterstetten, to govern Upper Swabia for him. The united front of the counts of the duchy of old collapsed. Titles and land passed to either the Holy Roman Emperor or the Hohenstaufens. On their behalf, Konrad of Winterstetten ruled from 1239 as prefect of Swabia.

From then on the destiny of the German (and the Hohenstaufen) king was that of the duchy of Swabia. In 1246 the Hohenstaufen Konrad was relieved of both his royal title and his ducal office. In 1261, when Konradin took possession of the duchy of Swabia, King Richard said that the duchy had long formed part of the Holy Roman Empire. Konradin sought, with the aid of the (Swabian) municipal provost of Augsburg, to regain control over the duchy. Luck was on his side, but in autumn 1267 he set off for Italy to claim the magnificent legacy of his forefathers. A year later, on 29 October 1268, he was beheaded on the market square in Naples as a shocked and paralysed crowd looked on. The fate of the duchy of Swabia, never to be re-established, was sealed at that moment.

Margrave Frederick of Baden, Konradin's friend, died at his side, by the way, testifying to the incipient link between Baden and Württemberg and making it clear that the federal state of Baden-Württemberg is anything but an artificial merger with neither a history nor a tradition, as even tried and trusted historians would have had us believe. Its hyphen stands not for division but for an accrued, historical unity – a unity for which the groundwork has been laid over many generations.

To begin with, however, it looked as though the ways might part. The tragic end of the Hohen-staufen dynasty left behind a territorial vacuum which larger cities and senior counts put to good use. Free imperial cities independent of noble lords took shape, while the nobility – Zähringer, Calwer, Guelphs and so on – established power bases which prefigured a state organised along their own lines. Add to them the dozens of church, knightly and Austrian territories and you will understand why, by the end of the Holy Roman Empire, the south-west boasted the most colourful patchwork of a political map of all German regions. There was no central authority, its place being taken by parish-pump rulers and principalities of the most varied kinds.

Only two dynasties, those of Baden and Württemberg, succeeded in emerging from the small fry and becoming not large states but respectable, medium-sized ones. Baden only came to assume greater importance in the late 18th century when Margrave Karl Friedrich,

who ruled over all Baden from 1771, made cultural headway in many sectors. The map was rewritten under Napoleon between 1803 and 1810, with Baden increasing tenfold in size and its ruler gaining correspondingly in rank. In 1803 the margrave of Baden became an electoral prince, in 1806 sovereign electoral prince and duke of Zähringen, and on 12 July 1806 grand-duke.

Among the states which made up Bismarck's empire, Baden was a model of national propriety and an enthusiastic supporter of German unity. On 22 November 1918 Grand-Duke Friedrich II abdicated, and on 21 March 1919 the free state of Baden's national assembly approved a constitution. After the 30 January 1933 seizure of power by the National Socialists, Nazi gauleiter Robert Wagner dissolved the Baden government which was still, nominally, in office. From then on Baden was a "gau" – just as the Black Forest region was the gau of Württemberg-Hohenzollern.

Nominally, then, the old county of Württemberg still existed, although Count Eberhard would dearly have liked to be duke of Swabia, but the Habsburg Holy Roman Emperor felt that was suspicious and might tend to reduce his imperial power. So in 1495 he merely made Eberhard duke of Württemberg. While Baden was only ever a wasp-waisted territory bordering France and the Rhine, the dukes of Württemberg made good use of the fact that their territory was inland and far from main transit routes to buy and otherwise systematically acquire land and influence. Württemberg thus came to be south-west Germany's "large state." Its ruler was king from 26 December 1805 and gave Württemberg a constitution which came into force on 29 September 1819.

It joined Bismarck's empire in much the same way as Baden, but was more restrained, democratic rather than liberal, and much less pro-Prussian than Baden. The last king, Wilhelm II, abdicated on 30 November 1918 and Württemberg became a free state. Between 1933 and 1945 it was ruled by a Nazi governor. After the end of World War II there was considerable unrest in a Württemberg which had used to seem so quiet and cohesive. The invasion by Allied troops – US and French, with the French always the faster – led to conquests and borders which differed from the previous borders of the two states. Eisenhower and de Gaulle almost went to war on this account, but they finally agreed to set up the states of (North) Württemberg-(North) Baden, (South) Württemberg-Hohenzollern and (South) Baden.

It was clear that this state of affairs could not be a permanent solution. Some may then have felt for the first time that the Swabians and Alemannen did not just belong together but, to take but one example, had done so for over four centuries in a Swabian administrative region, the "Schwäbischer Kreis," which more or less corresponded geographically to today's Baden-Württemberg. Unmistakably numerous Baden-Württemberg options (although they would have

had to be called Swabia) had existed for generations, particularly after 1945. What was foolishly made out to be a nouveau-riche test-tube product turned out in reality to be one unit. Its only mistake was not to have given equal importance to four regions: Swabia, Alemannia, Baden and Württemberg (not to mention Franconian and Palatinate areas in the north of today's Baden-Württemberg). The Americans too must have sensed that their territorial arrangement was no more than provisional. On 1 July 1948 they entrusted the 11 state premiers with reorganisation. In south-west Germany a referendum was held on 24 September 1950, but it took years, with good and bad points coming to light, before Baden-Württemberg emerged as a most impressive federal state. It was something of a feat given all the scheming and ill-will and emphasis on special interests there had been. But people today in Hohenlohe and the Markgräfler Land, and probably a majority in the Breisgau region, would agree that the 1950 merger was the right decision. By opting for the merger, Baden-Württemberg set the other federal states, old and new, a literally unique example.

Deux noms, un peuple

Otto Borst

Parmi les Länder de la République fédérale d'Allemagne, certains portent un nom double marqué d'un trait d'union: la Rhénanie-Palatinat, le Bade-Wurtemberg ou encore la Saxe-Anhalt. Deux entités distinctes sont respectivement juxtaposées, d'un côté les Badois, de l'autre les Wurtembergeois ou, pour l'exprimer encore plus clairement: ici les Alamans, là les Souabes. Qui dit «souabe-alémanique», associe en pensée, du moins dans le langage populaire, deux «paires de manches». Dans le nord et le centre du Bade-Wurtemberg vivent les Souabes, dans le sud les Alamans. Lorsque, à l'occasion d'une réception à Pfullendorf (petite ville située dans le Linzgau, en bordure du lac de Constance) j'eus à souhaiter la bienvenue au maire et que, à quelques kilomètres seulement de la «mer souabe», je m'adressai à lui en sa qualité de compatriote et de Souabe, il me coupa spontanément la parole, me faisant remarquer que les habitants de Pfullendorf n'étaient pas souabes mais alémaniques. Les personnes présentes, originaires d'Offenburg et de Fribourg, l'applaudirent alors chaudement.

Mis à part quelques érudites exceptions, personne, de nos jours, ne sait que «souabe» et «alémanique» veulent dire la même chose. «Souabes» et «Alamans» sont en effet issus d'une seule et même tribu. Wahlafried, qui vécut de 808 à 849, et devint en 838 abbé au monastère de Reichenau dont le rayonnement s'étendait alors à toute l'Europe, a mis pertinemment les choses au point dans la préface de l'ouvrage qu'il consacra à la vie de Saint-Gallus. Pour ce qui concerne «le pays que nous, Alamans ou Suèves, habitons» écrit-il, «nous ferons dériver son nom de celui des habitants dont il est la patrie et l'appellerons Alémanie ou Suévie. Il y a donc deux noms qui désignent un seul peuple». Souabes et Alamans sont par conséquent, au contraire de ce que l'on admet courammment, bel et bien une seule et même «paire de manches». Dans son Histoire des Francs, qui s'étend jusqu'en 591, Grégoire de Tours constatait déjà de manière fort laconique: «Suebi, id est Alamanni» (Suèves, cela veut dire Alamans). Voilà qui serait clair. Toutefois, la chose est bien plus compliquée qu'on ne le pense. Elle est même si difficile à comprendre que, selon l'humeur, on n'acceptait comme seule dénomination «valable» que «souabe» ou «alémanique». Mais après l'avènement des dynasties et des Etats territoriaux qui reçurent leurs noms de ces dernières, tels la Bade et le Wurtemberg, la distinction entre «badois» et «wurtembergeois» se fait plus claire. Bientôt, il ne fut plus question d'«un peuple». Il fallut toutefois un Ludwig Uhland et son essai, paru en 1850 sous le titre

«Sueven und Alamannen» pour faire comprendre, du moins aux esprits cultivés parmi les «Souabes-Alamans», ce qui, historiquement, est exact et ne l'est pas.

Toujours est-il que la double dénomination subsista, dont l'une des composantes, «Alamans» «alle Mannen» (tous les hommes) aurait dû mettre la puce à l'oreille. Cette communauté qui s'était constituée, les «Alamans», n'était pas comparable aux vieilles peuplades homogènes qu'étaient, par exemple, les Baiovarii, les Thuringiens ou les Saxons, peuplades venues du nord de l'Europe, qui migraient vers le sud s'emparant de territoires bien délimités et de dimensions restreintes. Comparé à ces occupations d'ampleur relative, l'invasion des Alamans et le fait qu'ils réussirent, en l'an 260 après J. C., à enfoncer le système de défense romain contre la Germanie, au «genou du Rhin», font l'effet de la rupture d'une digue: il y eut bientôt des Alamans partout, dans le sud-ouest allemand, pris au sens restreint du terme, en Allemagne du Sud de façon générale, mais aussi en Alsace, en Suisse, dans le Voralberg et en Italie du Nord. Cette «conquête» fut aussi confuse que le peuple était disparate.

Que cette prétendue dualité «Souabes-Alamans» (ou inversement) fût en réalité interchangeable, c'est ce que nous dévoile le fonctionnaire et historien latin, Cornelius Tacitus. Son ouvrage sur les Germains et la Germanie, datant de la fin du premier siècle après J. C., traite également des Souabes. Ceux-ci ne constituaient pas un peuple homogène mais, écrit-il, «... sont divisés en peuplades distinctes qui ont leurs noms particuliers, encore qu'elles soient toutes regroupées sous la désignation de Suèbes». Cela aurait pu valoir dans la même mesure pour les Alamans. Par «Suèves» ou «Suèbes» on entend la réunion de plusieurs peuples. Nous en connaissons d'autres, tels les Semnons, les plus anciens et les plus nobles de tous les peuples souabes, les Hermondures, les Marcomans ou encore les Quades.

Mais lorsque les Alamans, en 260 après J. Chr. franchissent le Limes, l'histoire de l'Allemagne du sud-ouest s'en voit bouleversée. Il ne sera plus question désormais que des Alamans, des vainqueurs. La vieille association souabe disparaît, même si ce n'est qu'en partie.

Par voie de conséquence, l'entité territoriale née de ces conquêtes alémaniques à l'époque des Mérovingiens a pris le nom de duché d'Alémanie («Alamannia»). Elle n'était certes ni petite ni d'importance négligeable. C'est en tout cas à ce duché – qui connut son apogée aux VIe et VIIe siècles – que l'on doit d'avoir rendu la dénomination d'«alémanique» identique à celle d'«allemand». Ainsi parle-t-on aujourd'hui en France de l'«Allemagne», en Espagne d'«Alemania» pour désigner notre pays. Quant au nom du duché sur lequel la tribu était établie, il ne réussit pas à se maintenir longtemps. A partir de l'an 900 environ, la désignation «Alamannia» sera supplantée par l'ancien nom principal «Suevia» et disparaîtra presque entièrement à l'avènement de la dynastie des Hohenstaufen. Johann

Peter Hebel a, grâce à son recueil de poèmes écrits en patois «Alemannische Gedichte» (1803), fait sortir de l'ombre le nom d'Alamans et donné aux habitants du sud de la Forêt Noire (ainsi d'ailleurs qu'à ceux du Vorarlberg) une nouvelle identité, qui, en réalité, est aussi vieille que leur peuple.

Le fait que de nombreuses familles nobles et des suzerains se soient regroupés en un «duché souabe» est imputable à la politique des Francs à l'égard de l'Empire. Toutefois, ce n'est que sous le règne des Hohenstaufen que la situation d'abord fort confuse et humiliante des Souabes au sein du duché commence à changer. Mise en valeur systématique des terres, édification de châteaux forts et fondations de villes, acquisition de fiefs écclésiastiques, de droits fondamentaux et régaliens par voie d'achat ou d'échange, organisation d'une vassalité: tout cela confère aux ducs de Souabe de la famille des Hohenstaufen, une puissance territoriale hors pair. Sous le règne de Philipp von Schwaben, descendant de cette lignée, il était déjà d'usage de considérer le duché souabe comme une entité souveraine incorporée au Reich. Lorsque Frédéric II, «la merveille du monde», franchit les Alpes en 1220 pour se retirer en Italie, il nomme l'écuyer tranchant Eberhard von Waldburg et son neveu, l'échanson Konrad von Winterstetten «procuratores et gubernatores terrae» du Haut Pays souabe, c'est-à-dire procurateurs et gouverneurs de ce territoire. Le front des comtes de l'ancien duché a éclaté. Les droits et les différentes particules appartiennent à l'Empire ou aux Hohenstaufen. C'est au nom de ces derniers que Konrad von Winterstetten exerce, en 1239, les fonctions de «praefectus Sueviae», de préfet de Souabe.

Le sort du roi allemand, un Hohenstaufen, est désormais lié à celui du duché souabe. En 1246, Konrad se voit non seulement dépossédé de sa dignité de roi, mais également privé de ses fonctions de duc. Lorsque Konradin prend possession du duché souabe, en 1261, le roi Richard déclare que le duché est depuis longtemps incorporé à l'Empire. Konradin est parvenu à recouvrer le pouvoir avec l'aide notamment de la prévôté de la ville (souabe) d'Augsbourg. Mais, à l'automne 1267, il choisit de partir pour l'Italie afin d'y prendre la grandiose succession de ses ancêtres. Quelques années plus tard, le 29 octobre 1268, il sera décapité sur la place du marché de Naples, sous les yeux d'une foule de badauds effrayés. Ce moment est aussi celui où se joue le sort du duché souabe. Il ne fut plus jamais restauré.

Il est à noter que le margrave Friedrich von Baden, ami de Konradin, mourut aux côtés de ce dernier. La communauté de destin des Badois et des Wurtembergeois pointe déjà à l'horizon. Elle montre clairement que ce Land, le Bade-Wurtemberg, est tout autre chose qu'un produit artificiel, sans histoire et sans traditions, comme des historiens même chevronnés veulent bien le faire croire. Le trait d'union inhérent à son nom ne symbolise pas la séparation mais leurs points communs. Le Bade-Wurtemberg n'est aucunement une entité forgée à grand peine à partir d'éléments dissemblables mais une unité historique. De nombreuses générations ont participé à sa genèse.

Certes, on a pu croire, au début, que leurs voies divergeaient. La fin tragique de la dynastie des Hohenstaufen laissa un vide territorial et politique, vide que certaines villes d'importance moyenne mais aussi des comtes influents surent mettre à profit. Plusieurs villes d'Empire, indépendantes de la noblesse citadine, virent alors le jour; les familles des Zähringen, des Calwer, des Guelfes, et d'autres encore, se créèrent des positions de force telles que l'on pouvait s'imaginer ce qu'aurait été un «pays» sous leur emprise. Si l'on y ajoute les douzaines de territoires écclésiastiques, autrichiens et ceux appartenant à la chevalerie de l'Empire, on comprendra pourquoi, à la fin de l'ancien Empire, le sud-ouest allemand présentait la physionomie la plus bigarrée de tous les Etats allemands et constituait un formidable tapis multicolore. S'il n'y avait pas de pouvoir central, il existait, en revanche, nombre de petits monarques et de principautés minuscules, de nature et de forme on ne peut plus diverses.

Seules deux dynasties, celle de la Bade et du Wurtemberg parvinrent à se hausser au-dessus de la masse des petits et à créer non certes de grandes puissances mais des Etats de dimensions respectables. La Bade, ancien margraviat, n'acquit d'importance qu'à l'issue du XVIIIe siècle, époque à laquelle le margrave Karl Friedrich, qui régnait depuis 1771 sur toute la Bade, contribua à l'épanouissement de la culture et des arts dans de nombreux domaines. Le «remembrement des terres», réalisé de 1803 à 1810 sous Napoléon, entraîna un décuplement du territoire, ce qui se traduisit, en outre, par une promotion des gouvernants: en 1803, le margrave badois devint prince-électeur, en 1806 «prince-électeur souverain et duc de Zähringen» pour finir grand-duc, le 12 juillet 1806.

Parmi les Etats fédéraux constituant l'Empire de Bismarck, le «petit pays modèle» ainsi que l'on dénomme la Bade, était l'un des plus zélés et des plus dévoués à la cause nationale. Le 22 novembre 1918, le grand-duc Frédéric II renonça au trône. La République de Bade se donna une constitution, adoptée par son Assemblée nationale le 21 mars 1919. Après la «prise de pouvoir» par les Nazis, le 30 janvier 1933, le Gauleiter Robert Wagner dissout le gouvernement badois encore en fonction, si tant est qu'il méritait encore ce nom; à partir de cette date, on parla du «Gau Baden», tout comme du «Gau Württemberg-Hohenzollern», de l'autre côté de la Forêt-Noire.

L'ancien comté de Wurtemberg était donc encore bien vivant, même si ce ne fut que de nom. Le comte Eberhard im Bart serait volontiers devenu «duc de Souabe», nous en avons des preuves sérieuses. Mais l'Empereur, le Habsbourgeois, trouva ce désir suspect, craignant par ailleurs d'en voir son pouvoir amoindri. En 1495, il se contenta donc d'instituer Eberhard «duc de Wurtemberg». Tandis que le territoire badois restait enserré dans la «taille de guêpe» et tourné vers le Rhin et la France, les ducs de Wurtemberg mirent à profit la situation intérieure de leur région, et le fait que cette dernière se trouvait à l'écart des grands axes de la circulation pour acquérir systématiquement des terres et des charges. Le Wurtemberg demeura le «grand Etat» du sud-ouest allemand. Sa constitution, négociée avec le roi qui gouvernait le pays depuis le 26 décembre 1805, fut adoptée le 29 septembre 1819.

Son rattachement à l'empire de Bismarck s'opéra de façon analogue à celui de la Bade, encore que le Wurtemberg mît plus de réserve dans sa réalisation, et que ce rattachement se soit accompli dans un sens plus démocratique que libéral et moins favorable à la Prusse. Le dernier roi du Wurtemberg, Guillaume II, déposa sa couronne le 30 novembre 1918. Le Wurtemberg devint alors un «Etat populaire libre». «Mis au pas» – pour employer l'expression nazie – de 1933 à 1945, et placé sous la houlette d'un «Reichsstatthalter» (gouverneur) agissant «en représentant du Reich», le Wurtemberg, pays jadis si calme et si homogène, fut, en 1945, à l'issue de la guerre, secoué par d'importants troubles. L'entrée des Américains et des Français – les unités françaises furent, il est vrai, toujours les plus rapides – entraîna des conquêtes de territoires dont les frontières allaient à l'encontre de celles des deux anciennes provinces. Une guerre toute particulière faillit même éclater, pour cette raison, entre Eisenhower et de Gaulle. On finit toutefois par se mettre d'accord sur les régions du Wurtemberg (du Nord), de la Bade (du Nord), du (sud) Wurtemberg-Hohenzollern et de la Bade (du Sud).

Il était évident que cette situation ne pouvait être de longue durée. Certains prirent alors conscience pour la première fois que les Souabes-Alamans étaient non seulement faits les uns pour les autres mais qu'ils avaient également coexisté durant plus de quatre siècles dans le «Cercle souabe» – pour ne citer qu'un exemple –, un organisme autonome dont les frontières étaient plus ou moins analogues à celle de l'actuel Bade-Wurtemberg. Nombre de générations – tout particulièrement après 1945 – ont privilégié des solutions en faveur d'un Bade-Wurtemberg homogène – qui aurait dû toutefois s'appeler «Souabe». Ce qu'on a stupidement voulu faire passer pour un produit engendré «in vitro» et «nouveau riche», s'avéra constituer une véritable unité. Celle-ci n'avait qu'un seul inconvénient: qu'il y ait eu quatre adjectifs de même importance pour la désigner – souabe, alémanique, badois, wurtembergeois –, si l'on fait abstraction, bien entendu, des composantes franconienne et palatine du nord de l'actuel Bade-Wurtemberg. Les occupants américains ne sont pas sans avoir pris conscience, eux aussi, de l'aspect provisoire de cette solution. Le 1er juillet 1948, ils chargèrent les onze ministres-présidents de procéder à une restructuration. Le sud-ouest se conforma à cette demande en organisant un plébiscite le 24 septembre 1950. La réalisation de ce projet de réforme régionale a demandé des années et mis au grand jour des aspects tant positifs que négatifs. Malgré toutes les rancunes et les intérêts particuliers âprement défendus, ce tour de force a débouché sur la création d'un Etat dont on peut tirer une juste fierté. Au Pays du Hohenlohe tout comme dans le Markgräflerland, mais aussi «majoritairement» dans le Brisgau, on est conscient aujourd'hui de ce que la voie choisie était la bonne. Le Bade-Wurtemberg a ainsi donné aux autres Länder, «anciens» et «nouveaux» un exemple hors pair, au sens littéral du terme.

Heidelberg gilt als eine der schönsten Städte Deutschlands. Zahlreiche Schriftsteller rühmten den Blick auf Neckarbrücke und Schloßruine.

Heidelberg is reputed to be one of the most beautiful cities in Germany. Many writers have lauded the view of the Neckar bridge and the castle ruins.

Heidelberg passe pour être l'une des plus belles villes d'Allemagne. Nombre d'écrivains ont exalté la vue qui se dégage sur le Pont du Neckar et les ruines du château.

Die prächtige astronomische Uhr am Renaissance-Rathaus von Heilbronn kündet vom einstigen Reichtum der Handelsstadt.

The magnificent astronomical clock in the Renaissance Rathaus of Heilbronn testifies to the city's past prosperity as a commercial centre.

La splendide horloge astronomique ornant l'hôtel de ville Renaissance de Heilbronn témoigne de l'ancienne prospérité de cette ville de commerce.

Der „Blaue Turm" ist das Wahrzeichen Bad Wimpfens. In der idyllischen Fachwerkstadt am Neckar finden sich Reste einer Kaiserpfalz der Staufer.

The Blauer Turm, or Blue Tower, is the hallmark of Bad Wimpfen. The idyllic half-timbered town on the Neckar boasts the ruins of a Staufen imperial palace.

La «Tour bleue» est l'emblème de Bad Wimpfen. Cette ville idyllique aux nombreuses maisons à colombages et située en bordure du Neckar, abrite les vestiges d'un palais impérial de la maison de Hohenstaufen.

Die Brunnenkapelle des ehemaligen, im 12. Jahrhundert gegründeten Zisterzienserklosters Maulbronn. Der Legende nach tränkten Mönche hier einst ihre Maultiere – und blieben für immer.

The Brunnenkapelle (Fountain Chapel) of the former Cistercian monastery of Maulbronn, founded in the twelfth century. Legend has it that monks once stopped here to let their mules drink the water – and stayed for good.

Chapelle de la Fontaine de l'ancienne abbayye cistercienne de Maulbronn, fondée au XIIe siècle. Si l'on en croit la légende, des moines venaient faire boire leurs mulets à cet endroit – et s'y installèrent pour toujours.

Seine Saline brachte Schwäbisch Hall einst den Wohlstand. Viele Bauten des Städtchens an der Kocher sind noch aus dem 16. Jahrhundert.

Schwäbisch Hall once owed its prosperity to its saltworks. Many buildings in the small town on the River Kocher date back to the sixteenth century.

Les salines sont à la base de la prospérité dont a joui autrefois Schwäbisch Hall. De nombreux bâtiments de cette petite ville sur la Kocher datent encore du XVIe siècle.

Schwäbisch Gmünd ist seit dem Mittelalter bekannt für sein Schmuckgewerbe. Am Marktplatz mit dem Marienbrunnen zeigt sich bürgerliches Selbstbewußtsein.

Schwäbisch Gmünd has enjoyed a reputation for its jewellery since the Middle Ages. Its bourgeois self-esteem is reflected in the Marktplatz and its Marienbrunnen fountain.

Depuis le Moyen Age, Schwäbisch Gmünd est connu pour son industrie de la joaillerie. La Place du Marché, où trône la Marienbrunnen, témoigne de la fierté de ses habitants.

Tilman Riemenschneider (um 1460–1531) schuf mit dem Altar von Creglingen ein Meisterwerk der Schnitzkunst. Seine Figuren gelangen derart ausdrucksstark, daß er auf Farbe verzichten konnte.

The Creglingen Altar by Tilman Riemenschneider, about 1460–1531, is a masterpiece of the woodcarver's art, with figures so impressive that he could afford to dispense with colour.

A travers le retable de l'autel de Creglingen, Tilman Riemenschneider (vers 1460–1531) créa un chef-d'œuvre de la sculpture sur bois. Une telle force d'expression émanait de ses personnages qu'il put se permettre de renoncer à la couleur.

Mit Schloß Ludwigsburg, nicht weit entfernt von Stuttgart, erfüllte sich Herzog Eberhard Ludwig 1733 den Traum von einem eigenen Versailles. Besonders imposant in diesem größten deutschen Barockbau ist die Spiegelgalerie.

At Schloss Ludwigsburg, not far from Stuttgart, Duke Eberhard Ludwig in 1733 fulfilled his dream of building a Versailles of his own. The Spiegelgalerie, or Gallery of Mirrors, is a particularly impressive feature of this largest Baroque palace in Germany.

En bâtissant le château de Ludwigsburg, situé non loin de Stuttgart, le duc Eberhard Ludwig réalisa son rêve de posséder un palais à l'image de Versailles. Le Cabinet des Glaces de cet ensemble de style baroque, le plus vaste d'Allemagne, est particulièrement imposant.

Die alte Universitätsstadt Tübingen war von jeher ein geistiges Zentrum. Die Neckarfront mit dem Hölderlinturm (links), in dem der Dichter seine letzten Lebensjahre verbrachte – das ist die schönste Ansicht der Stadt.

The old university town of Tübingen has always been an intellectual centre. The finest view of the town combines the Neckar promenade with the Hölderlin Tower (left), where the poet spent his declining years.

La vieille ville universitaire de Tübingen fut, de tout temps, un centre spirituel. Les maisons en bordure du Neckar avec la Tour Hölderlin (à gauche) où le poète passa les dernières années de sa vie – c'est là le plus bel aspect de la ville.

Im Jahre 1212 erhielt Esslingen am Neckar Stadtrechte. Nur wenige Jahre später entstand die Kirche St. Dionysius, deren beiden Türme die Altstadt überragen.

Esslingen on the Neckar was granted its civic charter in 1212, and only a few years later the church of St Dionysius was built, with its twin towers towering above the Altstadt.

Esslingen am Neckar se vit accorder une charte urbaine en 1212. C'est seulement quelques années plus tard que fut construite la St-Dionysiuskirche (église St-Denis), dont les deux tours dominent la vieille ville.

Architektur von Weltgeltung erwartet Kunstfreunde in der Hauptstadt Baden-Württembergs. Der Brite James Stirling gestaltete die Neue Staatsgalerie in Stuttgart 1984 im postmodernen Stil.

Architecture of world renown awaits art-lovers in the state capital of Baden-Württemberg. The British architect James Stirling designed Stuttgart's Neue Staatsgalerie in 1984 in the post-modern style.

Une architecture de réputation internationale attend le fervent de l'art dans la capitale du Bade-Wurtemberg. La Neue Staatsgalerie de Stuttgart est l'œuvre de James Stirling, architecte britannique, qui, en 1984, l'exécuta dans le style postmoderne.

Dreistöckige Arkadengänge umgeben den Innenhof des Alten Schlosses in Stuttgart. Die einstige Residenz der Württemberger Herzöge gilt als Paradebeispiel deutscher Renaissance.

Three-storeyed arcades line the inner courtyard of the Altes Schloss in Stuttgart. The former palace of the Dukes of Württemberg is a fine example of German Renaissance architecture.

Des galeries à arcades, courant sur trois étages, s'ordonnent autour de la Cour intérieure du «Vieux Château» (Altes Schloss) de Stuttgart. L'ancienne résidence des ducs de Wurtemberg est considérée comme étant un exemple magistral de la Renaissance allemande.

Der Barockbau des Neuen Schlosses in Stuttgart wurde im Zweiten Weltkrieg stark beschädigt. Nach dem Wiederaufbau erstrahlt er in neuem Glanz.

Stuttgart's Baroque Neues Schloss was badly damaged in World War II. Following reconstruction it now gleams in fresh splendour.

Les bâtiments de style baroque du «Château Neuf» (Neues Schloss), à Stuttgart, furent très endommagés pendant la Seconde Guerre mondiale. Sa restauration étant terminée, il resplendit de tout son nouvel éclat.

Stuttgart ist die Stadt der Automobile mit dem Stern. Im Daimler-Benz-Museum in Untertürkheim findet der Automobilfreund Exemplare aus allen Epochen.

Stuttgart is the home of the Mercedes car. Car-lovers can admire models from all eras at the Daimler-Benz Museum in Untertürkheim.

Stuttgart est la ville de l'automobile couronnée de la fameuse étoile. Au Musée Daimler-Benz de Untertürkheim, les fervents de l'automobile en trouveront des spécimens datant de toutes les époques.

Baden-Württemberg / Baden-Württemberg / Le Bade-Wurtemberg

Die Schwäbische Alb ist das steinerne Rückgrat Baden-Württembergs. Der Kegelberg Kornbühl erhebt sich mit 887 Meter Höhe bei Salmendingen aus der Landschaft.

The Schwäbische Alb is the rocky backbone of Baden-Württemberg. The Kornbühl Kegelberg, or cone-shaped mountain, rises to an altitude of 887 metres near Salmendingen.

Le Jura souabe est l'épine dorsale rocheuse du Bade-Wurtemberg. Le Kornbühl, mont cônique, situé dans les environs de Salmendingen, domine les alentours de ses 887 mètres

Ulm liegt im Osten Baden-Württembergs an der Donau. Das Münster ist nicht nur der größte deutsche Kirchenbau, sondern besitzt auch den weltweit höchsten Kirchturm (161 Meter).

Ulm is on the Danube, in the east of Baden-Württemberg. Its minster is not only the largest church in Germany but also boasts the tallest church tower, 161 metres, in the world.

Ulm est situé dans la partie Est du Bade-Wurtemberg, en bordure du Danube. Sa cathédrale est non seulement le plus grand édifice religieux d'Allemagne, mais elle possè-de également le plus haut clocher (161 m) existant au monde.

Von Burg Hohenzollern am Rande der Schwäbischen Alb bietet sich eine schöne Aussicht auf die weite Landschaft. Sie gilt als das Stammhaus des Herrschergeschlechts Hohenzollern. Die heutige Anlage stammt aus dem 19. Jahrhundert.

From Hohenzollern Castle on the perimeter of the Schwäbische Alb there is a fine view of the wide expanses of countryside. The home of the Hohenzollern dynasty, the castle was built in its present form in the nineteenth century.

Du château de Hohenzollern, en bordure du Jura souabe, une splendide vue se dégage sur les vastes étendues alentour. Il passe pour être le berceau de la ligne des Hohenzollern. Tel qu'il se présente aujourd'hui, le château date du XIXe siècle.

Burg Lichtenstein wurde 1840 auf der Schwäbischen Alb nach einem literarischen Vorbild, dem 1826 erschienenen Roman „Lichtenstein" von Wilhelm Hauff, erbaut (oben).

Lichtenstein Castle was built in the Schwäbische Alb in 1840, based on a literary model, the novel "Lichtenstein" by Wilhelm Hauff, published in 1826 (above).

Le château fort de Lichtenstein fut édifié en 1840, sur les hauteurs du Jura souabe; sa construction est inspirée du roman de Wilhelm Hauff, «Lichtenstein», paru en 1826 (en haut).

Schloß Sigmaringen steht auf einem steilen Kalkfelsen direkt über einem Donauknie. Es beherbergt ein Museum mit bedeutenden Waffensammlungen (unten).

Sigmaringen Castle was built on a steep limestone promontory overlooking a bend in the Danube. It houses a museum with a valuable collection of arms and weaponry (below).

Le château de Sigmaringen se dresse sur un promontoir calcaire tombant à pic et domine le coude que dessine le Danube à cet endroit. Il abrite un musée où sont exposées d'importantes collections d'armes (en bas).

Baden-Württemberg / Baden-Württemberg / Le Bade-Wurtemberg

Bevor der zweitgrößte Strom Europas das Schwarze Meer erreicht, muß er sich seinen Weg durch das Kalkgestein der Schwäbischen Alb suchen: der Donaudurchbruch mit Blick auf Schloß Werenwag. 200 Meter tief hat sich der Fluß in den Fels gegraben.

Before Europe's second-longest river reaches the Black Sea it has to find its way through the limestone of the Schwäbische Alb. It does so at a point known as the Donaudurchbruch, or Danube breach, with a view of Werenwag Castle, where the river has cut a bed 200 metres deep into the rock.

Avant que le deuxième fleuve européen quant à la longueur ne rejoigne la Mer Noire, il doit se frayer un passage à travers la roche calcaire du Jura souabe: la percée du Danube avec vue sur le château de Werenwag. Le fleuve a creusé son lit dans la roche à une profondeur de deux cents mètres.

Unvergleichlich ist die Farbenpracht auf Mainau. Die Blumeninsel mit dem subtropischen Klima liegt nur wenig entfernt von Konstanz im Bodensee.

There is nothing to compare with the blaze of colour on Mainau. The island of flowers with its sub-tropical climate is only a short distance from the town of Konstanz on Lake Constance.

Mainau resplendit de l'éclat incomparable de ses innombrables parterres fleuris. L'«Ile aux fleurs», baignée par le lac de Constance, jouit d'un climat subtropical. Elle n'est qu'à quelques kilomètres de la ville de Constance.

An die mittelalterliche Blütezeit der Bodensee-Stadt Konstanz erinnert das 1388 erbaute Konzilgebäude. Der Speicher erhielt seinen Namen nach dem Konzil 1414 bis 1418, als hier eine Papstwahl stattfand.

The Council building, built in 1388, recalls the mediaeval heyday of Konstanz. It was a warehouse named after the Papal Council held in the town from 1414 to 1418 to elect a new pope.

Le «Bâtiment du Concile», construit en 1388, rappelle que cette ville des bords du lac de Constance connut une période de grande prospérité au Moyen Age. Cet ancien entrepôt tire son nom du concile qu'il accueillit de 1414 à 1418, au cours duquel eut lieu l'élection d'un pape.

Kurz hinter dem Ort Meersburg klettern die Weinberge den Hügel zum Schloß hinauf und ermöglichen einen weiten Blick auf den Bodensee.

Right behind Meersburg, vines climb the hillside up to the castle from which there is a fine view of the over Lake Constance.

Peu après la sortie de la localité de Meersburg, les vignobles grimpent à flanc de colline jusqu'au château et permettent d'avoir une vue panoramique sur le lac de Constance.

Als die Dichterin Annette von Droste-Hülshoff 1841 erstmals als Gast ihres Schwagers, des Freiherrn von Laßberg, im alten Schloß Meersburg weilte, bewohnte sie dieses Zimmer im sogenannten Kapellenturm.

When the poet Annette von Droste-Hülshoff first stayed at the Altes Schloss in Meersburg in 1841 as a guest of her brother-in-law, Baron von Lassberg, she stayed in this room in the so-called Kapellenturm, or chapel tower.

A l'époque où la poétesse Annette von Droste-Hülshoff, hôte de son beau-frère, Freiherr von Laßberg, séjourna pour la première fois au «Vieux Château» de Meersburg, en 1841, elle habita cette chambre de la tour dite de la Chapelle.

Morgenstimmung am Schluchsee im südlichen Schwarzwald. Herrliche Rad- und Wanderwege locken Urlauber in die Mittelgebirgslandschaft im Südwesten Deutschlands.

Morning mood on Schluchsee in the southern Black Forest. Marvellous cycle tracks and hiking routes attract holidaymakers to this Mittelgebirge region in southwest Germany.

Impressions matinales sur le lac de Schluchsee dans le sud de la Forêt Noire. De magnifiques chemins de randonnée pédestre et cycliste attirent les vacanciers dans cette région de montagnes de moyenne altitude du sud-ouest de l'Allemagne.

Das Freilichtmuseum „Vogtsbauernhof" in Gutach bei
Hausach präsentiert in idylli-
scher Lage die Bauformen des
Schwarzwaldhofes. Besonders
reizvoll sind die blumenge-
schmückten Schauseiten der
Bauernhäuser.

Vogtsbauernhof open-air
museum in Gutach, near
Hausach, is an exhibition of
Black Forest farmhouse architecture in idyllic surroundings.
The flower-bedecked fronts
of the farmhouses are particularly eye-catching and attractive.

Le Musée de plein air «Vogtsbauernhof», à Gutach, près de
Hausach, présente dans un
site idyllique les formes que
revêtait autrefois la ferme de
la Forêt Noire. Les façades de
parade de ces maisons de
ferme aux balcons fleuris sont
particulièrement belles à voir.

Der in Gutach beheimatete
„Bollenhut" ist das berühmte-
ste Schmuckstück der
Schwarzwälder Tracht.

Bollenhut hats, originating in
Gutach, are the crowning
glory of Black Forest costume.

Le «Bollenhut», coiffe à pom-
pons dont Gutach est la
patrie d'origine, est la plus
célèbre parure du costume
régional de la Forêt Noire.

Der Friedrichsplatz in Mannheim wurde zur 300-Jahr-
Feier der Stadt 1906 angelegt.
Sein Wasserturm im römi-
schen Stil erreicht eine Höhe
von 60 Metern.

Friedrichsplatz in Mannheim
was laid out to mark the city's
300th anniversary in 1906. Its
Roman-style water tower is
60 metres tall.

La Friedrichsplatz à Mannheim fut aménagée, en 1906,
à l'occasion du tricentenaire
de la ville. Son château d'eau,
le Wasserturm, inspiré des
édifices romains, atteint 60
mètres de haut.

Bis 1918 residierten die Herzöge von Baden im Karlsruher
Schloß. Es ist das Zentrum
einer im 18. Jahrhundert planmäßig geschaffenen Stadt-
anlage (oben).

The dukes of Baden lived at
Karlsruhe Schloss until 1918.
The palace is the centre
of a townscape laid out systematically in the eighteenth
century (above).

Les ducs de Bade résidèrent
jusqu'en 1918 au château
de Karlsruhe. Ce dernier
constitue le centre d'un complexe urbain aménagé, au
XVIIIe siècle, selon un plan
rigoureux (en haut).

Schon vor 2000 Jahren nutzten die Römer die heilenden
Kräfte der Quellen in Baden-
Baden. Im 19. Jahrhundert
traf sich vor der Neuen Trink-
halle Prominenz und Adel aus
ganz Europa (unten).

The Ancient Romans used the
healing properties of Baden-
Baden's spring water 2,000
years ago. In the nineteenth
century public figures and
nobility from all over Europe
met outside the Neue Trink-
halle, or pump room (below).

Il y a 2000 ans de cela, les
Romains avaient déjà recours
aux vertus curatives des eaux
thermales de Baden-Baden.
Au XIXe siècle, la Neue Trink-
halle (buvette) était le lieu de
rendez-vous de la noblesse et
du beau monde venu de
toute l'Europe (en bas).

Im Münstertal zeigt sich der Schwarzwald von seiner schönsten Seite. Von Staufen bis zum 1414 Meter hohen Belchen schmiegen sich die Bauernhöfe an die bewaldeten Hänge.

In Münstertal the Black Forest is at its most beautiful. From Staufen up to the 1,414-metre summit of Belchen, mountain farmhouses nestle on the wooded slopes.

C'est dans la vallée de la Münster que la Forêt Noire se présente sous son jour le plus beau. De Staufen jusqu'au Belchen, à 1414 mètres d'altitude, les maisons de ferme se blotissent au flanc des collines boisées.

Das Wahrzeichen Freiburgs ist das gotische Münster. Im Hauptportal empfangen die „Klugen Jungfrauen", vollendete Skulpturen aus Buntsandstein, die Kirchenbesucher.

The Gothic minster is Freiburg's hallmark. In the main entrance the Wise Virgins, a perfect work of sculpture in red sandstone, welcome visitors to the church.

L'emblème de Fribourg est sa cathédrale gothique. Sur le porche principal, les «vierges sages», chefs-d'œuvre sculptés dans le grès bigarré, accueillent les visiteurs.

Vor dem Freiburger Münster ist die ganze Woche über Markt. Das sonnige Klima und die Nähe zu Frankreich wissen nicht nur die Studenten in der Universitätsstadt im Breisgau zu schätzen.

A market is held all week on the square outside Freiburg minster. Students are not alone in appreciating the sunny climate and the university town's proximity to France.

Le marché se tient tout au long de la semaine, face à la cathédrale de Fribourg. Les étudiants de cette ville universitaire du Brisgau ne sont pas les seuls à apprécier le climat ensoleillé et la proximité de la France.

Das Markgräflerland im Dreieck südlicher Schwarzwald, Schweiz und Elsaß bietet eine bezaubernde Landschaft und eine exzellente Küche. Geradezu bukolisch präsentiert es sich zur Zeit der Weinernte, wie hier in Obereggenen.

The Markgräfler Land area in the southern Black Forest, bordering on Switzerland and Alsace, boasts delightful countryside and superb cuisine. During the wine harvest it looks quite bucolic, as here in Obereggenen.

Le Markgräflerland, situé dans le triangle délimité par le sud de la Forêt Noire, la Suisse et l'Alsace, offre un paysage des plus ravissants et une excellente cuisine. A l'époque des vendanges, il en émane une atmosphère littéralement bucolique, comme on le voit ici à Obereggenen.

Als wäre die Zeit stehengeblieben: Ganz nahe dem Rheinknie bei Basel liegt versteckt das Wasserschloß Inzlingen aus dem 16. Jahrhundert.

As though time had stood still, the sixteenth-century moated castle of Inzlingen still lies hidden in a bend in the Rhine near Basle.

On pourrait croire que le temps a suspendu son vol: tout près du coude que décrit le Rhin à Bâle, se dissimule le château entouré d'eau d'Inzlingen, qui date du XVIe siècle.

Wie Perlen an einer Schnur reihen sich am Hochrhein malerische Städtchen. In Laufenburg verbindet eine alte Brücke den deutschen und den schweizerischen Teil des Ortes.

Picturesque small towns line the upper reaches of the Rhine like a string of pearls. In Laufenburg an old bridge links the German and Swiss parts of the town.

Telles les perles d'un collier, de petites villes pittoresques s'alignent le long du Rhin supérieur. A Laufenburg, un vieux pont relie la partie allemande et suisse de cette localité.

Der störrische Süden

Thomas A. Merk

Lange Jahre war es nicht nur eine begehrte Trophäe der Souvenirjäger, sondern auch für viele aus dem Norden ein Grund zum Kopfschütteln: das Freistaat-Bayern-Schild, das an allen Grenzübergängen des Landes unübersehbar wenige Meter hinter dem schwarzrotgoldenen Bundesadler prangt. Erst seit findige Andenkenhersteller das ovale Emailemblem mit dem bayerischen Wappen in verschiedenen Größen zum Kauf anbieten, ist die Zahl derer, die es quasi unter den Augen der Grenzpolizei von den weißblau geringelten Metallpfosten schrauben, merklich zurückgegangen. Auch das anfängliche Unverständnis nichtbayerischer Deutscher ob soviel Lokalpatriotismus hat längst einer Art wohlwollender Bewunderung für das eigenwillige Volk im Süden der Republik Platz gemacht. Inzwischen gehört es auch bei anderen Bundesländern zum guten Ton, die Grenzübergänge mit ihren Landeswappen zu schmücken.

Die Erben der Kelten

Zugegeben, die Bayern hatten es leichter als die Bewohner anderer Bundesländer, nach dem Zweiten Weltkrieg ihre Identität innerhalb der Grenzen der neu entstandenen Bundesrepublik Deutschland zu entwickeln. Schließlich konnten sie auf eine über tausendjährige Geschichte zurückblicken, in der sie auf einem im Kern unangetastet gebliebenen Staatsgebiet zusammengelebt hatten.

Der Ursprung des bayerischen Stammes – und seiner Eigenheiten – reicht noch viel weiter zurück. Vor zweieinhalb Jahrtausenden siedelten sich im Land zwischen den Alpen und der Donau die keltischen Vindeliker an, die den Archäologen ein reiches Erbe in Form von Viereckschanzen genannten rechteckigen Befestigungsanlagen und großen und kleineren Ansiedlungen hinterlassen haben. Diese Kelten

hatten, worauf so mancher Bayer noch heute stolz ist, mit den Germanen im nördlicheren Deutschland nur wenig zu tun. Das blieb auch so, als im Jahr 15 v. Chr. die Römer über die Alpen kamen und das Land der Vindeliker ihrer Provinz Raetien einverleibten. Im Schutz des Limes, des im 2. Jahrhundert n. Chr. errichteten römischen Grenzwalls, reifte aus den Kelten und ihren aus allen möglichen Teilen des römischen Weltreichs kommenden Besatzern ein Mischvolk heran, das nach dem Abzug der Legionen als Stamm der „Baiobari" vom westgotischen Geschichtsschreiber Jordanis im Jahr 551 erstmals schriftlich erwähnt wurde.

Um diese Zeit begann auch die Geschichte der Agilolfinger, des ersten bayerischen Herzogsgeschlechts. Zunächst waren sie treue Vasallen der Franken, deren Südgrenze sie gegen die Slawen verteidigten. Im Jahr 788 allerdings kam es zum Eklat, als Karl der Große den zu mächtig gewordenen Bayernherzog Tassilo III. kurzerhand absetzte und den Gründer vieler bayerischer Klöster zu lebenslanger Klosterhaft verurteilte.

Tassilo sollte nicht der letzte bayerische Herrscher sein, der sich mit der Zentralmacht in Deutschland so gründlich überwarf, daß er dabei Amt und Würden einbüßte. Als nächsten ereilte dieses Schicksal im Jahr 1180 Heinrich den Löwen, der sich mit Friedrich Barbarossa angelegt hatte. Als Nachfolger für den unbotmäßigen Welfen bestimmte der Kaiser seinen alten Kampfgefährten Otto von Wittelsbach, dessen Familie dann über 700 Jahre lang die Geschicke Bayerns bestimmen sollte.

Seine heutige geographische Gestalt verdankt das Land dem Kurfürsten Maximilian IV. Joseph, der von Napoleon 1806 zum König Maximilian I. erhoben wurde. Ohne einen Schwertstreich konnte er das bis dahin aus Oberbayern, Niederbayern und der Oberpfalz bestehende Staatsgebiet verdoppeln, indem er ihm aus der Konkursmasse des Heiligen Römischen Reiches Deutscher Nation mehrere geistliche Fürstentümer und bislang freie Reichsstädte einverleibte. So hatte – bis auf die nach dem Zweiten Weltkrieg verlorengegangene Rheinpfalz – das Königreich Bayern nach dem Wiener Kongreß 1814/15 praktisch schon dieselben Grenzen wie der heutige Freistaat.

Bis 1871 gelang es den Königen aus dem Hause Wittelsbach, die Eigenständigkeit ihres Landes zu bewahren, dann mußte Ludwig II. blutenden Herzens den Beitritt Bayerns zu dem von Bismarck geschaffenen deutschen Kaiserreich erklären. Leicht hatten es die Hohenzollernkaiser mit ihrem Bundesstaat im Süden allerdings nicht, denn wiederholt begehrten die Bayern, die sich Reservatrechte wie eigene Bahn, Post und Armee bewahrt hatten, gegen den preußischen Zentralismus auf. Daran änderte sich auch nichts, nachdem die Revolution von 1918 in ganz Deutschland die Monarchen von den

Thronen gefegt und der Sozialist Kurt Eisner am 7. November den „Freistaat Bayern" ausgerufen hatte – immerhin zwei Tage bevor Philipp Scheidemann in Berlin die Deutsche Republik proklamierte. Auch in der Weimarer Zeit schallten kritische Töne aus dem Süden hinauf zur Hauptstadt Berlin, und als sich vier Jahre nach dem Ende der Nazidiktatur, der sich Bayern als letztes deutsches Land gebeugt hatte, zum zweiten Mal ein demokratischer Staat auf deutschem Boden konstituierte, funkte man aus München zunächst einmal vehement dazwischen: Mit 101 zu 64 Stimmen lehnte der bayerische Landtag 1949 das Grundgesetz der Bundesrepublik Deutschland ab: Die neue Verfassung war den störrischen Südstaatlern nicht föderalistisch genug.

Jenseits der Lederhose – ein multikulturelles Volk

Glaubt man einem von Medien und Fremdenverkehrsprospekten propagierten Bayernbild, dürfte die Bevölkerung des flächenmäßig größten deutschen Bundeslandes nur aus kerngesunden Naturburschen in Lederhosen und Wadlstrümpfen bestehen, die ihre in stramm sitzende Dirndl verpackten Eheweiber beim Kammerfensterln kennengelernt haben und sich in ihrer Freizeit bevorzugt dem Maßkrugstemmen, Fingerhakeln und Schuhplattlertanzen hingeben.

Wird man auf der Suche nach derartigen Klischeebajuwaren schon in den Tourismushochburgen Oberbayerns nur relativ selten fündig, so liegt man jenseits von Donau und Lech, im Land der Franken und Schwaben, mit dem Bild vom jodelnden Jankerträger vollkommen daneben.

Bei einer Reise durch die weißblauen Lande wird einem rasch klar, daß der *Homo bavaricus* mindestens ebensogern zum Weinglas wie zum Bierkrug greift, daß neben der Münchner Weißwurst und dem Schweinsbraten auch die fränkische Bratwurst und die schwäbischen Maultaschen zu seinen Leibgerichten zählen, und daß es in Bayern bei weitem mehr Dialekte als Regierungsbezirke gibt.

Den eher barock-behäbigen Altbayern in Ober- und Niederbayern sowie der Oberpfalz hat es gutgetan, daß ihnen nach dem von Napoleon herbeigeführten Zerfall des alten Deutschen Reiches Anfang des 19. Jahrhunderts die fleißigen, sparsamen Schwaben und die erfinderischen, weltoffenen und administrativ begabten Franken beigesellt wurden. So entstand im Wechselspiel der verschiedenen Mentalitäten – zusammen mit Einflüssen aus dem benachbarten Böhmen und dem nahen Italien – ein bayerisches Nationalbewußtsein, daß schon seit 200 Jahren im besten Sinne multikulturell ist.

Eines haben Alt- wie Neubayern bei allen Unterschieden gemeinsam: das Festhalten an Brauchtum und Traditionen, welches keineswegs im Widerspruch zum heutigen modernen Bayern steht, in dem sich überdurchschnittlich viele Forschungsstätten und Zukunftsindustrien angesiedelt haben. Daß es sich bei den bayerischen Bräuchen nicht um verzopfte Relikte, sondern um „richtiges Leben" handelt, an dem ein Großteil der Bevölkerung mit Begeisterung teilnimmt, kann man rund ums Jahr zum Beispiel beim Maibaumaufstellen, bei Fronleichnamsprozessionen oder den Leonhardiritten zu Ehren des heiligen Leonhards, des Schutzpatrons der Pferde, sehen. Aus ihren Traditionen holen sich die Bayern Heimatbewußtsein, Identität und Kraft. Besonders deutlich wird das an der Volksmusik – der echten, nicht dem peinlichen, „volkstümlichen" Kunstsubstrat – die nirgends in Deutschland so lebendig ist wie zwischen Main und Isar. Daß die bayerische Volksmusik sich seit Jahren im Aufwind befindet, hat seinen Grund nicht zuletzt darin, daß die jungen bayerischen Volksmusiker auch vor kritischen Tönen nicht zurückschrecken und damit an eine Tradition anknüpfen, die aufmüpfige Volksmusikanten zum Leidwesen der Obrigkeit schon seit Generationen gepflegt haben.

Weinberge im Land des Biers – bayerische Landschaften

Viele haben ein Bild davon, wie eine bayerische Landschaft auszusehen hat: sanfte grüne Hügel, auf denen gemütliche Kühe das saftige Gras abweiden. Rechts ein Biergarten, links eine Barockkirche und im Hintergrund das grandiose Panorama der Alpenkette mit dem schneebedeckten Zugspitzgipfel. So etwas gibt es wirklich, im Oberland südlich von München etwa, im Allgäu oder im Pfaffenwinkel, garniert mit herrlichen Seen, barocken Klöstern oder den Märchenschlössern von König Ludwig II.

Aber da ist auch anderes: Mittelgebirge wie die Fränkische Alb und der Bayerische Wald, die sandig-karge Landschaft rund um Nürnberg, der Main mit seinen Weinbergen und der breite Strom der Donau, an den König Ludwig I. monumentale Denkmalbauten wie Walhalla und Befreiungshalle gesetzt hat.

Das Spektrum bayerischer Ansiedlungen reicht vom Holzschnitzerdorf Oberammergau, dessen seit über drei Jahrhunderten aufgeführte Passionsspiele ihm zu einem weltweiten Bekanntheitsgrad verholfen haben, von dem Hauptstädte manch anderer Bundesländer nur träumen können, bis zu einer außerordentlichen Vielfalt von sehenswürdigen Städten. Uralte Römersiedlungen wie Passau, Regensburg und Augsburg wären da zu nennen, Würzburg mit seinen Weinbergen, der barocken Residenz und der hoch über dem Main gelegenen Festung Marien sowie die alte Reichsstadt Nürnberg, die der Welt nicht nur die Bilder Albrecht Dürers und die Meisterlieder von Hans Sachs schenkte, sondern auch den Behaimschen Globus und die Henleinsche Taschenuhr. Auch von Landshut und Straubing, Bayreuth und Coburg müßte die Rede sein, ebenso wie von vielen anderen Städten zwischen Innviertel und Bodensee, Frankenwald und Berchtesgadener Land.

Auf eine Stadt freilich muß hier doch noch gesondert eingegangen werden: München, die Hauptstadt der Bayern, das „Millionendorf" auf der oberbayerischen Schotterebene, von dem aus man bei Föhn die Alpenkette so greifbar nahe vor Augen hat, als würde sie gleich hinter den Türmen der Frauenkirche emporragen. Die Stadt des Hofbräuhauses und des Oktoberfests rangiert seit vielen Jahren weit oben in der Beliebtheitsskala deutscher Großstädte – sehr zum Leidwesen alteingesessener Münchner übrigens, die sich schon lange über unverschämt hohe Mieten beklagen.

Verübeln kann man den „Zuagroasten" (den Zugereisten) ihren Drang in die Bayernmetropole freilich nicht, wie jeder, der das ganz eigentümliche Gemisch von Kultur und Biergarten, von Provinzialität und Weltstadt erst einmal kennen und lieben gelernt hat, wohl gerne bestätigen wird.

The Stubborn South

Thomas A. Merk

For many years it was both a sought-after trophy of souvenir hunters and a reason for many northerners to shake their heads: the Free State of Bavaria sign that stands resplendent and conspicuous a few metres behind the black, red and gold German eagle at all the state's border crossings. Only since ingenious souvenir makers have offered the oval enamelled emblem bearing the Bavarian coat of arms for sale in various sizes has the number screwed off the white-and-blue-striped metal posts more or less under the nose of the border police been substantially reduced. Non-Bavarian Germans' failure to understand so much local patriotism has also long since given way to a kind of benevolent admiration for the independent-spirited folk in the South of the Federal Republic. And now it is considered good form for the other federal states to adorn border crossings with their own state coats of arms.

Celtic heritage

Admittedly it was easier for the Bavarians than for the inhabitants of other federal states to develop their identity within the newly created Federal Republic of Germany after the Second World War. After all, they could look back on over a thousand years of living together in a national territory which at heart remained largely untouched.

The origins of the Bavarian ethnic group – and its characteristics – go back much further. Two and a half thousand years ago the Celtic Vindelic tribe settled in the country between the Alps and the Danube. They left behind a rich legacy to archaeologists in the form of square-shaped trenchwork fortifications and large and small settlements. A fact of which many Bavarians are still proud today is that these Celts had little to do with the Germanic tribes further to the North. This remained the case when the Romans marched over the Alps in 15 BC and incorporated the land of the Vindelics into their province of Rhaetia. In the shelter of the *limes,* the Roman border rampart built in the second century AD, the Celts and the occupying forces, who came from all over the Roman empire, matured into a mixed race of people. The first documentary mention of them as the tribe of the "Baiobari" was by the Visigoth historian Jordanis in 551 AD, after the retreat of the Roman legions.

Around this time too was the beginning of the history of the Agilolfingians, the first Bavarian ducal dynasty. At first they were loyal vassals of the Franks, whose southern border they defended against the Slavs. However, in 788 AD there was a great stir when Charlemagne summarily deposed Bavarian Duke Tassilo III, who had grown too powerful, and sentenced the founder of many Bavarian monasteries to lifelong imprisonment in a monastery.

Tassilo was not to be the last Bavarian ruler to fall out so fundamentally with the central power in Germany that it cost him both office and honours. The next to rush headlong into this fate, in 1180, was Henry the Lion, who had quarrelled with Frederick Barbarossa. As successor to the insubordinate Guelph the Emperor nominated his old comrade-in-arms Otto von Wittelsbach, whose family was to determine the fortunes of Bavaria for the next 700 years.

The state owes its present-day geographical shape to Elector Maximilian IV Joseph, whom Napoleon elevated to King Maximilian I in 1806. Without raising his sword, he managed to double the state's territory, which until then had consisted of Upper Bavaria, Lower Bavaria and the Upper Palatinate, by incorporating several ecclesiastical principalities and free Imperial cities from the bankrupt estate of the Holy Roman Empire. And so after the 1814/15 Congress of Vienna the Kingdom of Bavaria already had practically the same borders as the present-day Free State – with the exception of Rhineland Palatinate, which it lost after the Second World War.

The kings of the House of Wittelsbach succeeded in maintaining the independence of their state until 1871, when Ludwig II with heavy heart had to agree to Bavaria's accession to the German Reich created by Bismarck. However, the Hohenzollern Kaisers did not have an easy time of it with their federal state in the South, for the Bavarians, who had maintained discretionary powers to run, for example, their own railway, postal services and army, rebelled time and again against Prussian centralism. Nor did this change after the 1918 revolution swept the monarchs from their thrones throughout Germany and the socialist Kurt Eisner proclaimed the "Free State of Bavaria" on 7 November – two days before Philipp Scheidemann proclaimed the German Republic in Berlin. During the Weimar period critical voices continued to sound from the South to the capital Berlin. And four years after the end of the Nazi dictatorship, to which Bavaria was the last German state to bow, when a democratic state was constituted on German soil for the second time, there was initially vehement dissent from Munich. In 1949 the Bavarian state assembly voted by 101 votes to 64 to reject the Basic Law of the Federal Republic of Germany: The new constitution was not federalist enough for the stubborn people from the South.

Beyond the lederhosen – a multicultural people

If the image of Bavaria propagated by the media and tourist brochures were to be believed, the population of Germany's largest federal state (in surface area) consists entirely of healthy-looking country bumptains in lederhosen and knee-length stockings, with wives packed tightly into dirndl dresses, whom they got to know by climbing through their bedroom windows, and who prefer to devote their leisure time to drinking beer from litre mugs, finger-wrestling and Bavarian folk dancing.

Even in the tourist strongholds of Upper Bavaria, the search for such stereotypes is seldom fruitful, and on the other side of the Danube and Lech, in the land of the Franconians and Swabians, the image of the yodeller in his Tyrolean jacket is totally out of place.

Travelling through the state with the blue and white coat of arms it rapidly becomes apparent that *homo bavaricus* is just as fond of a glass of wine as of a mug of beer, that in addition to Munich white sausage and roast pork, his favourite dishes include Franconian fried sausage and Swabian pasta squares, and that in Bavaria there are far more dialects than administrative districts.

The somewhat eccentric, easy-going Old Bavarians in Upper and Lower Bavaria and the Upper Palatinate benefited from being joined, after the collapse of the old German Empire brought about by Napoleon at the beginning of the 19th century, by the industrious, thrifty Swabians and the inventive, cosmopolitan and administratively gifted Franconians. As a result, the interplay of various mentalities – along with influences from neighbouring Bohemia and nearby Italy – gave rise to a Bavarian national consciousness which has been multicultural in the best sense of the word for 200 years.

For all their differences, Old and New Bavarians have one thing in common: adherence to custom and traditions, which is by no means incompatible with the present-day modern state of Bavaria, home to a higher than average number of research institutes and ultra-modern industries. Bavarian customs are not antiquated relics but "real life," participated in enthusiastically by a large section of the population, as one can witness all year round at festivities such as erecting the maypole, Corpus Christi processions, or the Leonhardi rides in honour of St Leonard, patron saint of horses. The Bavarians derive regional consciousness, identity and strength from their traditions. This becomes particularly evident in their folk music – the real thing, not the embarrassing "folksy" got-up stage version – which is nowhere in Germany as alive and lively as between the Main and the Isar. The reason why Bavarian folk music has been flourishing in recent years is not least because the young Bavarian folk musicians are not afraid of expressing criticism, thus continuing in a tradition followed for generations by rebellious folk musicians, to the chagrin of those in authority.

Vineyards in the land of beer –
Bavarian landscapes

Many people have a picture of what a Bavarian landscape should look like: gentle green hills where contented cows graze the lush grass. To the right a beer-garden, to the left a Baroque church and in the background the grandiose panorama of the Alps with the snow-capped Zugspitze. Such scenery does indeed exist, for example in the uplands south of Munich, in the Allgäu or the Pfaffenwinkel, adorned with glorious lakes, Baroque monasteries or the fairy-tale castles of King Ludwig II.

But there are other landscapes too: low mountain ranges like the Franconian Alb and the Bavarian Forest, the sparse sandy country around Nuremberg, the Main with its vineyards and the wide Danube, along which King Ludwig I erected immense monumental buildings like Valhalla and the Befreiungshalle (Liberation Hall).

The spectrum of Bavarian settlements ranges from the wood-carvers' village of Oberammergau, whose over three-hundred-years' tradition of passion plays has helped it to a degree of fame such as the capitals of other federal states can only dream of, to an extraordinary variety of interesting and attractive towns. Among these we might mention ancient Roman settlements like Passau, Regensburg and Augsburg, Würz-burg with its vineyards, its Baroque palace and the Marienberg fortress towering high above the River Main, and the old Imperial city of Nuremberg, which gave to the world not only the pictures of Albrecht Dürer and the meistersinger poetry of Hans Sachs, but also Behaim's globe and Henlein's pocket watch. One should not forget Landshut and Straubing, Bayreuth and Coburg, and a whole host of other towns between the Inn and Lake Constance, the Franconian forest and the region around Berchtesgaden.

However, one city must be given separate attention: Munich, capital of the Bavarians, the "million-people village" on the Upper Bavarian gravel plain, where when the foehn is blowing the Alps are so clear as to seem almost within grasp, as if they were right behind the towers of the Frauenkirche. For many years the home of the Hofbräuhaus and the Oktoberfest has ranked high in the popularity league of German cities – much to the chagrin of old-established residents, who have long complained about the outrageously high rents.

However, you can't blame newcomers for thronging to the Bavarian capital, as anyone who has once got to know and love its own peculiar blend of culture and beer-garden, provinciality and cosmopolitanism, will no doubt be pleased to confirm.

Le sud rebelle

Thomas A. Merk

Pendant longtemps, il ne fut pas seulement le trophée, fort prisé, des collectionneurs de souvenirs, mais aussi, pour bon nombre d'Allemands du Nord une raison de hocher la tête: le panonceau de l'Etat libre de Bavière qui, aménagé de façon on ne peut plus manifeste à tous les postes frontières, quelques mètres seulement derrière l'aigle fédéral noir rouge et or, ne peut échapper au regard. Ce n'est que depuis que d'astucieux fabricants de souvenirs ont lancé sur le marché cet emblème émaillé de forme ovale, orné du blason de la Bavière, que le nombre de ceux qui le démontent des poteaux métalliques striés blanc et bleu, sous les yeux de la police de la frontière, a sensiblement diminué. L'absence de compréhension des non-Bavarois parmi les Allemands, face à un patriotisme local aussi poussé, a également fait place, depuis longtemps, à une sorte d'admiration bienveillante pour ce peuple déconcertant du sud de la République. Les autres Länder d'Allemagne, ont, entretemps, adopté cette coutume en agrémentant de leurs armoiries respectives les points de passage de leurs frontières.

Les héritiers des Celtes

Force est de l'avouer: il fut, après la seconde guerre mondiale, plus aisé pour les Bavarois que pour les habitants d'autres Länder d'affirmer leur identité au sein de la République fédérale d'Allemagne qui venait tout juste de voir le jour. Ils pouvaient, en effet, s'enorgueillir d'une histoire plus que millénaire, tout au long de laquelle ils avaient vécu côte à côte, sur un territoire demeuré en majeure partie intact.

L'origine du peuple bavarois – et de son caractère particulier – remonte encore bien plus loin dans le temps. Il y a deux millénaires et demi, les Celtes Vindéliciens vinrent s'établir dans le pays s'étendant entre les Alpes et le Danube et laissèrent aux archéologues un riche héritage sous forme de fortifications quadrangulaires, ainsi que de lotissements de grandes et moyennes dimensions. Ces Celtes étaient fort différents des Germains vivant dans les régions du nord de l'Allemagne, ce dont nombre de Bavarois tirent orgueil aujourd'hui encore. Il en fut de même, en l'an 15 av. J. C., lorsque les Romains franchirent les Alpes et incorporèrent le pays des Vindéliciens à leur province, la Réthie. A l'abri du limes, ces fortifications élevées par les Romains à leurs frontières, un peuple métissé, engendré par les Celtes et leurs occupants venus des quatre coins de l'Empire romain avait vu le jour, peuple qui, après le départ des légions romaines, fut mentionné pour la première fois, en l'an 551, par le chroniqueur wisigoth, Jordanis, sous le nom de tribu des «Baiovarii».

C'est vers cette époque que commence l'histoire des Agilolfinges, la première dynastie de ducs bavarois. Ceux-ci furent tout d'abord de fidèles vassaux des Francs, dont la frontière sud leur permettait de se protéger des Slaves. En 788 toutefois, le scandale arriva après que Charlemagne eut déposé , sans autre forme de procès, le duc bavarois Tassilo III, devenu trop puissant et qu'il eut condamné ce fondateur de nombreuses abbayes bavaroises à la claustration à vie.

Tassilo ne devait pas être le dernier souverain bavarois à se brouiller avec le pouvoir central allemand au point d'en perdre ses fonctions. Le second à avoir subi ce sort, fut, en 1180, Henri le Lion, qui était entré en conflit avec Frédéric Barberousse. Comme successeur du Guelfe frondeur, l'empereur désigna son vieux compagnon d'armes, Otto von Wittelsbach, dont la famille devait présider aux destinées de la Bavière pendant plus de 700 ans.

Ce Land doit sa configuration actuelle au prince électeur Maximilien IV Joseph, fait roi par Napoléon en 1806 sous le nom de Maximilien Ier. Sans coup férir, ce dernier parvint à doubler l'étendue du territoire bavarois, constitué jusqu'à cette date, de la Haute-Bavière, de la Basse-Bavière ainsi que du Haut-Palatinat, en lui incorporant plusieurs principautés ecclésiastiques de même que des villes libres d'empire, héritées de l'actif de la faillite du Saint Empire romain germanique. Ainsi, le royaume de Bavière avait-il, à l'issue du Congrès de Vienne 1814/15, pratiquement les mêmes frontières que la république bavaroise telle qu'elle se présente à nous aujourd'hui – si l'on fait abstraction du Palatinat rhénan qui en fut détaché après la Seconde Guerre mondiale.

Les rois de la maison des Wittelsbach parvinrent jusqu'en 1871 à sauvegarder l'autonomie de leur pays, mais Louis II de Bavière dut, la rage au cœur, déclarer l'adhésion de la Bavière à l'empire allemand que Bismarck avait forgé. L'Etat fédéral du sud de l'Allemagne donna, il est vrai, du fil à retordre aux empereurs de la ligne des Hohenzollern, car les Bavarois qui avaient conservé la haute main sur les chemins de fer, le service des postes et l'armée, se rebellèrent à plusieurs reprises contre le centralisme prussien. Rien, dans leur attitude, ne changea après que la Révolution de 1918 eut détrôné les monarques dans l'Allemagne toute entière, et que le socialiste Kurt Eisner eut annoncé, le 7 novembre, l'avènement de l'«Etat libre de Bavière» – même si ce n'était que deux jours avant que Philipp Scheidemann ne proclame la République à Berlin. A l'époque de Weimar, le sud du pays, continua d'élever la voix et se fit entendre jusque dans sa capitale, Berlin, lorsque, quatre ans après la fin de la dictature nazie, devant laquelle la Bavière avait été la dernière province allemande à s'incliner, un Etat démocratique se fut constitué pour la deuxième fois sur le sol allemand. C'est la ville de Munich qui, la première, vint jouer les perturbateurs: A 101 voix contre 64, le parlement de Bavière avait rejeté la Loi fondamentale de la République fédérale d'Allemagne en 1949: aux yeux de ces «Sudistes» récalcitrants, la nouvelle Constitution ne présentait pas un caractère assez fédéraliste.

Un peuple à vocation multiculturelle

Si l'on en croit l'image que nous renvoient de la Bavière les médias et les prospectus touristiques, la population de ce Land, le plus grand d'Allemagne quant à sa superficie, ne consisterait qu'en solides gaillards proches de la nature, vêtus de culottes de peau et de chaussettes montantes, ayant fait connaissance de leurs épouses boudinées dans leurs dirndels étriqués, en grimpant par une échelle jusqu'à leur fenêtre, jouant, à leurs heures de loisirs, de préférence à qui soulèvera le plus de chopes de bière, s'adonnant au jeu du doigt de fer ainsi qu'à des danses paysannes, dites ici «Schuhplattler».

Si, à la recherche de ce stéréotype dans les hauts lieux du tourisme, en Haute-Bavière, on a déjà peine à en trouver quelques exemplaires, il est parfaitement vain de se mettre en quête de ce genre de Bavarois en jaquette et poussant la tyrolienne de l'autre côté du Danube et du Lech, au pays des Francs et des Souabes.

En parcourant ces contrées pavoisées du drapeau bleu et blanc, on se rendra très vite compte que l'«homo bavaricus» aime autant prendre un verre de vin blanc qu'une chope de bière, que, en dehors du boudin blanc munichois et du rôti de porc, les saucisses grillées et les ravioles souabes font également partie de ses plats favoris et que la Bavière a, en outre, bien plus de dialectes que de districts administratifs.

Le fait que, après la désagrégation de l'ancien empire allemand, dont Napoléon fut l'initiateur au début du XIXe siècle, les Bavarois de souche, plutôt flegmatiques et baroques de nature se soient retrouvés aux côtés des Souabes industrieux et économes ainsi que des Francs, féconds en inventions, ouverts au monde et doués sur le plan administratif, leur aura été finalement salutaire. Ainsi a-t-on vu naître, grâce à la fécondation réciproque des différentes mentalités – de même que sous l'influence de la Bohême voisine et de l'Italie toute proche – une conscience nationale bavaroise, multiculturelle au sens le plus positif du terme.

En dépit de toutes les différences, les Bavarois de souche et les nouveaux citoyens de la Bavière ont une chose en commun: leur attachement aux coutumes et traditions qui n'est nullement en contradiction avec le fait que la Bavière des temps présents est un pays moderne, où un grand nombre de centres de recherche et d'industries porteuses d'avenir se sont implantés. Que les traditions bavaroises ne constituent pas de désuettes reliques mais qu'elles soient purement et simplement l'expression de la «vraie vie», à laquelle participe, avec enthousiasme, une grande partie de la population se vérifie tout au long de l'année, à l'occasion de la plantation d'arbres de mai, par exemple, des processions de la Fête-Dieu ou des chevauchées de la Saint-Léonard, organisées en l'honneur du saint du même nom et patron des chevaux.

C'est dans leurs traditions, que les Bavarois puisent leur amour de la patrie, leur identité, leur force. Cela se manifeste tout particulièrement à travers la musique folklorique, la véritable, qui, nulle part ailleurs en Allemagne n'est aussi vivante qu'entre le Main et l'Isar, et non pas dans le succédané déshonorant qu'est la musique se voulant «populaire» qui nous est présentée à la télévision. Que la musique folklorique bavaroise ait, depuis des années, le vent en poupe, tient notamment à ce que certains jeunes groupes bavarois n'hésitent pas à émettre des sons critiques, renouant ainsi avec une tradition que les musiciens folkloriques rebelles ont perpétuée à travers les générations, à la grande désolation des autorités.

Des vignobles au pays de la bière –
Paysages bavarois

Beaucoup s'imaginent savoir à quoi ressemble le paysage bavarois: on y trouve de douces collines verdoyantes où de braves vaches paissent une herbe juteuse. A droite, un «Biergarten», jardin où l'on peut prendre sa chope de bière, à gauche, une église baroque et, en toile de fond, le panorama grandiose de la chaîne des Alpes avec les sommets enneigés de la Zugspitze. Ceci existe, c'est vrai, dans la région montagneuse, au sud de Munich, en Allgäu, par exemple, ou dans le Pfaffenwinkel, le tout agrémenté de splendides lacs, d'abbayes de style baroque ou de châteaux féériques, tels ceux du roi Louis II de Bavière.

Mais la Bavière a aussi un autre visage: celui des montagnes de moyenne altitude, comme le Jura franconien et la Forêt de Bavière, les terres sablonneuses et pauvres tout autour de Nuremberg, le Main avec ses vignobles et la vaste dépression du Danube, sur les rives duquel Louis I éleva le temple monumental de la Walhalla et la Befreiungshalle.

Le spectre des agglomérations bavaroises va du village de sculpteurs sur bois qu'est Oberammergau – auquel les Mystères de la Passion du Christ ont valu, depuis plus de trois siècles, une popularité que les capitales de certains autres Länder ne peuvent que lui envier – à une multitude de villes de caractère exceptionnel et dignes d'une visite. Il convient de mentionner, à cet égard, les anciennes cités romaines que sont Passau, Ratisbonne et Augsbourg, mais aussi Würzburg avec ses vignobles, sa résidence baroque et la citadelle de Marienberg surplombant le Main, ainsi que Nuremberg, ancienne ville libre d'empire, qui ne fit pas seulement don au monde des tableaux d'Albrecht Dürer et des poèmes lyriques du maître chanteur Hans Sachs, mais encore du globe terrestre réalisé par Behaim et de la montre de poche de Henlein. Il faudrait également parler de Landshut et de Straubing, de Bayreuth et de Cobourg ainsi que de nombreuses autres villes entre le «Quartier de l'Inn» et le Lac de Constance, la Forêt de Franconie et le pays de Berchtesgaden.

Une ville, toutefois, fera l'objet d'une attention particulière: Munich, la capitale des Bavarois, le «village de plus d'un million d'habitants» s'étendant dans la plaine d'alluvions rocheuses de Haute-Bavière, d'où, lorsque souffle le foehn, l'on peut contempler la chaîne des Alpes, si proche qu'on pourrait croire qu'elle se dresse juste derrière les clochers de la Frauenkirche. La ville du Hofbräuhaus et de l'Oktoberfest vient en tête de classement pour ce qui est de la popularité des grandes villes d'Allemagne – au grand désespoir des Munichois de souche qui se plaignent depuis longtemps du montant effarant des loyers.

On ne peut toutefois en vouloir aux «Zuagroasten», aux nouveaux venus, d'être à ce point attirés par la capitale bavaroise, comme vous le diront volontiers tous ceux qui ont appris à connaître et à aimer ce singulier mélange de culture et de Biergarten, de provincialisme et d'atmosphère de grande métropole internationale qui s'en émane.

In vielen Schlingen und Schleifen wie hier bei Volkach zieht der Main mit der Sonne nach Westen. Auf seinem Weg zum Rhein durchquert er die herrliche Kulturlandschaft Mainfrankens.

The River Main meanders through many a loop and bend like this one near Volkach as it flows westward, following the sun. On its way to the Rhine it passes through the glorious cultivated landscape of Main Franconia.

Dessinant boucles et méandres, le Main, que l'on voit ici près de Volkach, coule en direction de l'ouest et du soleil couchant. Chemin faisant, il traverse la magnifique terre de civilisation qu'est la Franconie des bords du Main, pour rejoindre le Rhin.

Hoch über dem Main ließen sich die Würzburger Fürstbischöfe die Festung Marienberg erbauen. Unten wacht auf der Alten Mainbrücke der Frankenapostel Kilian über die Stadt, deren Schutzpatron er ist.

The prince-bishops of Würzburg had the fortress of Marienberg built for themselves in this vantage point high above the Main. Down below on the old bridge across the river St Kilian, apostle of the Franks, keeps watch over the town of which he is the patron saint.

Sur les hauteurs surplombant le Main, les princes-évêques de Wurtzbourg se firent construire la citadelle de Marienberg. En bas, sur le Vieux Pont du Main, l'apôtre des Francs, Saint-Kilian, veille sur la ville dont il est le patron.

Die Hofkirche der Residenz in Würzburg (1733–1735): Balthasar Neumann entwarf den Bau, Giovanni Battista Tiepolo schuf die Gemälde an den Seitenaltären und Antonio Bossi den Stuck.

The Hofkirche in the Palace of Würzburg (built between 1733 and 1735): Balthasar Neumann designed the church building, Giovanni Battista Tiepolo painted the side altars and Antonio Bossi was responsible for the stucco.

La Hofkirche, l'église du château «Residenz» de Wurtzbourg (1733–1735): Balthasar Neumann en élabora les plans, Giovanni Battista Tiepolo peignit les tableaux des autels latéraux et Antonio Bossi réalisa les stucs.

Ein Wasserschloß wie aus dem Märchen: Mitten im tiefen Wald des Spessart liegt seit dem 15. Jahrhundert Mespelbrunn.

A moated castle straight out of a fairy-tale: Mespelbrunn has nestled deep in the Spessart forest ever since the fifteenth century.

Un château entouré d'eau que l'on croirait issu d'un conte de fées: Mespelbrunn qui, depuis le XVe siècle, se blottit au cœur d'une forêt profonde du Spessart.

Das wuchtige Sandsteinschloß Johannisburg ist Hauptanziehungspunkt von Aschaffenburg. Auf dem rechten Ufer des Mains erbaut, grüßt die Renaissanceanlage die Schiffe auf ihrem Weg durch Franken.

The massive sandstone palace of Johannisburg is Aschaffenburg's principal attraction. Built on the right bank of the Main, the Renaissance building and grounds welcome ships on their way through Franconia.

L'imposant château de grès de Johannisburg est l'attraction principale de Aschaffenburg. Construit sur la rive droite du Main, cet ensemble de bâtiments Renaissance salue les bateaux traversant la Franconie.

Über fünf Obergeschosse reckt sich das berühmteste Fachwerkhaus Miltenbergs. Als Fürstenherberge entstand der imposante Gasthof 1590 in dem Mainstädtchen.

Miltenberg's best-known half-timbered house is five storeys high. Built in 1590, this impressive inn was a royal lodging in the little town on the Main.

La plus célèbre des maisons à colombages de Miltenberg exhibe fièrement ses cinq étages. Hostellerie princière, l'imposante auberge fut construite en 1590 dans cette petite ville que baigne le Main.

Verführerisch liegt der Geruch von Lebkuchen, Bratäpfeln und gerösteten Mandeln auf dem Nürnberger Christkindlesmarkt in der Luft. Die Wurzeln des berühmtesten Weihnachtsmarktes der Welt reichen bis zum Anfang des 17. Jahrhunderts zurück.

The seductive aroma of gingerbread, baked apples and roast almonds hangs in the air at the Nuremberg Christkindlesmarkt. The roots of world's most famous Christmas fair go back to the beginning of the seventeenth century.

Montant du Christkindlesmarkt de Nuremberg, d'alléchantes odeurs de pain d'épice, de pommes cuites au four et d'amandes grillées embaument l'atmosphère. L'origine du plus célèbre des marchés de Noël du monde entier remonte au début du XVIIe siècle.

Die fränkische Metropole Nürnberg ist eine Stadt reicher Kaufmannstradition. Das an der Pegnitz gelegene Heilig-Geist-Spital geht auf die Stiftung eines vermögenden Nürnberger Patriziers zurück und entwickelte sich seit der Mitte des 14. Jahrhunderts zur größten städtischen Wohlfahrtseinrichtung für Alte und Kranke.

Nuremberg, the capital of Franconia, is a city steeped in mercantile tradition. The Heilig-Geist-Spital on the River Pegnitz traces its origins to a foundation set up by a wealthy Nuremberg patrician in the mid-fourteenth century. Since then it has grown to become the town's largest charitable institution for the old and infirm.

Nuremberg, métropole de la Franconie, s'enorgueillit d'un passé fécond en tant que ville commerçante. Fondé grâce à la donation d'un patricien fortuné de Nuremberg, le Heilig-Geist-Spital (Hospice du St-Esprit) devint, à partir du milieu du XIVe siècle, le plus important établissement d'assistance publique de la municipalité. Il accueillait personnes âgées et malades.

Von der Unteren Brücke neben Bambergs Altem Rathaus blickt man herab auf „Klein-Venedig", eine frühere Fischersiedlung.

From the Lower Bridge by Bamberg's old town hall one looks down onto "Little Venice," a former fishermen's colony.

Du pont «Untere Brücke», à côté de l'Ancien Hôtel de Ville de Bamberg, la vue plonge sur l'ancien quartier des pêcheurs, surnommé la «petite Venise».

Eigens für seine Werke ließ Richard Wagner ein Festspielhaus auf dem Grünen Hügel von Bayreuth errichten. Seit 1876 erklingen die Opern des Musikgenies jährlich in dem tempelähnlichen Rundbau.

The musical genius Richard Wagner had a festival theatre built on the Grüner Hügel (Green Hill) in Bayreuth specially for performances of his own works. Since 1876 the round, temple-like building has provided an annual backdrop for his operas during the Bayreuth Festival season.

C'est sur la Colline Verte (Grüner Hügel) que Richard Wagner fit ériger un Palais des Festivals afin d'y jouer ses propres œuvres. Depuis 1876 les opéras de ce compositeur de génie résonnent chaque année dans ce bâtiment de forme circulaire aux allures de temple.

Einem Felsennest gleicht der Ort Tüchersfeld in der Fränkischen Schweiz. Bizarre Gesteinstürme und Tropfsteinhöhlen prägen diesen Landstrich zwischen Nürnberg, Bayreuth und Bamberg.

Tüchersfeld in Franconian Switzerland resembles a mountain lair. This stretch of land between Nuremberg, Bayreuth and Bamberg features bizarre rocky outcrops and dripstone caves.

La localité de Tüchersfeld, en Suisse franconienne, ressemble à un nid accroché à la paroi rocheuse. Amoncellements de rochers aux formes insolites et grottes de stalactites ou stalagmites caractérisent cette région située entre Nuremberg, Bayreuth et Bamberg.

An den starken Mauern der Feste Coburg scheiterte im Dreißigjährigen Krieg selbst der mächtige Feldherr Wallenstein.

During the Thirty Years' War the sturdy walls of Coburg castle thwarted even the mighty commander Wallenstein.

Même Wallenstein, puissant chef d'armée, dut s'avouer vaincu face aux énormes murs de la forteresse de Cobourg qu'il tenta de prendre pendant la guerre de Trente Ans.

Im Herzen der Fränkischen Schweiz liegt Gößweinstein, seit dem 16. Jahrhundert ein bedeutender Wallfahrtsort. Der Barockbaumeister Balthasar Neumann errichtete die Basilika zur Heiligen Dreifaltigkeit von 1730 bis 1739.

Gössweinstein, an important place of pilgrimage since the sixteenth century, lies in the heart of Franconian Switzerland. The Holy Trinity Basilica was designed and built between 1730 and 1739 by the Baroque architect Balthasar Neumann.

Gößweinstein, situé au coeur de la Suisse franconienne, fut, dès le XVIe siècle, un important lieu de pélerinage. De 1730 à 1739, Balthasar Neumann, architecte de l'époque baroque, érigea la basilique Zur Heiligen Dreifaltigkeit (Eglise de la Sainte-Trinité).

Nicht nur von außen gleicht die gewaltige Anlage von Kloster Banz einem Schloß, auch das Innere der Kirche (1710–1719) ist von barocker Pracht.

It is not only the exterior of the huge monastery and grounds of Banz which resembles a palace; the church too, built between 1710 and 1719, boasts a sumptuous Baroque interior.

L'énorme complexe de l'abbaye de Banz ne ressemble pas que de l'extérieur à un château; l'intérieur de l'église (1710–1719) dénote également tout le faste propre au baroque.

Die Perle des Taubertals: Auf-
ragende Türme, trutzige Mauern und enge Gassen verlei-
hen Rothenburg ob der Tauber seine einzigartige
Stadtsilhouette. Die im Zweiten Weltkrieg zerstörte Stadt-
mauer wurde mit internationaler Hilfe wiederaufgebaut.

The gem of the Tauber valley:
soaring towers, sturdy walls
and narrow streets give
Rothenburg ob der Tauber its
unique townscape. The city
wall, destroyed in the Second
World War, was rebuilt with
international assistance.

La perle de la vallée de la
Tauber: tours élancées, puissants remparts et ruelles
étroites confèrent à Rothenburg ob der Tauber sa silhouette incomparable. Les
murs d'enceinte, détruits au
cours de la Seconde Guerre
mondiale, purent être recons-
titués grâce à l'aide internationale.

Dinkelsbühl ist eine der stimmungsvollsten und schönsten Städte an der Romantischen Straße. Bereits König Ludwig I. von Bayern stellte die ganze Stadt in der ersten Hälfte des 19. Jahrhunderts unter Denkmalschutz (oben).

Dinkelsbühl is one of the most idyllic and attractive towns along the Romantic Road. King Ludwig I of Bavaria declared the whole town a historic monument back in the first half of the nineteenth century (above).

Dinkelsbühl est l'une des plus belles villes bordant la Route romantique et l'une des plus évocatrices du temps passé. Dès la première moitié du XIXe siècle, la ville toute entière fut déclarée patrimoine historique par Louis Ier de Bavière (en haut).

Durch Handelsgeschäfte und als Bankiers von Kaisern und Päpsten erwarb die Augsburger Kaufmannsfamilie Fugger ein riesiges Vermögen. 1516 bis 1526 ließen die Brüder Fugger für bedürftige Bürger die „Fuggerei" erbauen (unten).

The Fuggers, a family of Augsburg merchants, amassed an enormous fortune from trade and as bankers to emperors and popes. Between 1516 and 1526 the Fugger brothers financed the Fuggerei, to provide shelter to needy people of the town (below).

Famille de gros négociants et banquiers des empereurs et des papes, les Fugger amassèrent une fabuleuse fortune. De 1516 à 1526, les frères Fugger firent construire la «Fuggerei», destinées à accueillir les personnes dans le besoin (en bas).

Der Bayerische Wald ist eines der beliebtesten Urlaubsziele der Deutschen. Schöne Wanderwege, unverfälschte Natur und echte Urwälder findet man vor allem im Nationalpark.

The Bavarian Forest is a favourite holiday destination with the Germans. Beautiful long-distance hiking trails, unspoiled nature and genuine primaeval forests are to be found above all within the boundaries of the national park.

La Forêt bavaroise est l'une des destinations touristiques les plus prisées des Allemands. C'est avant tout dans le Parc national que l'on découvrira de magnifiques chemins de randonnée, une nature authentique, et des forêts à l'état vierge.

Die Regensburger können sich der ältesten Brücke über die Donau rühmen: Mit ihren 16 Bögen ist die von 1135 bis 1146 erbaute Steinerne Brücke ein beeindruckendes Zeugnis mittelalterlicher Baukunst.

The people of Regensburg can boast the oldest bridge across the Danube. With 16 arches spanning the river, the Stone Bridge, built between 1135 and 1146, is an impressive example of mediaeval architecture.

Les habitants de Regensburg peuvent s'enorgueillir de posséder le plus vieux pont sur le Danube: fort de ses 16 arches enjambant le fleuve, le Pont de Pierre, construit de 1135 à 1146, constitue un témoignage important de l'architecture médiévale.

„Bayerisches Venedig" nennt man das malerische Passau. Drei Flüsse vereinigen sich in der niederbayerischen Bischofsstadt: Donau, Inn und Ilz.

Picturesque Passau, nicknamed "Bavarian Venice." The diocesan town in Lower Bavaria is situated at the confluence of three rivers: the Danube, the Inn and the Ilz.

«Venise bavaroise», ainsi a-t-on baptisé Passau, ville pittoresque. Trois rivières viennent confluer au cœur de cet évêché de la Basse-Bavière: le Danube, l'Inn et l'Ilz.

Abendlicher Himmel über
München, der „Weltstadt mit
Herz". Der Blick geht über die
Altstadt bis zum Fernsehturm
am Olympiastadion. Links die
Türme der spätgotischen
Frauenkirche.

Evening sky over Munich, the
"metropolis with a heart." A
view across the old city centre to the television tower by
the Olympic stadium. On the
left are the towers of the Late
Gothic Frauenkirche.

Ciel crépusculaire au-dessus
de Munich, la «métropole au
grand cœur». Le regard plane,
au-delà de la vieille ville, jusqu'à la Tour de Télévision,
située en bordure du Parc
olympique. A gauche, les
tours de la Frauenkirche, église de style gothique flamboyant.

Mit den Olympischen Spielen 1972 erhielt die bayerische Landeshauptstadt ein modernes Wahrzeichen: Wie ein Spinnennetz umspannt ein kühnes Zeltdach elegant das Olympiastadion, die Olympiahalle und die Schwimmhalle.

The 1972 Olympic Games gave the Bavarian state capital a modern emblem. A bold canopy elegantly spans the Olympic stadium, the Olympic hall and the swimming pool like a spider's web.

Depuis les jeux olympiques de 1972, la capitale du Land de Bavière est dotée d'un emblème moderne: telle une toile d'araignée, un toit en forme de tente aux contours audacieux recouvre avec élégance le Stade olympique, le Hall olympique ainsi que la piscine.

Der Marienplatz mit dem Alten und Neuen Rathaus bildet von jeher das Zentrum Münchens. Der Turm des 1867 bis 1908 errichteten Neuen Rathauses bietet einen schönen Rundblick über die Stadt.

Marienplatz square with the old and new town halls has always been the centre of Munich. From the tower of the new town hall, built between 1867 and 1908, one enjoys a fine panoramic view of the city.

La Marienplatz, bordée par l'Ancien et le Nouvel Hôtel de Ville constitue depuis toujours le centre de Munich. La tour du Nouvel Hôtel de ville, construit de 1867 à 1908, offre une splendide vue panoramique sur la ville.

Höhepunkt der Bierseligkeit in München: das Oktoberfest auf der Theresienwiese. An klaren Tagen scheinen beim Blick von der St.-Paulus-Kirche über das Festgelände die Alpen zum Greifen nah.

The peak of beerdrinking bliss in Munich: the Oktoberfest on the Theresienwiese. Looking from St Paul's Church across the festival ground, on clear days the Alps look close enough to touch.

Comble de la félicité pour les amateurs de bière: la Fête d'Octobre qui se tient sur la Theresienwiese. Par temps clair, les Alpes que l'on voit ici de l'église St-Paul par-delà le terrain de la Fête, semblent être à portée de la main.

Hier schlägt das Herz der Stadt München. Am Viktualienmarkt gibt es nicht nur ein reiches Angebot an Obst, Gemüse und Schmankerln, sondern er ist auch ein beliebter Treffpunkt der Münchner.

The heart of the city of Munich beats here. As well as boasting a wide variety of fruit, vegetables and all manner of delicacies, the food market on Viktualienmarkt is a popular meeting place for Munich residents.

C'est là que bat le cœur de la ville de Munich. Le Viktualienmarkt (Marché aux Victuailles) ne fait pas que regorger de fruits, de légumes et de friandises en tout genre, il est également un des rendez-vous favoris des Munichois.

Spätestens seit 1810, als das erste Oktoberfest stattfand, gehören München und Bier zusammen. Das Servieren der einen Liter fassenden Maßkrüge ist Schwerstarbeit.

At least since 1810, when the first Oktoberfest was held, Munich and beer have belonged together. Serving measures in mugs that hold one litre is very hard work.

Munich et la bière sont indissociables depuis qu'en 1810, si ce n'est encore bien avant, eut lieu la première Fête d'Octobre. Servir les chopes d'un litre est un exercice de force.

Der Englische Garten, heute ein 367 Hektar großer Landschaftspark inmitten der Stadt, wurde Ende des 18. Jahrhunderts von dem Briten Benjamin Thompson Earl Rumford und dem Gartenarchitekten Ludwig von Sckell geplant und angelegt.

The English Garden, now a 367-hectare landscaped park in the middle of the city, was designed and laid out at the end of the eighteenth century by Benjamin Thompson, Earl Rumford, and landscape architect Ludwig von Sckell.

Le Jardin anglais, parc paysagé de 367 hectares de superficie, s'étend au cœur même de la ville. Il fut conçu et aménagé à la fin du XVIIIe siècle par le Britannique Benjamin Thompson Earl Rumford ainsi que par l'architecte-paysagiste Ludwig von Sckell.

Ein beliebter Treffpunkt im Englischen Garten ist der von Leo von Klenze gestaltet Monopteros. König Ludwig I. ließ den Rundtempel 1833 bis 1838 zu Ehren seiner Vorgänger, Kurfürst Karl Theodor und König Maximilian I., errichten.

A favourite meeting place in the English Garden: the Monopteros, designed by Leo von Klenze. King Ludwig I had the round temple built between 1833 and 1838 in honour of his predecessors, Elector Karl Theodor and King Maximilian I.

Le Monopteros, dans le Jardin anglais, est un lieu de rendez-vous fort prisé des Munichois. Il est l'œuvre de Leo von Klenze. Louis Ier, roi de Bavière, fit construire ce temple de forme circulaire de 1833 à 1838 pour honorer la mémoire de ses prédécesseurs, le prince-électeur Karl Theodor et le roi Maximilian Ier.

Der bayerische Kurfürst Ferdinand Maria ließ 1664 bis 1674 Schloß Nymphenburg und den umgebenden Park im Westen Münchens errichten und schenkte das Ensemble seiner Frau Henriette von Savoyen nach der Geburt des Thronfolgers Max Emanuel. Bis Mitte des 18. Jahrhunderts folgten zahlreiche Erweiterungsbauten.

Elector Ferdinand Maria of Bavaria had Nymphenburg palace and the surrounding park constructed between 1664 and 1674. He made a gift of the palace and grounds to his wife Henriette of Savoy on the birth of Max Emanuel, heir to the throne. Numerous extensions were added up until the mid-eighteenth century.

Ferdinand Maria, prince-électeur de Bavière, fit ériger le château de Nymphenburg entre 1664 et 1674 et aménager le parc qui l'entoure. Il fit don de l'ensemble à sa femme, Henriette de Savoie, après la naissance du prince héritier, Max Emanuel. Le château fut l'objet de nombreux agrandissements jusqu'au milieu du XVIIIe siècle.

Das italienisch anmutende Lenbachhaus, eine ockerfarbene Villa im Stil der Neorenaissance, beherbergt eine hervorragende Sammlung von Werken des 19. und 20. Jahrhunderts, vor allem Gemälde von Künstlern des „Blauen Reiters".

The Lenbachhaus, an ochre-coloured villa in the neo-Renaissance style, has a touch of the Italian about it. It houses an excellent collection of nineteenth and twentieth century art, above all works by artists of the "Blauer Reiter" Expressionist movement.

La Lenbachhaus, villa de couleur ocre d'inspiration italienne, érigée dans le style néo-Renaissance, abrite une remarquable collection d'œuvres du XIXe et XXe siècles, dont, notamment, des tableaux d'artistes ayant fait partie du mouvement «Blauer Reiter» (Cavalier bleu).

Eine traditionelle, bodenständige Bauweise, die im Einklang mit Landschaft und Natur steht, findet man in Bayern noch allenthalben. Diese blumengeschmückte Fassade in Dietramszell ist ein schönes Beispiel für die Bauernhäuser des Oberlandes.

All over Bavaria one can still find examples of traditional, native architecture which harmonises with landscape and nature. This flower-adorned facade in Dietramszell is a fine example of an Oberland region farmhouse.

La Bavière a su conserver, dans son ensemble, un style de construction traditionnel, lié au terroir et qui est en harmonie avec le paysage et la nature environnante. Cette façade fleurie, à Dietramszell, est un bel exemple des maisons de ferme telles qu'on les trouve dans le haut-pays.

Vom Hohen Peißenberg, mit 988 Metern die höchste Erhebung des Pfaffenwinkels, geht der Blick auf die Alpen. Seit Ende des 18. Jahrhunderts beobachteten die Augustiner Chorherren aus Rottenbuch von hier aus regelmäßig das Wetter. Diese älteste Bergwetterstation der Welt besteht heute noch.

From the Hoher Peissenberg, at 988 metres the highest elevation in the Pfaffenwinkel district, one can see right across to the Alps. From the end of the eighteenth century the Augustinian choirmasters from Rottenbuch used this spot regularly as an observatory. The oldest mountain weather station in the world still exists today.

Du Hoher Peißenberg, dont les 988 mètres en font le plus haut sommet du Pfaffenwinkel, la vue s'étend jusqu'aux Alpes. Dès la fin du XVIIIe siècle, les chanoines du couvent de Rottenbuch observaient régulièrement le temps de cet endroit. Cette station météorologique, la plus vieille au monde, existe encore de nos jours.

Noch heute wird der Maibaum – hier in Erling bei Andechs – vor dem Aufstellen streng bewacht: Gelingt es den Burschen des Nachbardorfs, den Baum zu stehlen, ist ein saftiges Lösegeld in Form von Freibier fällig.

Maypoles — like this one in Erling, near Andechs — are still closely guarded before being put up. If the boys from the neighbouring village succeed in stealing the maypole, there is a hefty ransom in the form of free beer to pay.

Tout comme par le passé, l'arbre de mai fait l'objet d'une surveillance vigilante avant d'être dressé – comme on le voit ici à Erling, près d'Andechs. En effet, si les garçons du village voisin parviennent à voler l'arbre, il leur faudra payer une forte rançon, sous forme d'une tournée de bière.

Bei der Seeprozession am Fronleichnamstag setzen von Seehausen bei Murnau aus Flöße und Boote hinüber zur Insel Wörth. Auf der größten Insel im Staffelsee stand bis zum 10. Jahrhundert ein Kloster.

Rafts and boats set out from Seehausen near Murnau to take part in the lake procession across to the island of Wörth on the festival of Corpus Christi. Until the tenth century there was a monastery on Wörth, the biggest island in the Staffelsee.

A l'occasion de la procession qui a lieu le Jour de la Fête-Dieu, radeaux et autres embarcations appareillent de Seehausen, près de Murnau, pour rejoindre l'île de Wörth. Un monastère exista, jusqu'au Xe siècle, sur cette île du Staffelsee, la plus grande du lac.

Ein Idyll im Berchtesgadener Land: 1800 Meter hoch ragt die Watzmannostwand hinter St. Bartholomä, dem kleinen Wallfahrtskirchlein am Königssee, steil in den Himmel.

An idyll in the Berchtesgadener Land: the sheer east wall of the Watzmann towers 1,800 metres into the sky behind St Bartholomä, the diminutive pilgrimage church by the Königssee.

Tableau idyllique dans le Berchstesgadener Land: la paroi Est du Watzmann domine de ses 1800 mètres la minuscule chapelle de St-Bartholomä, en bordure du Königssee.

„Bayerisches Meer" nennen die Einheimischen den 80 Quadratkilometer großen Chiemsee. Seebruck hat den größten Yachthafen dieses vorzüglichen Segelreviers zu bieten.

Natives call the 80-square-kilometre Chiemsee the "Bavarian Sea." Seebruck boasts the biggest yachting marina in this excellent sailing area.

«Mer bavaroise», c'est ainsi que les autochtones ont surnommé le Chiemsee qui couvre une superficie de 80 kilomètres carrés. Seebruck possède le plus grand port de plaisance de cette région se prêtant excellemment à la voile.

Auf einer Insel im Chiemsee steht das Neue Schloß Herrenchiemsee. Der baufreudige Bayernkönig Ludwig II. ließ den Prunkbau 1878 bis 1885 nach dem Vorbild Versailles errichten.

The new palace of Herrenchiemsee stands on an island in the Chiemsee. King Ludwig II of Bavaria, a man with a passion for building, had this magnificent residence built betweeen 1878 and 1885 on the model of Versailles.

Le Nouveau Château de Herrenchiemsee trône sur une île du lac de Chiemsee. Louis II de Bavière, bâtisseur zélé, fit ériger ce fastueux édifice à l'image de Versailles, entre 1878 et 1885.

Eingebettet in die sanft ansteigenden Berge der Voralpen, die sich im Norden zur Ebene hin öffnen – so sieht man den Tegernsee vom an seinem südlichen Ende gelegenen Wallberg aus.

The view of Tegernsee from Wallberg at its southern tip, showing the lake set in the gently rising Alpine foothills which open out northwards into the plain.

Enchâssé dans les montagnes doucement échelonnées des Préalpes bavaroises, qui s'ouvrent sur une plaine vers le nord – ainsi se présente le lac de Tegernsee du mont Wallberg, situé à sa pointe sud.

Im 19. Jahrhundert kurten der Adel, aber auch bedürftige Untertanen im Wildbad Kreuth. Heute wird das 1820 bis 1825 erbaute Kurgebäude mit Wandelhalle unter anderem für politische Tagungen genutzt.

In the nineteenth century both the nobility and their needy subjects took the waters in Wildbad Kreuth. Nowadays the spa rooms and the pump room, built between 1820 and 1825, are used among other things for political conferences.

Les nobles, mais aussi leurs sujets venaient en cure à Wildbad Kreuth. Cet établissement thermal, doté d'un déambulatoire, fut construit de 1820 à 1825. Aujourd'hui il est utilisé, entre autres, à des fins de congrès politiques.

Das Schlierseer Heimatmuseum befindet sich im über 500 Jahre alten „Schredlhaus", wo im 15. Jahrhundert der Kirchendiener Sigmund Schröttel wohnte. Es bietet einen faszinierenden Einblick in das bäuerliche Leben vergangener Zeiten.

The Schliersee local history museum is housed in the Schredlhaus, which is over 500 years old. In the fifteenth century it was the home of church sexton Sigmund Schröttel. It provides a fascinating insight into country life in bygone ages.

Le musée local du Schliersee se trouve dans un bâtiment datant de plus de cinq cents ans, la «Schredlhaus» où , au XVe siècle, habita Sigmund Schröttel, sacristain de son état. Elle donne un aperçu fascinant de la condition paysanne dans les temps passés.

Im welligen Hügelland des Pfaffenwinkels liegt die Wieskirche. Der Architekt Dominikus Zimmermann erbaute dieses Meisterwerk des bayerischen Rokoko 1745 bis 1754.

The Wieskirche stands in the open hilly countryside of the Pfaffenwinkel. This masterpiece of Bavarian Rococo was built between 1745 and 1754 by the architect Dominikus Zimmermann.

La Wieskirche, une petite église, se blottit au creux du paysage vallonné du Pfaffenwinkel. L'architecte Dominikus Zimmermann érigea ce chef-d'œuvre du rococo bavarois entre 1745 et 1754.

Die beiden Zwiebeltürme des im 8. Jahrhundert gegründeten Klosters Benediktbeuern haben schon Johann Wolfgang von Goethe im Vorbeifahren entzückt. Im Hintergrund ragt die 1800 Meter hohe Benediktenwand auf.

Travelling by, Johann Wolfgang Goethe was captivated by the twin onion towers of the monastery Benediktbeuern, founded in the eighth century. The 1,800-metre Benediktenwand rises in the background.

Les deux clochers à bulbes de l'abbaye de Benediktbeuern, fondée au VIIIe siècle, soulevèrent, à l'époque, l'enthousiasme de Johann Wolfgang von Goethe, lorsque celui-ci passa devant. A l'arrière-plan, la paroi du Benediktenwand dresse ses 1800 mètres vers le ciel.

Die Passionsspiele in Oberammergau finden seit 1633 alle zehn Jahre statt. Der ganze Ort beteiligt sich, in heutiger Zeit immer in „runden Jahren", an der Darstellung der Leidensgeschichte Jesu.

The Oberammergau passion plays have been performed decennially since 1633, nowadays in "round-figure years." The whole village participates in the portrayal of Christ's passion.

Depuis 1633, les Mystères de la Passion représentés à Oberammergau ont lieu tous les dix ans. Tout le bourg participe à la représentation du calvaire du Christ qui a lieu, à notre époque, dans les années se terminant par un chiffre rond.

Auf einer Gebirgswanderung entdeckte der spätere König Max II. 1829 die Burgruine Hohenschwangau. Die malerische Lage begeisterte ihn so sehr, daß er wenige Jahre später dort ein klassizistisches Schloß errichten ließ.

The man later to become King Maximilian II discovered the ruined castle of Hohenschwangau in 1829 while hiking in the mountains. The picturesque location so enraptured him that a few years later he had a palace in the Classicist style erected there.

Pendant une randonnée en montagne, le futur roi Maximilien II découvrit les ruines du château fort de Hohenschwangau. Le site romantique l'enthousiasma à tel point que, quelques années plus tard, il y fit construire un château dans le style du classicisme.

Unter seinen vielen Schlössern war dieses Ludwig II. am liebsten: Schloß Neuschwanstein entstand Ende des 19. Jahrhunderts in unvergleichlicher Lage nach Entwürfen des Königs über Alp- und Schwansee im Allgäu.

Of all his many castles, this was Ludwig II's favourite. Schloss Neuschwanstein was built at the end of the nineteenth century, based on the King's own sketches, in this incomparable location overlooking Alpsee and Schwansee in the Allgäu.

De ses nombreux châteaux, c'était celui que préférait Louis II de Bavière: Neuschwanstein, édifié à la fin du XIXe siècle, dans un site incomparable, d'après les plans de ce souverain qui régna en maître sur les lacs d'Alpsee et de Schwansee, dans l'Allgäu.

Ein Kleinod unter weißblauem Himmel. In Schloß Linderhof träumte sich König Ludwig II. in die Blütezeit des französischen Königtums zurück.

A gem beneath a blue and white sky: in Linderhof castle King Ludwig II dreamed himself back in the heyday of the French monarchy.

Joyau resplendissant sous un ciel aux couleurs blanc et bleu de la Bavière: en son château de Linderhof, Louis II de Bavière s'abandonnait à ses rêves nostalgiques qui le transportaient à l'époque où la monarchie française fêtait son apogée.

Ein bayerischer Löwe überwacht die Hafeneinfahrt von Lindau am Bodensee. Seit 1805 gehört die schöne Inselstadt zum Freistaat Bayern.

A Bavarian lion guards the harbour entrance at Lindau on Lake Constance. The lovely island town has been part of the free state of Bavaria since 1805.

Un lion bavarois surveille l'entrée du port de Lindau sur le lac de Constance. Cette belle ville fait partie de la République de Bavière depuis 1805.

Die Zugspitze am Westrand des Wettersteingebirges ist mit 2962 Metern der höchste Berg Deutschlands. Wer die Mühen einer Bergwanderung zum Gipfel scheut, kann die Bergspitze mit dem herrlichen Weitblick über die Alpen auch mit einer Zahnradbahn oder Seilbahn erreichen.

At 2,962 metres, the Zugspitze at the western edge of the Wetterstein mountains is Germany's highest peak. Those who balk at the ardours of a day-long trek to the top can travel up by rack-railway or cable car to enjoy the magnificent panoramic view of the Alps.

Les 2962 mètres de la Zugspitze, en bordure ouest du massif de Wetterstein en font la plus haute montagne d'Allemagne. Quiconque recule devant une ascension d'une journée pour atteindre le sommet, peut y parvenir en empruntant le chemin de fer à crémaillère ou la télécabine pour jouir du magnifique panorama qui se déploie sur les Alpes.

Eine bayerische Bilderbuchansicht: Vor dem herrlichen Panorama der Allgäuer Alpen steht die Wallfahrtskirche St. Koloman, ein Bau des 17. Jahrhunderts.

A Bavarian picture book view: Against the glorious panorama of the Allgäu Alps stands the pilgrimage church of St Koloman, built in the seventeenth century.

Un paysage de carte postale au cœur de la Bavière: l'église de pélerinage de St-Koloman, datant du XVIIe siècle, se dresse devant le splendide panorama des Alpes de l'Allgäu.

Dieser zwischen moosbewachsenen Felsen herabstürzende Wasserfall erhielt seinen Namen nach dem Tatzelwurm. Der feuerspeiende Drache der bayerischen Volkssage soll in der Schlucht in der Nähe des Wendelsteins gehaust haben.

This waterfall plunging between moss-covered rocks was named after the Tatzelwurm, a fire-spitting dragon which, according to Bavarian legend, dwelt in the gorge near the Wendelstein.

Cette cascade, dévalant la pente entre les rochers recouverts de mousse tient son nom du «Tatzelwurm». Le repaire de ce dragon crachant des flammes, issu de la légende populaire bavaroise, se serait en effet trouvé dans la gorge située à proximité du Wendelstein.

Baden-Württemberg / Baden-Württemberg / Le Bade-Wurtemberg

Fläche: 35 752 km²
Einwohner: 10,2 Millionen
Hauptstadt: Stuttgart (590 000 Einwohner)
Größere Städte: Karlsruhe (377 000), Mannheim (316 000), Freiburg/Br. (197 000), Heidelberg (138 000)
Geographisches: Baden-Württemberg ist Frankreich und der Schweiz benachbart, wobei größtenteils der Rhein die Grenze bildet. An die Oberrheinische Tiefebene schließt sich der Schwarzwald an, ein beliebtes Mittelgebirgs-Erholungsgebiet. Im Süden reicht das Land bis zum Bodensee, auch „Schwäbisches Meer" genannt. Die Hauptstadt Stuttgart liegt inmitten des Neckarbeckens.

Geschichte: Wie der Stauferlöwe im Wappen belegt, versteht sich Baden-Württemberg als Nachfolger des einstigen Herzogtums Schwaben, das unter dem Kaisergeschlecht der Staufer im Mittelalter eine territoriale Einheit war. In der Folgezeit kam es in diesem Gebiet zu einer Zersplitterung in über 600 Herrschaftsgebilde, von denen zu Beginn der Neuzeit allein die Kurpfalz, die österreichischen Vorlande, die hohenloheschen Fürstentümer, das Fürstbistum Würzburg, die Hohenzollern-Lande, das Herzogtum Württemberg und die badischen Markgrafschaften größere Bedeutung hatten. Mit der Flurbereinigung 1803–1806 verloren alle diese Territorien mit Ausnahme Badens, Württembergs und Hohenzollerns ihre Eigenständigkeit. Die beiden Mittelstaaten, das Königreich Württemberg und das Großherzogtum Baden, standen im 19. Jahrhundert vor der schwierigen Aufgabe, die von unterschiedlichen Traditionen, Konfessionen und ökonomischen Voraussetzungen geprägten Regionen zu einheitlichen Gebilden mit einer modernen, rechtsstaatlichen Verfassung zusammenzufügen. Mit dem Ende der deutschen Monarchie 1918 wurden beide zu Republiken, die nach einer kurzen Zeit der demokratischen Entwicklung 1933 im diktatorischen nationalsozialistischen Einheitsstaat aufgingen.

Das heutige Baden-Württemberg ist das einzige Land, das seine Existenz einer Volksabstimmung verdankt. Die Besatzungsmächte Frankreich und USA hatten 1945 nach Kriegsende in der Region zunächst drei Länder gebildet: Württemberg-Hohenzollern, Württemberg-Baden und (Süd-)Baden. Während sich die Landesregierungen der beiden erstgenannten Länder für die Vereinigung aussprachen, stemmte sich die (süd-)badische Regierung in Freiburg zunächst dagegen, akzeptierte aber dann das Ergebnis der Volksabstimmung vom Dezember 1951, in der die Gesamtbevölkerung der drei Länder mit großer Mehrheit für einen einheitlichen Südweststaat – eben Baden-Württemberg – votierte; in (Süd-)Baden allerdings sprach sich die Mehrheit damals für die Beibehaltung der alten Länder aus.

Erst 1970 wurden die Südbadener in einer Volksabstimmung erneut wegen dieser Frage an die Urnen gebeten. Sie entschieden sich mit 81,9 Prozent für den Fortbestand Baden-Württembergs, das zu diesem Zeitpunkt schon auf eine knapp 20jährige Geschichte zurückblicken konnte.

Area: 35,752 square kilometres
Population: 10.2 million
Capital: Stuttgart (population 590,000)
Principal cities: Karlsruhe (377,000), Mannheim (316,000), Freiburg/Breisgau (197,000), Heidelberg (138,000)
Geography: Baden-Württemberg borders on France and Switzerland, with the Rhine as the greatest part of the border. The lowlands of the upper Rhine region are adjacent to the Black Forest, which is a popular excursion area. Down in the south this state reaches down to Lake Constance, which is also called the "Swabian Sea". The capital Stuttgart is situated in the middle of the Neckar basin.

History: The Hohenstaufen Lion in the coat-of-arms of Baden-Württemberg is proof of the fact that this state sees itself as a successor to the bygone duchy of Swabia, which, in the Middle Ages, was a territorial unit at the time of the Staufen emperors. In the following period this region split into over 600 territories, including the Kurpfalz, an Austrian region, the principalities of Hohenlohe, the grand duchy of Würzburg, the Hohenzollern region, the duchy of Württemberg, and the Baden duchies, to mention those of any importance. Due to the consolidation of 1803–1806 all territories with the exception of Baden, Württemberg, and Hohenzollern lost their sovereignty. The two medium-sized states, the kingdom of Württemberg and the grand duchy of Baden, were confronted with the complicated task of merging regions of different traditions, denominations and economic status into units with a modern constitution in the 19th century. With the fall of the German monarchy in 1918 both became republics, which, after a short period of democratic development, were merged with the unitary National Socialist dictatorship in 1933.

Today's Baden-Württemberg is the only state of Germany that owes its existence to a popular vote. In 1945, after the end of the war, the allies France and the USA at first made three states of the region: Württemberg-Hohenzollern, Württemberg-Baden, and (South) Baden. While the governments of the first two mentioned above had no objections to a merger, the (South) Baden government in Freiburg put up resistance, but, in December 1951, accepted the results of the popular vote, in which the total populace of the three states voted for a united south-western state by a great majority – thus Baden-Württemberg came into being; yet, at that time, the majority of (South) Baden would have preferred to retain the old three states' borders.

Then, in 1970, the people of South Baden were once again asked to vote on the matter. This time 81.9 per cent decided for the continuing existence of Baden-Württemberg, which, by then, could look back upon almost two decades of history as a unit.

Superficie: 35 752 km²
Nombre d'habitants: 10,2 millions
Capitale: Stuttgart (590 000 habitants)
Villes principales: Karlsruhe (377 000), Mannheim (316 000), Fribourg-en-Brisgrau (197 000), Heidelberg (138 000)
Géographie: Le Bade-Wurtemberg se trouve aux frontières de la France et de la Suisse marquées en grande partie par le Rhin. A l'est de la plaine du Haut-Rhin se situe la Forêt-Noire dont les montagnes offrent des lieux de villégiature prisés. Au sud, le Land s'étend jusqu'au Lac de Constance (dit Mer Souabe). La capitale, Stuttgart, est sise dans le bassin du Neckar.

Histoire: Ainsi que le prouve le lion des Staufen sur son écusson, le Bade-Wurtemberg se considère comme étant le successeur de l'ancien duché de Souabe. Celui-ci formait au Moyen-Age une unité territoriale sous les empereurs de la lignée des Staufen. Par la suite, le territoire est morcelé en 600 petits Etats environ. Au début, seuls le Palatinat électoral, l'avant-pays autrichien, les principautés de Hohenlohe, l'archevêché de Wurzbourg, les domaines des Hohenzollern, le duché de Wurtemberg, et les comtés de Bade conservent une certaine importance. Le remembrement qui a lieu entre 1803 et 1806 veut que tous ces Etats perdent leur autonomie, exception faite de la Bade, du Wurtemberg et du Hohenzollern. Au 19ème siècle, les deux Etats de l'Allemagne moyenne, c'est-à-dire le Royaume de Wurtemberg et le Grand-Duché de Bade se voient confrontés à la difficile tâche consistant à réunir toutes ces régions marquées par des traditions, des confessions et des conditions économiques différentes et de leur donner une constitution moderne. En 1918, avec la fin de la monarchie allemande, le Royaume de Wurtemberg et le Grand Duché de Bade deviennent des républiques qui, en 1933, après une courte période de démocratie, sont incorporées à l'Etat national-socialiste.

Le Bade-Wurtemberg est aujourd'hui le seul Land devant son existence à un plébiscite. A l'issue de la guerre, en 1945, la France et les Etats-Unis, forces d'occupation, avaient tout d'abord instauré trois Länder dans cette région: le Wurtemberg-Hohenzollern, le Wurtemberg et la Bade du Sud. Alors que les gouvernements des deux premiers de ces pays se prononcent en faveur de l'union, celui de la Bade du Sud, sis à Fribourg, s'y oppose dans un premier temps mais finit par accepter le résultat du plébiscite de décembre 1951 par lequel la grande majorité de la population des trois Länder vote pour un seul Etat au sud-ouest de l'Allemagne: le Bade-Wurtemberg. La majorité des électeurs de la Bade du Sud se déclare toutefois favorable au maintien des trois Länder.

Ce n'est qu'en 1970 que l'on demande à nouveau aux habitants de la Bade du Sud de donner leur avis. Cette fois-ci, un pourcentage de 81,9 vote en faveur du Land de Bade-Wurtemberg qui, à cette époque, existe déjà depuis vingt ans.

Fläche: 70 554 km²
Einwohner: 11,5 Millionen
Hauptstadt: München (1,23 Millionen Einwohner)
Größere Städte: Nürnberg (495 000), Augsburg (258 000), Würzburg (128 000), Regensburg (122 000)

Geographisches: Bayern ist flächenmäßig das größte deutsche Land. Dank seiner landschaftlichen Schönheiten – der Alpen mit Garmisch-Partenkirchen und der Zugspitze, des hügeligen Alpenvorlandes mit seinen Seen, der durch das Donautal davon getrennten Fränkischen Alb sowie des Bayerischen Waldes – ist Bayern zu einem beliebten Ferienziel geworden.

Geschichte: Bayern kann stolz auf eine mehr als tausendjährige Geschichte verweisen, war doch bereits im 6. Jahrhundert die Landnahme durch die Bajuwaren zwischen Lech, Donau und Alpen vollzogen. Mit der Verleihung des Herzogtums Bayern an die Wittelsbacher 1180 begann eine Periode der dynastischen Kontinuität, die erst 1918 mit der Abdankung des letzten Bayernkönigs Ludwig III. endete. In dieser Zeit erlebte Bayern eine Reihe einschneidender, auch geographischer Veränderungen. Erst mit der im Bündnis mit Napoleon durchgesetzten – Erhebung zum Königreich 1806 kamen (bis 1813) zu Altbayern die fränkischen und schwäbischen Gebiete hinzu, die noch heute zu Bayern gehören; diese Regionen waren zuvor in eine Reihe weltlicher und geistlicher Territorien zerfallen.

Das nun geeinte Land wurde von den Wittelsbacher Königen nach zentralistischen und absolutistischen Prinzipien straff verwaltet. Der im Revolutionsjahr 1848 an die Macht gekommene König Maximilian II. begünstigte liberale und soziale Reformen. Sein Sohn ist der „Märchenkönig" Ludwig II., der Schloß Neuschwanstein bauen ließ und seinem Leben in geistiger Umnachtung durch Ertränken im Starnberger See selbst ein Ende setzte.

Mit der Gründung des Deutschen Kaiserreichs 1871 verlor Bayern wichtige Kompetenzen an die Zentralregierung in Berlin. Finanzen, Verkehr, Kultur, Justiz, Soziales und Verwaltung blieben jedoch Landessache. Als mit dem deutschen Kaiser in Berlin auch der Bayernkönig in München nach dem Ersten Weltkrieg abdanken mußte, entstand der „Freistaat Bayern" mit dem Volk als Souverän. Nach einem kurzen Zwischenspiel zweier sozialistischer Räterepubliken im Frühjahr 1919 setzte sich mit Unterstützung der Reichsregierung der gewählte Landtag als Volksvertretung durch. In die Zeit galoppierender Inflation fiel Hitlers Putsch-Versuch von 1923. Während der nationalsozialistischen Diktatur verlor Bayern alle eigenstaatlichen Befugnisse.

Nach 1945 wurde das Land Bayern – allerdings ohne die Pfalz – von der amerikanischen Besatzungsmacht wiederhergestellt. Als einziges Landesparlament versagte der bayerische Landtag 1949 dem Grundgesetz der neugeschaffenen Bundesrepublik Deutschland die Zustimmung, da es seiner Ansicht nach die Rechte der Länder zu stark einschränkte; die Verbindlichkeit der Verfassung wurde jedoch bejaht. Bayern versteht sich aufgrund seiner fast eineinhalbtausendjährigen Geschichte als Verfechter des Föderalismus in Deutschland und Europa. In den europäischen Einigungsprozeß tritt der Freistaat für ein Europa der Regionen ein, in dem Föderalismus und Subsidiarität das Maß für Struktur und Handlung liefern.

Area: 70,554 square kilometres
Population: 11.5 million
Capital: Munich (population 1.23 million)
Principal cities: Nuremberg (495,000), Augsburg (258,000), Würzburg (128,000), Regensburg (122,000)

Geography: In area Bavaria is the largest German state. Thanks to its beautiful countryside, the Alps with Garmisch-Partenkirchen and the Zugspitze, the Alpine foothills with their lakes, the Franconian Alps, separated from the other regions by the Danube valley, as well as the Bavarian Forest, Bavaria has developed into a popular holiday region.

History: Bavaria can proudly look back upon a history of over 1,000 years. The Bavarians settled in the area bordered by the Lech, the Danube and the Alps in the sixth century AD. Ever since the duchy of Bavaria was enfeoffed to the Wittelsbachs in 1180, a period of dynastic continuity was ensured, ending in 1918, when the last of the Bavarian kings, Ludwig III, abdicated. In the course of this time, Bavaria was put through a series of incisive, partly geographical changes. Only by being elevated to the status of a kingdom in 1806 – by means of an alliance with Napoleon – did the original Bavaria gain (until 1813) the regions of Franconia and Swabia, which still belong to Bavaria; before, these regions had degenerated into a multitude of secular and ecclesiastically administered territories.

The now united land was strictly ruled by the Wittelsbach kings according to centralist and absolutist principles. Maximilian II, who was crowned in the year of the revolution, 1848, was a king who furthered liberal and social reforms. His son was the "fairy-tale king" Ludwig II, who built Neuschwanstein Castle and put an end to his life during a period of insanity by drowning himself in Lake Starnberg.

With the foundation of the German Empire in 1871, Bavaria lost important fields of competence to the central government in Berlin. However, finance, transport, culture, justice, social matters, and administration remained domains of the Bavarian state. After the monarch of Bavaria was forced to abdicate along with the German Kaiser in Berlin after the First World War, Bavaria became a republic, with its people as sovereign. After a short intermezzo of two socialist soviet-style republics ("Räterepubliken") in the spring of 1919, an elected state parliament as representative of the people was able to establish itself successfully – with help of the Reich government. Hitler's 1923 attempted putsch took place at a time of galloping inflation. Under the Nazis Bavaria forfeited its authority as a sovereign state.

The American occupation authorities re-established Bavaria, but without the Palatinate, after 1945. The only state parliament of the newly created Federal Republic of Germany to reject the constitution in 1949 was the Bavarian state assembly, since it was of the opinion that it did not ensure enough sovereignty for the member states of the federation; the obligations of the constitution were however accepted. As a result of its almost one and a half thousand years of history, it goes without saying that Bavaria is a champion of federalism in Gemany and Europe. In the process of European unification it stands for a Europe of the regions in which federalism and subsidiarity provide the yardsticks for both structure and action.

Superficie: 70 554 km²
Nombre d'habitants: 11,5 millions
Capitale: Munich (1,23 million habitants)
Villes principales: Nuremberg (495 000), Augsbourg (258 000), Wurtzbourg (128 000), Regensbourg (122 000)

Géographie: La Bavière est le Land ayant la plus grande superficie en Allemagne. La beauté de ses paysages en fait un but de vacances privilégié composé par les Alpes avec Garmisch-Partenkirchen, la Zugspitze, les préalpes vallonnées avec leur lacs, le Jura franconien qui en est séparé par la vallée du Danube ainsi que la Forêt de Bavière.

Histoire: On peut remonter le cours de l'histoire de la Bavière sur 1000 ans. Au 6ème siècle déjà, les Bajuvares ont terminé leurs conquêtes territoriales entre le Lech, le Danube et les Alpes. L'attribution du duché de Bavière aux Wittelsbach en 1180 marque le début d'une dynastie constante qui ne s'éteint qu'en 1918 avec l'abdication du roi Louis III. Durant ces siècles, la Bavière connut un nombre de changements remarquables surtout sur le plan géographique. Ce n'est qu'en 1806, lors de l'instauration du royaume – possible grâce à la coalition avec Napoléon – que la Franconie et la Souabe deviennent jusqu'en 1813 également bavaroises et le sont encore aujourd'hui. Jusqu'à cette époque, elles étaient divisées en petits Etats soit séculiers, soit ecclésiastiques.

Dès lors, le pays est organisé en vertu des principes du centralisme et de l'absolutisme. Le Roi Maximilien II (qui prend le pouvoir dans l'année de la Révolution en 1848) encourage les réformes libérales et sociales. Son fils est le fameux «Märchenkönig» Louis II de Bavière, qui fit construire le château de Neuschwanstein et qui, devenu fou, mit fin à ses jours en se noyant dans le lac de Starnberg.

Avec la fondation de l'Empire allemand en 1871, la Bavière doit céder la plupart de ses compétences au pouvoir central à Berlin. Pourtant, les questions des finances, des transports, de la culture, de la justice, des affaires sociales et de l'administration sont tranchées par le gouvernement du Land. Lorsque le roi de Bavière se voit obligé d'abdiquer après la première guerre mondiale, en même temps que l'empereur allemand, la Bavière devient un Etat libre dont le peuple est le souverain. Après un court intermède de deux républiques des conseils socialistes au printemps de l'année 1919, le parlement du Land s'impose en tant que représentation du peuple avec l'appui du gouvernement de l'Empire. La tentative de putsch faite par Hitler en 1923 coincide avec la période d'inflation galoppante sévissant alors en Allemagne. Sous le régime de dictature national-socialiste, la Bavière se vit privée de tous les pouvoirs dont elle disposait en tant qu'Etat souverain.

Après 1945, la Bavière est rétablie par les forces d'occupation américaines sans le Palatinat toutefois. En 1949, le parlement bavarois est le seul des parlements des Länder à refuser de donner son accord à la nouvelle constitution de la République fédérale d'Allemagne, trouvant que celle-ci limite trop les droits des Länder. Le caractère obligatoire de la constitution est par contre reconnu. Forte de son histoire remontant à bientôt 1500 ans, la Bavière s'est faite la championne du fédéralisme tant en Allemagne qu'en Europe. Pour ce qui est de l'unification européenne, l'Etat libre de Bavière préconise une Europe des régions, au sein de laquelle le fédéralisme et le principe de subsidiarité constituent les critères sur lesquels reposent les structures et l'action.

Fläche: 889 km²
Einwohner: 3,5 Millionen

Geographisches: In einem eiszeitlichen Urstromtal gelegen, wird Berlin von der Havel und der Spree durchflossen und verfügt daher im Stadtgebiet über zahlreiche natürliche Erholungsgebiete. Vor allem infolge des Mauerbaus und der DDR-Grenzsicherung liegen im Herzen der Stadt weite Flächen brach. Es gibt zwei Zentren: um den Kurfürstendamm im West-teil und um die Prachtstraße Unter den Linden im Ostteil.

Geschichte: Berlin ist relativ jung; offizielles Grün-dungsjahr der Doppelstadt Berlin-Cölln ist 1237. Im 14. Jahrhundert entwickelte sich die Stadt aufgrund ihrer natürlichen Lage an einer Spreefurt zu einem bedeutenden Handelsplatz und spielte politisch wie ökonomisch eine herausragende Rolle in der Mark Brandenburg.

Zwar verlor Berlin im 15. Jahrhundert diese wirt-schaftliche Stellung, es wurde aber Residenz der in Brandenburg – später Preußen – regierenden Hohen-zollern. Unter König Friedrich II. (Regierungszeit: 1740–1786) erlebte Berlin als Hauptstadt Preußens eine erneute Blütezeit; die Einwohnerzahl wuchs auf 150 000.

Mit der Ernennung zur Reichshauptstadt 1871 begann eine neue Epoche. Berlin wuchs während der Kaiserzeit zum politischen und kulturellen Zentrum des Reichs heran. In der größten Industriestadt Deutschlands war die Arbeiterbewegung besonders stark. Mit der Abdankung des Kaisers zum Ende des Ersten Weltkriegs kulminierten in Berlin die politi-schen Auseinandersetzungen: unter anderem im kommunistischen Spartakusaufstand, der im Januar 1919 niedergeschlagen wurde. 1920 wurde die Stadt-gemeinde Berlin durch Angliederung von mehreren Kleinstädten und Landgemeinden geschaffen. Mit vier Millionen Einwohnern und einer Fläche von 878 Quadratkilometern war dieses Groß-Berlin die größte Industriestadt des Kontinents und hatte während der „Goldenen Zwanziger" echtes Weltstadtflair.

In der Zeit des Nationalsozialismus war Berlin Sitz der Hitler-Regierung. In der Stadt bildeten sich aber auch Widerstandsgruppen.

Nach Kriegsende wurde Berlin in vier Besatzungszo-nen aufgeteilt und von den Siegermächten zunächst gemeinsam verwaltet. Die Sowjetunion zog sich im Juni 1948 aus dem alliierten Kontrollgremium zurück und reagierte auf die Währungsreform in den West-sektoren mit einer Blockade Westberlins; die Versor-gung konnte nur mit einer Luftbrücke aufrechterhal-ten werden. Der Ostteil wurde mit Gründung der DDR 1949 Hauptstadt des neu entstandenen Staates. Ein sowjetisches Ultimatum beschwor 1958 eine neu-erliche Krise herauf. In der Folgezeit verstärkte sich der Flüchtlingsstrom aus der DDR, dem die SED-Regie-rung am 13. August 1961 mit dem Bau der Mauer mit-ten durch die Stadt ein gewaltsames Ende setzte. Nach Massenprotesten und einer Ausreisewelle wurde die Mauer am 9. November 1989 von der DDR-Regierung geöffnet. Mit der deutschen Einheit endete 1990 auch die Teilung Berlins, das wieder deutsche Hauptstadt wurde. 1991 entschied der Bun-destag, daß Regierung und Parlament ihren Sitz in Berlin haben sollen.

Area: 889 square kilometres
Population: 3.5 million

Geography: Situated in an Ice Age valley Berlin has the Havel and the Spree flowing through it. Therefore the city itself boasts many natural recreation areas. Due mainly to the building of the Berlin Wall and East Ger-many's border fortifications, many city-centre areas are still a wasteland. Thera are two city centres: the area round Kurfürstendamm in the western and around the showpiece boulevard Unter den Linden in the eastern part of the city.

History: Berlin is relatively young; the official founda-tion date of the twin-city Berlin-Cölln is 1227. In the 14th century, thanks to its natural location at a ford crossing the Spree, the city developed into a major centre of trade and was to become extremely signifi-cant for the March of Brandenburg politically as well as economically. Berlin's economic importance less-ened in the 15th century, but later it was chosen to be the residence of the Hohenzollern dynasty as rulers of what was first Brandenburg, then later Prussia. At the time of the reign of King Friedrich II (1740–1786), Berlin, capital city of Prussia, rose to new heights; its population increased to 150,000.

A new epoch began in 1871, when Berlin became the capital of the Reich. During the reign of the emperors, Berlin evolved into the political and cultural centre of the Reich. In Germany's largest industrial city the working class movement was particularly strong. At the end of the First World War, when the Kaiser abdi-cated, political upheavals came to a head in Berlin: among others, the communist Spartacus revolt, which was put down in January, 1919. In 1920, the urban municipality of Berlin was created by incorporating several smaller towns as well as rural communities. With its four million inhabitants and a region encom-passing 878 square kilometres, Greater Berlin was the largest industrial city of the continent and had the flair of a cosmopolitan capital during the "roaring twen-ties".

In the Nazi era Berlin was the seat of Hitler's govern-ment, but resistance groups were also set up in the city.

After the end of the war, Berlin was divided into four occupation sectors and, to begin with, jointly admin-istered by the four Allies. In June 1948, the Soviet Union withdrew from the Allied Control Council and reacted to the currency reform in the western sectors by imposing a blockade on West Berlin; supplies could thus only be transported by aircraft. With the foun-dation of the German Democratic Republic in 1949, the eastern part of the city became capital of the new state.

In 1958, a Soviet ultimatum caused yet another crisis. Thereafter the exodus of refugees from the GDR was intensified. The SED (Socialist Unity Party) govern-ment put a forceful end to this on 13 August 1961 by building the Wall right through the heart of the city. In the wake of massive protests and waves of refugees, the Wall was opened by the government of the GDR on 9 November 1989. The division of Berlin ended in 1990, the year in which German unity was achieved. Once again it was to become the capital of Germany. In 1991, the Bundestag decided that gov-ernment and parliament were to return to Berlin.

Superficie: 889 km²
Nombre d'habitants: 3,5 millions

Géographie: Berlin est situé dans un bassin fluvial datant de l'époque glaciaire. Deux rivières traversent la ville, la Havel et la Spree, et l'on y trouve un grand nombre de parcs et de zones de repos. De vastes sur-faces s'étendant au cœur de la ville sont laissées en friche, en raison notamment de la construction du Mur et des mesures prises par la RDA en vue de la défense de ses frontières. Berlin a deux centres: l'un entourant le Kurfürstendamm dans la partie Ouest et l'autre entourant le boulevard Unter den Linden dans la partie Est.

Histoire: Berlin est une ville relativement jeune, fondée en 1237. La ville de Berlin-Cölln se développe au 14ème siècle grâce à sa situation favorable en bordu-re d'un gué sur la Spree. Elle devient une place com-merciale importante et joue un rôle dominant dans la Marche de Brandebourg tant du point de vue poli-tique qu'économique. Bien que Berlin eût perdu son importance économique au 15ème siècle, elle devint résidence des Hohenzollern qui gouvernèrent le Bran-debourg, la future Prusse. En tant que capitale de la Prusse, la ville connaît son apogée sous le roi Frédé-ric II qui règne de 1740 à 1786. Le nombre des habi-tants atteint alors 150 000.

Sa désignation de capitale de l'Empire en 1871 mar-que le début d'une nouvelle époque. Berlin devient le centre politique et culturel de l'Empire allemand. Le mouvement ouvrier connaît une ampleur particulière à Berlin, la plus importante ville industrielle d'Alle-magne. Les affrontements politiques culminent lorsque l'Empereur abdique à la fin de la première guerre mondiale. Citons en exemple le soulèvement communiste de la Ligue Spartakus, réprimé en janvier 1919. En 1920, la commune de Berlin s'agrandit avec l'annexion de diverses petites villes et communes de la banlieue. Avec 4 millions d'habitants et une super-ficie de 878 km², Berlin devient la plus grande ville industrielle du continent et a la réputation d'une véri-table métropole dans les années 20.

Durant le régime national-socialiste, Berlin est le siège du gouvernement. Cependant, la ville vit également naître plusieurs cellules de la résistance.

Après la fin de la deuxième guerre mondiale, Berlin est divisé en quatre zones d'occupation et administré conjointement par les Alliés. L'Union soviétique se retire en juin 1948 du Conseil de Contrôle Allié. A la suite de la réforme monétaire dans la partie Ouest de la ville, elle réagit par un blocus de Berlin-Ouest. Les Etats-Unis, la France et la Grande-Bretagne répondent en formant un pont aérien pour assurer son approvi-sionnement. Berlin-Est devient capitale de la Répu-blique démocratique d'Allemagne après la fondation de cette dernière en 1949.

Un ultimatum soviétique en 1958 plonge la ville dans une nouvelle crise. Dans la période qui suit, le flux des réfugiés en provenance da la RDA se renforce. Le 13 août 1961, le gouvernement mené par le Parti socia-liste unifié y met fin par la force en érigeant le Mur qui coupe la ville en deux.

Après des manifestations qui mobilisèrent des cen-taines de milliers de personnes et un exode massif de la population, le gouvernement de la RDA ouvre le mur le 9 novembre 1989. En 1990, la réunification de l'Allemagne met également fin à la division de Berlin, qui redevient capitale du pays. En 1991, le Parlement adopte la résolution selon laquelle gouvernement et parlement devront désormais siéger à Berlin.

Fläche: 29 480 km²
Einwohner: 2,5 Millionen
Hauptstadt: Potsdam (138 000 Einwohner)
Größere Städte: Cottbus (127 000), Brandenburg (88 000), Frankfurt/Oder (82 000), Eisenhüttenstadt (52 000)
Geographisches: Brandenburg grenzt im Osten an Polen und umschließt Berlin. Ein steter Wechsel zwischen trockenen, sandiglehmigen Erhebungen und feuchten, tiefgelegenen, zum Teil vermoorten Talebenen mit zahlreichen Seen und Trockenlegungen charakterisiert Brandenburg mit den Landschaften Prignitz, Uckermark, Ruppin, Havelland, Mittelmark, Neumark, Fläming und Niederlausitz.
Geschichte: Nach mehreren vergeblichen Versuchen, das seit dem 7. Jahrhundert von heidnischen Slawen besiedelte Land dem christlichen fränkischen Reich einzugliedern, gelang es dem Askanier Albrecht dem Bären im 12. Jahrhundert, das Gebiet für die deutsche Ostsiedlung zu erschließen. Nach dem Aussterben der Askanier 1320 stand Brandenburg unter der Herrschaft der Wittelsbacher und später der Luxemburger, die das Gebiet vernachlässigten.
Mit der Belehnung der Mark Brandenburg an die Hohenzollern 1419 begann ein neuer Abschnitt: Die folgenden 500 Jahre hatte dieses Geschlecht – als Kurfürsten von Brandenburg, Könige von Preußen und Deutsche Kaiser – die Herrschaft inne. Zielstrebig baute Brandenburg zunächst sein Territorium aus und gewann durch Erbschaft Anfang des 17. Jahrhunderts unter anderem das Herzogtum Preußen hinzu.
Im Dreißigjährigen Krieg 1618–1648 wurde es schwer verwüstet, der Westfälische Frieden brachte jedoch erneuten territorialen Zugewinn. Der damals regierende Friedrich Wilhelm I., der Große Kurfürst, erließ das Potsdamer Edikt. Danach wurden den aus Frankreich geflüchteten Hugenotten eine Reihe von „Rechten, Privilegien und anderen Wohltaten" garantiert. Dazu gehörten die vollen Bürgerrechte und eine kostenfreie Aufnahme in die Zünfte. Die Niederlassung und Religionsfreiheit wurde durch Privilegien gesichert. Über 300 000 Menschen, darunter 20 000 Hugenotten, 20 000 Salzburger, 7 000 Pfälzer, 7 000 Schweizer und 5 000 Böhmen, kamen in der Folgezeit nach Brandenburg und trugen mit ihren vielfältigen Kenntnissen und Fähigkeiten entscheidend zum Aufbau des Landes bei.
Inbegriff des Preußentums ist Friedrich II., der Große, König von 1740–1786. Er schuf einen straff organisierten Beamtenstaat, förderte Handel und Gewerbe, aber auch Kunst und Wissenschaften. Zugleich beendete er eine längere Friedenszeit, indem er den Anspruch auf das zu Österreich gehörende Schlesien kriegerisch durchzusetzen versuchte. Fremde Truppen besetzten vorübergehend Berlin, Preußen jedoch wurde als Großmacht anerkannt.
Nach der Niederlage Preußens gegen die napoleonische Armee 1806 blieb Brandenburg Kernland des verkleinerten Preußens, 1815 erhielt es den Status einer preußischen Provinz.
Auf die Gleichschaltung durch die Nationalsozialisten und die deutsche Niederlage im Zweiten Weltkrieg folgte 1947 die Auflösung des Staates Preußen durch die Siegermächte. Die Provinz hieß vorübergehend „Land Mark Brandenburg", wurde aber 1952 bei der Gebietsreform von der DDR-Regierung in Bezirke aufgegliedert. 1990 wurde das Land Brandenburg – in veränderten Grenzen – wiederhergestellt.
Im Mai 1996 entschied sich in einem Referendum die Mehrheit der Brandenburger gegen die Bildung eines gemeinsamen Bundeslandes mit Berlin.

Area: 29,480 square kilometres
Population: 2.5 million
Capital: Potsdam (population 138,000)
Principal cities: Cottbus (127,000), Brandenburg (88,000), Frankfurt/Oder (82,000), Eisenhüttenstadt (52,000)
Geography: Brandenburg borders on Poland to the east and surrounds Berlin. A continual contrast between dry, sand- and loam-covered hillocks and damp, low-lying valley plains with numerous lakes and drained areas is characteristic of Brandenburg and its districts of Prignitz, Uckermark, Ruppin, Havelland, Mittelmark, Neumark, Fläming and Niederlausitz.
History: After several futile attempts to incorporate this region, which had been settled by heathen Slavs since thc 7th century, into the Christian Franconian realm, it was the achievement of the Ascanian Albrecht the Bear to make these regions accessible for German settlement of the East. After the decline of the Ascanians in 1320, Brandenburg was administered by the Wittelsbachs, later by the house of Luxembourg, who tended to neglect the region.
Commencing with the feudal tenure of the March of Brandenburg by the dynasty of Hohenzollern in 1419, a new era was initiated. This dynasty was to rule for the ensuing five centuries – as electors of Brandenburg, kings of Prussia, and emperors of Germany. Brandenburg systematically enlarged its territory and, by way of inheritance in the early 17th century, acquired, among others, the region of the Duchy of Prussia.
In the Thirty Years' War, 1618–1648, Brandenburg was heavily pillaged, but the Treaty of Westphalia once again helped to enlarge its territory. The ruler of the time, Friedrich Wilhelm I, the Great Elector, issued the Edict of Potsdam, guaranteeing the Huguenots who had fled from France a series of "rights, privileges and other benefits". In the years that followed over 300,000 people, among them 20,000 Huguenots, 20,000 Salzburgers, 7,000 inhabitants of the Palatinate, 7,000 Swiss and 5,000 Bohemians came to Brandenburg and employed their wide range of knowledge and skills in making a decisive contribution to the state's development.
The incarnation of Prussian character is Friedrich II the Great, king from 1740 to 1786. He created the strictly organized civil service state and furthered trade and commerce as well as the arts and sciences. At the same time he put an end to a longer period of peace by attempting to forcefully take Silesia, which at the time belonged to Austria. Berlin was temporarily occupied by foreign troops. Prussia, however, was accepted as a politically great power.
After Prussia had lost to Napoleon's army in 1806, Brandenburg was still the heartland of a diminished Prussia, and in 1815 gained the status of a Prussian province.
After having been brought in line by the National Socialists and following the defeat of the Germans in the Second World War, the state of Prussia was disbanded by the Allies. The province was temporarily named the March of Brandenburg, but in 1952 it was split up in several regions in the course of an administrative reform by the GDR government. In 1990 Brandenburg was re-established, with slightly altered borders.
In a referendum held in May 1996 the majority of Brandenburg residents voted against merging with Berlin to form a single federal state.

Superficie: 29 480 km²
Nombre d'habitants: 2,5 millions
Capitale: Potsdam (138 000 habitants)
Villes principales: Cottbus (127 000), Brandebourg (88 000), Francfort-sur-l'Oder (82 000), Eisenhüttenstadt (52 000)
Géographie: Le Brandebourg est limité, à l'est, par la Pologne et entoure Berlin. Une alternance ininterrompue de petites collines à la terre sèche, sableuse ou argileuse et de plaines en partie marécageuses s'étendant au creux de vallées agrémentées de nombreux lacs, caractérise le Brandebourg et les régions de Prignitz, d'Uckermark, de Ruppin, de Havelland, de Mittelmark, de Neumark, de Fläming et de Niederlausitz.
Histoire: Au 7ème siècle, toute la région est habitée par des Slaves paiens. Après plusieurs tentatives visant à incorporer le pays à l'empire chrétien des Francs, l'Ascanien Albrecht l'Ours réussit à coloniser les territoires de l'Est. Après l'extinction de la dynastie ascanienne en 1320, le Brandebourg passe aux Wittelsbach et plus tard à la maison de Luxembourg, qui négligèrent cette région.
Après l'attribution du margraviat de Brandebourg aux Hohenzollern, en 1419, une nouvelle ère commence qui durera 500 ans. La famille de Hohenzollern est le berceau des électeurs de Brandebourg, des rois de Prusse et des empereurs allemands. Le Brandebourg agrandit son territoire. Il se voit attribuer, à titre d'héritage, le duché de Prusse au début du 17ème siècle.
Durant la guerre de Trente ans, de 1618 à 1648, le pays est terriblement ravagé. Pourtant, le Traité de Westphalie lui rend des territoires. Frédéric Guillaume Ier, le Grand Electeur régnant à l'époque, promulgua l'Edit de Potsdam. Celui-ci garantissait aux huguenots ayant fui hors de France, une série de «droits, privilèges et autres bienfaits». Parmi ces derniers, tous les droits du citoyen ainsi que l'admission gratuite au sein des corporations. Plus de 300 000 personnes, dont 20 000 huguenots, 20 000 Salzbourgeois, 7 000 Palatins, 7 000 Suisses et 5 000 ressortissants de Bohème vinrent s'installer dans le Brandebourg au cours des années qui suivirent et, grâce à leurs connaissances et leurs capacités en tous genres, contribuèrent, dans une large mesure, à l'essor du pays.
Les qualités prussiennes sont incarnées par Frédéric II le Grand, roi de 1740 à 1786. Il crée un état de fonctionnaires bien organisé et favorise le commerce ainsi que l'art et les sciences. Il met en même temps fin à une longue période de paix en cherchant à annexer la Silésie, alors province autrichienne. Bien que Berlin soit occupé par des troupes étrangères pendant une courte période, la Prusse est reconnue partout comme une grande puissance.
Après la défaite infligée par l'armée de Napoléon en 1806, le Brandebourg reste le noyau de la Prusse amenuisée. En 1815, il reçoit le statut de province prussienne.
A la suite de l'uniformisation par le pouvoir nationalsocialiste et de la défaite allemande à l'issue de la deuxième guerre mondiale, l'Etat de Prusse disparaît en 1947. La province dite «Mark-Brandebourg» est divisée en différents districts lors de la restructuration de la RDA en 1952. En 1990, le Brandebourg est recréé avec de nouvelles frontières.
Consultés dans le cadre d'un référendum, en mai 1996, la majorité des habitants du Brandebourg refusèrent la création d'un Land les associant à Berlin.

Bremen / Bremen / Brême

Fläche: 404 km²
Einwohner: 680 000
Hauptstadt: Bremen (549 000 Einwohner)
Weitere Städte: Bremerhaven (131 000)

Geographisches: Die Freie Hansestadt Bremen, das kleinste Land der Bundesrepublik, besteht aus den beiden an der Wesermündung gelegenen Städten Bremen und Bremerhaven, die durch 65 Kilometer niedersächsisches Gebiet voneinander getrennt sind. Bremerhaven hat sich zu einem bedeutenden Fischereihafen entwickelt.

Geschichte: Das 787 als Bischofsstadt gegründete Bremen hat sich durch alle Wechselfälle der deutschen Geschichte weitgehend seine Unabhängigkeit bewahren können. Die Entwicklung der Stadt ist durch Hafen und Schiffahrt entscheidend geprägt. 965 bildete sich eine Kaufmannsgilde, und schon vor dem Beitritt Bremens zur Hanse 1358 trieb man von der Weser aus regen Handel zwischen Norwegen und dem Mittelmeer. Innerhalb des hansischen Städtebundes, der vom 14. bis zum 16. Jahrhundert den Handelsverkehr im Nord- und Ostseeraum beherrschte, hatte Bremen neben Hamburg und Lübeck eine bedeutende Position inne. Im 18. Jahrhundert begann die Blütezeit des Ostasien- und Amerikahandels, und im 19. Jahrhundert war Bremen ein wichtiger Auswandererhafen.

Nach der Auflösung des Heiligen Römischen Reiches Deutscher Nation (1806) gelang es dem damals regierenden Bürgermeister Johann Smidt, die Unabhängigkeit der Freien Stadt Bremen im Deutschen Bund zu sichern. Smidt war es auch, der 1827 von Hannover einen Weseruferstreifen erwarb, aus dem das spätere Bremerhaven hervorging. Nach der Gründung des Deutschen Reichs 1871 wurde Bremen Bundesstaat mit der verfassungsrechtlich festgelegten Bezeichnung Freie Hansestadt Bremen. Anders als Hamburg und Lübeck konnte Bremen diesen Titel auch während der nationalsozialistischen Herrschaft bewahren, es wurde aber 1933 mit Oldenburg zur Reichsstatthalterschaft vereinigt. Bremerhaven wurde 1939 dem preußischen Wesermünde zugeschlagen, das Hafengelände jedoch blieb bremisches Gebiet.

Die amerikanischen Besatzer, die zum Jahreswechsel 1946/47 die Briten ablösten, proklamierten noch 1947 das Land Bremen, das auch mit Gründung der Bundesrepublik Deutschland als Freie Hansestadt Bestand hatte. Seine Rolle als Hafenumschlagplatz und Schiffbauzentrum hat Bremen bis in die Gegenwart bewahrt. Ein durchgreifender Strukturwandel sorgte zugleich für die Ansiedlung von Großunternehmen anderer Branchen sowie für die Entstehung kleiner und mittlerer Betriebe mit innovativem Programm. Heute sieht Bremen seine Zukunft in der Kombination von Außenhandel, Dienstleistungen und High-Tech-Industrien.

Area: 404 square kilometres
Population: 680,000
Capital city: Bremen (population 549,000)
Further city: Bremerhaven (131,000)

Geography: The Free Hanseatic City of Bremen, the smallest state of the Federal Republic of Germany, consists of the two cities Bremen and Bremerhaven, both of which are situated in the delta of the Weser, and separated by 65 kilometres of territory belonging to Lower Saxony. Bremerhaven has developed into an important fishing port.

History: Bremen, which was founded in 787 as an episcopal see, was largely able to maintain its independence throughout the ups and downs of German history. The development of the city was mainly influenced by its port and ships. In 965, a commercial guild was constituted, and long before Bremen became a member of the Hanseatic League in 1358, trading was brisk, ranging from Weser to Norway and the Mediterranean. Within the union of the Hanseatic cities, which was predominant in the commercial trade in the North Sea and Baltic regions in the 14th to the 16th century, Bremen was, along with Hamburg and Lübeck, in a position of importance. The 18th century was one of prosperity due to commerce with America and the Far East, and, in the 19th century, Bremen was an important emigration port.

After the liquidation of the Holy Roman Empire of the German Nation (1806), the burgomaster in office at the time, Johann Smidt, successfully ensured the independence of the Free City of Bremen in the German Alliance. It was also Smidt's merit to have acquired a strip of the banks of the Weser from Hanover. This strip was later to develop into the city of Bremerhaven. After the foundation of the German Reich in 1871, Bremen became a federal state with the constitutionally laid down title Free Hanseatic City of Bremen. Unlike Hamburg and Lübeck, Bremen was able to retain this title even during the National Socialist era, but nonetheless, in 1933, it was associated with Oldenburg as an administrative region. In 1939, Bremerhaven was absorbed by the Prussian Wesermünde, but the port itself remained part of Bremen.

In 1947, the US occupying forces, who succeeded the British at the end of 1946, proclaimed the state of Bremen, and this state continued to exist in the Federal Republic of Germany as a Free Hanseatic City. Even today, Bremen is a port of transshipment and shipbuilding centre in one. At the same time comprehensive structural changes have encouraged relocation of big companies from other branches of industry as well as the emergence of small and medium-sized firms with innovatory ideas. Nowadays Bremen sees its future in a combination of foreign trade and of service and high-tech industries.

Superficie: 404 km²
Nombre d'habitants: 680 000
Capitale: Brême (549 000 habitants)
Autre ville: Bremerhaven (131 000)

Géographie: La Ville libre hanséatique de Brême est en même temps le plus petit Land de la République fédérale d'Allemagne. Brême et Bremerhaven sont situés à l'embouchure de la Weser et séparés l'un de l'autre par une bande de terre appartenant à la Basse-Saxe. Il y a 65 km de Brême à Bremerhaven. Bremerhaven est aujourd'hui l'un des ports de pêche les plus importants.

Histoire: La ville de Brême est fondée en 787 en tant que ville épiscopale. Malgré tous les changements intervenus dans l'histoire allemande, elle a su garder son autonomie jusqu'à ce jour. Son histoire est surtout marquée par la mer. Une association de commerçants voit le jour en 965 et s'avère très active bien avant l'adhésion à la Hanse en 1358. Ces activités s'étendent de la Norvège à la Méditerranée. Dans la Hanse du 14ème au 16ème siècle, Brême joue un rôle très important à côté de Hambourg et de Lubeck. Son commerce avec l'Asie orientale et l'Amérique commence à s'épanouir au 18ème siècle. Le siècle suivant fait de Brême le point de départ le plus important des émigrants quittant l'Europe.

Après la dissolution du Saint-Empire romain germanique en 1806, le bourgmestre Johann Smidt conserve à Brême son autonomie au sein de la Confédération germanique. C'est également lui qui, en 1827, acquiert un morceau de territoire de la Basse Saxe qui deviendra plus tard la ville de Bremerhaven. Après la fondation de l'Empire allemand en 1871, Brême devient un Etat portant le nom officiel de Ville libre et hanséatique. Elle garde ce titre même durant la période du national-socialisme, ce qui n'est pas possible aux villes de Hambourg et de Lübeck. Elle est par contre réunie à Oldenbourg en 1933 et devient district assujetti au Reich. En 1939, Bremerhaven devient prussienne avec Wesermünde, exception falte de l'aire portuaire qui reste brêmoise.

Après la deuxième guerre mondiale, les occupants américains qui remplacent les Anglais à la fin de l'année 1946/début 1947 donnent à Brême le titre de Land tout en lui conservant celui de Ville libre et hanséatique. Tout comme autrefois, la ville est un des centres portuaires de l'Allemagne. Une reconversion structurelle radicale permit l'implantation de grandes entreprises issues d'autres branches et la création de petites et moyennes entreprises ayant inscrit l'innovation à leur programme. L'avenir de Brême repose aujourd'hui sur cette combinaison de commerce extérieur, de prestations de services et de technologie de pointe.

Fläche: 755 km²
Einwohner: 1,7 Millionen
Geographisches: Die Freie und Hansestadt Hamburg liegt an der Elbe (120 Kilometer oberhalb der Mündung in die Nordsee) und kann auch von großen Schiffen angelaufen werden. Der Fluß mit dem malerisch am Hang gelegenen Blankenese, den beeindruckenden modernen Hafenanlagen und der neugotischen Speicherstadt prägt bis heute das Gesicht der Metropole, die durch die im Herzen gelegene Außen- und Binnenalster zusätzlich begünstigt ist.
Geschichte: Das spätestens nach 810 gegründete Kastell Hammaburg hat der Stadt ihren Namen gegeben. Die Altstadt geht bis ins 9. Jahrhundert zurück, als (834) das Erzbistum Hamburg entstand. Im 12. Jahrhundert kam auf Initiative der Schauenburger Grafen, der Landesherren in Holstein, die Neustadt hinzu. 1189 erhielt diese – nach späterer unsicherer Überlieferung – von Kaiser Friedrich Barbarossa Handels-, Zoll- und Schiffahrtsprivilegien auf der Niederelbe –, die Geburtsstunde des Hamburger Hafens.
In der Städtegemeinschaft der Hanse erlangte Hamburg, das den Schauenburger Grafen landesherrliche Privilegien „abgekauft" hatte, im 14. Jahrhundert eine entscheidende Bedeutung im Nord- und Ostseehandel. Seit 1415 wurde es vom Kaiser, seit 1510 auch vom Reichstag als Reichsstadt beansprucht, erlangte die volle Anerkennung der Reichsunmittelbarkeit aber erst 1768.
Im Innern wurde Hamburg seit Ausgang des 12. Jahrhunderts vom Rat regiert, dem vor allem Mitglieder von Kaufmannsfamilien angehörten. 1712 gelang es den Bürgern nach jahrhundertelangen Kämpfen, eine gleichberechtigte Teilhabe an der Stadtregierung durchzusetzen. 1860 schließlich erhielt Hamburg eine moderne Verfassung, in der die Wahl eines Parlaments (der Bürgerschaft) verankert war.
Nach dem Zwischenspiel der französischen Besatzung (1806–1814) trat die Stadt 1815 der Staatenkonföderation des Deutschen Bundes bei. 1867 wurde sie Mitglied des von Preußen beherrschten Norddeutschen Bundes und 1871 Glied des neugegründeten Deutschen Reiches. Diese Beitritte erfolgten nicht völlig freiwillig. Hamburg war vielmehr gezwungen, sich mit dem übermächtigen Preußen, das seit 1866 das zuvor dänische Altona sowie die Nachbarstadt Harburg mit ihren Konkurrenzhäfen kontrollierte, zu arrangieren. 1888 wurde der Hamburgische Staat, der nach der Reichsgründung Zollausland geblieben war, deutsches Wirtschaftsgebiet, der Hafen blieb als „Freihafen" aber weiterhin Zollausland.
Nach der Novemberrevolution 1918 erhielt Hamburg eine demokratische Verfassung. Die Stadt, die schon während der Kaiserzeit eine „rote Hochburg" war, wurde während der Weimarer Republik und nach dem Zweiten Weltkrieg fast durchgängig von Sozialdemokraten regiert (die meiste Zeit zusammen mit Liberalen). Während der nationalsozialistischen Herrschaft erreichte Hamburg die seit Jahrzehnten angestrebte Vereinigung mit den konkurrierenden Nachbargemeinden. 1937 wurden die preußischen Städte Altona, Harburg-Wilhelmsburg und Wandsbek sowie Randgemeinden dem Hamburger Stadtgebiet zugeschlagen, das damit seine heutige Gestalt erhielt.

Area: 755 square kilometres
Population: 1.7 million
Geography: The Free and Hanseatic City of Hamburg is on the Elbe. It is 120 km upstream from the North Sea and can be reached even by large seagoing vessels. To this day the river, with picturesque Blankenese clinging to its hillside, impressive modern port facilities and the neo-Gothic Warehouse City free port area, is a hallmark of Hamburg; it also boasts a delightful city-centre lake, the Alster.
History: The city's name goes back to a fortress, Hammaburg, which was built in about 810. The Altstadt dates back to the 9th century, when in 834 Hamburg was set up as an archepiscopal see. In the 12th century it was joined by the Neustadt, which was built on the initiative of the counts of Schauenburg, the lords of Holstein. In 1189 the Neustadt is said to have been granted trading, customs and shipping privileges on the Lower Elbe by Emperor Frederick Barbarossa. True or false, that marked the beginnings of the Port of Hamburg.
In the 14th century Hamburg, having bought privileges of self-government from the counts of Schauenburg, became a key member of the Hanseatic League, with a leading role in North Sea and Baltic trade. From 1415 it was claimed by the Emperor, and from 1510 by the Reichstag as an imperial city, but its self-governing status wasn't fully acknowledged until 1768.
From the late 12th century Hamburg was ruled by a council consisting mainly of members of merchant families. In 1712, after centuries of struggle, the citizenry succeeded in gaining an equal share in the municipal government, while in 1860 Hamburg was given a modern constitution, including elections to a parliament, the House of Burgesses.
After the intermezzo of French occupation from 1806 to 1814, Hamburg joined the German Confederation in 1815. In 1867 it joined the Prussian-led North German Confederation and in 1871 became a member of the newly-founded German Empire. It can hardly be said to have done so entirely of its own free will. Hamburg had no choice but to come to terms with all-powerful Prussia, which controlled neighbouring Altona, taken over from Denmark in 1866, and Harburg – and their respective, competing ports. In 1888 Hamburg joined the German economic area, having stayed separate from the Reich for customs purposes since 1871, but the free port retained customs-free status.
After the November 1918 uprising the city was given a democratic constitution. It had been considered a Red stronghold in the Kaiser's days. During the Weimar Republic and after the Second World War it was ruled almost without exception by Social Democrats, usually in coalition with the Liberals. During the Third Reich it was merged with its neighbours and rivals. In 1937 the Prussian cities of Altona, Harburg-Wilhelmsburg and Wandsbek were transferred to Hamburg, as were other adjacent communities, giving the city its present size and shape.

Superficie: 755 km²
Nombre d'habitants: 1,7 million
Géographie: La Ville libre et hanséatique de Hambourg est située au bord de l'Elbe, à 120 km de la Mer du Nord. Son port peut accueillir également des navires de grand gabarit. L'aspect de la ville est caractérisé par les collines de Blankenese surplombant l'Elbe, son port imposant et son quartier d'entrepôts de style néo-gothique. Le cœur de la ville est constitué par un lac artificiel, l'Alster.
Histoire: La forteresse de Hammaburg, érigée après 810, donna son nom à la ville. L'archevêché de Hambourg est fondé en 834. Au 12ème siècle, les comtes de Schauenburg, gouverneurs du Holstein font construire la Ville Nouvelle. Selon des sources historiques non authentifiées officiellement, celle-ci obtint, en 1189, de l'empereur Frédéric Ier Barberousse, certains privilèges en matière de commerce et de douane, lui permettant de s'adonner à la navigation maritime sur le cours inférieur de l'Elbe. Cela marque la naissance du port de Hambourg.
Au 14ème siècle, son association avec les autres villes de la Hanse conféra à Hambourg – qui avait «acheté» aux comtes de Schauenburg, certains droits régaliens – une importance notoire pour ce qui est du commerce pratiqué avec les pays du Nord et de la Baltique. Dès 1415, elle fut déclarée ville impériale par l'empereur et, à partir de 1510, sollicitée en tant que telle par la Diète, mais elle n'obtint l'immédiateté impériale qu'en 1768.
Dès la fin du 12ème siècle, Hambourg est gouverné par le Conseil, organe constitué en majeure partie de membres de familles de gros négociants de la ville. Ce n'est qu'après plusieurs siècles de luttes, en 1712, que les citoyens obtinrent finalement les mêmes droits, leur permettant de participer au gouvernement. En 1860, Hambourg fut finalement doté d'une constitution moderne, dans laquelle l'élection d'un parlement, la Bürgerschaft, était fermement ancrée.
Après une courte occupation par les troupes françaises (1806–1814), la ville adhère à la Confédération germanique. En 1867, Hambourg devint membre de la Confédération de l'Allemagne du Nord, ligue dominée par la Prusse et, en 1871, partie intégrante de l'empire allemand, qui vient d'être créé. Hambourg n'y adhéra pas véritablement de plein gré, mais fut, en réalité, obligé de se plier à la volonté de la Prusse surpuissante qui, depuis 1866, contrôlait Altona, auparavant province danoise ainsi que la ville voisine de Harburg et leurs ports concurrents. En 1888, l'Etat de Hambourg qui, après la fondation du Reich, avait conservé son statut d'exclave douanière, devint une région économique de l'Allemagne. Toutefois, le port demeura «territoire réputé étranger du point de vue douanier», en sa qualité de port franc.
Après la révolution de 1918, Hambourg se donne une constitution démocratique. La ville qui, durant l'Empire est déjà une «forteresse rouge», est gouvernée presque en permanence par les sociaux-démocrates (qui coalisent la plupart du temps avec les Libéraux). Durant la période nationale-socialiste, Hambourg parvient à se lier avec les communes voisines. En 1937, les communes d'Altona, de Wilhelmsburg, de Harburg et de Wandsbek ainsi que quelques communes de la périphérie se rattachent à la ville de Hambourg, lui donnant son image actuelle.

Hessen / Hesse / La Hesse

Fläche: 21 114 km²
Einwohner: 6,0 Millionen
Hauptstadt: Wiesbaden (266 000 Einwohner)
Größere Städte: Frankfurt a. M. (651 000),
Kassel (201 000), Darmstadt (139 000), Offenbach
(117 000)
Geographisches: Das heutige Hessen, im September 1945 aus Kurhessen und Nassau, Hessen-Starkenburg, Oberhessen und aus den östlich des Rheins gelegenen Teilen von Rheinhessen geformt, liegt in der Mitte der Bundesrepublik. Im Osten grenzt Hessen an das Land Thüringen, zu dem vielfältige, historisch begründete Beziehungen bestehen.
Obwohl Hessen mit 5,9 Prozent der Gesamtfläche relativ klein ist, gehört es zu den wirtschaftsstärksten Ländern der Bundesrepublik. Gleichzeitig ist es das Land mit der größten Waldfläche. Wirtschaftlicher Schwerpunkt ist das Rhein-Main-Gebiet mit der Stadt Frankfurt, die sich zum maßgeblichen Bankenzentrum Kontinentaleuropas entwickelt hat, und dem Rhein-Main-Flughafen.
Im Kontrast hierzu stehen die reizvollen Mittelgebirgslandschaften von Odenwald und Westerwald, dem Nordhessischen Bergland sowie Taunus und Rhön. Nur eine halbe Autostunde vom Ballungsgebiet Rhein-Main entfernt beginnt das Land der Wälder und Schlösser, der Burgen und Fachwerkhäuser, lockt mit dem Rheingau eines der berühmtesten Weinbaugebiete der Welt.
Geschichte: Die Ursprünge reichen bis ins 13. Jahrhundert zurück, doch erst unter dem Landgrafen Philipp dem Großmütigen (1504–1567) wurde das hessische Gebiet so weit ausgedehnt, daß es erstmals weitere Teile des heutigen Landes umfaßte. Lediglich in dieser Zeit spielte Hessen innerhalb des Reichsgebiets eine größere Rolle, etwa in der Durchsetzung der Reformation. Nach dem Tode Philipps zerfiel die Landgrafschaft in die Teile Hessen-Kassel, Hessen-Marburg, Hessen-Rheinfels und Hessen-Darmstadt.
Nach der napoleonischen Zeit bildeten sich zu Anfang des 19. Jahrhunderts im wesentlichen drei Schwerpunkte in Hessen heraus: das Kurfürstentum Hessen-Kassel, das Großherzogtum Hessen-Darmstadt und das Herzogtum Nassau. Die in der Frankfurter Paulskirche 1848 tagende Nationalversammlung, die eine liberale gesamtdeutsche Verfassung entwerfen und einen deutschen Nationalstaat schaffen wollte, war weitgehend erfolglos und von der hessischen Umgebung ohnehin losgelöst.
Die Konstituierung des Deutschen Reiches 1871 unter preußischer Dominanz beeinflußte dagegen auch die Aufteilung der hessischen Gebiete: Nach dem Preußisch-Österreichischen Krieg 1866, in dem sich die hessischen Großterritorien auf seiten der Donaumonarchie engagiert hatten, fielen weite Gebiete Hessens an das siegreiche Preußen. Kurhessen, Nassau und Frankfurt wurden zur preußischen Provinz Hessen-Nassau zusammengefaßt, wohingegen das Großherzogtum Hessen-Darmstadt zwar Gebietsverluste hinnehmen mußte, aber seine Eigenständigkeit behielt. Auch während der Weimarer Republik blieb Hessen-Nassau Teil des Landes Preußen, während Hessen-Darmstadt 1919 in den Volksstaat Hessen mit parlamentarisch-demokratischer Verfassung überging.
Das Land Hessen in seiner heutigen Gestalt ist durch die Proklamation der amerikanischen Militärregierung vom 19. September 1945 gebildet worden. Seine demokratische Legitimation beruht auf der Verfassung vom 1. Dezember 1946.

Area: 21,114 square kilometres
Population: 6.0 million
Capital: Wiesbaden (population 266,000)
Principal cities: Frankfurt am Main (651,000),
Kassel (201,000), Darmstadt (139,000), Offenbach
(117,000)
Geography: Present-day Hesse, formed in September 1945 out of Kurhesse and Nassau, Hesse-Starkenburg, Upper Hesse and those parts of Rheinhessen to the east of the Rhine, lies in the centre of the Federal Republic. To the east Hesse borders on the state of Thuringia, with which it has many historic connections.
Although Hesse is one of the smallest states, covering only 5.9% of the country's total area, it is economically one of the strongest in the Federal Republic. It is also the state with the largest area of forest and woodland. Its economic centre is the Rhine-Main area with the city of Frankfurt, which has developed into the leading banking centre in continental Europe, and its Rhine-Main airport.
In contrast to this are the lovely Mittelgebirge country areas of the Odenwald and Westerwald, the North Hesse uplands, the Taunus and the Rhön. Only half an hour's drive from the Rhine-Main conurbation there are woods and castles, fortresses and half-timbered houses, not to mention the fascinating Rheingau, one of the most famous wine-growing regions in the world.
History: Its origins date back to the 13th century, but the first time the Hesse region expanded far enough to cover further parts of the state of today was in the reign of Duke Philip the Generous (1504–1567). This was the only time Hesse played a role of greater importance in the Reich, in connection with the success of the Reformation. After the death of Philip, the duchy split up into the regions of Hessen-Kassel, Hessen-Marburg, Hessen-Rheinfels and Hessen-Darmstadt; further territorial divisions led the region into political obscurity in the 18th century.
After the Napoleonic age three regions of greater import developed in Hesse in the early 19th century: the electorate of Hessen-Kassel, the grand duchy of Hessen-Darmstadt, and the duchy of Nassau. The national assembly, which constituted itself in 1848 in the Paulskirche in Frankfurt with the aim of drafting of a liberal constitution for a German nation state, was generally unsuccessful and had little to do with surrounding Hesse.
The coming of the German Reich under Prussian predominance, which constituted itself instead in 1871, influenced the further divisions of Hesse. During the Austro-Prussian War of 1866, the greater territories of Hesse had supported the Danube monarchy. After the war Hesse thus lost large regions to the victorious Prussians. Whereas the electorate of Kurhessen, Nassau and Frankfurt were collectively reduced to the status of a Prussian province, Hessen-Nassau, the grand duchy of Hessen-Darmstadt was allowed to retain its independence in spite of some minor territorial losses. During the Weimar Republic, Hessen-Nassau remained part of Prussia while Hessen-Darmstadt joined the "Volksstaat" Hesse, a state with a parliamentary democracy, in 1919.
The state of Hesse in its present-day form was established by proclamation of the American military government on 19 September 1945. It was democratically legitimised by the constitution of 1 December 1946.

Superficie: 21 114 km²
Nombre d'habitants: 6,0 millions
Capitale: Wiesbaden (266 000 habitants)
Villes principales: Francfort-sur-le-Main (651 000),
Kassel (201 000), Darmstadt (139 000), Offenbach
(117 000)
Géographie: La Hesse d'aujourd'hui, née, en septembre 1945, de l'association de Kurhessen, de Nassau, de Hessen-Starkenburg, d'Oberhessen et des territoires de Rheinhessen situés à l'est du Rhin, s'étend au cœur de la République fédérale. A l'est, elle est délimitée par la Thuringe avec laquelle elle entretient de multiples relations ayant leur racine dans une histoire commune.
Bien que la Hesse soit relativement petite – elle n'occupe que 5,9% du territoire allemand –, elle fait partie des Länder économiquement les plus puissants. C'est également la province possédant la plus vaste surface boisée. Le pôle économique prédominant est constitué par la région du Rhin et du Main, où se trouvent Francfort, devenu la plus importante place financière du continent européen, et l'aéroport Rhin/Main.
En opposition à cet aspect de sa physiognomie: le charme de l'Odenwald et du Westerwald, des régions du nord de la Hesse appartenant à la chaîne montagneuse du Mittelgebirge, ainsi que du Taunus et du Rhön. C'est à une heure seulement, en voiture, de la conurbation du Rhin et du Main que commence le pays des forêts et des châteaux, des forteresses médiévales, des maisons à colombages et que le Rheingau, l'une des régions viticoles les plus célèbres au monde attend le visiteur.
Histoire: Les origines de la Hesse remontent au 13ème siècle. Mais ce n'est que sous la domination du landgrave Philippe le Hardi (1504–1567) que la Hesse se développe de sorte qu'elle réunit pour la première fois des régions appartenant au Land d'aujourd'hui. A cette époque seulement, la Hesse joue un rôle important au sein de l'Empire en y imposant la réforme. Après la mort de Philippe, le landgraviat est divisé en plusieurs Etats: Hessen-Kassel, Hessen-Marburg, Hessen-Rheinfels et Hessen-Darmstadt.
Au début du 19ème siècle, après l'époque napoléonienne, la Hesse compte trois centres importants, à savoir l'Electorat Hessen-Kassel, le Grand-Duché de Hessen-Darmstadt et le Duché de Nassau. L'Assemblée nationale, qui tient en 1848 ses assises en l'Eglise St-Paul à Francfort afin de créer une constitution libérale pour l'ensemble de l'Allemagne et un Etat national allemand, n'obtient aucun succès et reste détachée de la Hesse.
La constitution de l'Empire allemand, en 1871 sous domination prussienne, influence par contre la répartition des régions de la Hesse. A l'issue de la guerre austro-prussienne en 1866, durant laquelle les princes hessois s'étaient engagés en faveur de la monarchie danubienne, de grands territoires de la Hesse reviennent à la Prusse victorieuse. Kurhessen, Nassau et Francfort sont réunis en une province prussienne, le Hessen-Nassau, alors que le Grand-Duché de Hessen-Darmstad perd des terres mais conserve cependant son indépendance. Sous la République de Weimar, la partie Hessen-Nassau reste aussi une partie de la Prusse alors que Hessen-Darmstadt passe en 1919 à l'Etat populaire de Hesse avec une constitution démocratique parlementaire.
La proclamation du gouvernement militaire américain, faite le 19 septembre 1945, donna naissance à la Hesse. Sa légitimation démocratique repose sur la constitution du 1er décembre 1946.

Fläche: 23 559 km²
Einwohner: 1,8 Millionen
Hauptstadt: Schwerin (121 000 Einwohner)
Größere Städte: Rostock (236 000), Neubrandenburg (85 000), Stralsund (69 000), Greifswald (63 000)

Geographisches: Mit 80 Einwohnern pro Quadratmeter ist Mecklenburg-Vorpommern das am dünnsten besiedelte Bundesland. Es besitzt mit der zergliederten Ostseeküste und der Seenplatte reizvolle Erholungslandschaften. Die Städte erhalten durch die vielen noch erhaltenen Backsteingotik-Bauten ihr reizvolles Gepräge.

Geschichte: Mecklenburg hat seinen Namen vermutlich von der Mikilinborg, der „großen Burg", erhalten, in der der Slawenfürst Niklot im 12. Jahrhundert residierte. Sein Sohn Pribislaw war es, der sich 1167 mit dem Sachsenherzog Heinrich dem Löwen versöhnte und zum Stammvater des mecklenburgischen Herrscherhauses wurde, das bis 1918 – allerdings durch Erbteilung zersplittert – das Land regierte.

Bei Heinrichs Einzug hatte die deutsche Ostkolonisation in dem seit dem 7. Jahrhundert von slawischen Stämmen besiedelten Gebiet schon begonnen, allerdings auch im Jahr 983 durch den Slawenaufstand einen schweren Rückschlag erlitten. Im 13. Jahrhundert kam es zu vielen Stadtgründungen, und im 14. Jahrhundert erlebten die Ostseestädte, die dem „wendischen Quartier" der Hanse angehörten, eine Blütezeit. Für die mecklenburgische Geschichte stellt das Ende des Dreißigjährigen Krieges 1648 einen Einschnitt dar: Schweden annektierte für Jahrzehnte fast die gesamte Küstenregion.

Ab 1701 gab es nur noch zwei mecklenburgische Fürstentümer: Mecklenburg-Schwerin und Mecklenburg-Strelitz. Die Region war zu diesem Zeitpunkt aber schon in ihrer Entwicklung zurückgeblieben, nicht zuletzt deshalb, weil die Herzöge sich, von Erbauseinandersetzungen geschwächt, gegen die Landstände nicht durchsetzen konnten. Ab dem 16. Jahrhundert hatte sich die Ritterschaft das Recht herausgenommen, von Bauern zur Pacht überlassenes Land zurückzufordern, und länger als anderswo – bis 1820 – bestand hier die Leibeigenschaft. Eine Verfassung erhielt Mecklenburg erst nach dem Ende der Fürstenherrschaft 1918. Zuvor hatten etwa 1 000 Mecklenburger – nicht gewählte Vertreter der Ritterschaft, die Bürgermeister der Städte und die Herzöge, die fast die Hälfte des Gebiets als Domanium direkt verwalteten – über die Geschicke des Landes bestimmt. Nach einer nur kurz bestehenden parlamentarischen Demokratie erhielten die Nationalsozialisten bei den Landtagswahlen 1932 knapp die absolute Mehrheit und bildeten noch vor der Machtübernahme Hitlers im Reich die Landesregierung. Nach 1945 gehörte Mecklenburg zur sowjetischen Besatzungszone, später zur DDR, in der das Land jedoch nur bis zur Gebietsreform 1952 Bestand hatte. 1990 wurde Mecklenburg im Verbund mit Vorpommern als Land wiederhergestellt. Vorpommern, der westlich der Oder gelegene kleinere Teil Pommerns, spiegelt weitgehend die historische Entwicklung ganz Pommerns wider. Im 18. Jahrhundert kam der südliche Teil Vorpommerns mit ganz Hinterpommern zu Preußen, erst nach dem Ende der Napoleonischen Kriege 1815 erhielt Preußen den nördlichen Teil einschließlich Rügens dazu.

Area: 23,559 square kilometres
Population: 1.8 million
Capital: Schwerin (population 121,000)
Principal cities: Rostock (236,000), Neubrandenburg (85,000), Stralsund (69,000), Greifswald (63,000)

Geography: With 80 inhabitants per square kilometre, Mecklenburg-Western Pomerania is the state with the lowest population density. With its indented Baltic coast and the plateau of lakes, it offers lovely recreational areas. The cities are characterized by their Gothic redbrick buildings.

History: Mecklenburg probably derives its name from the Mikilinburg, the great castle, in which Niklot, prince of the Slavs, resided in the 12th century. It was his son Pribislav who made peace with the Saxon duke Henry the Lion in 1167 and who was to become the progenitor of the dynasty of rulers of Mecklenburg, which – in spite of being split up by inheritances – ruled the state until 1918.

When Henry arrived on the scene German colonisation of the east, where Slavonic tribes had settled since the 7th century, was well under way despite the setback of a Slav uprising in 983. Many cities were founded in the 13th century, and in the 14th century, the cities of the Baltic coast region, which belonged to the "Wendish quarter" of the Hansa, experienced a period of prosperity. The end of the Thirty Years' War in 1648 represents an incision in the history of Mecklenburg: for decades the coastal region was almost completely annexed by the Swedes.

In 1701, only two duchies had survived in Mecklenburg: Mecklenburg-Schwerin and Mecklenburg-Strelitz. But at this point, the region was already behind the general standard of development, one cause of which was that the dukes, weakened by hereditary struggles, were unable to enforce their position against the landed gentry. Commencing with the 16th century, the knights took the liberty of reclaiming land which had been leased to the peasants, and here serfdom existed longer than elsewhere – until 1820. At last, in 1918, Mecklenburg was endowed with a constitution after the sovereignty of the dukes had come to an end. Before, about a thousand citizens of Mecklenburg, consisting of non-elected knights, burgomasters of the cities, and the dukes, who administered almost half of the region as their dominions, had determined the state's fortunes.

Following a short period of parliamentary democracy, the National Socialists were elected with an almost absolute majority in 1932 and thus constituted the state government even before Hitler's seizure of power in the Reich. After 1945, Mecklenburg belonged to the Soviet occupied zone, later to the GDR, but as a state it existed only until 1952. In 1990, Mecklenburg and Western Pomerania was re-established as a state.

Western Pomerania, which is the smaller part of Pomerania to the west of the Oder, has no history of its own, but is historically a part of Pomerania. In the 18th century, the southern part of Western Pomerania and the whole of Eastern Pomerania were ceded to Prussia, and only after the end of the Napoleonic wars in 1815 did Prussia get the northern part including Rügen.

Superficie: 23 559 km²
Nombre d'habitants: 1,8 million
Capitale: Schwerin (121 000 habitants)
Villes principales: Rostock (236 000), Neubrandebourg (85 000), Stralsund (69 000), Greifswald (63 000)

Géographie: Son nombre de 80 habitants par km² fait du Land de Mecklembourg-Poméranie occidentale le moins peuplé parmi tous les autres. Avec ses plages longeant la Baltique et ses régions de lacs, il possède des lieux de villégiature charmants. Les villes sont caractérisées par leurs édifices gothiques en briques.

Histoire: On suppose que le nom de Mecklenbourg a pour origine «Mikilinborg», la «grande forteresse» dans laquelle résidait le prince Niklot au 12ème siècle. Son fils Pribislaw qui, en 1167, se réconciliant avec le duc de Saxe, «Henri le Lion» devient père de la lignée de la maison qui – divisée à la suite de partages d'héritages – régna sur le Mecklembourg jusqu'en 1918. Lors de l'invasion d'Henri, la colonisation allemande des pays de l'Est, habités par des tribus slaves depuis le 7ème siècle, avait déjà commencé, mais elle essuya pourtant de cruels revers en 983 lors du soulèvement des Slaves. Le 13ème siècle est marqué par la fondation d'un grand nombre de villes et, au 14ème siècle, les villes des Wendes sur les bords de la Baltique, qui font également partie de la Hanse, sont très florissantes. En 1648, la fin de la guerre de Trente Ans représente une coupure dans l'histoire du Mecklembourg puisque la Suède annexe presque toute la région côtière pour plusieurs décennies.

En 1701, il n'existe plus que deux duchés dans le Mecklembourg, à savoir Mecklembourg-Schwerin et Mecklembourg-Strelitz. A cette époque, l'évolution du pays a déjà souffert d'un certain retard dû en partie au fait que les ducs, affaiblis par leurs querelles d'héritage, ne réussissent pas à s'affirmer face aux autorités du Land. Dès le 16ème siècle, les chevaliers s'arrogent le droit de reprendre les terres affermées aux paysans et bien plus longtemps qu'ailleurs, c'est-à-dire jusqu'en 1820, le droit de servage subsiste toujours. Mecklembourg n'a droit à une constitution qu'en 1918, soit à la fin de la domination des princes. Auparavant, le destin du pays était décidé par environ 1000 citoyens du Mecklembourg, représentants non élus de la Chevalerie, par les bourgmestres des villes et par les ducs, qui administrent directement presque la moitié du pays en tant que domaine.

Après l'intermède d'une démocratie parlementaire, les nationaux-socialistes obtiennent de justesse lors des élections à l'Assemblée en 1932 une majorité absolue et constituent le gouvernement peu avant la prise du pouvoir par Hitler au sein du Reich. Après 1945, le Mecklembourg fait partie de la zone d'occupation soviétique d'Allemagne. Il n'existe cependant en tant que Land que jusqu'en 1952, date de la réforme territoriale. Réuni à la Poméranie occidentale, le Mecklembourg redevient un Land en 1990.

La Poméranie occidentale, petite partie de la Poméranie située à l'Ouest de l'Oder, reflète largement l'évolution de l'ensemble de la Poméranie. Au 18ème siècle, le sud de la Poméranie occidentale revient, avec tout l'arrière-pays de la Poméranie, à la Prusse. Ce n'est qu'à la fin de l'ère napoléonienne, en 1815, que le nord de cette région comprenant également Rügen revient aussi à la Prusse.

Niedersachsen / Lower Saxony / La Basse-Saxe

Fläche: 47 351 km²
Einwohner: 7,4 Millionen
Hauptstadt: Hannover (514 000 Einwohner)
Größere Städte: Braunschweig (259 000), Osnabrück (155 000), Oldenburg (143 000), Wolfsburg (129 000)

Geographisches: Sonnenstrände und Skigebiete, Hochseeklima und Märchenflüsse, das alles zugleich bietet Niedersachsen. Es reicht von der Nordsee über die Lüneburger Heide und das Weserbergland bis zum Harz und liegt dort, wo die großen Nord-Süd- und West-Ost-Verkehrsachsen sich kreuzen: in der Mitte des neuen Europa. Das dünnbesiedelte Land läßt der Natur viel Raum: 20 Prozent seiner Fläche sind als Naturparks geschützt.

Geschichte: Die niedersächsische Freiheit sei der Ausgangspunkt aller modernen Freiheitsbestrebungen in Europa, schrieb der Osnabrücker Publizist Justus Möser vor 200 Jahren. Schon im ersten Jahrtausend schufen die Sachsen hier den „Allthing", die erste Form von Demokratie auf deutschem Boden. Ihr Rechtssystem – aufgezeichnet im „Sachsenspiegel" – wurde bis nach Rußland und Polen übernommen und blieb in Teilen Deutschlands bis ins Jahr 1900 gültig. Das Sachsen-Reich, das von Westfalen und den Niederlanden bis an die Ostsee reichte, war kurzlebiger. Von Heinrich dem Löwen in blutigen Kreuzzügen weit nach Süden und Osten ausgedehnt, wurde es im Jahre 1180 von den deutschen Fürsten zerschlagen. Allein das heutige Niedersachsen wurde an vierzig verschiedene Herrscher verteilt; der Name Sachsen wanderte danach ostwärts ins heutige Sachsen.
Erst 500 Jahre später machte die Region wieder europäische Geschichte, als Hannovers Kurfürsten im Jahre 1714 Könige von England wurden. Als die „Personalunion" 123 Jahre später endete, bestanden auf niedersächsischem Gebiet nur noch vier Staaten: Braunschweig, Hannover, Oldenburg und Schaumburg-Lippe. Sie wurden später Länder des Deutschen Reiches und bildeten 1946 zusammen das Land Niedersachsen, das damit zum ersten Mal als territoriale Einheit existierte: das zweitgrößte Land, in dem man heute das größte Automobilwerk Europas und die größten Industriemessen der Welt findet – und zwölf Universitäten, deren ehrwürdigste in Göttingen in den zwanziger Jahren mit einem Dutzend Nobelpreisträgern als „Nabel der mathematischen Welt" galt. Ihre Freiheit ließen sich die Niedersachsen nie nehmen: Die deutsche Nationalhymne schrieb August Heinrich Hoffmann aus Fallersleben, Helene Lange aus Oldenburg war um die Jahrhundertwende die Wortführerin der deutschen Frauenbewegung, Wilhelmshavener Matrosen läuteten 1918 mit ihrer Meuterei die Novemberrevolution ein. Gegen den Krieg schrieb Erich Maria Remarque aus Osnabrück den Roman „Im Westen nichts Neues", der das meistverkaufte Buch der ersten Jahrhunderthälfte wurde, während der Dadaist Kurt Schwitters Hannover zum Zentrum der Kunst der Weimarer Republik machte.
Querdenken und geradeaus handeln – diese Tradition zieht sich durch Niedersachsens Geschichte von Till Eulenspiegel über Gottfried Wilhelm Leibniz bis zu Hermann Löns, dem Urvater des Umweltschutzes, und ist mit Hannovers Rockgruppe „Scorpions" noch nicht zu Ende.

Area: 47,351 square kilometres
Population: 7.4 million
Capital: Hanover (population 514,000)
Principal cities: Brunswick (259,000), Osnabrück (155,000), Oldenburg (143,000), Wolfsburg (129,000).

Geography: Lower Saxony is a combination of sunny beaches and skiing resorts, maritime climate and fairytale rivers. It stretches from the North Sea across the Lüneburg Heath and the Weserbergland to the Harz Mountains and is situated where the great north-south and east-west traffic routes cross: in other words, at the very centre of the new Europe. The sparsely populated state leaves plenty of room to nature: 20 per cent of its area consists of protected nature reserves.

History: 200 years ago the Osnabrück writer Justus Möser wrote that the freedom of Lower Saxony was the starting point for all modern freedom struggles in Europe. Here in the first millennium AD the Saxons had already set up their "Allthing", the first form of democracy on German soil. Their system of justice, laid down in the "Sachsenspiegel", was adopted as far afield as Russia and Poland and was still in force in some parts of Germany as late as 1900.
However, the Saxon Reich, stretching from Westphalia and the Netherlands as far as the Baltic, was short-lived. Henry the Lion, in a series of bloody crusades, extended its territories far to the south and east, but in 1180 it was crushed by the German princes. Present-day Lower Saxony alone was divided up between forty different rulers, after which the name "Saxony" itself shifted eastwards to present-day Saxony.
It was not until 500 years later that the region once again made European history when in 1714 the Electors of Hanover became Kings of England. When this situation came to an end 123 years later, there were only four states left in Lower Saxony: Brunswick, Hanover, Oldenburg and Schaumburg-Lippe. Later they became states within the German Reich and in 1946 they joined together to form the state of Lower Saxony. It was the first time it had existed as a territorial entity. It is the second-largest German state and has the biggest automobile works in Europe and the world's largest trade fairs, not to mention twelve universities. In the 1920s the most distinguished of these, Göttingen, was home to no less than a dozen Nobel laureates and became known as the "navel of the mathematical world."
The Lower Saxons never let themselves be robbed of their freedom: the German national anthem was written by August Heinrich Hoffmann von Fallersleben, while at the turn of the century Helene Lange from Oldenburg was the leader of the German women's movement and in 1918 the Wilhelmshaven sailors' mutiny heralded the November revolution. Erich Maria Remarque from Osnabrück wrote the anti-war novel "All Quiet on the Western Front", later to become the greatest bestseller of the first half of the century, and Dadaist Kurt Schwitters made Hanover the artistic centre of the Weimar Republic.
The tradition of rebellious thinking and straightforward action runs through the whole of Lower Saxon history, from Till Eulenspiegel to Gottfried Wilhelm Leibniz and Hermann Löns, the forefather of environmentalism. The Hanover rock group The Scorpions are making sure it continues.

Superficie: 47 351 km²
Nombre d'habitants: 7,4 millions
Capitale: Hanovre (514 000 habitants)
Villes principales: Brunswick (259 000), Osnabrück (155 000), Oldenbourg (143 000), Wolfsburg (129 000)

Géographie: Plages ensoleillées et stations de ski, climat maritime et fleuves légendaires: la Basse-Saxe offre tout à la fois. Elle va de la Mer du Nord jusqu'aux montagnes du Harz, englobe les Landes de Lunebourg et le Weserbergland et se trouve à l'intersection des grands axes de circulation nord-sud et est-ouest: au cœur même de la nouvelle Europe. Ce pays à faible densité de population laisse à la nature une place de choix: 20% de sa superficie ont eté déclarés sites naturels protégés.

Histoire: La liberté qu'obtint la Basse-Saxe fut le point de départ de toutes les aspirations libératrices des temps modernes en Europe, écrivait Justus Möser, publiciste originaire d'Osnabrück, il y a 200 ans. Dès le 1er millénaire de notre ère, les Saxons y instaurèrent le «Allthing», qui est la première forme de démocratie étant apparue sur le sol allemand. Leur système juridique, codifié dans le «Sachsenspiegel», fut repris même en Russie et en Pologne et fit autorité dans certaines parties de l'Allemagne jusqu'en 1900.
Le royaume de Saxe, qui s'étendait de la Westphalie et des Pays-Bas jusqu'à la mer Baltique fut de courte durée: arrondi par Henri Le Lion, dans la foulée de sanglantes croisades, et s'étendant loin vers le sud et l'est, il fut demantelé en 1180 par les princes allemands. La Basse-Saxe telle qu'elle se présente dans sa configuration actuelle fut divisée et attribuée à plus de 40 souverains différents. Le nom de Saxe émigra vers l'est, là où se trouve la Saxe aujourd'hui.
Ce n'est que 500 ans plus tard que cette région fit de nouveau son entrée dans l'histoire européenne, lorsque les princes de Hanovre devinrent rois d'Angleterre en 1714. Et, quand l'«Union personnelle» prit fin 123 ans plus tard, il n'existait plus que quatre Etats sur le territoire de la Basse-Saxe: Brunswick, Hanovre, Oldenbourg et Schaumburg-Lippe. Ceux-ci furent, par la suite, intégrés à l'empire allemand et leur réunion, en 1946, en fit le Land de Basse-Saxe, qui, pour la première fois dans son histoire constituait une entité territoriale: le deuxième Land de la République fédérale pour ce qui est des dimensions, celui où se trouve la plus grande usine de construction automobile d'Europe et où ont lieu les plus grandes foires industrielles du monde, sans oublier ses douze universités, dont la doyenne, Göttingen, a vu sortir, dans les années vingt, plus d'une douzaine de prix Nobel. Les habitants de la Basse-Saxe ont toujours eu à cœur de défendre leurs libertés: August Heinrich Hoffmann von Fallersleben écrivit l'hymne national allemand. Helene Lange, originaire d'Oldenbourg, se fit le porte-parole du mouvement féministe allemand au tournant du siècle, les soldats de l'infanterie de marine du port de Wilhelmshaven déclenchèrent, par leur mutinerie, la Révolution de Novembre en 1918, Erich Maria Remarque, originaire d'Osnabrück lui aussi, écrivit «A l'Ouest rien de nouveau», roman dans lequel il fustigeait la guerre, tandis que, sous la République de Weimar, le dadaiste Kurt Schwitters faisait de Hanovre le centre de l'art. «Penser de travers mais agir droitement», cette tradition se retrouve à toutes les époques de l'histoire de la Basse-Saxe, chez Till Eulenspiegel, mais aussi chez Gottfried Wilhelm Leibniz, ainsi que chez Hermann Löns, l'ancêtre de la protection de l'environnement, de même que chez les «Scorpions», un groupe de musique rock de Hanovre.

Fläche: 34 070 km²
Einwohner: 17,8 Millionen
Hauptstadt: Düsseldorf (572 000 Einwohner)
Größere Städte: Köln (1,0 Million), Essen (620 000), Dortmund (605 000), Duisburg (537 000), Münster (264 000)

Geographisches: Nordrhein-Westfalen, im Westen der Bundesrepublik gelegen und an die Niederlande sowie Belgien grenzend, ist das bevölkerungsreichste Land. Kernzone der rheinisch-westfälischen Industrielandschaft ist das Ruhrgebiet, der größte industrielle Ballungsraum Europas. Nordöstlich erstreckt sich bis zum Teutoburger Wald die Münsterländer Bucht, in der, wie in den angrenzenden Landschaften, Agrarproduktion das Bild bestimmt.

Geschichte: Mit der „operation marriage" (Operation Hochzeit) fügten die britischen Besatzungsbehörden 1946 die ehemaligen preußischen Provinzen Westfalen und Rheinland (in seinen nördlichen Teilen), die bis dahin unterschiedliche Entwicklungen genommen hatten, zum Land Nordrhein-Westfalen zusammen. 1947 kam Lippe hinzu. Westfalen war im Mittelalter und der frühen Neuzeit in Kleinstaaten zersplittert. Unter französischer Herrschaft gab es in den Jahren 1807–1813 ein Königreich Westfalen mit Napoleons Bruder Jérôme als Monarchen, das jedoch – wie an der Hauptstadt Kassel ersichtlich – mit dem heutigen Landesteil territorial durchaus nicht identisch war. Nach 1815 kam das gegenwärtige Westfalen dann an Preußen.

Als Rheinlande werden die deutschen Gebiete zu beiden Seiten des Mittel- und Niederrheins bezeichnet, deren südlicher Teil nach dem Zweiten Weltkrieg an Rheinland-Pfalz fiel. In der heute zu Nordrhein-Westfalen gehörenden Region entstanden im Mittelalter mehrere kleinere Territorien sowie das Kurfürstentum Köln. Ab 1614 fielen Teile des Rheinlandes an Brandenburg bzw. Preußen, das 1815 die Rheinprovinz erhielt.

Das Ruhrgebiet – teils zum Rheinland, teils zu Westfalen gehörig – nahm seinen Aufschwung ab Mitte des 19. Jahrhunderts. Heute gilt die einst vom Bergbau und der Stahlindustrie fast ausschließlich geprägte Region als Musterbeispiel des erfolgreichen Strukturwandels, der seit Ende der 70er Jahre die wirtschaftliche Entwicklung des Landes prägt: Chemie und Maschinenbau haben die traditionellen Standortfaktoren Stahl, Kohle und Textilgewerbe in ihrer Bedeutung abgelöst. Mit einem Anteil von 55 Prozent der Beschäftigten ist der Dienstleistungssektor arbeitsplatzintensiver als die gesamte Industrie. Konsequenter Abbau von Umweltbelastungen, integrierte Umweltvorsorge sowie systematischer Naturschutz und Landschaftspflege gerade in den dichtbesiedelten Bereichen haben vielerorts neue Standortqualitäten geschaffen; die umgesetzte Vision vom „Blauen Himmel über der Ruhr" hat das alte Image des „Kohlenpotts" erfolgreich verdrängt. Einen zentralen Beitrag zu diesem selbstgeleisteten Aufbau einer zukunftssicheren Wirtschaftsstruktur haben auch Forschung und Entwicklung erbracht. Mit einem engmaschigen Netz von mehr als 1 000 Forschungsinstituten und 49 Hochschulen zählt die Forschungslandschaft Nordrhein-Westfalens heute zu den dichtesten und vielfältigsten der Welt. Dieser Ruf gebührt auch dem „Kulturland NRW", wovon jüngst die Vereinten Nationen in einem Vergleich der internationalen bedeutenden Kulturmetropolen Zeugnis abgelegt haben.

Area: 34,070 square kilometres
Population: 17.8 Million
Capital: Düsseldorf (population 572,000)
Principal cities: Cologne (1,0 million), Essen (620,000), Dortmund (605,000), Duisburg (537,000), Münster (264,000)

Geography: North Rhine-Westphalia, situated in the west of the Federal Republic of Germany and bordering the Netherlands as well as Belgium, is the most heavily populated state. The core of the Rhenish-Westphalian industrial area is the Ruhr region, featuring the greatest industrial concentration in Europe. The Münsterland basin stretches out into the northeast up to the Teutoburger Wald and is, like neighbouring areas, an agricultural region.

History: In 1946, the British occupation administration merged the former Prussian provinces of Westphalia and (the northern parts of) the Rhineland to form the state of North Rhine-Westphalia, even though both had heretofore undergone different historical developments. This was "Operation Marriage". In 1941, Lippe was added. In the Middle Ages and in the early modern era, Westphalia had been a conglomerate of minor states. During French rule in the years 1807–1813, a kingdom of Westphalia existed, with Napoleon's brother Jèrôme as monarch, but which – since the capital city was Kassel – was not identical with the territory of today. After 1815 present-day Westphalia was ceded to Prussia.

The Rhineland is the German regions on both sides of the Middle and Lower Rhine, the southern part of which fell to the Rhineland-Palatinate after World War II. In the part nowadays belonging to North Rhine-Westphalia, several smaller territories as well as the Electorate of Cologne had come into being during the Middle Ages. Commencing in 1614, parts of the Rhineland fell to Brandenburg or Prussia, which was awarded the whole region in 1815.

The Ruhr, located partly in the Rhineland and partly in Westphalia, began to prosper from the middle of the 19th century. Once characterized almost entirely by mining and the steel industry, the region now serves as a model of successful structural change. It is this change which has shaped economic development since the end of the 1970s. Chemicals and engineering have taken over from traditional steel, coal and textiles. The service sector, employing 55% of working people, provides more jobs than the whole of industry. A consistent approach to reducing environmental damage, integrated environmental provisions, systematic nature conservation and care of the countryside, especially in densely-populated areas, have created a better quality of life in many places. The old image of coalfields has given way to the opposite: a vision of "blue skies over the Ruhr." Research and development have also made a vital contribution to the state's success in building an economic structure which provides security for the future. With over 1,000 research institutes and 49 universities and colleges of higher education, North Rhine-Westphalia has one of the densest and most varied research networks in the world. It has earned the same reputation in the arts and was recently singled out by the United Nations in a comparison of international cultural centres.

Superficie: 34 070 km²
Nombre d'habitants: 17,8 millions
Capitale: Düsseldorf (572 000 habitants)
Villes principales: Cologne (1,0 million), Essen (620 000), Dortmund (605 000), Duisbourg (537 000), Münster (264 000)

Géographie: Située à l'ouest de la République fédérale et aux frontières de la Belgique et des Pays-Bas, la Rhénanie-du-Nord-Westphalie est le Land le plus peuplé d'Allemagne. La région de la Ruhr, son cœur industriel, est la zone présentant la plus grande densité industrielle en Europe. Au nord-est, le bassin de Münsterland s'étend jusque vers la Forêt de Teutobourg et reste, comme les pays limitrophes, une région agricole.

Histoire: En 1946, les responsables de l'occupation anglaise réunissent au cours d'une «opération-mariage» les anciennes provinces prussiennes de Westphalie et de Rhénanie (à savoir la partie nord) en un Land baptisé Rhénanie-du-Nord-Westphalie, deux régions ayant suivi jusque-là des évolutions bien différentes et auxquelles Lippe est annexée en 1947. Au Moyen-Age et au début des temps modernes, la Westphalie est morcelée en petits Etats. Sous la domination française, c'est-à-dire entre 1807 et 1813, il existe même un royaume de Westphalie dont le monarque, Jérôme, est un frère de Napoléon. La Westphalie devient prussienne à partir de 1815.

On entend par pays rhénans les régions situées sur les deux rives du fleuve, en amont de celui-ci et au centre de l'Allemagne dont la partie sud fut attribuée à la Rhénanie-Palatinat après la seconde guerre mondiale. Dans cette région faisant aujourd'hui partie de la Rhénanie-du-Nord-Westphalie, plusieurs petits territoires ainsi que l'Electorat de Cologne virent le jour au Moyen-Age. A 1614, certaines régions rhénanes reviennent au Brandebourg, c'est-à-dire à la Prusse qui dominera toute la Rhénanie dès 1815.

Le Bassin de la Ruhr, qui fait partie tant de la Rhénanie que de la Westphalie, prit son essor au milieu du 19ème siècle. Cette région, que l'industrie minière et la sidérurgie ont profondément marquée de leur empreinte, passe aujourd'hui, pour être un modèle de reconversion structurelle menée à bonne fin. La chimie et la construction mécanique sont venues remplacer les industries traditionellement localisées dans cette région, telles que celles de l'acier, du charbon et du textile et y jouent, désormais, un rôle aussi important que ces dernières, dans le passé. Le secteur tertiaire, qui occupe 55% de la population active est plus créateur d'emplois que l'ensemble de l'industrie. La suppression méthodique de facteurs ayant une incidence néfaste sur l'environnement, une politique de prévention intégrée dans ce domaine, ainsi que la sauvegarde systématique du milieu de vie et une protection des sites naturels orientée tout particulièrement sur les régions de grande agglomération urbaine, ont engendré de nouveaux critères pour ce qui est de la qualité du lieu d'implantation des entreprises. La réalisation de l'objectif «Ciel bleu au-dessus de la Ruhr» a fait disparaître peu à peu l'image négative s'attachant à ce bassin houiller. Disposant d'un réseau de plus de 1000 instituts de recherche et de 49 grandes écoles, la Rhénanie-du-Nord-Westphalie est la région présentant la densité et la diversification la plus élevée en matière de recherche. Sa réputation lui vient aussi de ce qu'elle est une «terre de culture» ainsi qu'en témoigne le titre qui vient de lui être conféré par les Nations-Unies dans une comparaison internationale des métropoles culturelles les plus importantes au monde.

Rheinland-Pfalz / Rhineland-Palatinate / La Rhénanie-Palatinat

Fläche: 19 849 km²
Einwohner: 4,0 Millionen
Hauptstadt: Mainz (184 000 Einwohner)
Größere Städte: Ludwigshafen (168 000), Koblenz (109 000), Kaiserslautern (102 000), Trier (99 000)
Geographisches: In Rheinland-Pfalz, das gemeinsame Grenzen mit Frankreich, Luxemburg und Belgien hat, liegt das Mittelrheintal mit seinen malerischen Burgruinen, das vielen als *die* deutsche Landschaft schlechthin gilt. Vor allem hier und entlang der Mosel erstrecken sich die Weinanbaugebiete, die das Land zur wichtigsten Winzerregion der Bundesrepublik machen. Vielbesucht sind auch die alten Römerstädte Koblenz, Trier, Mainz und Worms sowie die vulkanische Eifel.
Geschichte: Rheinland-Pfalz wird vielfach als „Land aus der Retorte" bezeichnet. Es wurde 1946 von den Besatzungsmächten aus bayerischen, hessischen und preußischen Landesteilen gebildet, die nie zuvor zusammengehört hatten: aus der bis dahin zu Bayern gehörenden Pfalz, den preußischen Regierungsbezirken Koblenz und Trier, vier Kreisen der ehemals preußischen Provinz Hessen-Nassau und dem linksrheinischen Gebiet Hessens. Besonders weit zurückreichende politische, wirtschaftliche und kulturelle Traditionen haben die heute zu Rheinland-Pfalz gehörenden rheinländischen Gebiete, in denen bereits in der Römerzeit städtische Siedlungen entstanden. Trier war seit Beginn des 4. Jahrhunderts eine der Hauptstädte des Römischen Reiches. Während des Mittelalters lagen in dieser Region die beiden Kurfürstentümer Mainz und Trier.
Auch die Pfalz hatte seit der Goldenen Bulle (1356) eine Kurstimme. Zwar verfügten die Kurfürsten und Pfalzgrafen nicht über ein geschlossenes Territorium, sie waren aber über Jahrhunderte die in dieser Region vorherrschende Macht – daran änderte auch der vorübergehende Verlust von Land und Kur an Bayern nichts, denn im Westfälischen Frieden (1648) erhielten die Pfalzgrafen beides zurück. Erst 1714 machte Kurfürst Karl Philipp dem Gegensatz zu den bayerischen Wittelsbachern ein Ende, was jedoch zur Folge hatte, daß die Pfalz zum Nebenland Bayerns absank. Nach dem Wiener Kongreß 1815 wurde aus der Pfalz der bayerische Rheinkreis gebildet (seit 1838 Rheinpfalz genannt), während das rheinhessische Gebiet um Mainz und Worms Hessen-Darmstadt zugeschlagen wurde und die Rheinlande als Rheinprovinz Preußen angegliedert wurden.
Da Rheinland-Pfalz 1946 aus Gebieten mit sehr unterschiedlichen historischen Bindungen zusammengefügt wurde, gab es anfangs verschiedene regionale Initiativen, sich anderen Ländern anzugliedern. Diese setzten sich jedoch nicht durch. Die Rheinland-Pfälzer haben sich schließlich in und mit ihrem Land arrangiert, das nicht zuletzt aufgrund einer mangelnden gemeinsamen Tradition strukturelle Probleme aufweist: Die wirtschaftlichen Zentren liegen vorwiegend im Rheintal. Trotz seiner Probleme gelingt es Rheinland-Pfalz aber zunehmend, sich als High-Tech-Land zu etablieren, wobei zum Teil auf traditionelle Industrien wie Glas und Keramik aufgebaut werden kann.

Area: 19,849 square kilometres
Population: 4.0 million
Capital: Mainz (population 184,000)
Principal cities: Ludwigshafen (168,000), Koblenz (109,000), Kaiserslautern (102,000), Trier (99,000)
Geography: In the Rhineland-Palatinate, bordering on France, Luxembourg and Belgium, the middle Rhine valley spreads out with its picturesque ruined castles which many consider as the incarnation of German landscapes. This region and the banks of the Mosel are full of vineyards, making them the most important wine-growing areas in the Federal Republic. The old Roman cities of Koblenz, Trier, Mainz, and Worms as well as the volcanic Eifel are special attractions for visitors.
History: The Rhineland-Palatinate is often called an artificial state. In 1946, the occupying powers merged parts of Bavarian, Hessian and Prussian domains which had never belonged together before: these were the Palatinate, which had before belonged to Bavaria, the Prussian administrative regions of Koblenz and Trier, four regions of the former Prussian province of Hessen-Nassau, and the part of Hesse on the left bank of the Rhine.
Especially far-reaching are the political, economic and cultural traditions of the Rhenish regions nowadays belonging to the Rhineland-Palatinate, in which the first urban settlements came into being during the times of the Romans. Since the beginning of the 4th century Trier was a capital city of the Roman Empire. During the Middle Ages, the two Electorates of Mainz and Trier were situated in this region.
The Palatinate had been an Electorate since the Golden Bull of 1356. Even though the Electors and the counts Palatine had no strictly bordered territories, they had the say in this region for several centuries – even the temporary loss of region and Electorate to the Bavarians did not change much, since the counts Palatine regained their privileges in the Treaty of Westphalia of 1648. Finally, in 1714, Elector Karl Philipp put an end to the conflicts with the Bavarian Wittelsbachs, even though the Palatinate suffered under the diminished status of being secondary Bavarian territory.
After the Congress of Vienna in 1815, the Palatinate became the Bavarian Rhenish region (named Rheinpfalz in 1838), while the Rheinhessen region around Mainz and Worms was given to Hessen-Darmstadt and the Rhinelands were ceded to Prussia as its Rhine province.
Because the Rhineland-Palatinate was formed in 1946 from regions with very different historical connections there were at first a number of regional movements demanding to join other states. However, these were unsuccessful. People have now come to terms with their state and their place in it. Nontheless, not least because of the lack of a common tradition, there are structural problems. The economic centres are situated primarily in the Rhine valley. Despite these problems, the Rhineland-Palatinate is increasingly managing to establish itself as a high-tech state. In doing so, it has been able partly to build on traditional industries like glass and ceramics.

Superficie: 19 849 km²
Nombre d'habitants: 4,0 millions
Capitale: Mayence (184 000 habitants)
Villes principales: Ludwigshafen (168 000), Coblence (109 000), Kaiserslautern (102 000), Trèves (99 000)
Géographie: Le Land de Rhénanie-Palatinat, aux frontières communes avec la France, la Belgique et le Luxembourg, englobe la partie médiane de la Vallée du Rhin surmontée de ruines pittoresques de châteaux forts, et est considérée comme le paysage allemand par excellence. C'est surtout ici et le long de la Moselle que s'étendent les vignobles qui en font la région viticole la plus importante d'Allemagne fédérale. Les anciennes cités romaines de Coblence, Trèves, Mayence et Worms ainsi que la contrée volcanique de l'Eifel sont des buts touristiques très prisés.
Histoire: Le Land de Rhénanie-Patatinat est souvent décrit comme une région créée «in vitro». Les autorités des forces d'occupation réunissent en 1946 les régions bavaroise, hessoise et prussienne, qui n'avaient auparavant rien de commun, pour former ce Land. Il comprend le Palatinat qui appartenait avant à la Bavière, les circonscriptions autrefois prussiennes de Coblence et de Trèves, quatre circonscriptions de l'ancienne province prussienne de Hessen-Nassau et la partie rhénane gauche de la Hesse.
Les régions rhénanes composant aujourd'hui la Rhénanie-Palatinat sont marquées par des traditions politiques, économiques et culturelles fort anciennes, datant de l'époque romaine qui y établit des colonies. Dès le début du 4ème siècle, Trèves est une des capitales de l'Empire romain. Au Moyen-Age, les électorats de Mayence et Trèves font partie de cette région. Depuis le décret de la Bulle d'Or (1356), le Palatinat a également droit à une voix. Bien que les électeurs et les Palatins ne disposent pas d'un territoire limité, ce sont eux qui gouvernèrent la région pendant des siècles. L'annexion provisoire à la Bavière signifiant la perte de l'électorat et du pays n'y change pas grandchose, puisque le Traité de Paix de Westphalie (1648) rend les deux tiers aux Palatins. L'Electeur Charles Philippe procède de manière contraire avec les Wittelsbach bavarois en 1714, ce qui a pour conséquence que le Palatinat est annexé à la Bavière.
Après le congrès de Vienne, en 1815, le Palatinat devient circonscription rhénane de la Bavière (nommée Palatinat rhénan depuis 1838), alors que la région rhénane-hessoise entourant Mayence et Worms est attribuée à Hessen-Darmstadt et que les pays rhénans sont rattachés à la Prusse en tant que province rhénane.
La Rhénanie-Palatinat ayant été façonnée en 1946 à partir de régions aux attaches historiques les plus différentes, diverses initiatives regionales furent entreprises visant à intégrer ce pays à d'autres Länder de la Fédération. Mais toutes échouèrent. Les Palatins et les Rhénans finirent par s'arranger au sein de leur pays et avec celui-ci, pays qui, du fait du manque d'une tradition commune, connaît des problèmes d'ordre structurel. En effet, les centres économiques sont localisés en majeure partie dans la vallée du Rhin. Nonobstant ces difficultés, le Land de Rhénanie-Palatinat est en passe de devenir un pôle de technologie de pointe, se basant en partie sur les industries traditionnelles que sont le verre et la céramique.

Fläche: 2 570 km²
Einwohner: 1,08 Millionen
Hauptstadt: Saarbrücken (188 000 Einwohner)
Größere Städte: Neunkirchen (52 000), Homburg (46 000), Völklingen (44 000), St. Ingbert (41 000)
Geographisches: Der kleinste deutsche Flächenstaat grenzt an Frankreich und Luxemburg. Rund 30 Prozent des Landes sind mit Wald bedeckt, wobei sich die größten geschlossenen Waldgebiete im Mittelsaarländischen Waldland und im Schwarzwälder Hochwald, einem Teil des Hunsrücks, erstrecken. Die Wirtschaftszentren liegen im dicht besiedelten Saartal.

Geschichte: Vor der Industrialisierung im 19. Jahrhundert hatte das Saarland nur einen schwachen territorialen Kern in der Grafschaft (später Fürstentum) Saarbrücken, war aber ansonsten von benachbarten Herrschaften – Trier, Metz, Pfalz, Lothringen, später Frankreich – geprägt. Mit der Neuordnung Europas nach den Napoleonischen Kriegen fiel das Gebiet im Wiener Kongreß 1815 vorwiegend an die preußische Rheinprovinz, zu geringeren Teilen an die Pfalz.
Mitte des 19. Jahrhunderts, als an der Saar die Kohleförderung und Eisenerzeugung einen gewaltigen Aufschwung nahmen, formte sich hier ein einheitlicher Wirtschaftsraum aus, der sich nach dem Deutsch-Französischen Krieg 1870/71 mit dem vom neugegründeten Deutschen Reich annektierten benachbarten Lothringen verflocht. Das Saargebiet entstand als politische Einheit erst 1920 mit dem Inkrafttreten des Versailler Friedensvertrages. Nachdem französische Annexionsversuche 1918/19 am Widerstand Großbritanniens und der USA gescheitert waren, wurde das Gebiet für 15 Jahre der Verwaltung des Völkerbundes unterstellt. Frankreich erhielt die Kohlegruben, konnte das Land in sein Zollgebiet und später auch in seinen Wirtschaftsraum integrieren. Die 1935 durchgeführte Volksabstimmung, in der sich 90,8 Prozent für einen Anschluß an das Deutsche Reich aussprachen, war wegen der geänderten politischen Verhältnisse in Deutschland auch ein Votum für die nationalsozialistische Herrschaft.
Im Sommer 1945 strebte Frankreich erneut eine Einbeziehung des Saarlandes in seinen Machtbereich an und wählte dafür, nachdem eine Eingliederung in den französischen Staatsverband wiederum auf die Ablehnung seiner Alliierten gestoßen war, die Form der Wirtschafts- und Währungsunion, die auch in der Präambel der saarländischen Verfassung vom 17. Dezember 1947 festgelegt wurde. Nachdem die Bevölkerung ein „Europäisches Saarstatut" am 23. Oktober 1955 mit 67,7 Prozent abgelehnt hatte, löste der Luxemburger Vertrag vom 27. Oktober 1956 das Saarproblem. Das Saarland wurde ab 1. Januar 1957 eigenes Land. Eine auf drei Jahre befristete Übergangszeit endete schon am 5. Juli 1959. Seitdem bemühen sich die Landesregierungen, den Modernisierungsrückstand in Industrie- und Verkehrseinrichtungen aufzuholen und die sich aus der Kohle- und Stahlkrise ergebenden Notwendigkeiten der Umstrukturierung zu bewältigen – in enger grenzüberschreitender Zusammenarbeit mit Lothringen und Luxemburg.

Area: 2,570 square kilometres
Population: 1.08 million
Capital: Saarbrücken (population 188,000)
Principal cities: Neunkirchen (52,000), Homburg (46,000), Völklingen (44,000), St Ingbert (41,000)
Geography: The Saarland is the smallest German non-city state. It borders on France and Luxembourg. About thirty per cent is wooded with the greatest forest regions in the Saar middle forest and the high forest of the Schwarzwald, which is a part of the Hunsrück. The economic centres are to be found in the densely settled Saar valley.

History: Before industrialisation in the 19th century, the Saarland only had a weak territorial centre in the duchy (later principality) of Saarbrücken, and was generally influenced by the neighbouring realms – Trier, Metz, the Palatinate, Lorraine, later France. After the new order in Europe in the wake of the Napoleonic wars, the region mainly fell to the Prussian Rhine province, and smaller parts to the Palatinate as awarded by the Congress of Vienna in 1815.
In the middle of the 19th century, coal-mining and the production of steel were greatly intensified on the banks of the Saar, so that an economic unit was formed which soon merged with Lorraine, which had been annexed by the newly-founded German Reich after the Franco-Prussian War of 1870/71. In 1920 the Saar region first became a political unit, after the peace treaty of Versailles was put into effect. After French attempts at annexation had failed in 1918/19 due to the opposition of Great Britain and the USA, the region was administered by the League of Nations for 15 years. France got the coal mines and was able to integrate the Saarland in its customs jurisdiction, later even economically. The plebiscite of 1935, in which 90.8 per cent of the population voted for affiliation with the German Reich, was also a vote for National Socialist rule in respect of the changing political scene in Germany.
In summer 1945 France again sought to incorporate the Saarland in its sphere of control, and as its allies rejected the idea of a merger with France it opted for economic and monetary union, as laid down in the preamble to the Saarland's 17 December 1947 constitution. After the "European Saar Statute" had been rejected by 67.7 per cent of voters in the 23 October 1955 referendum, the Saarland problem was resolved by the 27 October 1956 Treaty of Luxembourg. On 1 January 1957 the Saarland became a state in its own right, with a three-year transitional period that ended on 5 July 1959. State governments have since aimed at eliminating the modernisation backlog in industry and transport and at coping with the need to restructure that has resulted from the coal and steel crisis, this having been undertaken in cross-border cooperation with Lorraine and Luxembourg.

Superficie: 2 570 km²
Nombre d'habitants: 1,08 million
Capitale: Sarrebruck (188 000 habitants)
Villes principales: Neunkirchen (52 000), Hombourg (46 000), Völklingen (44 000), St-Ingbert (41 000)
Géographie: La Sarre est le plus petit des Länder allemands, mis à part les villes-Etats. Situé aux frontières de la France et du Luxembourg, presque 30% de son sol est planté de forêts dont les plus grandes s'étendent dans le centre du pays et sur les hauteurs de la Forêt-Noire, qui font partie du Hunsrück. Les centres économiques se trouvent dans la vallée de la Sarre à forte densité de population.

Histoire: Avant son industrialisation qui date du 19ème siècle, la Sarre ne possède qu'un noyau territorial faible dans le Comté de Sarrebruck (qui deviendra par la suite un duché) et est marquée par l'influence de ses puissants voisins – Trèves, Metz, le Palatinat, la Lorraine et plus tard la France. A la suite de la réorganisation de l'Europe décidée au Congrès de Vienne en 1815 et qui suit les guerres napoléoniennes, le pays est annexé en majeure partie à la province rhénane de Prusse, et une petite partie au Palatinat.
Au milieu du 19ème siècle, l'extraction du charbon et la production du fer donne à la Sarre un puisssant essor lui permettant de former un centre économique homogène qui, après le conflit franco-allemand de 1870/71 s'intègre dans la Lorraine voisine annexée alors au nouveau Reich allemand.
En tant qu'unité politique, la Sarre n'existe que depuis 1920, à la suite de l'entrée en vigueur du Traité de paix de Versailles. Après les tentatives françaises d'annexion qui échouent en 1918/19 du fait de l'opposition de la Grande-Bretagne et de l'Amérique, la région est placée sous l'administration de la Société des Nations pendant 15 ans. La France administre les mines de charbon et englobe le pays dans ses frontières douanières et plus tard, dans son économie. Le plébiscite de 1935 par lequel 90,8% de la population manifeste leur désir d'appartenir au Reich allemand en vertu du changement des rapports politiques en Allemagne, représente également un vote pour la domination nationale-socialiste.
En été de l'année 1945, la France tenta de nouveau d'intégrer la Sarre à sa zone d'influence. Son rattachement à l'Etat français s'étant heurté au refus de ses alliés, elle opta en faveur d'une union économique et monétaire qui fut stipulée dans le préambule de la constitution sarroise le 17 décembre 1947. 67,7% de la population ayant refusé un «statut européen de la Sarre» le 23 octobre 1955, c'est le Traité de Luxembourg, signé le 27 octobre 1956, qui apporta la solution au problème sarrois. Le 1er janvier 1957, la Sarre devient un Etat de l'Allemagne. La période de transition, qui avait été fixée à trois ans, prit fin le 5 juillet 1959. Depuis lors, les différents gouvernements du Land s'efforcent de rattraper le retard qu'enregistrent l'industrie et les transports et de venir à bout des impératifs d'une restructuration exigée par la crise de la sidérurgie en coopérant étroitement avec la Lorraine et le Luxembourg, par-delà les frontières.

Sachsen / Saxony / La Saxe

Fläche: 18 407 km²
Einwohner: 4,6 Millionen
Hauptstadt: Dresden (480 000 Einwohner)
Größere Städte: Leipzig (492 000), Chemnitz
(381 000), Zwickau (109 000), Plauen (74 000)
Geographisches: Sachsen, das mit 251 Einwohnern pro Quadratkilometer dicht besiedelt ist, gilt als das Industriezentrum Mitteldeutschlands. Landschaftlich wird es im Süden vom Erzgebirge, im Südwesten vom Vogtland, im Osten von der Oberlausitz geprägt. Die schönste Region an der Elbe, die das Land von Süden nach Norden durchfließt, ist das Elbsandsteingebirge.
Geschichte: Mit der Person Heinrichs I., der als erster Herrscher von 919 bis 936 deutscher König war, trat Sachsen in die Geschichte ein. Heinrich drang aus dem Harz in das von Slawen bewohnte Gebiet des heutigen Sachsen vor und setzte einen Markgrafen in Meißen ein. Deutsche Bauern kamen in das zuvor allein von Slawen bewohnte Land, die Missionierung begann.
1453 erhielt das Herzogtum Sachsen die Kurwürde und wurde zu einer führenden Kraft im Reich. 1485 erfolgte die Teilung des Landes unter den Herrscherbrüdern Ernst und Albrecht. Vom – heute zu Sachsen-Anhalt gehörenden – Wittenberg, der Residenz der „Ernestiner", in der Martin Luther predigte, nahm 1517 die Reformation ihren Ausgang. Später wurde auch die „albertinische" Region lutherisch.
Nach mehreren Kriegen erreichte Sachsen unter Kurfürst August dem Starken (Regentschaft 1694–1733), der ab 1697 auch König von Polen war, einen Höhepunkt in seiner Entwicklung. Im 18. Jahrhundert galt Sachsen unbestritten als eines der kulturellen Zentren Europas, doch politisch wurde es bald vom aufstrebenden Preußen überflügelt. Im Siebenjährigen Krieg (1756–1763), in den Napoleonischen Kriegen als Verbündeter Frankreichs und im Deutsch-Österreichischen Krieg (1866) als Alliierter Österreichs war Sachsen in der militärischen Auseinandersetzung mit Preußen stets der Verlierer. Zwar wurde das Land 1806 Königreich, es mußte aber 1815 fast drei Fünftel seines Gebiets an Preußen abtreten – und erhielt damit in etwa die heutigen Umrisse.
Im Zuge der in Sachsen besonders intensiven Industrialisierung bildete sich hier früh eine starke Arbeiterbewegung heraus. 1863 wurde der Allgemeine Deutsche Arbeiterverein als Vorläufer der SPD in Leipzig gegründet. Ab 1871 gehörte Sachsen zum Deutschen Reich und entwickelte sich bis 1914 zum am dichtesten bevölkerten Land Europas. Zum Ende des Ersten Weltkriegs rief die Bevölkerung den Freistaat Sachsen aus.
Während der nationalsozialistischen Herrschaft wurde das Land gleichgeschaltet. Der Zweite Weltkrieg traf Dresden besonders schwer: Durch Bombenangriffe der Alliierten starben im Februar 1945 kurz vor Kriegsende rund 35 000 Menschen. Nach Kriegsende wurde Sachsen, erweitert um das zuvor schlesische Gebiet um Görlitz, Teil der sowjetischen Besatzungszone. Wie alle anderen DDR-Länder wurde es 1952 bei der Gebietsreform in Bezirke aufgeteilt. Im Herbst 1989 waren die sächsischen Großstädte Zentren des gewaltlosen Widerstands gegen die SED-Herrschaft, der die Auflösung des Staates DDR, die Vereinigung Deutschlands und damit die Rekonstruktion des Landes Sachsen entscheidend mitbewirkte.

Area: 18,407 square kilometres
Population: 4.6 million
Capital: Dresden (population 480,000)
Principal cities: Leipzig (492,000), Chemnitz
(381,000), Zwickau (109,000), Plauen (74,000)
Geography: Densely populated Saxony (251 people per square kilometre) is considered to be the industrial heartland of central Germany. In the south, the landscape is characterized by the Erzgebirge, in the southwest by the Vogtland, in the east by Oberlausitz. The most beautiful region on the banks of the Elbe, which flows through the state from south to north, is the Elbsandsteingebirge.
History: The history of Saxony begins with Heinrich I, who from 919 to 936 was the first Saxon ruler to reign as king of Germany. Heinrich, coming from the Harz, entered the region of todays Saxony, which until then had been settled by Slavs, and there put a margrave in power in Meissen. German peasants soon settled in the region, thus putting an end to the sole settlement by the Slavs, and missionary work soon ensued. In 1453, the duchy of Saxony attained the title of an Electorate and became a leading power of the Reich. In 1485, the land was divided between the two sovereign brothers Ernst and Albrecht. From Wittenberg, the residence of the Ernestines and now part of Saxony-Anhalt, Martin Luther preached and the Reformation started to spread in 1517. Albertine Saxony later became Lutheran too. After several wars, Saxony climbed to new heights in its development under the electoral prince Augustus the Strong (regency 1694–1733), who was also king of the Poles as of 1697. In the 18th century, Saxony was undoubtedly respected as one of the cultural centres of Europe, but politically it was soon overshadowed by Prussia on its way up. In the Seven Years' War (1756–1763), in the Napoleonic wars as a French ally, and in the Austro-Prussian War (1866) as an Austrian ally, Saxony was always the loser in military conflicts with Prussia. Even though the state was declared a kingdom in 1806, it had to relinquish almost three-fifths of its territory to Prussia in 1815 – and thus it roughly attained the borders of today.
Due to especially intensive industrialisation in Saxony, a strong workers' movement developed early on. In 1863, the General German Workers' Union, a precursor of the Social Democratic Party, was founded in Leipzig. From 1871 Saxony was a part of the German Reich and developed by 1914 into the most densely populated area in Europe. At the end of the First World War, the population proclaimed Saxony a republic.
During the National Socialist era, the state was put in line. Dresden suffered most severely in the Second World War. A short time before the end of the war in February 1945, about 35,000 people died in Allied air raids.
After the war, Saxony, by now enlarged by the Silesian region around Görlitz, became a part of the Soviet occupied zone. Like all other states of the GDR, it was divided into regions in 1952. In autumn 1989, the larger Saxon cities were centres of non-violent resistance to the rule of the SED, thus helping to bring about the end of the GDR and to reunite Germany, and making it possible to reestablish the state of Saxony.

Superficie: 18 407 km²
Nombre d'habitants: 4,6 millions
Capitale: Dresde (480 000 habitants)
Villes principales: Leipzig (492 000), Chemnitz
(381 000), Zwickau (109 000), Plauen (74 000)
Géographie: Avec 251 habitants au km², la Saxe est le Land ayant la densité de population la plus élevée parmi les nouveaux Länder et est considérée comme le centre industriel de l'Allemagne centrale. Son paysage est limité au sud par le Erzgebirge, au sud-ouest par le Vogtland et à l'est par le Oberlausitz. La plus belle région bordant l'Elbe, qui traverse le pays du sud au nord est formée par les rochers de grès dits Elbsandsteingebirge.
Histoire: La Saxe entre dans l'Histoire en la personne d'Henri Ier, premier souverain de Saxe à être devenu roi allemand et qui régna de 919 à 936. Venant de la région du Harz, Henri pénètre dans le pays occupé par les Slaves, la Saxe d'aujourd'hui, et établit un margraviat à Meissen. Des paysans allemands s'installent dans la région où ne vivaient jusqu'alors que des Slaves païens et la christianisation commence. Le duché de Saxe est promu en 1453 au titre d'Electorat et devient alors une des forces motrices de l'Empire. En 1485, le pays est partagé entre les frères de cette dynastie, Ernst et Albrecht. C'est de Wittenberg, qui fait aujourd'hui partie de la Saxe-Anhalt – résidence, des «Ernests» où prêche Martin Luther, que la Réformation jette ses ramifications en 1517.
La Saxe atteint son apogée après de nombreuses guerres et sous l'Electorat d'Auguste le Fort (régence entre 1694 et 1733), également roi de Pologne dès 1697. Au 18ème siècle, la Saxe est considérée comme l'un des centres culturels de l'Europe. Sur le plan politique, elle est cependant rapidement surpassée par la Prusse entreprenante. Dans tous les conflits militaires qui l'opposent à la Prusse, la Saxe est toujours perdante, à savoir durant la Guerre de Sept Ans (1756–1763), en tant qu'alliée de la France durant l'ère napoléonienne et pendant la guerre entre l'Allemagne et l'Autriche (1866) où elle soutient les Autrichiens. La région devient un royaume en 1806, mais se voit cependant obligée de céder presque les trois cinquièmes de ses territoires à la Prusse en 1815, obtenant ainsi presque sa configuration actuelle.
A la suite de l'industrialisation particulièrement intense de la Saxe, celle-ci voit naître bientôt un mouvement ouvrier très fort. L'Union des ouvriers allemands, mouvement précurseur du Parti social-démocrate allemand, est fondée en 1863 à Leipzig. Dès 1871, la Saxe se rallie à l'Empire allemand et demeure jusqu'en 1914 la région la plus peuplée d'Europe. Après la première guerre mondiale, le peuple proclame l'Etat libre de Saxe. La Seconde Guerre mondiale ravage terriblement Dresde. En février 1945, juste avant la fin de la guerre, les bombardements des alliés entraînent la mort d'environ 35 000 personnes.
Après la fin de la guerre, la Saxe se voit agrandie par l'annexion de la région autrefois silésienne entourant Görlitz, soit une partie de la zone d'occupation soviétique. Comme tous les Länder de la République démocratique d'Allemagne, la région est divisée dès 1952 en districts. Durant l'automne 1989, les centres des grandes villes de la Saxe servent de scène aux manifestations de résistance non violente contre le joug du SED (parti socialiste unifié), réclamant la dissolution de la République démocratique, la réunification de l'Allemagne et la reconstitution du Land de Saxe.

Fläche: 20 607 km²
Einwohner: 2,8 Millionen
Haupstadt: Magdeburg (264 000 Einwohner)
Größere Städte: Halle (288 000), Dessau (92 000)
Wittenberg (53 000), Stendal (46 000)
Geographisches: Das Land Sachsen-Anhalt grenzt mit der Altmark an Niedersachsen, weist in der Magdeburger Börde eine besonders fruchtbare Region auf und reicht im Süden bis zu den Industriegebieten um Halle und Bitterfeld. Ein Teil des Harzes gehört zu Sachsen-Anhalt.
Geschichte: Sachsen-Anhalt ist ein Land ohne eigene territoriale Tradition, es existierte lediglich von 1945 bis 1952 innerhalb der sowjetischen Besatzungszone und der DDR und entstand dann 1990 neu. Zuvor verlief die Entwicklung in den Landesteilen unterschiedlich. Die Altmark im Norden stand über lange Jahrhunderte unter brandenburgischem Einfluß, während im Süden und Osten Sachsen die Vorherrschaft hatte. Die längste eigene Territorialgeschichte hat Anhalt, das 1212 unter den Askaniern entstand, allerdings in der Folgezeit immer wieder geteilt – und erneut vereinigt – wurde. Anfang des 17. Jahrhunderts entwickelten sich die Kleinfürstentümer Anhalt-Bernburg, Anhalt-Köthen, Anhalt-Zerbst und Anhalt-Dessau, die politisch wenig Einfluß hatten, jedoch in Musik, Baukunst und Wissenschaft in der Barockzeit eine Blüte entfalteten.
Bedeutende Anhaltiner waren Leopold I. von Anhalt-Dessau („der Alte Dessauer"), der um 1700 als einer der bedeutendsten Militärführer galt, und die russische Zarin Katharina II. (Regierungszeit 1762–1796) aus dem Geschlecht Anhalt-Zerbst.
Nach dem Ersten Weltkrieg wurde Anhalt Freistaat innerhalb der Weimarer Republik, ab 1933 wurde es zusammen mit Braunschweig einem Reichsstatthalter unterstellt.
Eine gewisse eigenständige Tradition hat auch der sächsische Teil des neuen Landes. Mit der Neuordnung Europas auf dem Wiener Kongreß 1815 entstand die preußische Provinz Sachsen, zu der auch Teile des heutigen Sachsen-Anhalt gehörten. Die Provinz nahm dank reicher Bodenschätze und Braunkohlegruben im 19. Jahrhundert einen gewaltigen wirtschaftlichen Aufschwung: Die Gegend um Magdeburg galt als Kornkammer Deutschlands, um Halle, Bitterfeld, Wolfen und Leuna entstand eine chemische Industrie. Aufgrund seiner Mittellage entwickelte sich das Gebiet zum Verkehrsknotenpunkt.
Während der Weimarer Zeit war das mitteldeutsche Industriegebiet in der Provinz Sachsen mit seiner starken Arbeiterbewegung Brennpunkt von sozialen Auseinandersetzungen und Arbeitskämpfen. Mit der nationalsozialistischen Machtübernahme 1933 verlor auch die Provinz Sachsen ihren autonomen Status; während des Zweiten Weltkriegs wurde die Region zu einem Rüstungszentrum ausgebaut. Sie hatte unter Bombenangriffen und Kampfhandlungen besonders schwer zu leiden.

Area: 20,607 square kilometres
Population: 2.8 million
Capital: Magdeburg (population 264,000)
Principal cities: Halle (288,000), Dessau (92,000),
Wittenberg (53,000), Stendal (46,000)
Geography: Saxony-Anhalt borders Lower Saxony with the Altmark, has an especially fertile area in the Magdeburger Borde, and, down in the south, it extends to the industrial regions around Halle and Bitterfeld. A part of the Harz belongs to Saxony-Anhalt.
History: Saxony-Anhalt is a state without tradition; it only existed between 1945 and 1952 as a part of the Soviet occupied zone and the GDR, and was re-established in 1990. Before, the development of the different parts of the land differed. The Altmark of the north stood under the influence of Brandenburg, whilst the south and the east were ruled by Saxony. Anhalt boasts the longest territorial history. Founded 1212 by the Ascanians, it was continuously split up and reunited. At the beginning of the 17th century, the miniature principalities of Anhalt-Bernburg, Anhalt-Köthen, Anhalt-Zerbst and Anhalt-Dessau came into being; politically of small importance, they were nonetheless centres of music, architecture, and science in the Baroque period.
Leopold I of Anhalt-Dessau ("The Old Dessauian"), who around 1700 was rated one of the most prominent military leaders, and Catherine II, an Anhalt-Zerbst princess, who ruled as Russian empress from 1762 to 1796, were two prominent Anhaltians.
After the First World War, Anhalt became a republic within the Weimar Republic, and from 1933 onwards it was administered together with Brunswick.
The Saxon part of the new state can look back upon a certain tradition of its own. The new order of Europe, decided upon by the Congress of Vienna in 1815, resulted in the Prussian province of Saxony, to which parts of todays Saxony-Anhalt also belonged. Thanks to its rich natural mineral resources and the brown coal mines, it rose to extreme prosperity in the 19th century: The area surrounding Magdeburg was considered a granary of Germany, and in the areas of Halle, Bitterfeld, Wolfen, and Leuna, a chemical industry developed. Due to its central position, it also became a centre of transport.
During the Weimar Republic the central German industrial region in the province of Saxony, with its strong labour movement, was a focal point of social upheaval and workers' struggles. In 1933, the province of Saxony lost its autonomous status after the National Socialists seized power; during the Second World War, the region was adapted to the needs of war production. Thus it was bombed especially thoroughly, and suffered heavily in combat.

Superficie: 20 607 km²
Nombre d'habitants: 2,8 millions
Capitale: Magdebourg (264 000 habitants)
Villes principales: Halle (288 000), Dessau (92 000),
Wittenberg (53 000), Stendal (46 000)
Géographie: Le Land de Saxe-Anhalt, qui touche la Basse-Saxe par la région dite Altmark, est une terre très fertile dans la contrée dite Börde de Magdebourg et s'étend vers le sud jusqu'à la zone industrielle entourant Halle et Bitterfeld. Une partie du Harz appartient également à la Saxe-Anhalt.
Histoire: La Saxe-Anhalt est un Land sans traditions, qui n'a existé que de 1945 à 1952 dans le cadre de l'occupation soviétique et de la République démocratique. Elle est rétablie en 1990. L'évolution des diverses contrées du pays est très différente. La région du Nord dite Altmark subit plusieurs siècles durant l'influence brandebourgeoise alors que le sud et l'est se trouvent sous la prédominance de la Saxe. Le Anhalt, fondé par les princes ascaniens en 1212, puis divisé à plusieurs reprises pour être réuni à nouveau, a une très longue histoire territoriale. Au début du 17ème siècle, les petits duchés de Anhalt-Bernbourg, Anhalt-Köthen, Anhalt-Zerbst et Anhalt-Dessau virent le jour. Si leur influence politique est de moindre importance, les talents de leurs habitants dans les domaines de la musique, de l'architecture et des sciences s'épanouissent durant l'époque baroque.
Les personnages illustres de ces lignées sont Léopold Ier de Anhalt-Dessau (nommé «le Vieux de Dessau»), l'un des stratèges les plus marquants vers 1700, et Catherine II, Impératrice de Russie (régence de 1762–1796) issue de la famille Anhalt-Zerbst.
Après la première guerre mondiale, le Anhalt devient un Etat indépendant dans le cadre de la République de Weimar et dès 1933, réuni avec Brunswick, un district assujetti au Reich.
La partie saxonne du nouveau Land possède une certaine tradition individuelle. Lors de la réforme européenne décidée au Congrès de Vienne en 1815, la province prussienne de Saxe qui y voit le jour comprend certaines parties du land de Saxe-Anhalt d'aujourd'hui. Grâce aux richesses de son sol et à ses mines de lignite, la province prend un essor économique florissant dès le 19ème siècle. Les environs de Magdebourg sont considérés comme le grenier à blé de l'Allemagne et l'industrie chimique se développe à Halle, Bitterfeld, Wolfen et Leuna. La situation centrale de la région en fait une plaque tournante.
Sous la République de Weimar, la zone industrielle centrale allemande de la Saxe, forte de son mouvement ouvrier actif, est le théâtre de conflits sociaux. Lors de la prise du pouvoir par le gouvernement national-socialiste, la province de Saxe perd en 1933 son statut d'autonomie. Pendant la Seconde Guerre mondiale, le pays est transformé en centre d'armement. Il est particulièrement ravagé par les bombardements et les combats.

Schleswig-Holstein / Schleswig-Holstein / Le Schleswig-Holstein

Fläche: 15 739 km²
Einwohner: 2,6 Millionen
Hauptstadt: Kiel (247 000 Einwohner)
Größere Städte: Lübeck (217 000), Flensburg (88 000), Neumünster (82 000), Norderstedt (70 000)
Geographisches: Das nördlichste Land ist wegen seiner Feriengebiete an Nord- und Ostsee vielbesucht. Die Westküste erhält ihren Reiz durch Wattenmeer, Nordfriesische Inseln und Halligen, die stark gegliederte Ostseeküste bietet hervorragende Naturhäfen. Der Westen des Landes ist von fruchtbaren Marschen, der Osten von einer Hügel- und Seenlandschaft geprägt.

Schleswig-Holstein liegt zwar am Rand der Bundesrepublik Deutschland, aber im Herzen Europas – genau auf halber Strecke zwischen Malta und dem Nordkap. Und: Es ist durch die Ostsee mit Schweden, Finnland, Polen, Dänemark und den Ostseerepubliken Estland, Lettland und Litauen verbunden.

Ackerbau und Viehzucht, Fischerei und Schiffbau – das waren lange Zeit die wesentlichen Wirtschaftsbereiche in Schleswig-Holstein. Auch heute noch hat die Land- und Ernährungswirtschaft große Bedeutung; jeder siebte Arbeitsplatz steht in direktem Zusammenhang mit der Erzeugung und Verarbeitung von landwirtschaftlichen Produkten. Klar ist aber, daß weder die Landwirtschaft noch der Schiffbau auf lange Sicht in der Lage sind, genügend Menschen zu beschäftigen. Deshalb fördert die Landesregierung die technologische Erneuerung der Wirtschaft. Heute schon arbeiten im Bereich Elektrotechnik einschließlich Elektronik mehr als doppelt so viele Menschen wie im traditionellen Schiffbau. Größter Industriezweig des Landes ist der Maschinenbau.

Geschichte: Die Geschichte Schleswig-Holsteins wurde von seiner engen Nachbarschaft zu Dänemark geprägt. 1460 schlug die Geburtsstunde Schleswig-Holsteins: In diesem Jahr wurde der Dänenkönig Christian I. zum Herzog von Schleswig und Holstein gewählt. Im Ripener Freiheitsbrief garantierte er dabei die Unteilbarkeit des Landes. „Up ewich ungedeelt" – das war die heute noch vielzitierte Formel.

Weltgeschichte schrieb das Land 1918: Kurz vor Ende des Ersten Weltkrieges demonstrierten in Kiel Tausende Matrosen der Kriegsmarine für Frieden, Freiheit und Brot – und trugen damit zum Ende des Wilhelminischen Kaiserreiches bei. Als Folge des Zweiten Weltkrieges wurde der preußische Staat aufgelöst, und durch Verfügung der britischen Militärregierung entstand im August 1946 das Land Schleswig-Holstein.

Ein besonderes Kennzeichen Schleswig-Holsteins ist seine kulturelle Vielfalt. Mehr als 100 Museen und Sammlungen, zahlreiche Archive und Bibliotheken, Galerien und Theater reizen zu kulturellen Entdeckungen.

Lübeck, von der UNESCO in die Liste der „Kulturdenkmäler der Menschheit" aufgenommen, lädt ebenso zu einem Besuch ein wie die „Kieler Woche" oder das „Schleswig-Holstein Musik Festival", Schleswig-Holstein gehört aber auch zu den interessantesten Literaturlandschaften in der Bundesrepublik. Theodor Storm, Friedrich Hebbel, die Gebrüder Heinrich und Thomas Mann, Klaus Groth und Wolfdietrich Schnurre waren Schleswig-Holsteiner, Autoren wie Helmut Heißenbüttel, Günter Kunert, Sarah Kirsch und Siegfried Lenz leben bzw. arbeiten heute dort.

Area: 15,739 square kilometres
Population: 2.6 million
Capital: Kiel (population 247,000)
Principal cities: Lübeck (217,000), Flensburg (88,000), Neumünster (82,000), Norderstedt (70,000)
Geography: The northernmost state is popular with visitors to its North Sea and Baltic resorts. Features of the North Sea coast include the mud flats, the North Frisian islands and the halligs (islets in the flats that are almost submerged at high tide), while the heavily indented Baltic coast boasts superb natural harbours. The fertile fens of the west are offset by hills and lakes to the east.

Schleswig-Holstein may be on the periphery of the Federal Republic of Germany, but it is in the heart of Europe, equidistant from Malta and the North Cape, while it shares a Baltic coast with Sweden, Finland, Poland, Denmark, Estonia, Latvia and Lithuania.

Arable and dairy farming, fishery and shipbuilding were long the state's economic mainstays. Agriculture and food still play a leading role. One job in seven is directly connected with the production and processing of farm produce. But farming and shipbuilding can clearly not provide enough jobs in the long term.

That is why the state government is promoting technological renewal, and twice as many people are now employed in electrical engineering and electronics as in shipbuilding. Mechanical engineering is the main industry.

History: Schleswig-Holstein's history is closely linked with that of neighbouring Denmark. Schleswig and Holstein were joined in 1460 under Christian I of Denmark, who guaranteed in the Ribe Treaty that they would remain "forever undivided", a pledge that is still frequently quoted.

World history was written in 1918 when, just before the end of World War I, thousands of naval ratings took to the streets of Kiel to demonstrate for peace, freedom and food – and so helped to bring about the end of the Wilhelminian Reich.

After World War II Prussia was abolished as an administrative entity and in August 1946 the British military government set up the state of Schleswig-Holstein.

Cultural variety is a keynote of Schleswig-Holstein, where there are over 100 museums and collections, numerous archives and libraries, art galleries and theatres to interest lovers of art and the arts.

Lübeck, Unesco-listed as part of the "cultural heritage of mankind", is well worth a visit, as are the Kiel Regatta and the Schleswig-Holstein Music Festival, an annual summer season of first-rate music played in churches and town halls, castles and barns.

Schleswig-Holstein is also one of the Federal Republic's most interesting literary regions. Theodor Storm, Friedrich Hebbel, Heinrich and Thomas Mann, Klaus Groth and Wolfdietrich Schnurre were Schleswig-Holsteiners. Writers who live and work there now include Helmut Heissenbüttel, Günter Kunert, Sarah Kirsch and Siegfried Lenz.

Superficie: 15 739 km²
Nombre d'habitants: 2,6 millions
Capitale: Kiel (247 000 habitants)
Villes principales: Lübeck (217 000), Flensbourg (88 000), Neumünster (82 000), Norderstedt (70 000)
Géographie: Situé tout au Nord, le Schleswig-Holstein est renommé pour ses lieux de villégiature bordant les côtes de la Mer Baltique et de la Mer du Nord. La côte occidentale doit ses charmes à l'estran, aux îles de la Frise et aux îlots des Halligen alors que le littoral de la Baltique offre des ports naturels superbes. L'ouest du pays est caractérisé par ses champs fertiles alors que l'est est semé de collines et de lacs. Le Schleswig-Holstein se trouve, certes, à la périphérie de la République fédérale d'Allemagne, mais il est au cœur de l'Europe – plus exactement à mi-chemin entre l'île de Malte et le Cap Nord. Il est, de plus, relié par la mer Baltique à la Suède, à la Finlande, à la Pologne, au Danemark et aux Républiques baltes que sont l'Estonie, la Lettonie et la Lituanie.

Agriculture, élevage, pêche et construction navale furent, pendant longtemps, les secteurs économiques dont vécut essentiellement le Schleswig-Holstein. Toutefois, il est évident que ni l'agriculture ni la construction navale, ne seront en mesure, à long terme, de fournir des emplois en nombre suffisant. C'est la raison pour laquelle le gouvernement de ce Land encourage l'innovation technologique dans le domaine économique. Aujourd'hui, l'électro-technique et l'électronique occupent déjà deux fois plus de personnes que la construction navale traditionnelle. La branche industrielle la plus importante est représentée par la construction mécanique.

Histoire: L'histoire du Schleswig-Holstein garde l'empreinte de son voisinage avec le Danemark. L'année 1460 marque la naissance du Schleswig-Holstein: c'est cette année-là que le roi des Danois, Christian Ier, fut élu duc de Schleswig et de Holstein. Dans la «Lettre d'Indépendance», dite «Ripener Freiheitsbrief», il garantissait l'indivisibilité du pays. «Up ewich ungedeelt», «Unis pour l'éternité», telle était alors la formule, si souvent citée aujourd'hui encore.

C'est en 1918 que le pays entra à jamais dans l'Histoire. En effet, peu avant la fin de la première guerre mondiale, des milliers de soldats de l'infanterie de la marine de guerre manifestèrent à Kiel en faveur de la paix, de la liberté mais aussi pour obtenir du pain, contribuant ainsi à mettre fin à l'empire allemand wilhelmnien. La deuxième guerre mondiale entraîna la dissolution de l'Etat prussien et c'est par décision du gouvernement militaire britannique que fut créé, en août 1946, le Land de Schleswig-Holstein.

L'une des caractéristiques essentielles du Schleswig-Holstein est sa diversité culturelle. Plus de 100 musées et collections, de nombreuses archives et bibliothèques, des galeries et théâtres invitent à la découverte culturelle du pays.

Lübeck, admise sur la liste des «trésors culturels de l'humanité» par l'Unesco, attire le visiteur tout autant que la «Semaine de Kiel» (régates) et que le Festival de Musique du Schleswig-Holstein. Le Schleswig-Holstein fait également partie des régions de l'Allemagne ayant inspiré un grand nombre d'écrivains. Theodor Storm, Friedrich Hebbel, les frères Heinrich et Thomas Mann, Klaus Groth et Wolfdietrich Schnurre étaient originaires du Schleswig-Holstein. Des auteurs tels que Helmut Heißenbüttel, Günter Kunert, Sarah Kirsch et Siegfried Lenz y vivent et y travaillent aujourd'hui.

Fläche: 16 251 km²
Einwohner: 2,5 Millionen
Hauptstadt: Erfurt (213 000 Einwohner)
Größere Städte: Gera (130 000), Jena (107 000),
Weimar (61 000), Gotha (57 000)
Geographisches: Das Land Thüringen liegt im Zentrum des wiedervereinigten Deutschland, umgeben von Hessen, Niedersachsen, Sachsen-Anhalt, Sachsen und Bayern. Landschaftlich bestimmend ist der schmale Mittelgebirgskamm des Thüringer Waldes. Westlich davon steigt das Meininger Land bis zur Rhön an, östlich erstreckt sich die Ackerlandschaft des Thüringer Beckens.
Geschichte: Das Land Thüringen hat seine frühen Wurzeln im Königreich gleichen Namens, das von 400 bis 531 zwischen dem Main und dem Harz existierte. Nach den germanischen Toringi wechselten sich dann Franken und Sachsen in der Herrschaft ab; im 8. Jahrhundert begann die Christianisierung.
Im Mittelalter war Thüringen zunächst von den Landgrafen aus dem Geschlecht der Ludowinger geprägt, die 1130 die Herrschaft übernahmen und 1180 die Pfalzgrafschaft Sachsen ihrem Gebiet eingliederten. Ludowingischer Stammsitz war die oberhalb Eisenachs gelegene Wartburg, auf der sich die mittelalterlichen Minnesänger ihren „Sängerkrieg" geliefert haben sollen. Noch zweimal rückte die Wartburg danach ins Licht der Aufmerksamkeit: 1521 übersetzte Martin Luther hier die Bibel ins Deutsche, und 1817 wurde die Festung, als sich die Burschenschaften mit der Forderung nach einem deutschen Nationalstaat zum Wartburgfest versammelten, zum Symbol der Einheit Deutschlands.
Wie die gesamtdeutsche war auch die thüringische Geschichte frühzeitig – nach dem Aussterben der Ludowinger 1247 – von territorialer Zersplitterung bestimmt.
Thüringen fiel nach 1247 an das Haus Wettin, das sich nach der Leipziger Teilung von 1485 noch in eine Albertinische und Ernestinische Linie aufspaltete. Daneben gab es die kurmainzischen Gebiete Erfurt und das Eichsfeld, die Fürstentümer Schwarzburg-Rudolstadt und Schwarzburg-Sondershausen, die Fürstentümer Reuß, die gefürstete Grafschaft Henneberg und einige andere kleine Gebiete. Im 19. Jahrhundert gab es in Thüringen zeitweise 15 verschiedene Kleinstaaten mit über 100 Gebietsenklaven.
Erst 1920 wurde aus den verbliebenen Kleinstaaten – vier Ernestinische Sächsische Herzogtümer, die Fürstentümer Schwarzburg-Rudolstadt, Schwarzburg-Sondershausen, Reuß ältere und Reuß jüngere Linie – das Land Thüringen mit Weimar als Hauptstadt gebildet. Es verlor seine Eigenstaatlichkeit mit der nationalsozialistischen Machtübernahme, wurde in den letzten Wochen des Zweiten Weltkriegs von amerikanischen Truppen besetzt, aber noch 1945 gemäß den Beschlüssen von Jalta der sowjetischen Besatzungszone zugeschlagen. Die DDR-Gebietsreform von 1952 teilte das Land in die Bezirke Erfurt, Gera und Suhl. Neue Landeshauptstadt des mit der deutschen Einheit 1990 wiedergegründeten Thüringen wurde Erfurt.

Area: 16,251 square kilometres
Population: 2.5 million
Capital: Erfurt (population 213,000)
Principal cities: Gera (130,000), Jena (107,000),
Weimar (61,000), Gotha (57,000)
Geography: Thuringia is situated in the centre of reunited Germany and is surrounded by Hesse, Lower Saxony, Saxony-Anhalt, Saxony, and Bavaria. The slim ridge of the Mittelgebirge with the Thuringian Forest characterizes the landscape. To the west, the Meininger Land rises up to the Rhön, and to the east, farmland spreads out in the Thuringian lowlands.
History: The state of Thuringia has its early roots in a kingdom of the same name which existed from 400 to 531 between the Main and the Harz. After the Germanic Toringi, the Franconians and the Saxons were alternately sovereigns of the region; in the 8th century, Christianisation set in.
During the Middle Ages, Thuringia was influenced by the dukes of the Ludovingian dynasty, whose reign commenced in 1130 and who also took over the palatinate of Saxony in 1180. The main residence of the Ludovingians was the Wartburg above Eisenach, where the troubadours of the Middle Ages are said to have carried out their "war of the singers". Twice again the Wartburg was to be in the limelight. In 1521, Martin Luther translated the Bible into German at this spot, and in 1817 the castle was to become the symbol of the unity of Germany due to the students' associations, who here organized the Wartburg festival, calling for a German nation-state.
Like Germany in general, the history of Thuringia was influenced in early times by territorial fragmentation – ever since the Ludovingian dynasty became extinct in 1247.
After 1247 Thuringia fell to the Wettin dynasty. After the Leipzig Partition in 1485 the Wettins again split into the Albertine and Ernestine lines. There were in addition the Erfurt and Eichsfeld regions of the Electorate of Mainz, the principalities of Schwarzburg-Rudolstadt and Schwarzburg-Sondershausen, the principalities of Reuss, the earldom of Henneberg and several other small regions. In the 19th century, there were sometimes more than 15 different miniature states with over a hundred territorial enclaves in Thuringia.
At last, in 1920, the state of Thuringia was formed out of the remaining mini-states – four Ernestinian Saxon duchies, the principalities Schwarzburg-Rudolstadt, Schwarzburg-Sondershausen, Reuss (Elder Line), and Reuss (Younger Line). Its capital was to be Weimar. Thuringia lost its independence after the National Socialists seized power, and, in the last weeks of the Second World War, it was occupied by American troops, but as of early 1945 it was ceded to the Soviets, according to the decisions made in Yalta. Regional reform in the GDR in 1952 once again divided the state into the Erfurt, Gera, and Suhl districts. Thuringia, having been re-established as a state after German reunification in 1990, has a new capital, Erfurt.

Superficie: 16 251 km²
Nombre d'habitants: 2,5 millions
Capitale: Erfurt (213 000 habitants)
Villes principales: Gera (130 000), Jena (107 000),
Weimar (61 000), Gotha (57 000)
Géographie: La Thuringe se situe au centre de l'Allemagne réunifiée, et est entourée par la Hesse, la Basse-Saxe, la Saxe-Anhalt, la Saxe et la Bavière. Son paysage est caractérisé par l'étroite crête montagneuse des forêts de la Thuringe. A l'ouest, la région de Meining remonte jusqu'au Rhön, à l'est s'étendent les terres arables du bassin de Thuringe.
Histoire: Les racines du Land de Thuringe viennent du royaume du même nom ayant existé de 400 à 531 entre le Main et le Harz. Les Francs et les Saxons se relaient au pouvoir à la suite de la Toringi germanique. La christianisation du pays commence dès le 8ème siècle.
Au Moyen-Age, la Thuringe est d'abord influencée par les Landgraves Ludovingiens qui prennent le pouvoir en 1130 et annexent à leur territoire le Comté palatin de la Saxe en 1180. Les Ludovingiens ont leur siège permanent dans la forteresse de la Wartbourg, édifiée au-dessus de Eisenach, et dans laquelle des minnesingers du Moyen-Age se seraient livrés leurs «Guerres des chanteurs». La forteresse de Wartbourg retient encore deux fois l'attention au cours de l'Histoire: Martin Luther traduit la Bible en allemand entre ses murs en 1521 et en 1817, lorsque les confréries s'y retrouvent pour exiger, au cours d'une fête, la création d'une Confédération, symbolisant ainsi l'unité allemande.
Comme toute l'histoire allemande, celle de la Thuringe est marquée très tôt – après la disparition des Ludovingiens en 1247 – par le morcellement de ses territoires.
La Thuringe échut après 1247 à la Maison de Wettin qui se scinda elle-même en une ligne «Albertine» et une ligne »Ernestine« après la «Division de Leipzig», en 1485. La Thuringe se constituait également des provinces d'Erfurt et d'Eichsfeld appartenant à l'électorat de Mayence, des principautés de Schwarzburg-Rudolstadt, de Schwarzburg-Sondershausen et de Reuß, du comté de Henneberg ayant accédé au rang de principauté et de quelques autres petits territoires. Au 19ème siècle, la Thuringe comprend une quinzaine de petits Etats et plus de 100 enclaves territoriales.
Ce n'est qu'en 1920 que le reste de ces petits Etats, à savoir quatre duchés ernestins de Saxe, les principautés de Schwarzburg-Rudolstadt, Schwarzburg-Sondershausen, l'ancienne et la nouvelle lignée Reuß sont réunis et forment la Thuringe avec Weimar pour capitale. La prise de pouvoir nationale-socialiste lui fait perdre son indépendance et elle est occupée durant les dernières semaines de la Seconde Guerre mondiale par les troupes américaines. Cependant, le Traité de Yalta de 1945 en fait une zone d'occupation soviétique. La réforme régionale de la République démocratique allemande, en 1952, divise ce Land en districts, à savoir Erfurt, Gera et Suhl. Erfurt est la capitale de la Thuringe recréée en 1990.

Matthias Biskupek

Geboren 1950 in Chemnitz, aufgewachsen in Mittweida (Sachsen), Maschinenbauer, Diplomingenieur, Systemanalytiker, Regieassistent, Dramaturg, Kabarettexter, freier Autor. Mitarbeiter verschiedener Zeitschriften, u. a. des „Eulenspiegel". Lebt seit 1974 in Rudolstadt/Thüringen und gelegentlich in Berlin. Bisher etwa ein Dutzend eigene Bücher mit Kurzprosa, Reportagen, Essays. Autor einer Karl-Valentin-Biographie. Zuletzt erschienen „Biertafel mit Colaklops – Satirische Zutaten von Claudia bis Kanada" (1995) und „Der Quotensachse", Roman eines unfreiwilligen Aufstiegs (1996).

Born in Chemnitz in 1950, grew up in Mittweida, Saxony. Worked as an engineer, taking a degree in engineering, then as a systems analyst, a director's assistant, a theatrical literary manager, a cabaret writer and a freelance author. Has written for a number of magazines, including "Eulenspiegel," and lived since 1974 in Rudolstadt, Thuringia, and, occasionally, in Berlin. Has written about a dozen books of short prose, reportage and essays, a biography of Karl Valentin and, most recently, "Biertafel und Colaklops – Satirische Zutaten von Claudia bis Kanada" (1995) and "Der Quotensachse" (1996), a novel about "getting to the top by accident."

Né à Chemnitz, en 1950. Passe son enfance à Mittweida, en Saxe. Constructeur-mécanicien, ingénieur diplômé, ingénieur système, assistant à la mise en scène, conseiller dramatique, parolier d'une troupe de chansonniers, auteur indépendant. Collabore à divers magazines, entre autres au «Eulenspiegel». Vit, depuis 1974, à Rudolstadt, en Thuringe et, de temps à autre, à Berlin. Auteur d'une douzaine de nouvelles en prose, de reportages, d'essais, ainsi que d'une biographie de Karl Valentin. Parmi ses œuvres dernièrement parues: «Biertafel mit Colaklops – Satirische Zutaten von Claudia bis Kanada» (1995) et «Der Quotensachse», roman d'une ascension involontaire (1996).

Wolfgang Boller

Geboren 1928 in Mainz, ist freier Journalist und Reiseschriftsteller. Mit dem Metier ist er als Lokalreporter beim „Wiesbadener Kurier" erstmals in Berührung gekommen. In der Folge war er Redakteur bei „Merian" und der „Zeit", hat für zahlreiche Zeitungen und Zeitschriften gearbeitet, Reisebücher über München, Zypern, die USA und Südafrika sowie Texte für mehrere Bildbände und Beiträge für über 20 Sammelwerke geschrieben. Der Autor lebt seit einigen Jahren zurückgezogen mit seinen Katzen und Liebhabereien in einem kleinen Dorf zwischen Mainz und Worms, sichtet seine Sammlungen für geplante Vernissagen und keltert eigenen Wein. Die Lust am Reisen hat er noch nicht verloren.

Born in Mainz in 1928, is a freelance journalist and travel writer. First made contact with the profession as a local reporter for the "Wiesbadener Kurier" and later worked as a journalist for "Merian" and "Die Zeit." Has worked for a wide range of newspapers and magazines, written travel books about Munich, Cyprus, the United States and South Africa, copy for several illustrated books and contributions to over 20 collaborative works. Has lived a secluded life for some years, with his cats and his hobbies, in a small village between Mainz and Worms, looking through his collections for exhibitions which he plans to open and pressing his own wine. Has yet to lose his interest in, and enjoyment of, travel.

Né à Mayence, en 1928. Journaliste free-lance et écrivain spécialisé dans les voyages. C'est en tant que reporter local auprès du journal «Wiesbadener Kurier» qu'il fait ses premiers pas dans ce métier. Par la suite, il travaille comme rédacteur pour le magazine «Merian», l'hebdomadaire «Die Zeit», ainsi que pour de nombreux autres journaux et revues. Il est l'auteur de livres de voyage sur Munich, Chypre, les USA et l'Afrique du Sud ainsi que de nombreux ouvrages illustrés et d'articles destinés à plus de 20 recueils. Depuis plusieurs années, l'auteur vit retiré, dans un petit village situé entre Mayence et Worms, en compagnie de ses chats et se consacrant à ses divers violons d'Ingres. Passe en revue ses collections pour des vernissages actuellement à l'état de projet et produit son propre vin. Il n'a pas encore perdu l'envie de voyager.

Otto Borst

1924 im Pfarrhaus zu Waldenburg in Hohenlohe geboren, Dr. phil., hatte bis 1989 den Lehrstuhl für Landesgeschichte an der Universität Stuttgart inne. Heute ist er Wissenschaftlicher Beirat des Hauses der Geschichte Baden-Württemberg und Präsident der Schwäbischen Gesellschaft e. V. In seiner wissenschaftlich-publizistischen Arbeit hat er sich zwei großen Gebieten zugewandt, der deutschen Kultur- und Geistesgeschichte – u. a. „Alltagsleben im Mittelalter" (10. Auflage) und der südwestdeutschen Stadt- und Geistesgeschichte. Seit 1974 ist er Herausgeber der Vierteljahreszeitschrift für Stadtgeschichte, Stadtsoziologie und Denkmalpflege „Die alte Stadt".

Born in 1924 at the vicarage in Waldenburg, Hohenlohe, Dr. phil., was professor of local history at Stuttgart University until 1989 and is now academic advisor to the Baden-Württemberg House of History and president of the Swabian Society. Has concentrated in his academic research and published work on two main topics: German cultural and intellectual history (his "Alltagsleben im Mittelalter" – Everyday Life in the Middle Ages – is now in its tenth edition) and south-west German urban and intellectual history. Has published since 1974 "Die alte Stadt," a quarterly journal of urban history, urban sociology and historic monuments.

Né, en 1924, au presbytère de Waldenburg, au Hohenlohe. Docteur des Lettres. Titulaire de la chaire d'Histoire régionale de l'université de Stuttgart jusqu'en 1989, il est aujourd'hui conseiller scientifique au sein du Comité consultatif de la «Haus der Geschichte» du Bade-Wurtemberg et président de la «Schwäbische Gesellschaft e. V.». Ses travaux scientifiques et ses publications sont centrés sur deux grands domaines, ceux de l'histoire de la civilisation et des idées – il est l'auteur, entre autres, de «la Vie quotidienne au Moyen-Age» – et de l'histoire des villes et des idées dans l'Allemagne du Sud-Ouest. Publie, depuis 1974, la revue trimestrielle «Die alte Stadt», consacrée à l'histoire et la sociologie urbaines ainsi qu'à la sauvegarde du patrimoine historique.

Anna Brenken

Geboren 1939, schreibt über bildende Kunst, Theater und Literatur. Im Ellert & Richter Verlag sind ihre Bücher „Hamburg – Spaziergänge", „Dresden" (deutsche und englische Ausgabe), „Kunstreiseführer Hamburg" sowie die Bildreisen „Schönes Hamburg", „Auf Paula Modersohn-Beckers Spuren" und „Worpswede und das Teufelsmoor" erschienen.

Born in 1939, writes about the fine arts, the theatre and literature. Books by her and published by Ellert & Richter include "Hamburg – Spaziergänge," "Dresden" (in German and English), "Kunstreiseführer Hamburg" and the pictorial journeys "Schönes Hamburg," "Auf Paula Modersohn-Beckers Spuren" and "Worpswede und das Teufelsmoor."

Née en 1939. Ses écrits sont consacrés aux arts plastiques, au théâtre et à la littérature. La maison d'édition Ellert & Richter a fait paraître ses livres «Hamburg – Spaziergänge», «Dresden» (édition allemande et anglaise), «Kunstreiseführer Hamburg» et, dans la série «Voyages illustrés»: «Schönes Hamburg», «Auf Paula Modersohn-Beckers Spuren» de même que «Worpswede und das Teufelsmoor».

Goetz Buchholz

Geboren 1947 in Göttingen, aufgewachsen in Stolberg (Rheinland) und Stuttgart. Kam 1967 zum Architekturstudium nach Hannover. Seine journalistische Arbeit begann er 1979 beim Stadtmagazin „Schädelspalter". 1982/83 gab er zusammen mit anderen eine Wochenzeitung heraus und arbeitete danach frei als Korrespondent für verschiedene überregionale Medien. Autor von Büchern über Hannover und Niedersachsen.

Born in Göttingen in 1947, grew up in Stolberg, Rhineland, and Stuttgart, moving to Hanover in 1967 to study architecture. Started working in journalism in 1979 for the local listings magazine "Schädelspalter." Published a weekly magazine, jointly with others, in 1982/83, then worked as a freelance correspondent for a variety of supraregional media. Has written books about Hanover and Lower Saxony.

Né à Göttingen, en 1947. Passe sa jeunesse à Stolberg (Rhénanie) et Stuttgart. S'installe à Hanovre, en 1967, afin d'y poursuivre ses études d'architecture. Débute en 1979 dans le journalisme en travaillant pour le «Schädelspalter», un périodique de la ville. En collaboration avec d'autres rédacteurs, il fait paraître, en 1982/83, un hebdomadaire et exerce, par la suite, ses activités de journaliste free-lance en qualité de correspondant de divers médias interrégionaux. Auteur d'ouvrages relatifs à Hanovre et à la Basse-Saxe.

Roland Günter

Geboren 1936, ist Hochschullehrer für Kultur- und Kunstgeschichte in Bielefeld und Hamburg. Er studierte in Münster, Rom, Istanbul und München. 1965–1970 arbeitete er als wissenschaftlicher Referent im Landesdenkmalamt Rheinland in Bonn und 1970–1971 in der freien Planer-Gruppe Quickborner Team. Er lebt seit 1974 in der Siedlung Eisenheim in Oberhausen.

Born in 1936, is a university teacher of cultural and art history in Bielefeld and Hamburg. Studied in Münster, Rome, Istanbul and Munich. Worked from 1965 until 1970 as an academic consultant to the Rhineland department of antiquities in Bonn and from 1970 to 1971 for the Quickborner Team of independent planners. Has lived since 1974 on the Eisenheim housing estate in Oberhausen.

Né en 1936. Professeur d'histoire de la civilisation et de l'art à Bielefeld et à Hambourg. Etudes à Münster, Rome, Istanbul et Munich. A travaillé, de 1965 à 1970, comme chef de bureau chargé de travaux de recherche au Landesdenkmalamt de Rhénanie à Bonn et fait partie, en 1970–1971 du groupe d'urbanistes indépendants «Quickborner Team». Vit, depuis 1974, dans le lotissement de Eisenheim à Oberhausen.

Ludwig Harig

Geboren 1927 in Sulzbach (Saarland), begann seine schriftstellerische Laufbahn 1955. Er schreibt vor allem Essays und Romane. Zu den bekanntesten Veröffentlichungen zählen „Die saarländische Freude" (1977), „Rousseau" (1978), „Trierer Spaziergänge" (1983), „Die Hortensien der Frau von Roselius" (1992), „Der Uhrwerker von Glarus" (1993) sowie die autobiographische Romantrilogie „Ordnung ist das ganze Leben" (1986), „Weh dem, der aus der Reihe tanzt" (1990) und „Wer mit den Wölfen heult, wird Wolf" (1996). Er erhielt zahlreiche Literaturpreise wie den Heinrich-Böll-Preis (1987) und den Hölderlin-Preis (1994). Sein Text, 1968/69 in einem Landhaus im saarländischen Urweiler geschrieben, spiegelt die Verhältnisse des sich im Strukturwandel dieser Jahre befindlichen Saarlands wider. Mittlerweile ist z. B. die stillgelegte Völklinger Eisenhütte zum UNESCO-Welterbe geworden.

Born in Sulzbach, Saarland, in 1927, started working as a writer in 1955. He writes mainly essays and novels, the best-known of which include "Die saarländische Freude" (1977), "Rousseau" (1978), "Trierer Spaziergänge" (1983), "Die Hortensien der Frau von Roselius" (1992), "Der Uhrwerker von Glarus" (1993) and the autobiographical trilogy "Ordnung ist das ganze Leben" (1986), "Weh dem, der aus der Reihe tanzt" (1990) and "Wer mit den Wölfen heult, wird Wolf" (1996). Has won numerous literary awards, such as the Heinrich Böll Prize in 1987 and the Hölderlin Prize in 1994. His essay, written in a country house in Urweiler in 1968/69, reflects conditions in the Saarland at the time, a time of structural change. The disused Völklingen iron foundry, for instance, has since been listed as a Unesco world heritage site.

Né à Sulzbach (Sarre), en 1927. Commence sa carrière d'écrivain en 1955. Auteur, avant tout, de romans et d'essais. Parmi ses publications les plus connues nous citerons: «Die saarländische Freude» (1977), «Rousseau» (1978), «Trierer Spaziergänge» (1983), «Die Hortensien der Frau von Roselius» (1992), «Der Uhrwerker von Glarus» (1993) ainsi que la trilogie autobiographique «Ordnung ist das ganze Leben» (1986), «Weh dem, der aus der Reihe tanzt» (1990) et

«Wer mit den Wölfen heult, wird Wolf» (1996). Ludwig Harig s'est vu décerner de nombreux prix littéraires, dont le Prix Heinrich Böll (1987) et le Prix Hölderlin (1994). Son essai, écrit en 1968/69, dans une maison de campagne de Urweiler, traduit la mutation structurelle qui s'est opérée en Sarre pendant cette période. L'usine sidérurgique de Völklingen, par exemple, qui a cessé d'être exploitée depuis, fait désormais partie du patrimoine culturel mondial recensé par l'UNESCO.

Edgar Sebastian Hasse

Redakteur und evangelischer Diplom-Theologe in Hamburg; Jahrgang 1960, geboren in Zeitz (bei Leipzig); Abitur, Zeitungsvolontariat bei einer ostdeutschen Regionalzeitung, Theologiestudium (1980–1985), Redakteur in Halle und Leipzig. Vor Öffnung der Mauer 1989 Flucht in die Bundesrepublik, mehrere Jahre lang Redakteur beim „Deutschen Allgemeinen Sonntagsblatt" mit dem Fachgebiet Evangelische Theologie und beim Heinrich-Bauer-Verlag. Autor für ARD-Hörfunkanstalten.

Born in Zeitz, near Leipzig, in 1960, is a Hamburg-based journalist and Protestant theology graduate. After school he worked as a trainee journalist at an East German regional newspaper, studied theology from 1980 to 1985 and worked as a journalist for newspapers in Halle and Leipzig. Fled to West Germany in 1989 before the Berlin Wall was opened and worked for several years as a journalist with "Deutsches Allgemeines Sonntagsblatt" in Hamburg, specialising in Protestant theology, and for Heinrich Bauer Verlag. Also writes for German radio stations.

Rédacteur et théologien protestant diplômé. Vit à Hambourg; né à Zeitz (près de Leipzig) en 1960. Obtention du baccalauréat, stage de journalisme auprès d'un journal régional d'Allemagne de l'Est. Etudes de théologie (1980–1985), rédacteur à Halle et Leipzig. Fuit en République fédérale en 1989, avant l'ouverture du mur. Travaille plusieurs années en tant que rédacteur pour l'hebdomadaire «Deutsches Allgemeines Sonntagsblatt» à Hambourg (domaine de spécialisation: la théologie protestante) ainsi que pour la maison d'édition Heinrich-Bauer-Verlag. Ecrit également pour la première chaîne de radio et de télévision allemande.

Carl Ingwer Johannsen

Geboren 1935 in Ostbordelum/Nordfriesland. Aufgewachsen auf dem elterlichen Bauernhof. Nach handwerklicher Ausbildung Studium der Architektur an der Technischen Universität Braunschweig. Während der anschließenden Assistentenzeit von 1969 bis 1974 Dissertation (Dr.-Ing.). Berufung zum Direktor des Schleswig-Holsteinischen Freilichtmuseums im Jahre 1979. Schwerpunkte und Veröffentlichungen aus den Bereichen Hausforschung, ländliche Baukunde und Baupflege, Dorferneuerung sowie Freilichtmuseen. Mitglied in in- und ausländischen wissenschaftlichen Gesellschaften.

Born in Ostbordelum, North Frisia, in 1935, grew up on the family farm. After learning a trade he studied architecture at Brunswick Technical University and, while working from 1969 till 1974 as an assistant lecturer, wrote a PhD (Dr.-Ing.) thesis. He also studied domestic architecture and village renewal planning in greater depth. In 1979 he was appointed director of the Schleswig-Holstein Open-Air Museum, since when he has concentrated and published work on house research, rural architecture and building maintenance, village renewal and the open-air museum. Is a member of scientific societies in Germany and abroad.

Né en 1935 à Ostbordelum, en Frise septentrionale. Grandit à la ferme de ses parents. Formation d'artisan, puis études d'architecture à l'Université Technique de Brunswick (Ingénieur diplômé). De 1969 à 1974: assistant; passe sa thèse de doctorat. Est nommé directeur du Schleswig-Holsteinisches Freilichtmuseum (Musée de plein air du Schleswig-Holstein), en 1979. Ses principales activités et ses publications sont consacrées à la recherche dans le domaine de l'habitat et de l'architecture rurale ainsi qu'à l'entretien du patrimoine en bâtiments, à la rénovation de villages et aux musées de plein air. Membre de sociétés scientifiques allemandes et étrangères.

Heinz Kruschel

Geboren 1929 in Leopoldshall (Sachsen-Anhalt). Er arbeitete als Modelltischler, Lehrer und Journalist, bis er 1963 freier Schriftsteller wurde. Der Prosaautor lebt in Magdeburg. Von ihm sind zwanzig Bücher erschienen. Seit 1990 ist er Vorsitzender des Friedrich-Bödecker-Kreises des Landes Sachsen-Anhalt. Von ihm erschienen u. a. „Gesucht wird die freundliche Welt" (als Film: „Sabine Wulff"), der Kriminalroman „Tantalus", die Jugendbücher „Zwei im Kreis", „Endlich ein Mann sein" und der Band „Magdeburg. Erkennen und Erinnern". 1995 erschien sein Erzählungsband „Lamyz".

Born in Leopoldshall, Saxony-Anhalt, in 1929 and worked as a model carpenter, teacher and journalist before taking up writing full-time in 1963. He lives in Magdeburg and has written 20 books. Has been chair of Saxony-Anhalt's Friedrich Bödecker Circle since 1990. His published work includes "Gesucht wird die freundliche Welt" (filmed as "Sabine Wulff"), "Tantalus" (a detective novel), the novels for young people "Zwei im Kreis" and "Endlich ein Mann sein," and "Magdeburg. Erkennen und Erinnern." A collection of short stories, "Lamyz," appeared in 1995.

Né à Leopoldshall (Saxe-Anhalt), en 1929. A travaillé en tant que maquettiste, professeur et journaliste avant de devenir écrivain indépendant en 1963. Auteur d'œuvres en prose, il vit à Magdeburg. A publié vingt livres. Depuis 1990: président du Cercle Friedrich-Bödecker de Saxe-Anhalt. Parmi ses publications: «Gesucht wird die freundliche Welt» (porté à l'écran sous le titre: «Sabine Wulff»), «Tantalus», un roman policier, «Zwei im Kreis» et «Endlich ein Mann sein», deux livres pour la jeunesse, ainsi que «Magdeburg. Erkennen und Erinnern». Son recueil de nouvelles, «Lamyz», est paru en 1995.

Günter Kunert

Geboren 1929 in Berlin, 1946/47 Graphik-Studium an der Hochschule für angewandte Kunst in Berlin, seit 1950 regelmäßige Veröffentlichungen von Gedichten, Prosa und Reiseberichten sowohl in der DDR als auch in der Bundesrepublik, 1979 Umzug nach Itzehoe. Er schrieb Essays für die im Ellert & Richter Verlag erschienenen Bände „Toskana", „Berliner Nächte", „Meine Katze" und „Auf leisen Pfoten".

Born in Berlin in 1929, studied commercial art at the College of Applied Arts in Berlin in 1946/47 and since 1950 has regularly published poems, prose and travel writing in East and West Germany. Moved to Itzehoe in 1979 and has written essays for the following Ellert & Richter books: "Toskana," "Berliner Nächte," "Meine Katze" and "Auf leisen Pfoten".

Né à Berlin, en 1929. Etudes des arts graphiques à la Hochschule für angewandte Kunst (Ecole supérieure des Arts appliqués) de Berlin. Depuis 1950: publications régulières de poèmes, d'œuvres en prose et de récits de voyage tant en RDA qu'en République fédérale d'Allemagne. S'installe à Itzehoe en 1979. Est l'auteur d'essais pour les ouvrages parus à la même maison d'édition: «Toskana», «Berliner Nächte», «Meine Katze» et «Auf leisen Pfoten».

Rainer Mammen

Geboren 1950 in Bremen. Nach eher mißmutig genossenen Hochschulstudien (Germanistik und Geschichte) mit mehr Vergnügen in verschiedenen journalistischen Bereichen tätig: als Polizeireporter, Berichterstatter über Kommunalpolitik, Spezialist für Schiffsuntergänge und Querelen an europäischen Fürstenhöfen. Derzeit beschäftigt als Theater- und Literaturkritiker beim „Weser-Kurier" in Bremen.

Born in Bremen in 1950, studied German and history somewhat discontentedly and has since worked with greater pleasure in various fields of journalism: as a police reporter, covering local politics, specialising in shipwrecks and squabbles in European royal families. Is currently drama and literary critic at the Bremen "Weser-Kurier."

Né à Brême, en 1950. Après des études supérieures (d'allemand et d'histoire) poursuivies sans grand enthousiasme, il se tourne vers le journalisme, où il travaille avec grand plaisir dans différents domaines: reporter à la police, au niveau de la politique communale, spécialiste en matière de naufrages et de désaccords au sein des familles princières européennes. Occupé actuellement en tant que critique de théâtre et critique littéraire au «Weser-Kurier» à Brême.

Thomas A. Merk

Geboren 1953, arbeitet als freier Autor, Journalist und Übersetzer in München. Im Ellert & Richter Verlag erschienen in der Reihe Eine Bildreise seine Bücher „Die Donau", „Der Pfaffenwinkel", „Die Romantische Straße" und „Der Tegernsee und das Oberland" sowie die Bildbände „Irland" und „Norwegen".

Born in 1953, is a Munich-based writer, journalist and translator. Books of his published by Ellert & Richter include "Die Donau," "Der Pfaffenwinkel," "Die Romantische Strasse" and the picture books "Irland" and "Norwegen."

Né en 1953. Travaille en tant qu'auteur indépendant, journaliste et traducteur à Munich. «Die Donau», «Der Pfaffenwinkel», «Die Romantische Straße» et «Der Tegernsee und das Oberland» sont parus dans la série «Voyage illustré» à la maison d'édition Ellert & Richter, de même que les albums «Irland» et «Norwegen».

Helmut Schmidt

Geboren 1918 in Hamburg; seit 1945 Mitglied der Sozialdemokratischen Partei Deutschlands (SPD), 1953–62 und 1965–87 Mitglied des Deutschen Bundestages, 1961–65 Hamburger Innensenator, 1969–72 Verteidigungsminister, 1972–74 Finanzminister, 1974–82 Bundeskanzler, seit 1983 Mitherausgeber der Wochenzeitung „Die Zeit".

Born in Hamburg 1918, has been a member of the German Social Democratic Party (SPD) since 1945. Member of the Bundestag 1953–62 and 1965–87, home affairs senator in Hamburg 1961–65, defence minister in Bonn 1969–72, finance minister 1972–74 and federal chancellor 1974–82. Has been co-publisher of the political weekly "Die Zeit" since 1983.

Né à Hambourg, en 1918. Membre du parti social-démocrate allemand (SPD) depuis 1945, membre du Parlement fédéral de 1953 à 1962 et de 1965 à 1987, Sénateur de l'Intérieur à Hambourg de 1961 à 1965, Ministre de la Défense de 1969 à 1972, Ministre des Finances de 1972 à 1974, Chancelier fédéral de 1974 à 1982, il est coéditeur de l'hebdomadaire «Die Zeit» depuis 1983.

Rolf Schneider

Geboren 1932 in Chemnitz, aufgewachsen in Wernigerode/Harz. Studium der Germanistik und Pädagogik in Halle/Saale. Arbeit im Berliner Aufbau-Verlag. Seit 1958 freier Schriftsteller. Roman, Essay, Dramatik. Übersetzungen in 20 Sprachen. Verschiedene Literaturpreise. 1976 beteiligt am Protest gegen die Ausbürgerung Wolf Biermanns aus der DDR, 1979 Ausschluß aus dem DDR-Schriftstellerverband. Anschließend neun Jahre Engagements an westdeutschen Theatern. Letzte Buchveröffentlichungen: „Leben in Wien", „Versuch über den Schrecken" und „Die Sprache des Geldes".

Born in Chemnitz in 1932, grew up in Wernigerode in the Harz and studied German and pedagogics in Halle on the Saale. Worked at Aufbau Verlag in Berlin. A full-time writer since 1958, writing novels, plays and essays. His work has been translated into 20 languages. Has won a variety of literary awards. Took part in the protest against Wolf Biermann being stripped of East German citizenship in 1976, was expelled from the East German writers' association in 1979 and then spent nine years working at theatres in West Germany. Recent books "Leben in Wien," "Versuch über den Schrecken" and "Die Sprache des Geldes."

Né à Chemnitz, en 1932, il passe sa jeunesse à Wernigerode, dans le Harz. Etudes supérieures d'allemand et de pédagogie à Halle/Saale. Travaille à la maison d'édition berlinoise Aufbau-Verlag. Ecrivain indépendant depuis 1958. Auteur de romans, d'essais et de drames. Traductions en 20 langues. Obtention de différents prix littéraires. Prend part, en 1976, aux actes de protestation contre la privation de la nationalité de la RDA dont est frappé Wolf Biermann. Est exclu, en 1979, de l'Association des Ecrivains de RDA. Suivent neuf ans d'engagement auprès de théâtres ouest-allemands. Dernières publications: «Leben in Wien», «Versuch über den Schrecken» et «Die Sprache des Geldes».

Claus B. Schröder

Geboren 1939 in Schwerin, ein bißchen Kind in Kriegszeiten, ein bißchen Lehrling für technische Mechanismen, auch Hilfsarbeiter und Journalist, Ehemann und Vater, auch Bücherschreiber: über sich selbst, „An J", und „Wolfgang Borchert, eine Biographie"; von den übrigen Weltverhältnissen nicht unberührt, ein bißchen reichlich Artist, Jongleur, und sehr neugierig darauf, was sich noch beschreiben lassen wird.

Born in Schwerin in 1939, wartime childhood, learnt a technical trade, worked as an unskilled labourer and journalist, is a husband and father and has also written books: about himself, "An J." and "Wolfgang Borchert, eine Biographie." World affairs have not passed him by, but he remains, perhaps, too much of an artist and a juggler, while being very keen to see what still awaits to be written about.

Né à Schwerin en 1939. Un peu enfant pendant la guerre, un peu apprenti en matière de mécanismes techniques, mais aussi manœuvre et journaliste, époux et père, auteur d'une autobiographie: «An J.» et de: «Wolfgang Borchert, eine Biographie», il n'est pas sans se laisser émouvoir par tout ce qui se passe dans le monde. Un peu trop saltimbanque, jongleur, il est fort curieux de savoir ce qui pourrait bien encore se prêter à la description.

Jutta Stössinger

Gebürtige Berlinerin und Wahl-Frankfurterin seit 20 Jahren. Redakteurin der „Frankfurter Rundschau", verantwortlich für die Seiten „Zeit und Bild" und „Moderne Zeiten" in der Wochenendbeilage. Sie erhielt den Theodor-Wolff-Preis für Journalisten. Buchveröffentlichungen: „Merian live! Frankfurt", „Badeleben – Literarischer Reisebegleiter von Wismar nach Danzig". Im Urlaub: Toskana, was sonst?

Comes from Berlin but has lived by choice in Frankfurt for 20 years. Works for the "Frankfurter Rundschau," where she is in charge of the "Zeit und Bild" and "Moderne Zeiten" pages in the weekend magazine section. Theodor Wolff Prize-winner for journalism. Books: "Merian live! Frankfurt" and "Bäderleben – Literarischer Reisebegleiter von Wismar nach Danzig." Holidays in Tuscany – where else?

Née à Berlin. Francfort est sa patrie d'adoption depuis 20 ans. Rédactrice au journal «Frankfurter Rundschau», elle est responsable des pages «Zeit und Bild» et «Moderne Zeiten» du supplément de fin de semaine. A obtenu le Prix Theodor-Wolff décerné aux journalistes. Publications: «Merian live! Frankfurt», «Badeleben – Literarischer Reisebegleiter von Wismar nach Danzig». Ses vacances? La Toscane, quoi d'autre?

**Titelabbildungen / Cover pictures /
Photos de couverture:**

Oben/Above/En haut: Brandenburger Tor, Berlin
Unten/Below/En bas (von links nach rechts/from left
to right/de gauche à droite): Leuchtturm Westerhever; Burg Katz am Rhein; Semperoper, Dresden;
Schloß Neuschwanstein

**Bildnachweis / Photo credits / Index des
photographies:**

action press, Hamburg: S. 10/11
argus Fotoarchiv, Hamburg: S. 254 (Janke)
Matthias Barth, Berlin: S. 278 o.
Gert von Bassewitz, Hamburg: S. 125 u., 285 o.
Josef Bieker, Dortmund: S. 24/25, 73 o., 158/159,
170 o.u., 171, 172 o.u., 173, 174, 175 o.u., 180 u., 181,
183 u., 185 u., 330, 331 o., 346 u., 347 o., 353 u.
Bildarchiv Preußischer Kulturbesitz, Berlin: S. 6, 7
oben
Bilderberg, Hamburg: Titel o. (Blickle), Titel u. 2. v. l.
(Fischer), Titel u. 3. v. l. (Drexler), S. 89 o. (Fischer),
136 (Engler), 137 u. (Engler), 140 o.u. (Engler), 142
(Ernsting), 143 o. (Ernsting), 146 (Ernsting), 176/177
(Burkard), 178 (Ellerbrock & Schafft), 184 o. (Horacek), 184 u. (Burkard), 188 (Horacek), 196 (Fischer),
230 (Schmid), 231 u. (Drexel), 233 (Engler), 243
(Blickle), 274 o. (Kunz), 275 u. (Drexel), 284 u. (Blickle), 333 o. (Ernsting), 335 o. (Grames)
J.H. Darchinger IFJ, Bonn/Foto: Frank Darchinger:
S. 182 u.
Robert Dieth, Stadecken: S. 206 o.
dpa Deutsche Presse-Agentur, Bildarchiv, Hamburg:
S. 10 l., 11 r.
Fritz Dressler, Worpswede: S. 74 u., 79 o.
Reinhard Felden, Bochum: S. 180 o.
FOCUS, Hamburg: S. 232 (Möller)
Das Fotoarchiv, Essen: Titel u.r. (Riedmiller), S. 185 o.
(Mayer), 197 (Mayer), 333 u. (Riedmiller), 336 (Riedmiller), 337 o.u. (Riedmiller), 338 o.u. (Riedmiller),
339 u. (Riedmiller), 353 o. (Riedmiller)
Hartmut Frien, Freinsheim: S. 204
Rainer Hackenberg, Köln: S. 189 u.
HB-Verlag, Hamburg: S. 352
Georg Jung, Hamburg: S. 70, 71 o.u., 98, 99 o.u.,
100, 101, 102, 103 u., 104/105, 106 o.u., 107, 109,
111, 112, 113, 120/121, 122, 123, 124, 125 o.,
126 o.u., 127, 128/129, 154, 155, 156, 157 o.u., 160,
161 o.u., 162, 163, 255, 256, 257 o.u., 264, 265 u.,
282 o.u.

Urs Kluyver, Hamburg: S. 29 o., 47 o.u., 48 u., 50 o.u.,
51, 52 o., 144, 145, 283 u., 339 o.
Wolfgang Korall, Berlin: S. 76
Egbert Kossak, Hamburg: S. 78
Wolfgang Krammisch, Dresden: S. 273 u.
Tom Krausz, Hamburg: S. 27 u., 29 u., 39 u.
Torsten Krüger, Bremen: S. 66, 77 u., 87, 88 u.,
231 o., 274 u.
Hans Joachim Kürtz, Heikendorf: S. 37 o.
Norbert Kustos, Karlsruhe: S. 202, 203 o.u., 205,
292, 293 o.u., 294 o.u., 296, 297 o.u., 298 o.u.,
299 o., 301, 303 o., 304/305, 306 o.u., 307 o., 308,
309 o.u., 310, 311 o.u., 312, 313 o.u., 314, 315 o.u.,
351 u.
Siegfried Layda, Wiesbaden: S. 207, 214/215,
216 o.u., 217 o.u., 218/219, 220, 221 o.u., 228,
258 o.u., 259 o., 260 o.u., 261, 322, 324, 325 o.u.,
327 o., 329 o.
Mauritius Bildagentur, Mittenwald: S. 67 u. (Mollenhauer), 68 (Dumrath), 236 (Otto), 253 (Rossenbach),
332 (Mehlig)
Walter Mayr, Großenrade: S. 33 o.u., 34 o.u., 35 u.,
281
Mercedes-Benz AG, Classic Archiv, Untertürkheim:
S. 299 u.
Axel Mosler, Dortmund: S. 244 o., 245 o.u.
Gemeinde Oberammergau/Foto: Thomas Klinger:
S. 349 u.
Michael Pasdzior, Hamburg: Titel u.l., S. 35 o., 36 o.u.,
37 u., 39 o., 46, 48 o., 49 o.u., 52 u., 53, 72 o.u.,
73 u., 74 o., 75, 79 u., 86, 88 o., 89 u., 90, 91 o.u.,
103 o., 234 o.u., 235 o.u., 237, 238/239, 240, 241,
326 u., 344, 345 u.
Udo Pellmann, Dresden: S. 279 o.
Georg Quedens, Amrum: S. 26, 27 o., 28 o.
Hans-Dieter Reinke, Boksee: S. 38 o.u.
Ulrike Romeis, Dortmund: S. 179, 295 u., 307 u.,
323 o.u., 331 u., 334, 340/341, 347 u., 348, 350 o.
Silvestris Fotoservice, Kastl: S. 141 o. (Schilgen),
147 u. (Schilgen), 186, 200 u. (Lenz), 242 (Heine),
252 (Stadler), 259 u. (Korall), 262 u. (Korall), 263 o.
(Korall), 263 u. (Heine), 265 o. (Stadler), 273 u.
(Stadler), 279 u. (Heine), 280 o.u. (Stadler), 284 o.
(Stadler), 285 u. (Stadler), 328 o. (TH-Fotowerbung)
Otto Stadler, Geisenhausen: S. 200 o., 272, 275 o.,
276, 295 o., 300, 302, 303 u., 328 u., 329 u., 342,
343 o.u., 345 o., 349 o., 350 u., 351 o.
Süddeutscher Verlag Bilderdienst, München: S. 7 u.,
8, 9 l.u.r.
Heinz Teufel, Eckernförde: S. 28 u., 30/31, 32,
60 o.u., 61, 62, 63 o.u., 64/65, 108, 110 o.u., 327 u.
Transglobe Agency, Hamburg: S. 69 (Schilgen), 77 o.
(Krüger), 137 o. (Henkelmann), 138 (Henkelmann),
139 (Knobloch), 141 u. (Bauer), 143 u. (Henkelmann), 147 o. (Henkelmann), 182 o. (Schilgen),
183 o. (Schmitz), 187 o. (Eckhardt), 187 u. (Schilgen),
206 u. (Bernhart), 229 (Hackenberg), 233 o. (Schilgen), 244 u. (Krecichwost), 283 o. (Waldkirch),
335 u. (Ehlers)
VISUM, Hamburg: S. 189 o. (Meisel)
Jürgen Wackenhut, Bad Herrenalb: S. 326 o.
Ingo Wandmacher, Hamburg: S. 67 o., 277, 278 u.
Heinz Wohner, Dortmund: S. 198, 199 o. 201
Schutzumschlag Rückseite (von links nach rechts,
von oben nach unten):
Michael Pasdzior, Hamburg/ Michael Pasdzior, Hamburg/ Ingo Wandmacher, Hamburg/ Bilderberg,
Hamburg/ Georg Jung, Hamburg/ Georg Jung, Hamburg/ Bilderberg, Hamburg/ Georg Jung, Hamburg/
Transglobe, Hamburg/ Heinz Wohner, Dortmund/
Siegfried Layda, Wiesbaden/ Siegfried Layda, Wiesbaden/ Silvestris - Stadler, Kastl/ Otto Stadler, Geisenhausen/ Transglobe, Hamburg/ Bilderberg, Hamburg

Impressum:
Die Deutsche Bibliothek - CIP-Einheitsaufnahme
Deutschland = Germany / Einl. von Helmut
Schmidt. –
Hamburg : Ellert und Richter, 1996
ISBN 3-89234-616-X
NE: Germany

Bildlegenden und Anhang/Captions and
appendix/Légendes et appendice:
Ellert & Richter Verlag
Lektorat/Edited by/Redaction: Frank Heins,
Hamburg
Übersetzung/Translation/Traduction:
Englisch/English/Anglaise: Paul Bewicke, Hamburg
(Anhang/Appendix/Appendice: Redaktion Verlag)
Französisch/French/Française: Michèle Schönfeldt,
Hamburg
(Anhang/Appendix/Appendice: Redaktion Verlag)
Bildredaktion/Picture editor/Service photo: Anke
Balshüsemann, Hamburg
Gestaltung/Design/Maquette: nach Entwürfen von
Hartmut Brückner, Bremen
Karte/Map/Carte géographique: PROMOT, Köln
Satz/Typesetting/Composition: KCS GmbH,
Buchholz/Hamburg
Lithographie/Lithography/Lithographie:
Offset-Repro im Centrum, Hamburg
Druck/Printing/Impression: C. H. Wäser,
Bad Segeberg
Bindung/Binding/Reliure: S. R. Büge, Celle

KIEL

SCHLESWIG-
HOLSTEIN

MECKLENBURG-
VORPOMMERN

HAMBURG

SCHWERIN

BREMEN

NIEDERSACHSEN

POTSDAM ● BERLIN

BRANDEN-
BURG

HANNOVER

MAGDEBURG

NORDRHEIN-
WESTFALEN

SACHSEN-
ANHALT

DÜSSELDORF

DRESDEN

BONN ●

HESSEN

THÜRINGEN

ERFURT

SACHSEN

RHEINLAND-
PFALZ

WIESBADEN

MAINZ

SAARLAND

SAARBRÜCKEN

BAYERN

BADEN-
WÜRTTEMBERG

STUTTGART

MÜNCHEN